Staatsangehörigkeit im nationalen und internationalen Steuerrecht

Nadia Petersen

# Staatsangehörigkeit im nationalen und internationalen Steuerrecht

## Ein Beitrag zur Systematisierung

Zugleich ein rechtswissenschaftliches
Essay zu dem rechtlichen Rahmen
der Anknüpfung der unbeschränkten
Einkommensteuerpflicht
an die Staatsangehörigkeit
im deutschen Steuerrecht

PETER LANG
Frankfurt am Main · Berlin · Bern · Bruxelles · New York · Oxford · Wien

**Bibliografische Information der Deutschen Nationalbibliothek**
Die Deutsche Nationalbibliothek verzeichnet diese Publikation in der Deutschen Nationalbibliografie; detaillierte bibliografische Daten sind im Internet über http://dnb.d-nb.de abrufbar.

Zugl.: Kiel, Univ., Diss., 2012



D 8
ISBN 978-3-631-62522-4

Internationaler Verlag der Wissenschaften
Frankfurt am Main 2012


www.peterlang.de

*Für meine Familie*

# Vorwort

Mein herzlicher Dank gilt meinem Doktorvater Herrn Professor Dr. Dietmar Gosch für seine fachliche Unterstützung, konstruktive Kritik und die gewährte wissenschaftliche Freiheit. Herrn Professor Dr. Michael Fischer danke ich sehr für die Übernahme des Zweitgutachtens. Ein besonderer Dank gebührt auch meinen Vorgesetzten und Kollegen bei PricewaterhouseCoopers und Warner Music Group für ihre großartige Unterstützung und Aufmunterung.

Bei der Universität Nowosibirsk, der Rechtswissenschaftlichen Fakultät der Christian-Albrechts-Universität zu Kiel und bei dem International Tax Institute der Universität Hamburg bedanke ich mich für das fachliche Fundament für meine wissenschaftliche Arbeit.

Die vorliegende Arbeit wurde im Sommersemester 2011 an der Rechtswissenschaftlichen Fakultät der Christian-Albrechts-Universität zu Kiel als Dissertation eingereicht. Sie berücksichtigt den Stand von Gesetzgebung, Literatur und Rechtsprechung bis Mai 2011.

Hamburg, im Sommer 2012 Nadia Petersen

# Inhaltsverzeichnis

# Abkürzungsverzeichnis

| | |
|---|---|
| a. A. | anderer Auffassung |
| a. a. O. | am angegebenen Ort |
| a. F. | alte Fassung |
| Abl. | Amtsblatt der Europäischen Union |
| Abs. | Absatz |
| AEUV | Vertrag über die Arbeitsweise der Europäischen Union |
| AO | Abgabenordnung |
| Art. | Artikel |
| AS | Amtliche Sammlung des Bundesrechts |
| AStG | Außensteuergesetz |
| AufenthG | Aufenthaltsgesetz |
| AWD (BB) | Außenwirtschaftsdienst des Betriebs-Beraters (Zeitschrift) |
| Az. | Aktenzeichen |
| BB | Betriebs-Berater (Zeitschrift) |
| BBG | Bundesbeamtengesetz |
| BewG | Bewertungsgesetz |
| BFH | Bundesfinanzhof |
| BFH/NV | Sammlung amtlich nicht veröffentlichter Entscheidungen des Bundesfinanzhofes |
| BFHE | Sammlung amtlich veröffentlichter Entscheidungen des Bundesfinanzhofes |
| BGB | Bürgerliches Gesetzbuch |
| BGBl. | Bundesgesetzblatt |
| BGH | Bundesgerichtshof |
| BGHSt. | Entscheidungen des Bundesgerichtshofs in Strafsachen |
| BKGG | Bundeskindergeldgesetz |
| BMF | Bundesministerium der Finanzen |
| BR-Drs. | Bundesrats-Drucksache |
| BRD | Bundesrepublik Deutschland |
| BStBl. | Bundessteuerblatt |
| BT-Drs. | Bundestags-Drucksache |
| Buchst. | Buchstabe |
| BVerfG | Bundesverfassungsgericht |

| | |
|---|---|
| BVerfGE | Sammlung amtlich veröffentlichter Entscheidungen des Bundesverfassungsgerichts |
| BVFG | Gesetz über die Angelegenheiten der Vertriebenen und Flüchtlinge (Bundesvertriebenengesetz) |
| BWahlG | Bundeswahlgesetz |
| bzw. | beziehungsweise |
| d. h. | das heißt |
| DA | Dienstanweisung |
| DA-FamEStG | Dienstanweisung zur Durchführung des Familienleistungsausgleichs nach dem X. Abschnitt des Einkommensteuergesetzes |
| DB | Der Betrieb (Zeitschrift) |
| DBA | Doppelbesteuerungsabkommen |
| DBG | Bundesgesetz über die direkte Bundessteuer |
| DDR | Deutsche Demokratische Republik |
| ders. | derselbe |
| Doppelbuchst. | Doppelbuchstabe |
| DStR | Deutsches Steuerrecht (Zeitschrift) |
| DStRE | Deutsches Steuerrecht Entscheidungsdienst (Zeitschrift) |
| DStZ | Deutsche Steuer-Zeitung (Zeitschrift) |
| DStZ/A | Deutsche Steuerzeitung Ausgabe A (Zeitschrift) |
| DVBl. | Deutsches Verwaltungsblatt |
| ed. | editor |
| EFG | Entscheidungen der Finanzgerichte (Zeitschrift) |
| EFTA | European Free Trade Association |
| EG | Europäische Gemeinschaft; Vertrag zur Gründung der Europäischen Gemeinschaft |
| EGBGB | Einführungsgesetz zum Bürgerlichen Gesetzbuche |
| EGV | Vertrag zur Gründung der Europäischen Gemeinschaft |
| Einf. | Einführung |
| Einl. | Einleitung |
| ErbSt-DBA | Doppelbesteuerungsabkommen auf dem Gebiet der Erbschaftsteuer |
| ErbSt-OECD-MA | OECD-Musterabkommen auf dem Gebiet der Erbschaftsteuer |
| ErbStB | Der Erbschaftsteuer-Berater (Zeitschrift) |
| ErbStG | Erbschaftsteuer- und Schenkungsteuergesetz |
| EStG | Einkommensteuergesetz |
| EStH | Einkommensteuer-Hinweise |
| EStRG | Einkommensteuerreformgesetz |

| | |
|---|---|
| ET | European Taxation (Zeitschrift) |
| et al. | et alii |
| etc. | et cetera |
| EU | Europäische Union |
| EuGH | Europäischer Gerichtshof |
| EUV | Vertrag über die Europäische Union |
| EWG | Europäische Wirtschaftsgemeinschaft |
| EWR | Europäischer Wirtschaftsraum |
| EWS | Europäisches Wirtschafts- und Steuerrecht (Zeitschrift) |
| f., ff. | folgend(e) |
| FG | Finanzgericht |
| FR | Finanzrundschau (Zeitschrift) |
| FreizügG/EU | Gesetz über die allgemeine Freizügigkeit von Unionsbürgern |
| GG | Grundgesetz |
| ggf. | gegebenenfalls |
| GmbHG | Gesetz betreffend die Gesellschaften mit beschränkter Haftung |
| GmbHR | GmbH-Rundschau (Zeitschrift) |
| H | Hinweis |
| HFR | Höchstrichterliche Finanzrechtsprechung (Zeitschrift) |
| Hrsg. | Herausgeber |
| HS | Halbsatz |
| IBFD | International Bureau of Fiscal Documentation |
| ICJ | International Court of Justice |
| IFA | International Fiscal Association |
| IFSt | Institut „Finanzen und Steuern“ |
| IGH | Internationaler Gerichtshof |
| IIFS | Institut für Ausländisches und Internationales Finanz- und Steuerwesen |
| INF-OECD-MA | OECD-Musterabkommen über den Informationsaustausch in Steuersachen |
| IPRax | Praxis des internationalen Privat- und Verfahrensrechts (Zeitschrift) |
| i. S. | im Sinne |
| IStR | Internationales Steuerrecht (Zeitschrift) |
| i. V. m. | in Verbindung mit |
| IWB | Internationale Wirtschaftsbriefe (Zeitschrift) |
| JStG | Jahressteuergesetz |
| Jura | Juristische Ausbildung (Zeitschrift) |

| | |
|---|---|
| JuS | Juristische Schulung (Zeitschrift) |
| JZ | Juristenzeitung (Zeitschrift) |
| KernbrStG | Kernbrennstoffsteuergesetz |
| KStG | Körperschaftsteuergesetz |
| LNTS | League of Nations Treaty Series |
| LuftVStG | Luftverkehrsteuergesetz |
| MinBlFin | Ministerialblatt des Bundesministers der Finanzen |
| MoMiG | Gesetz zur Modernisierung des GmbH-Rechts und zur Bekämpfung von Missbräuchen |
| m. w. N. | mit weiteren Nachweisen |
| NATO | North Atlantic Treaty Organisation |
| NJW | Neue Juristische Wochenschrift (Zeitschrift) |
| No. | number |
| Nr. | Nummer |
| NVwZ | Neue Zeitschrift für Verwaltungsrecht |
| o. A. | ohne Autor |
| OECD | Organisation for Economic Cooperation and Development |
| OECD-MA | OECD-Musterabkommen |
| OECD-MK | OECD-Musterkommentar |
| OEEC | Organisation for European Economic Cooperation |
| OFD | Oberfinanzdirektion |
| OLG | Oberlandesgericht |
| Ö-BGBl. | österreichisches Bundesgesetzblatt |
| PaßG | Paßgesetz |
| RFH | Reichsfinanzhof |
| RGBl. | Reichsgesetzblatt |
| RIW | Recht der Internationalen Wirtschaft (Zeitschrift) |
| RIW/AWD | Recht der Internationalen Wirtschaft/Außenwirtschaftsdienst des Betriebs-Beraters (Zeitschrift) |
| rkr. | rechtskräftig |
| Rn. | Randnummer |
| Rs. | Rechtssache |
| RStBl. | Reichssteuerblatt |
| RT-Drs. | Reichstags-Drucksache |
| RuStAG | Reichs- und Staatsangehörigkeitsgesetz |
| Rz. | Randziffer |
| S. | Seite |
| SEStEG | Gesetz über steuerliche Begleitmaßnahmen zur Einführung der Europäischen Gesellschaft und zur Änderung weiterer steuerrechtlicher Vorschriften |

| | |
|---|---|
| SKWPG | Gesetz zur Umsetzung des Spar-, Konsolidierungs- und Wachstumsprogramms |
| Slg. | Sammlung der Entscheidungen des Europäischen Gerichtshofs |
| sog. | sogenannt |
| SPD | Sozialdemokratische Partei Deutschlands |
| StAG | Staatsangehörigkeitsgesetz |
| StAnpG | Steueranpassungsgesetz |
| StBerG | Steuerberatungsgesetz |
| StGB | Strafgesetzbuch |
| StHG | Bundesgesetz über die Harmonisierung der direkten Steuern der Kantone und Gemeinden |
| StuB | Steuern und Bilanzen (Zeitschrift) |
| StuSt | Steuer und Studium (Zeitschrift) |
| StuW | Steuer und Wirtschaft (Zeitschrift) |
| StW | Steuerwarte (Zeitschrift) |
| SWI | Steuer und Wirtschaft International (Zeitschrift) |
| Tz. | Textziffer |
| u. a. | unter anderem, unter anderen |
| Ubg | Die Unternehmensbesteuerung (Zeitschrift) |
| UdSSR | Union der Sozialistischen Sowjetrepubliken |
| UNTS | United Nations Treaty Series |
| US | United States of America |
| US-MA | United States Model Income Tax Convention |
| USA | United States of America |
| UVR | Umsatzsteuer- und Verkehrsteuerrecht (Zeitschrift) |
| VAE | Vereinigte Arabische Emirate |
| VG | Verwaltungsgericht |
| vgl. | vergleiche |
| Vol. | Volume (Band) |
| vs. | versus |
| VStG | Vermögensteuergesetz |
| WPflG | Wehrpflichtgesetz |
| WÜD | Wiener Übereinkommen über diplomatische Beziehungen |
| WÜK | Wiener Übereinkommen über konsularische Beziehungen |
| z. B. | zum Beispiel |
| ZEV | Zeitschrift für Erbrecht und Vermögensnachfolge |
| ZIP | Zeitschrift für Wirtschaftsrecht |

# Kapitel 1: Einleitung

## § 1 Problemstellung, Aktualität und Zielsetzung der Untersuchung

Die fortschreitende Globalisierung, die ständige Veränderung der Bevölkerungsstrukturen und neuerdings auch die Finanzkrise lösen eine merkbare Dynamik in der heutigen Denkweise der Gesetzgeber aus und werden von den Staatsregierungen als ein dringender Aufruf aber auch geeigneter Anlass zum Überdenken der bestehenden Besteuerungs- und Finanzierungsgrundsätze angesehen: Akademiker-[1], Luftverkehr-[2], Kernbrennstoff-[3], Finanzmarktsteuer sowie der Feldzug gegen die Non-Dom-Parlamentsmitglieder[4] sind als (teilweise rechtlich bedenkliche) Folge eines – nur auf den ersten Blick originellen und kreativen – Gesetzgebungsbrainstormings ins Leben gerufen worden.

Auch die Anknüpfung diverser steuerlicher Verpflichtungen an die Staatsangehörigkeit geriet dabei regelmäßig in den Mittelpunkt der (vorwiegend politischen) Diskussionen, bei denen es vor allem um die Verschaffung von Finanzierungsmitteln für die bzw. von den Diskutanten geht: sei es – wie neuerdings – die fiskalisch motivierte Anknüpfung der persönlichen Tatbestandsvoraussetzung der *domicile levy* an die Staatsangehörigkeit in Irland[5], die Steueroasen-Debatte in den 1960/70-er Jahren[6] oder aber auch in den Jahren 2003-2004[7] und

1 Siehe hierzu *Thibaut, Matthias*, London knüpft sich Akademiker vor: Sondersteuer soll klammen Universitäten zugutekommen. Der Widerstand schmilzt, Handelsblatt vom 10.08.2010, S. 14 (14).

2 Siehe Luftverkehrsteuergesetz (LuftVStG) vom 09.12.2010, BGBl. I 2010, S. 1885.

3 Siehe Kernbrennstoffsteuergesetz (KernbrStG) vom 08.12.2010, BGBl. I 2010, S. 1804.

4 Siehe hierzu *Parillo, Kristen A.*, U. K. Conservative Donor Gives Up Non-Dom Status to Remain in House of Lords, taxanalysts: Doc 2010-15098 (Stand: 08.07.2010).

5 Siehe Section 141 des Financial Bill 2010, http://www.finance.gov.ie/viewdoc.asp?fn=/documents/Publications/Finance%20Bill%202010/Bill2010.pdf.

6 Vgl. Bericht der Steuerreformkommission zum Außensteuerrecht, Schriftenreihe BMF, Band 16, Bonn 1970, S. 19 ff.

7 Siehe z. B. die Pressemitteilung Nr. 23 der SPD-Bundestagsfraktion vom 14.01.2004 bezüglich der Diskussion über die Anknüpfung der Steuerpflicht an die Staatsangehörigkeit mit Blick auf den Fall „Müller-Milch"; ferner *Lehner, Moris/Reimer, Ekkehart*, Generalthema I: Quelle versus Ansässigkeit – Wie sind die grundlegenden Verteilungsprinzipien des Internationalen Steuerrechts austariert, IStR 2005, S. 542 (551), dort auch Fußnote 91.

zuletzt 2009 in Deutschland, die rechtswissenschaftlichen Vorschläge zur stärkeren Berücksichtigung der Staatsangehörigkeit bei der Besteuerung von Sportlern im Allgemeinen[8] oder eine umfassende Studie von *Ayelet Shachar* und *Ran Hirschl* mit einem Konzept zur Behandlung der Staatsangehörigkeit als *inherited property (birthright privilege),* die diese *vererbte* Tatsache der Besteuerung zugunsten jeweils weniger entwickelter Länder zu unterwerfen vermögen[9]. Unermüdlich leistet auch die Judikatur des EuGH ihren staatsangehörigkeitsbezogenen Diskussionsbeitrag und bietet – unter anderem mit dem Urteil in der Sache „van Hilten-van der Heijden“[10] – den Gesetzgebern und den Wissenschaftlern eine günstige Gelegenheit, die Staatsangehörigkeit als Anknüpfungsmoment der Steuerpflicht ins Licht zu ziehen bzw. sie in einem neuen Licht zu betrachten.

*„To boost the [...] economy I'd tax all foreigners living abroad“*[11] – spekuliert man in Monty Python's Flying Circus. Einer derartigen – für den Haushalt eines Staates sicherlich durchaus reizvollen und fiskalisch erfreulichen – Alternative fehlt es jedoch sowohl an jeglicher befriedigender sinngebender Mindestrechtfertigung als auch an belastbaren Rechtsgrundsätzen und -mechanismen zur Durch- und Umsetzung eines solchen Vorhabens. Diese Arbeit fokussiert dagegen einen angrenzenden Rechtsgedanken, und zwar die Frage der rechtlichen Schranken einer grundsätzlichen Einbeziehung der Staatsangehörigen eines Staates in die unbeschränkte Einkommensteuerpflicht im Herkunftsland, unabhängig von deren territorialer Ansässigkeit.

Im Schrifttum wurde das Nationalitätsprinzip als eines der *„largely unexplored problems of international fiscal jurisdiction“*[12] bezeichnet. Zu der von *Frederick Alexander Mann* angesprochenen grundsätzlichen Problematik der völkerrechtlichen Zulässigkeit einer Anknüpfung der unbeschränkten Einkommen-

---

8 Vgl. *Bazó, Andrés E.*, A Proposal for the Taxation of Athletes, Tax Notes International 2009, Vol. 56, No. 1, http://ssrn.com/abstract=1483114; kritisch zu derartigen Vorschlägen: *Ritter, Wolfgang*, Brauchen wir ein neues Steuerfluchtgesetz?, IIFS-Hefte zur Internationalen Besteuerung, Hamburg 1987, S. 24: *„Wollte man die deutsche Staatsangehörigkeit zum Anlaß weltweiter Besteuerung machen, brauchte man für die Förderung des deutschen Leistungssports oder deutscher Künstler keine Anstrengungen mehr zu unternehmen. Es käme einer Aufforderung gleich, die deutsche Staatsangehörigkeit und mit ihr ein unersättliches Steuernetz abzuwerfen, sobald man es geschafft hat, zur internationalen Spitze vorzustoßen“.*

9 Vgl. *Shachar, Ayelet/Hirschl, Ran*, Citizenship as Inherited Property, Political Theory 2007, S. 253 (279 ff.).

10 Vgl. EuGH, Urteil vom 23.02.2006 Rs. C-513/03 „van Hilten-van der Heijden“, Slg. 2006, I-1957.

11 *Chapman, Graham et al.*, The Complete Monty Python's Flying Circus: All the Words 196 (1989), zitiert in: *Kirsch, Michael S.*, The Tax Code as Nationality Law, Harvard Journal on Legislation 2006, S. 375 (377).

12 *Mann, Frederick A.*, Studies in International Law, Oxford 1973, S. 101.

steuerpflicht an die Staatsangehörigkeit einer natürlichen Person kamen in den letzten Jahrzehnten zahlreiche abkommens- und gemeinschaftsrechtliche Schranken hinsichtlich der staatsangehörigkeitsbezogenen Differenzierung der Steuerpflichtigen hinzu. Soweit ersichtlich, wurden in diesem Zusammenhang in der deutschen Fachliteratur lediglich jeweils isolierte Problemstellungen ausführlich diskutiert und dabei (teilweise äußerst) kritisch gewürdigt. Eine umfassende Analyse dieser Bereiche mit den mannigfachen Elementen der vertikalen Rechtsvergleichung, inklusive einer grundsätzlichen Einschätzung des verfassungsrechtlichen Rahmens des Nationalitätsprinzips, bildet primär den Schwerpunkt der vorliegenden Untersuchung.

Es handelt sich dabei weder um ein Plädoyer für die Anknüpfung oder Nichtanknüpfung der unbeschränkten Einkommensteuerpflicht an die Staatsangehörigkeit noch um eine rechtsphilosophische Rechtfertigung einer solchen (Nicht-) Anknüpfung, sondern vielmehr um eine Untersuchung des aktuell bestehenden rechtlichen Rahmens zur Anwendung des Nationalitätsprinzips im deutschen Steuerrecht. Ob dieses einer volks- und betriebswirtschaftlich sowie rechtsphilosophisch ideell abgesteckten Steuerhoheit zu genügen vermag – darüber kann man offenbar trefflich streiten –, wird diese Arbeit nicht zu bestimmen versuchen.

## § 2 Gegenstand der Untersuchung: einschränkende Prämissen

### I. Staatsangehörigkeit als Anknüpfungsmoment *zur Aufteilung* der Steuerhoheit

Die Staatsangehörigkeit kann in zweierlei Hinsicht betrachten werden. Zum einen stellt sie ein Anknüpfungsmoment zur Aufteilung der Steuerhoheit[13] zwischen den Ländern dar: ein rechtliches Merkmal, welches zur Bestimmung der anwendbaren, zuständigen Rechtsordnung im internationalen Kontext führt. Auf dem Gebiet des Steuerrechts handelt es sich dabei vordringlich um die primäre Entscheidung, ob ein Staat seine Abgabegewalt in Bezug auf den konkreten Sachverhalt dem Grunde nach erstrecken kann und will (Anknüpfungsmoment im engeren, eigentlichen Sinn). Eine eventuelle Überschneidung der zuständigen Rechtsordnungen wird dabei zunächst nicht ausgeschlossen.[14] Die Staatsangehö-

13 Kritisch zur Verwendung des Begriffs „Steuerhoheit" *Vogel, Klaus*, Theorie und Praxis im Internationalen Steuerrecht, DStR 1968, S. 427 (427 f.).

14 Zum (Quasi-)Kollisionscharakter des internationalen Steuerrechts siehe *Debatin, Helmut*, Steuerbelastungsangleichung als Neuorientierung des internationalen Steuerkollisionsrechts:

rigkeit als Anknüpfungsmoment zur Aufteilung der (Einkommen-)Steuerhoheit bildet den Kern der vorliegenden Arbeit.

Andererseits tritt die Staatsangehörigkeit aber auch als ein Tatbestandsmerkmal auf, an das die steuerrechtlichen Normen einer – bereits als steuerlich zuständig eingestuften – Rechtsordnung ihre rechtlichen Folgen anzuknüpfen pflegen (Anknüpfungsmoment im weiteren Sinn). Die (Folge-)Frage der staatsangehörigkeitsabhängigen Ausübung der aufgeteilten Steuerhoheit gehört zum Gegenstand dieser Untersuchung freilich nur insoweit, als die dadurch erlangten Erkenntnisse eine Entscheidungsgrundlage oder Erfahrungswerte für die Anknüpfung an die Staatsangehörigkeit zur Aufteilung der Einkommensteuerhoheit bieten können.[15]

## II. Staatsangehörigkeit als persönliches Merkmal einer natürlichen Person

Der Begriff der Staatsangehörigkeit wird regelmäßig in Bezug auf eine natürliche Person verwendet. Je nach der Herkunft oder den spezifischen Merkmalen eines Gegenstandes, einer Dienstleistung oder Kapitals kann man von deren (zumindest wirtschaftlicher) Zugehörigkeit zu einem Land sprechen.[16] Auch juristische Personen können als einem Staat zugehörig bezeichnet werden[17] (in der englischsprachigen Literatur wird sogar grundsätzlich von der *nationality* einer

---

Neugestaltung der deutsch-französischen Steuerbeziehungen, DStZ/A 1969, S. 305 (305); daraus kann jedoch nicht abgeleitet werden, dass das internationale Steuerrecht Kollisionsnormen im eigentlichen Sinne beinhaltet, siehe hierzu *Vogel, Klaus*, Internationales Steuerrecht, DStZ 1997, S. 269 (271).

15 Zur grundsätzlichen Unterscheidung der Problematik der *Reichweite des Steuerzugriffs* (Aufteilung der Steuerhoheit) von den Fragen zu der *Ausgestaltung der Steuerpflicht* (Ausübung der Steuerhoheit) vgl. *Lehner, Moris/Waldhoff, Christian*, in: Kirchhof, Paul/Söhn, Hartmut/Mellinghoff, Rudolf (Hrsg.), Einkommensteuergesetz: Kommentar, Loseblattwerk, Heidelberg 1986 ff., § 1 EStG, Rz. A 4 (Stand: Juli 2000) sowie A 488 (Stand: November 2003).

16 Z. B. zur *Staatsangehörigkeit* eines Kulturguts siehe *Mussgnug, Reinhard*, Die Staatsangehörigkeit des Kulturguts, in: Bröhmer, Jürgen (Hrsg.), Internationale Gemeinschaft und Menschenrechte: Festschrift für Georg Ress zum 70. Geburtstag am 21. Januar 2005, Köln u. a. 2005, S. 1531 (1531 ff.); zu der Staatsangehörigkeit von Schiffen und Luftfahrzeugen siehe *Greig, D. W.*, International Law, London 1970, S. 307 ff.; *Wengler, Wilhelm*, in: Mitglieder des Bundesgerichtshofes (Hrsg.), Das Bürgerliche Gesetzbuch mit besonderer Berücksichtigung der Rechtsprechung des Reichsgerichts und des Bundesgerichtshofes, Kommentar, Band VI: Internationales Privatrecht, 1. Teilband, 12. Auflage, Berlin u. a. 1981, S. 262 f. und *Akehurst, Michael*, A Modern Introduction to International Law, 5. Auflage, London 1984, S. 83.

17 Siehe hierzu *Wengler, Wilhelm*, a. a. O., 1. Teilband, S. 258 ff.

juristischen Person gesprochen)[18].[19] Den Gegenstand dieser Arbeit stellt dennoch die Staatsangehörigkeit im eigentlichen Sinne dar, also die Staatsangehörigkeit einer natürlichen Person.

## III. Staatsangehörigkeit als Anknüpfungsmerkmal im Einkommensteuerrecht

Wenngleich die Staatsangehörigkeit einer natürlichen Person auch im Kontext der Körperschaftsteuer[20] (dagegen kaum im Umwandlungssteuerrecht)[21], der Grunderwerbsteuer[22], der Umsatzsteuer[23] oder der Vermögensteuer[24] als Anknüp-

---

18 Zur *nationality* einer juristischen Person im Steuerrecht einzelner Staaten vgl. *Rivier, Jean-Marc*, The fiscal residence of companies: General Report, Cahiers de droit fiscal international 1987, Vol. 72a, S. 77 (80 ff.).

19 *Jean Rothstein* macht darauf aufmerksam, dass *Bühler* in seiner Studie über die Beziehungen des internationalen Steuerrechts und des Internationalen Privatrechts die Frage der Zugehörigkeit einer juristischen Person behandelt, *„ohne auch nur ein einziges Mal die Worte ‚Staatsangehörigkeit' oder ‚Nationalität' zu gebrauchen"*, was *„sicherlich kein Zufall"* sei, *Rothstein, Jean*, Die Bedeutung der Staatsangehörigkeit im Steuerrecht Frankreichs, StuW 1964, S. 565 (574). Rechtlich genau ist die Wortkombination *Staatsangehörigkeit einer juristischen Person* tatsächlich nicht. Letztendlich ist es aber *„eine im wesentlichen terminologische Frage, [...] so lange man sich der übertragenen Bedeutung des Begriffs bewußt bleibt", Berber, Friedrich*, Lehrbuch des Völkerrechts, Band I: Allgemeines Friedensrecht, Berlin 1960, S. 366; zur allgemeinen Diskussion, ob eine juristische Person eine Staatsangehörigkeit besitzt, siehe statt vieler *Maienfisch, Andreas*, Die Staatsangehörigkeit der juristischen Personen, Wertheim am Main 1933, S. 14 ff.; zur grundsätzlichen Notwendigkeit der staatsrechtlichen Einordnung der juristischen Personen siehe *Mann, Frederick A.*, Beiträge zum Internationalen Privatrecht, Berlin 1976, S. 56.

20 Vgl. *Rivier, Jean-Marc*, a. a. O., S. 77 (89), dort zum Rechtsstand 1987 (Schweden).

21 Zu den EU-Ländern siehe *Ernst & Young*, Survey of the implementation of Council Directive 90/434/EEC (The Merger Directive, as amended), http://ec.europa.eu/taxati-on_customs/resources/documents/taxation/company_tax/mergers_directive/study_impl_direct.pdf (Stand: 22.01.2009).

22 Vgl. *Demirović, Dragan/Popović, Tomislav*, Branch Report: Serbia, Cahiers de droit fiscal international 2008, Vol. 93a, S. 519 (523); Pressemitteilung des EuGH vom 20.01.2011 Nr. 1/11 zum EuGH-Urteil vom 20.01.2011 Rs. C-155/09 „Kommission/Griechenland", http://curia.europa.eu/jcms/upload/docs/application/pdf/2011-01/cp110001de.pdf.

23 Vgl. *Demirović, Dragan/Popović, Tomislav*, a. a. O., S. 519 (523).

24 Siehe § 1 Abs. 2 Vermögensteuergesetz (VStG) vom 17.04.1974 in der Fassung der Bekanntmachung vom 14.11.1990, BGBl. I 1990, S. 2467, zuletzt geändert durch Art. 107 der Verordnung vom 29.10.2001, BGBl. I 2001, S. 2785 (keine Erhebung ab 1997); § 3 des Gesetzes über die Besteuerung bei Auslandsbeziehungen (Außensteuergesetz) vom 08.09.1972, BGBl. I 1972, S. 1713, zuletzt geändert durch Art. 7 des Gesetzes vom 08.12.2010, BGBl. I 2010, S. 1768 (§ 3

fungsmerkmal dienen kann, werden diese Steuerarten in der vorliegenden Analyse nicht erfasst.

## § 3 Gang der Untersuchung

Die vorliegende Arbeit gliedert sich in fünf Teile. **Kapitel 1** (§§ 4 bis 6) der Untersuchung skizziert die dogmatischen Grundlagen des innerstaatlichen Rechtsinstituts der Staatsangehörigkeit und der völkerrechtlichen Bedeutung der Staatsangehörigkeit, geht auf die Fragen der Anknüpfungsmomente der Staatsangehörigkeit ein und zeigt die grundsätzlichen Zusammenhänge zwischen der Staatsangehörigkeit und der Steuerpflicht in der Bundesrepublik Deutschland – auch in historischer Perspektive – auf. Relevante Erfahrungen anderer Länder werden dabei im Rahmen der horizontalen (Mikro-)Rechtsvergleichung *de lege lata* in die bevorstehende Untersuchung komprimiert einbezogen.

An die Ergebnisse des Kapitels 1 anschließend, bildet die Untersuchung der völkerrechtlichen Rahmenbestimmungen einer Anknüpfung der unbeschränkten Einkommensteuerpflicht an die Staatsangehörigkeit sowie eine Darstellung der rechtlichen Bedeutung der Staatsangehörigkeit im Völkerrecht auf dem Gebiet des Steuerrechts den Schwerpunkt des **Kapitels 2** (§§ 7 bis 11). Um dem Forschungsgegenstand dieser Arbeit gerecht zu werden, beschäftigt sich das Kapitel dabei sowohl mit den allgemeinen Regeln des Völkerrechts als auch mit konkreten Fragen der Vereinbarkeit des Nationalitätsprinzips mit dem Recht der Doppelbesteuerungsabkommen und dem Gemeinschaftsrecht, die eine eventuelle Neutralisierung der Umsetzung des Nationalitätsprinzips in das innerstaatliche Steuerrecht herbeiführen könnten. Eine Auseinandersetzung mit den verfassungsrechtlichen Schranken des Nationalitätsprinzips im deutschen Steuerrecht erfolgt im **Kapitel 3** (§§ 12 bis 17) dieser Arbeit.

Mit einer kritischen Prüfung der Aktualität der von *Georg von Schanz* dargestellten Problemfelder des Nationalitätsprinzips im Steuerrecht und der möglichen Lösungsansätze zur deren Überwindung befasst sich **Kapitel 4** (§§ 18 bis 20). Die rechtlich-philosophischen Aspekte der Steuerrechtfertigung können in diesem Zusammenhang und im Kontext der gesamten Arbeit nur *en passant* angesprochen werden.

Abschließend münden die zentralen Thesen der erfolgten Untersuchung in einer komprimierten Form zusammengefasst und systematisiert in das **Kapitel 5** ein.

---

AStG aufgehoben mit Wirkung zum 01.01.1997 durch Art. 12 des Jahressteuergesetzes 1997 [JStG 1997] vom 20.12.1996, BGBl. I 1996, S. 2049).

# § 4 Überblick über die Staatsangehörigkeit

## I. Allgemeines

Zur Rechtsnatur der Staatsangehörigkeit werden im rechtswissenschaftlichen Schrifttum im Wesentlichen zwei Auffassungen vertreten.[25] Zum einen stellt die Staatsangehörigkeit einen (staats-)rechtlichen Status einer Person dar.[26] Zum anderen wird die Staatsangehörigkeit als ein Rechtsverhältnis mit den damit verbundenen Rechten und Pflichten definiert.[27] Das Bundesverfassungsgericht hat – soweit ersichtlich – beide Sichtweisen bestätigt: Die Staatsangehörigkeit ist einerseits *„ein umfassendes Rechtsverhältnis, aus dem Rechte und Pflichten erwachsen"*[28], andererseits – *der Status* einer Person[29].

Im deutschen Recht unterscheidet man zwischen den deutschen Staatsangehörigen bzw. den Deutschen im Sinne des § 1 StAG[30] und den Deutschen im Sinne des Art. 116 Abs. 1 GG[31]. Ein Deutscher im Sinne des Grundgesetzes ist derjenige, *„[...] wer die deutsche Staatsangehörigkeit besitzt oder als Flüchtling oder Vertriebener deutscher Volkszugehörigkeit oder als dessen Ehegatte oder Abkömmling in dem Gebiete des Deutschen Reiches nach dem Stande vom 31. Dezember 1937 Aufnahme gefunden hat"*, Art. 116 Abs. 1 GG. Ein Deutscher im Sinne des StAG ist dagegen nur, *„wer die deutsche Staatsangehörigkeit besitzt"*.[32]

---

25 Zu der dreifachen Dimension der Staatsangehörigkeit siehe *Ipsen, Knut*, Völkerrecht, 5. Auflage, München 2004, S. 328 m. w. N.

26 Vgl. *Bosniak, Linda*, Citizenship Denationalized, Indiana Journal of Global Law Studies 2000, S. 447 (456); *Hailbronner, Kay*, in: Hailbronner, Kay/Renner, Günter/Maaßen, Hans-Georg, Staatsangehörigkeitsrecht, 5. Auflage, München 2010, Teil I C, Rz. 1; *Makarov, A. N.*, Allgemeine Lehren des Staatsangehörigkeitsrechts, Stuttgart 1947, S. 24 ff.; siehe auch *Laube, Jacques*, Wohnsitz und Staatsangehörigkeit als Anknüpfungsbegriffe im Internationalen Privatrecht, Wandel in ihrem gegenseitigen Verhältnis, Zürich 1961, S. 47 ff.

27 Ebenda.

28 BVerfG, Beschluss vom 15.04.1980 2 BvR 842/77, BVerfGE 54, S. 53, dort in Bezug auf Art. 116 Abs. 2 GG.

29 BVerfG, Beschluss vom 21.05.1974 1 BvL 22/71 und 1 BvL 21/72, BVerfGE 37, S. 217.

30 Staatsangehörigkeitsgesetz (StAG) vom 22.07.1913, ursprünglich: Reichs- und Staatsangehörigkeitsgesetz (RuStAG) vom 22.07.1913, RGBl. 1913, S. 583 (umbenannt mit Art. 1 des Gesetzes zur Reform des Staatsangehörigkeitsrechts vom 15.07.1999, BGBl. I 1999, S. 1618), zuletzt geändert durch Art. 1 des Gesetzes vom 08.12.2010, BGBl. I 2010, S. 1864.

31 Grundgesetz für die Bundesrepublik Deutschland (GG) vom 23.05.1949, BGBl. III 1949, S. 1 (Gliederungsnummer 100-1), zuletzt geändert durch Art. 1 des Gesetzes vom 21.07.2010, BGBl. I 2010, S. 944.

32 Einzelheiten zu dem rechtlichen Institut der deutschen Staatsangehörigkeit sind dem Staatsangehörigkeitsgesetz zu entnehmen; zum Verhältnis der Staatsangehörigkeit und der Staatsbürger-

Jeder deutsche Staatsangehörige ist daher ein Deutscher sowohl im Sinne des Staatsangehörigkeitsgesetzes als auch im Sinne des Grundgesetzes. Ein Deutscher ist dagegen nicht zwingend ein deutscher Staatsangehöriger: Auch Statusdeutsche sind Deutsche, aber eben solche ohne deutsche Staatsangehörigkeit. Eine absolute rechtliche Gleichheit dieser Personengruppen kann dem Grundgesetz nicht entnommen werden. Vielmehr sieht das Grundgesetz die grundsätzliche Gleichstellung in seinem eigenen Rahmen vor: Die *anderweitigen gesetzlichen Regelungen* können gleichwohl zwischen Staatsangehörigen Deutschlands und Personen ohne deutsche Staatsangehörigkeit differenzieren[33] – also auch zwischen Deutschen mit und ohne deutsche Staatsangehörigkeit –, solange die verfassungsrechtlichen, europarechtlichen und allgemeinen völkerrechtlichen Schranken dieser Differenzierung nicht entgegenstehen.

Eine stets zu beachtende Eigenschaft erfährt das rechtliche und politische, aber auch gesellschaftliche Bild der deutschen Staatsangehörigkeit durch die Unionsbürgerschaft. Letztere wurde mit Art. 20[34] AEUV[35] eingeführt und ist vor allem ein Symbol für die Geschlossenheit und Integration Europas:

> *„Mit der durch den Vertrag von Maastricht begründeten Unionsbürgerschaft wird zwischen den Staatsangehörigen der Mitgliedstaaten ein auf Dauer angelegtes rechtliches Band geknüpft, das zwar nicht eine der gemeinsamen Zugehörigkeit zu einem Staat vergleichbare Dichte besitzt, dem bestehenden Maß existentieller Gemeinsamkeit jedoch einen rechtlich verbindlichen Ausdruck verleiht"*[36].

Es handelt sich freilich um keine eigenständige Staatsangehörigkeit oder Staatsbürgerschaft. Vielmehr knüpft Art. 20 Abs. 1 AEUV an das Vorliegen einer Staatsangehörigkeit eines Mitgliedstaates der Europäischen Union – auch

---

schaft siehe *Hailbronner, Kay*, in: Hailbronner/Renner/Maaßen, Staatsangehörigkeitsrecht, Teil I C, Rz. 5 sowie *Wiessner, Siegfried*, Die Funktion der Staatsangehörigkeit: eine historisch-rechtsvergleichende Analyse unter besonderer Berücksichtigung der Rechtsordnungen der USA, der UdSSR und der Bundesrepublik Deutschland, Tübingen 1989, S. 29 ff.; eine natürliche Person, welche die deutsche Staatsangehörigkeit nicht besitzt, ist ein Ausländer (hat sie dabei keine andere Staatsangehörigkeit, so handelt es sich um einen Staatenlosen, vgl. Art. 1 Abs. 1 des Übereinkommens über die Rechtsstellung der Staatenlosen – Staatenlosenübereinkommen vom 28.09.1954, BGBl. II 1976, S. 474).

33 Siehe hierzu *Hailbronner, Kay*, in: Hailbronner/Renner/Maaßen, Staatsangehörigkeitsrecht, Teil II A, Art. 116 GG, Rz. 7.

34 Ex-Art. 17 EGV (Vertrag zur Gründung der Europäischen Gemeinschaft vom 25.03.1957, UNTS 298/11, in der Fassung bis 30.11.2009, zuletzt geändert durch Art. 2 des Vertrages von Lissabon vom 13.12.2007, ABl. 2007 Nr. C 306, S. 1, umbenannt in Vertrag über die Arbeitsweise der Europäischen Union).

35 Vertrag über die Arbeitsweise der Europäischen Union (AEUV) in der Fassung der Bekanntmachung vom 30.03.2010, ABl. 2010 Nr. C 83, S. 47.

36 BVerfG, Urteil vom 12.10.1993 2 BvR 2134/92 und 2 BvR 2159/92, BVerfGE 89, S. 155.

Deutschlands – an, die nach dem Recht dieses Staates zu bestimmen ist.[37] Ein deutscher Staatsangehöriger ist daher zwingend nicht nur ein Deutscher im Sinne des Grundgesetzes oder des Staatsangehörigkeitsgesetzes, sondern auch ein Unionsbürger.[38]

## II. Anknüpfungsmomente der Staatsangehörigkeit und territoriale Ansässigkeit

Nach zutreffender Auffassung des Bundesverfassungsgerichts ist es jedem Staat überlassen, selbst zu bestimmen, *„[...] wann und unter welchen Voraussetzungen jemand seine Staatsangehörigkeit erwirbt oder verliert“*[39]. Dies ist auch im Völkerrecht unumstritten.[40] Das Recht jedes Staates auf eine Regelung seiner Staatsangehörigkeit folgt aus dem Prinzip der staatlichen Souveränität. Wiederum bedeutet es aber auch, dass ein Staat (nur) seine Staatsangehörigkeit, dagegen nicht die Staatsangehörigkeit eines anderen Staates definieren darf.[41]

Bei der Festlegung der Anknüpfungskriterien der Staatsangehörigkeit hat der Staat die völkerrechtlichen Schranken[42] zwingend zu beachten. So setzt das Völkerrecht vor allem voraus, dass der Staatsangehörigkeit ein *genuine link,* eine

37 So die Erklärung Nr. 2 zum Vertrag von Maastricht, siehe hierzu *Kaufmann-Bühler, Werner*, in: Lenz, Carl Otto/Borchardt, Klaus-Dieter (Hrsg.), EU-Verträge, Kommentar nach dem Vertrag von Lissabon, 5. Auflage, Köln 2010, Art. 20 AEUV, Rz. 4.

38 Zur Stellung der Statusdeutschen im Kontext des AEUV siehe *Kaufmann-Bühler, Werner*, in: Lenz, Carl Otto/Borchardt, Klaus-Dieter (Hrsg.), EU-Verträge, Art. 20 AEUV, Rz. 4 sowie *Franzen, Martin*, in: Streinz, Rudolf (Hrsg.), EUV/EGV: Vertrag über die Europäische Union und Vertrag zur Gründung der Europäischen Gemeinschaft, München 2003, Art. 39 EGV, Rz. 46 ff.

39 BVerfG, Beschluss vom 21.05.1974 1 BvL 22/71 und 1 BvL 21/72, BVerfGE 37, S. 217.

40 Vgl. z. B. Art. 1 Satz 1 des Haager Übereinkommens über gewisse Fragen der Kollision von Staatsangehörigkeitsgesetzen vom 12.04.1930, LNTS 179/89; siehe auch *Ipsen, Knut*, Völkerrecht, S. 328 zum Prinzip der souveränem Gleichheit der Staaten; *Doehring, Karl*, Völkerrecht, 2. Auflage, Heidelberg 2004, Rz. 61; *Kaufmann-Bühler, Werner*, in: Lenz, Carl Otto/Borchardt, Klaus-Dieter (Hrsg.), EU-Verträge, Art. 20 AEUV, Rz. 4.

41 Vgl. BVerfG, Beschluss vom 21.05.1974 1 BvL 22/71 und 1 BvL 21/72, BVerfGE 37, S. 217.

42 Siehe z. B. Haager Übereinkommen über gewisse Fragen der Kollision von Staatsangehörigkeitsgesetzen vom 12.04.1930, a. a. O.; Übereinkommen über die Staatsangehörigkeit verheirateter Frauen vom 20.02.1957, BGBl. II 1973, S. 1250; Übereinkommen zur Verminderung der Staatenlosigkeit vom 30.08.1961, BGBl. II 1977, S. 598; Übereinkommen zur Verringerung der Fälle von Staatenlosigkeit vom 13.09.1973, BGBl. II 1977, S. 613; Europäisches Übereinkommen über die Staatsangehörigkeit vom 06.11.1997, BGBl. II 2004, S. 579.

*genuine connection*[43] zugrunde liegt.[44] Das Bundesverfassungsgericht spricht dabei von einer „*näheren tatsächlichen Beziehung*“[45] zu einem Staat. Die „*[...] willkürliche Verleihung der Staatsangehörigkeit, ohne Rücksicht auf das Vorliegen allgemein anerkannter Anknüpfungspunkte [...]*“[46], ist im Regelfall unzulässig.

Zu den völkerrechtlich allgemein anerkannten Anknüpfungsmomenten der Staatsangehörigkeit zählen vor allem die Abstammung (*ius sanguinis*)[47] und der Geburtsort (*ius soli*)[48], aber auch Adoption (*adoptio naturam imitatur*) und Legitimation[49].[50] Die übrigen territorialen Anknüpfungsmerkmale der Staatsangehörigkeit (bzw. der Untertänigkeit), wie etwa ein Wohnsitz oder Aufenthalt auf dem Gebiet eines Staates, waren bis vor Entstehung der europäischen Verfassungsstaaten zwar verbreitet,[51] haben aber mit der weiter steigenden Mobilität der Bevölkerung an Bedeutung verloren.[52] Das grundsätzliche Auseinandergehen der territorialen Ansässigkeit und der Staatsangehörigkeit ist damit allerdings bei weitem nicht verbunden.

---

43 Siehe hierzu pars pro toto *Hailbronner, Kay*, in: Hailbronner/Renner/Maaßen, Staatsangehörigkeitsrecht, Teil I E, Rz. 21 f. m. w. N.

44 Kritisch zur *Genuine-Link*-Theorie *Sloane, Robert D.*, Breaking the Genuine Link: The Contemporary International Legal Regulation of Nationality, Harvard International Law Journal 2009, S. 1 (1 ff.).

45 BVerfG, Beschluss vom 28.05.1952 1 BvR 213/51, BVerfGE 1, S. 322 m. w. N.

46 BGH, Beschluss vom 29.12.1953 4 ARs 47/53, BGHSt 5, S. 230 = NJW 1954, S. 510.

47 Vgl. BVerfG, Beschluss vom 28.05.1952 1 BvR 213/51, BVerfGE 1, S. 322; für Deutschland stellt dieses ein Hauptanknüpfungsmoment der Staatsangehörigkeit dar, siehe hierzu § 4 Abs. 1 StAG sowie BVerfG, Beschluss vom 21.05.1974 1 BvL 22/71 und 1 BvL 21/72, BVerfGE 37, S. 217.

48 Vgl. BVerfG, Beschluss vom 28.05.1952 1 BvR 213/51, BVerfGE 1, S. 322; in Deutschland gilt dieses Prinzip nur eingeschränkt, siehe § 4 Abs. 3 StAG.

49 Siehe §§ 5, 6 StAG.

50 Ausführlich zu den Anknüpfungsmomenten der Staatsangehörigkeit siehe *Hailbronner, Kay*, in: Hailbronner/Renner/Maaßen, Staatsangehörigkeitsrecht, Teil I E, Rz. 36 ff.

51 Vgl. *Renner, Günter*, in: Hailbronner, Kay/Renner, Günter, Staatsangehörigkeitsrecht, 4. Auflage, München 2005, Teil I A, Rz. 2 f.; *von Keller, Fritz/Trautmann, Paul*, Kommentar zum Reichs- und Staatsangehörigkeitsgesetz vom 22. Juli 1913, München 1914, S. 1; *Schätzel, Walter*, Internationales Recht: Gesammelte Schriften und Vorlesungen, Band III: Internationales Staatsangehörigkeitsrecht, Bonn 1962, S. 20; zur Entwicklung der Staatsangehörigkeit in Deutschland vom Mittelalter bis zum 20. Jahrhundert siehe *Zenthöfer, Erich*, Zur Geschichte des Begriffs der Staatsangehörigkeit, Zeulenroda 1937, S. 13 ff.; siehe ferner *Grawert, Rolf*, Staat und Staatsangehörigkeit: verfassungsgeschichtliche Untersuchung zur Entstehung der Staatsangehörigkeit, Berlin 1973, S. 172 ff.

52 Vgl. *Renner, Günter*, a. a. O., Teil I A, Rz. 3.

Während die Staatsangehörigkeit einer Person ursprünglich regelmäßig anhand ihrer territorialen Ansässigkeit in einem Staat rechtlich zu bestimmen war,[53] ist heute die modifizierte Aussage fällig: Die Mehrheit der in einem Staat territorial ansässigen Personen besitzt im Regelfall die Staatsangehörigkeit dieses Staates.[54] Der EuGH spricht sogar von der Diskriminierung aufgrund des Wohnsitzes oder des ständigen Aufenthalts einer Person als einer verdeckten Form der Diskriminierung aufgrund der Staatsangehörigkeit.[55] Der besagte Zustand ist zum einen durch die persönliche Bindung an das eigene Land bedingt: Vor allem durch die Besonderheiten der heimischen Ausbildung, die Sprache und die familiären Verbindungen werden die Auswanderungsmöglichkeiten und insbesondere der Auswanderungswille der Bevölkerung generationenübergreifend sehr stark eingeschränkt. Zum anderen ist der dauerhafte Zutritt zum Territorium eines Landes für Ausländer in der Regel wiederum nur bedingt zulässig.[56] Wird ein derartiger Zutritt dennoch dauerhaft gestattet, ziehen viele Zuwanderer sodann die Alternative der Einbürgerung in Erwägung.[57] Die Möglichkeit der Einbürgerung wird dabei nach wie vor oft an das Vorliegen territorialer Verbundenheit mit dem Staatsgebiet geknüpft.[58] Die Staatsangehörigkeit und die Ortsgebundenheit sind daher regelmäßig – wenngleich nicht in rechtlicher, wohl aber in tatsächlicher Hinsicht – assoziiert.[59]

Die *genuine connection* eines Statusdeutschen mit der Bundesrepublik Deutschland lässt sich unter anderem aus seiner deutschen Volkszugehörigkeit

---

53 Die territoriale Ansässigkeit als tatsächlicher Zustand und die Staatsangehörigkeit als (daraus abgeleitete) rechtliche Folge.

54 Die Staatsangehörigkeit als rechtlicher Zustand und die territoriale Ansässigkeit als tatsächliche Folge.

55 Vgl. die Nachweise in der Fußnote 760.

56 Als Beispiel der rechtlichen Auswirkung der beschränkten Einreisemöglichkeiten eines Ausländers auf seine wirtschaftliche Tätigkeit siehe OLG Celle, Beschluss vom 02.05.2007 9 W 26/07, ZIP 2007, S. 1157 hinsichtlich des Gesetzes betreffend die Gesellschaften mit beschränkter Haftung (GmbHG) vom 20.04.1892, RGBl. 1892, S. 477, in der Fassung vor dem Gesetz zur Modernisierung des GmbH-Rechts und zur Bekämpfung von Missbräuchen (MoMiG) vom 23.10.2008, BGBl. I 2008, S. 2026; zum Rechtsstand nach MoMiG siehe OLG Düsseldorf, Beschluss vom 16.04.2009 3 Wx 85/09, ZIP 2009, S. 1074 (rkr.) sowie OLG München, Beschluss vom 17.12.2009 31 Wx 142/09, ZIP 2010, S. 126 (rkr.).

57 Lässt der Zuzugs- bzw. Wegzugsstaat keine doppelte/mehrfache Staatsangehörigkeit zu, gilt diese Aussage in der Regel nur dann, wenn die Rückkehr in das Heimatland nicht beabsichtigt ist und keine geschäftlichen, beruflichen oder sonstigen Angelegenheiten gegen die Aufgabe der bisherigen Staatsangehörigkeit sprechen.

58 Vgl. z. B. für Deutschland § 8 Abs. 1 StAG und § 10 Abs. 1 StAG.

59 Siehe auch *Dautzenberg, Norbert*, Reformbedarf bei der beschränkten Steuerpflicht nach dem EuGH-Urteil in der Rechtssache Asscher, DB 1996, S. 2248 (2248).

ableiten. Gemäß § 6 Abs. 1 BVFG[60] hat derjenige deutsche Volkszugehörigkeit, *„wer sich in seiner Heimat zum deutschen Volkstum bekannt hat, sofern dieses Bekenntnis durch bestimmte Merkmale wie Abstammung, Sprache, Erziehung, Kultur bestätigt wird"*.[61] Durch die erfolgte Hinnahme von Nachteilen aufgrund dieser Volkszugehörigkeit wird die Verbundenheit mit Deutschland hervorgehoben. Die besagten Kriterien alleine sind von der territorialen Ansässigkeit des Volkszugehörigen unabhängig. Freilich erfordert die Verleihung des Status eines Deutschen zusätzlich die *Aufnahme* dieser Person im Inland. Diese Aufnahme ist stets mit dem Willen des Zuwanderers zur Begründung des ständigen Aufenthalts in Deutschland verbunden:[62] Nur ein die dauerhafte Aufnahme im Inland begehrender Volkszugehöriger kann als Statusdeutscher im Inland aufgenommen werden. Der Begriff *Deutscher* wird somit auch bei den Statusdeutschen im Regelfall eine territoriale Komponente aufweisen.

## III. Rechte und Pflichten eines Staatsangehörigen

Die Staatsangehörigkeit berechtigt und verpflichtet. Zu den wesentlichen Vorteilen eines Staatsangehörigen zählen vor allem die Pflicht der Organe des Staates zum Schutz eigener Staatsangehöriger gegenüber anderen Staaten,[63] das Recht auf Einreise und Aufenthalt[64] auf dem Staatsterritorium sowie soziale und politische Rechte.[65]

---

60 Gesetz über die Angelegenheiten der Vertriebenen und Flüchtlinge (Bundesvertriebenengesetz – BVFG) vom 19.05.1953 in der Fassung der Bekanntmachung vom 10.08.2007, BGBl. I 2007, S. 1902, zuletzt geändert durch Art. 1 des Gesetzes vom 06.07.2009, BGBl. I 2009, S. 1694.

61 Ausführlich zu der Eigenschaft „deutsche Volkszugehörigkeit" siehe *Teppert, Friederich*, Die Rechtstellung der „Deutschen ohne die deutsche Staatsangehörigkeit" im Sinne des Artikels 116 Abs. 1 des Grundgesetzes, München 1969, S. 35 ff.

62 Vgl. *Renner, Günter/Maaßen, Hans-Georg*, in: Hailbronner/Renner/Maaßen, Staatsangehörigkeitsrecht, Teil II A, Art. 116 GG, Rz. 75.

63 Siehe hierzu pars pro toto BVerfG, Beschluss vom 16.12.1980 2 BvR 419/80, BVerfGE 55, S. 349 m. w. N.; zum diplomatischen Schutz im Allgemeinen siehe *Ipsen, Knut*, Völkerrecht, S. 337 ff.; zum diplomatischen Schutz fremder Staatsangehöriger siehe *Kokott, Juliane*, Zum Spannungsverhältnis zwischen nationality rule und Menschenrechtsschutz bei der Ausübung diplomatischer Protektion, in: Ress, Georg/Stein, Torsten (Hrsg.), Der diplomatische Schutz im Völker- und Europarecht, Baden-Baden 1996, S. 45 (45 ff.).

64 Siehe Art. 11 GG.

65 Zu den ausschließlichen Rechten eines Deutschen gehören z. B. Versammlungsfreiheit (Art. 8 Abs. 1 GG), die Vereinigungsfreiheit (Art. 9 Abs. 1 GG), die Freizügigkeit (Art. 11 Abs. 1 GG), das Auslieferungsverbot (Art. 16 Abs. 2 GG), vgl. hierzu pars pro toto *Sachs, Michael*, Verfassungsrecht II, Grundrechte, 2. Auflage, Berlin u. a. 2003, S. 366, 372, 397, 463; siehe auch *Fastenrath, Ulrich*, Inländerdiskriminierung, JZ 1987, S. 170 (170); zu den Wahlrechten eines im

Bei den staatsangehörigkeitsbezogenen Pflichten kann es sich *exempli causa* um die Wehrpflicht[66] oder den zivilen Ersatzdienst[67] handeln. Die festen Inhalte der mit der Staatsangehörigkeit verbundenen Pflichten sind freilich weder völkerrechtlich noch mit dem innerstaatlichen Recht vorgegeben: Die Staatsangehörigkeit bedingt eine grundsätzliche Bereitschaft der Person zur Hinnahme der Verpflichtungen in dem völkerrechtlich und durch das Grundgesetz aufgezeigten Rahmen, der von dem jeweiligen nationalen Gesetzgeber auszufüllen ist.[68]

Die meisten vom Staat zu bestimmenden Rechte (auch Grundrechte) und Pflichten einer natürlichen Person sind – zumindest in einem demokratischen Staat – staatsangehörigkeitsneutral[69] und gelten aufgrund der nationalen Souveränität eines Staates vor allem für alle diejenigen Personen, welche sich auf dem Territorium des jeweiligen Staates aufhalten (die Souveränität eines Staates nach innen)[70].

Erst mit dem Überschreiten geografischer und/oder rechtlicher Grenzen eines Staatsgebiets spielt die Staatsangehörigkeit ihre wesentliche Rolle: Eben dann, wenn eine Person mit dem jeweiligen Heimatstaat zwar (weiterhin) persönlich durch ihre Staatsangehörigkeit, dagegen nicht territorial verbunden ist oder wenn die territoriale Verbindung nicht nur in Bezug auf diesen Staat besteht.[71] Denn zum einen erstreckt sich der Herrschaftsbereich eines Staates – *ratione personae* – auch auf seine sich im Ausland aufhaltenden Staatsangehörigen:[72] *„[...] government, by its very nature, benefits the citizen and his property wherever*

Ausland wohnhaften Deutschen siehe § 12 Abs. 2 Bundeswahlgesetz (BWahlG) vom 07.05.1956 in der Fassung der Bekanntmachung vom 23.07.1993, BGBl. I 1993, S. 1288, 1594, zuletzt geändert durch die Bekanntmachung vom 05.08.2009, BGBl. I 2009, S. 2687.

66 Siehe § 1 Abs. 1 Wehrpflichtgesetz (WPflG) vom 21.07.1956 in der Fassung der Bekanntmachung vom 16.09.2008, BGBl. I 2008, S. 1886, zuletzt geändert durch Art. 1 des Gesetzes vom 31.07.2010, BGBl. I 2010, S. 1052.

67 Siehe § 13a i. V. m. § 1 Abs. 1 WPflG.

68 Vgl. *Hailbronner, Kay*, in: Hailbronner/Renner/Maaßen, Staatsangehörigkeitsrecht, Teil I C, Rz. 4.

69 Vgl. *Geiger, Rudolf*, Grundgesetz und Völkerrecht mit Europarecht, 4. Auflage, München 2009, S. 261 ff.; zum Grundrechtsschutz der Ausländer siehe *Drathen, Klaus*, Deutschengrundrechte im Lichte des Gemeinschaftsrechts: Grundrechtsgewährleistungen für natürliche und juristische Personen der EU-Mitgliedstaaten im Bereich der Bürgerrechte und des Art. 19 Abs. 3 GG, Bonn 1994, S. 3 ff.

70 Siehe hierzu *Doehring, Karl*, Völkerrecht, Rz. 88 ff. und 808 ff.; *Ipsen, Knut*, Völkerrecht, S. 310 ff.

71 Siehe auch *Kirsch, Michael S.*, Taxing Citizens in a Global Economy, New York University Law Review 2007, S. 443 (472).

72 Vgl. *Ipsen, Knut*, Völkerrecht, S. 326.

*found [...]*'[73]. Zum anderen steht es dem Staat frei, Ausländer in das Inland einreisen zu lassen oder ihnen die Einreise zu verwehren.

Aus der freiwilligen, vertraglichen Beschränkung der völkerrechtlichen Souveränität[74] eines Staates können den Vertragsstaaten sowie deren Staatsangehörigen zudem weitere Rechte und Pflichten erwachsen.[75] So ermöglicht die Unionsbürgerschaft im Sinne des Art. 20 Abs. 1 AEUV den unmittelbaren oder mittelbaren Zugang der Unionsbürger zu den europarechtlich insoweit vorgesehenen Rechten (wie etwa allgemeine Freizügigkeit, bestimmte Wahlrechte und das Recht auf diplomatischen Schutz durch einen anderen Vertragsstaat im Hoheitsgebiet eines Drittlands)[76] und Pflichten.

## § 5 Staatsangehörigkeit als Anknüpfungsmoment der Steuerpflicht

### I. Einführung

Der unbeschränkten Einkommensteuerpflicht im Inland unterliegt jede natürliche Person, die über einen inländischen Wohnsitz im Sinne des § 8 AO[77] verfügt oder ihren gewöhnlichen Aufenthalt im Sinne des § 9 AO[78] in Deutschland hat,

73 Cook vs. Tait (05.05.1924), 265 US 47 (1924), dort S. 56.

74 Zum Souveränitätsprinzip im internationalen Steuerrecht siehe *Ipsen, Knut*, Völkerrecht, S. 323.

75 Siehe z. B. die Nachweise in der Fußnote 403.

76 Vgl. Art. 20 Abs. 2 AEUV.

77 Abgabenordnung vom 16.03.1976 in der Fassung der Bekanntmachung vom 01.10.2002, BGBl. I 2002, S. 3866, BGBl. I 2003, S. 61, zuletzt geändert durch Art. 9 des Gesetzes vom 08.12.2010, BGBl. I 2010, S. 1768; ausführlich zu § 8 AO siehe *Kruse, Heinrich Wilhelm*, in: Tipke, Klaus/Kruse, Heinrich Wilhelm (Hrsg.), Abgabenordnung, Finanzgerichtsordnung, Kommentar, Loseblattwerk, Köln 1961 ff., § 8 AO, Rz. 1 ff. (Stand: Oktober 2008); *Buciek, Klaus*, in: Beermann, Albert/Gosch, Dietmar (Hrsg.), Abgabenordnung, Finanzgerichtsordnung, Kommentar, Loseblattwerk, Bonn 1995 ff., § 8 AO, Rz. 8 ff. (Stand: August 2003); *Musil, Andreas*, in: Hübschmann, Walter/Hepp, Ernst/Spitaler, Armin (Hrsg.), Abgabenordnung, Finanzgerichtsordnung, Kommentar, Loseblattwerk, Köln 1951 ff., § 8 AO, Rz. 11 ff. (Stand: November 2010); *Lehner, Moris/Waldhoff, Christian*, in: Kirchhof/Söhn/Mellinghoff, EStG, § 1 EStG, Rz. B 86 ff. (Stand: August 2000).

78 Hierzu ausführlich *Kruse, Heinrich Wilhelm*, in: Tipke, Klaus/Kruse, Heinrich Wilhelm (Hrsg.), Abgabenordnung, Finanzgerichtsordnung, § 9 AO, Rz. 1 ff. (Stand: Oktober 2008); *Buciek, Klaus*, in: Beermann, Albert/Gosch, Dietmar (Hrsg.), Abgabenordnung, Finanzgerichtsordnung, § 9 AO, Rz. 15 ff. (Stand: August 2003); *Musil, Andreas*, in: Hübschmann, Walter/Hepp, Ernst/Spitaler, Armin, Abgabenordnung, Finanzgerichtsordnung, § 9 AO, Rz. 13 ff. (Stand: November 2010); *Lehner, Moris/Waldhoff, Christian*, in: Kirchhof/Söhn/Mellinghoff, EStG, § 1 EStG, Rz. B 166 ff. (Stand: September 2000).

§ 1 Abs. 1 Satz 1 EStG[79]. Diese Steuerpflicht erstreckt sich auf die gesamten Einkünfte des Steuerpflichtigen im Sinne des § 2 Abs. 1 Satz 1 EStG, unabhängig davon, ob sie im Inland oder im Ausland erzielt werden (Welteinkommen). Die Anknüpfung der Besteuerung nach dem Welteinkommensprinzip (auch Universalitäts-, Totalitäts-, Mondialprinzip)[80] an die territorialen Merkmale gründet auf der Annahme der (engsten) persönlichen[81] und wirtschaftlichen Verbindung der natürlichen Person zu ihrem Wohnsitz- bzw. gewöhnlichen Aufenthaltsort.

Die Qualifikation als *natürliche Person* bildet das alleinige persönliche Anknüpfungsmoment der unbeschränkten Steuerpflicht nach § 1 Abs. 1 Satz 1 EStG. Es werden grundsätzlich keine weiteren Anforderungen an die Art dieser Person – wie etwa Alter, Geschlecht, Familienstatus oder Staatsangehörigkeit – gestellt.

Eine natürliche Person, die weder einen Wohnsitz noch ihren gewöhnlichen Aufenthalt im Inland unterhält, ist indessen nur mit ihren inländischen Einkünften im Sinne des § 49 EStG – also nur beschränkt – in Deutschland steuerpflichtig, § 1 Abs. 4 EStG. Die beschränkte Steuerpflicht stellt den Ausfluss des *steuerlichen Territorialitätsprinzips*[82] dar und knüpft an das Vorliegen von Einkünften an, die typisiert einen Bezug zum Inland aufweisen, dagegen nicht an ein zusätzliches territoriales Merkmal wie etwa einen Wohnsitz oder den gewöhnlichen Aufenthalt. Vielmehr wird die beschränkte Steuerpflicht durch das Vorliegen eines inländischen Wohnsitzes oder des gewöhnlichen Aufenthalts im Inland grundsätzlich ausgeschlossen. Auch das Bestehen der erweiterten unbeschränkten Steuerpflicht im Sinne des § 1 Abs. 2 EStG[83] oder der fiktiven unbeschränkten Steuerpflicht nach § 1 Abs. 3 EStG[84] steht der Begründung bzw. dem Aufrechterhalten der beschränkten Steuerplicht entgegen.

79 Einkommensteuergesetz (EStG) vom 16.10.1934 in der Fassung der Bekanntmachung vom 08.10.2009, BGBl. I 2009, S. 3366, 3862, zuletzt geändert durch Art. 8 des Gesetzes vom 09.12.2010, BGBl. I 2010, S. 1900.

80 Siehe pars pro toto *Jacobs, Otto H.* (Hrsg.), Internationale Unternehmensbesteuerung, Deutsche Investitionen im Ausland, Ausländische Investitionen im Inland, 6. Auflage, München 2007, S. 6.

81 Siehe *Ebling, Klaus*, in: Blümich, Walter, Einkommensteuergesetz, Körperschaftsteuergesetz, Gewerbesteuergesetz, Kommentar, Loseblattwerk, München 1989 ff., § 1 EStG, Rz. 30 (Stand: Februar 2008).

82 Siehe pars pro toto *Seiler, Christian/Axer, Georg*, Die EuGH-Entscheidung im Fall „Lidl Belgium" als (Zwischen-)Schritt auf dem Weg zur Abstimmung von nationaler Steuerhoheit und europäischem Recht, IStR 2008, S. 838 (842) m. w. N.

83 Ausführlich zur erweiterten unbeschränkten Einkommensteuerpflicht gemäß § 1 Abs. 2 EStG siehe § 8 (IV.).

84 Siehe § 10 (III. 1).

§ 1 Abs. 4 EStG gestattet lediglich einen eingeschränkten steuerlichen Zugriff des Staates: Die Steuerhoheit Deutschlands als Quellenstaat erstreckt sich ausschließlich auf die von § 49 EStG erfassten inländischen Einkünfte. Im Vergleich zu der unbeschränkten – das Welteinkommen umfassenden – Steuerpflicht im Inland ist die beschränkte Steuerpflicht für den Steuerpflichtigen aus diesem Grund in der Regel zunächst vorteilhafter. Im Gegensatz zu der unbeschränkten Steuerpflicht baut die beschränkte Steuerpflicht jedoch nur auf der wirtschaftlichen, nicht etwa auch auf der persönlichen Verbindung der natürlichen Person zum Inland auf.[85] So steckt die beschränkte Steuerpflicht nicht nur den Umfang der steuerlich zu berücksichtigenden Einnahmen des Steuerpflichtigen ab, sondern führt auch zu der korrespondierenden Einschränkung der diese Einnahmen mindernden Ausgaben: Die Bemessungsgrundlage für die Einkommensteuer wird einerseits durch die Reduzierung der Welteinnahmen auf die (lediglich) den inländischen Einkünften im Sinne des § 49 EStG zugrunde liegenden Einnahmen und andererseits durch die Kürzung der Abzüge gemäß § 50 Abs. 1 EStG modifiziert. Da insbesondere die persönlichen Verhältnisse eines beschränkt Steuerpflichtigen (z. B. sein Existenzminimum und seine Unterhaltspflichten) für die Besteuerung im Inland grundsätzlich unberücksichtigt bleiben oder aber insoweit auch weitere Einschränkungen des § 50 EStG eingreifen (wie etwa die abgeltende Wirkung des Steuerabzugs), kann sich die beschränkte Steuerpflicht im Einzelfall – zumindest auf der Ebene der Ausübung der Besteuerungshoheit – im Vergleich zu der unbeschränkten Steuerpflicht nachteilig auswirken.[86]

Die nachfolgenden Kapitel widmen sich der Untersuchung der Fragen, ob das Vorliegen oder aber auch das Fehlen einer bestimmten Staatsangehörigkeit den Übergang von der unbeschränkten zu der beschränkten Steuerpflicht (und umgekehrt) einer natürlichen Person im Inland verschaffen können, welche steuerlichen Prinzipien die bestehende Anknüpfung der Steuerpflicht an die Staatsangehörigkeit erklären und inwieweit die besagte Anknüpfung den heutigen verfassungs-, abkommens- und europarechtlichen Anforderungen entspricht.

---

85 Vgl. *Lehner, Moris/Waldhoff, Christian*, in: Kirchhof/Söhn/Mellinghoff, EStG, § 1 EStG, Rz. E 4 (Stand: September 2000); siehe auch *Ebling, Klaus*, in: Blümich, EStG, § 1 EStG, Rz. 310 (Stand: Februar 2008); *Stapperfend, Thomas*, in: Herrmann, Carl/Heuer, Gerhard/Raupach, Arndt (Hrsg.), Einkommensteuer- und Körperschaftsteuergesetz: Kommentar, Loseblattwerk, Köln 1979 ff., § 1 EStG, Rz. 332 (Stand: Oktober 2007).

86 Siehe hierzu § 10 (II. 5.2.2).

## II. Unbeschränkte Einkommensteuerpflicht, § 1 Abs. 1 Satz 1 EStG

### 1. Bedeutung der Staatsangehörigkeit im Kontext der Vorschrift

Die Prüfung der einkommensteuerlichen Relevanz der Staatsangehörigkeit für das deutsche Steuerrecht zeigt zunächst, dass sie grundsätzlich kein Anknüpfungsmoment einer unbeschränkten Steuerpflicht im Sinne des § 1 Abs. 1 Satz 1 EStG darstellt. So kann die unbeschränkte Einkommensteuerpflicht einer natürlichen Person – mit der Folge der Besteuerung nach dem Welteinkommensprinzip – nur durch einen inländischen Wohnsitz oder den gewöhnlichen Aufenthalt im Inland begründet werden. Es sind demnach nur die territorialen Merkmale – ein Wohnsitz im Sinne des § 8 AO[87] bzw. der gewöhnliche Aufenthalt im Sinne des § 9 AO[88] –, die die Funktion der Anknüpfungsmomente der unbeschränkten Einkommensteuerpflicht einer natürlichen Person im aktuellen deutschen Steuerrecht einnehmen.

### 2. Historische Entwicklung

Der heutige Steuerrechtler mag die Anknüpfung der unbeschränkten Steuerpflicht an (lediglich) territoriale Merkmale als normal und insbesondere im Hinblick auf den nutzenorientierten Ansatz[89] auch als gerechtfertigt empfinden. Die Staatsangehörigkeit gehört jedoch zu den ältesten Arten der steuerlichen Anknüpfung.[90] Ein Streifzug durch die Geschichte des deutschen Steuerrechts zeigt, dass sich die Verfasser der früheren Einkommensteuergesetze in Deutschland einer breiteren Palette der Anknüpfungsmomente bedient haben: Regelmäßig gehörte die Staatsangehörigkeit einer natürlichen Person zu den steuerlich relevanten Merkmalen, welche die Steuerpflicht dieser natürlichen Person im Inland begründen oder aber auch einschränken konnten.[91]

---

87 Siehe die Nachweise in der Fußnote 77.

88 Siehe die Nachweise in der Fußnote 78.

89 Siehe hierzu die Nachweise in der Fußnote 1028.

90 Vgl. *Zuber, Barbara,* Anknüpfungsmerkmale und Reichweite der internationalen Besteuerung: eine normative Analyse unter Berücksichtigung der Personensteuern in der BRD und in den USA, Hamburg 1991, S. 84.

91 Für einen Überblick siehe auch *Schanz, Georg*, Zur Frage der Steuerpflicht, Finanzarchiv 1892, Band 9 II, S. 1 (36 ff.); *Fischer, Julius*, Die Doppelbesteuerung in Staat und Gemeinde: eine Untersuchung über die Besteuerung der Bundesverwandten und Ausländer, sowie der Forensen, nach den direkten Staats- und Gemeindesteuergesetzen Deutschlands und der Schweiz, Berlin 1909, S. 16 ff.; *Lehner, Moris/Waldhoff, Christian*, in: Kirchhof/Söhn/Mellinghoff, EStG, § 1 EStG, Rz. A 637 ff. (Stand: August 2000).

So spricht § 1 Nr. 1 und 2 des Hamburgischen Einkommensteuergesetzes vom 26. März 1866[92] von den (im Ergebnis etwa) unbeschränkt[93] steuerpflichtigen *hiesigen Staatsangehörigen* und den *Fremden*, die in Hamburg eine Geschäfts- oder Erwerbstätigkeit ausüben und gleichzeitig dort über einen Wohnsitz oder eine Geschäftslokalität verfügen müssen, um dem Kreise der unbeschränkt Steuerpflichtigen zugerechnet zu werden.

Art. 1 Nr. 1 und 3 des Gesetzes betreffend die Einführung einer allgemeinen Einkommensteuer für das Großherzogtum Hessen vom 21. Juni 1869[94] unterscheidet ebenso zwischen den *Inländern* und den *Ausländern*: Die Inländer werden aufgrund des im Großherzogtum belegenen Wohnsitzes zur Einkommensteuer herangezogen. Die Ausländer müssen indessen zusätzlich eines der weiteren Anknüpfungsmerkmale aufweisen (die Ausübung einer mit dem Erwerb verbundenen Beschäftigung im Großherzogtum oder das Vorliegen eines Wohnsitzes, der zum Beginn des Steuerjahres bereits zwei Jahre im Großherzogtum bestanden hat).[95]

Gemäß Art. 5 Buchst. A) Nr. 1 des Gesetzes betreffend die Einführung einer allgemeinen Einkommensteuer für das Großherzogtum Baden vom 20. Juni 1884[96] knüpft die unbeschränkte[97] Steuerpflicht eines Landes- oder sonstigen Reichsangehörigen an einen Wohnsitz (Aufenthalt) im Großherzogtum Baden an. Bei einem Reichsausländer führt nur ein *des Erwerbs wegen* begründeter Wohnsitz zu der Besteuerung mit dem *gesamten steuerbaren Einkommen*: So werden die Reichsausländer, die nicht des Erwerbs wegen einen Wohnsitz im Großherzogtum unterhalten, nur mit ihrem reichsinländischen Einkommen im Inland steuerlich erfasst.[98]

---

92 Hamburgische Gesetzsammlung 1866 Nr. 7, S. 12.

93 *„Die Einkommensteuer ist von dem reinen Einkommen [...] zu entrichten, d. h. von der Summe* ***aller*** *[...] Einnahmen des Steuerpflichtigen* ***ohne Ausnahme, gleichviel, aus welcher Quelle sie geflossen, und ob hier oder auswärts erworben*** *[...]"*, § 4 des Hamburgischen Einkommensteuergesetzes vom 26.03.1866, a. a. O., Hervorhebung nur hier.

94 Großherzoglich hessisches Regierungsblatt 1869 Nr. 25, S. 433.

95 Zu den weiteren steuerlichen Besonderheiten, die (nur) für Ausländer relevant sind, siehe z. B. Art. 4 Nr. 9 und Art. 17 des Gesetzes betreffend die Einführung einer allgemeinen Einkommensteuer für das Herzogtum Hessen vom 21.06.1869, a. a. O.

96 Gesetzes- und Verordnungs-Blatt für das Großherzogtum Baden 1884 Nr. XXVIII, S. 321.

97 *„Steuerpflichtig sind [...] mit ihrem* ***gesamten*** *steuerbaren Einkommen [...]"*, Art. 5 Buchst. A) Nr. 1 des Gesetzes betreffend die Einführung einer allgemeinen Einkommensteuer für das Großherzogtum Baden vom 20.06.1884, a. a. O., Hervorhebung nur hier.

98 Siehe Art. 5 Buchst. A) Nr. 2 des Gesetzes betreffend die Einführung einer allgemeinen Einkommensteuer für das Großherzogtum Baden vom 20.06.1884, a. a. O; zu der ähnlichen Differenzierung nach dem Wohnsitz/Aufenthaltszweck eines Reichsausländers siehe auch Art. 4 des Gesetzes betreffend die Kapitalrentensteuer für das Großherzogtum Baden vom 29.06.1874, Gesetzes- und Verordnungs-Blatt für das Großherzogtum Baden 1884 Nr. XXIX, S. 361, in der

Das Gesetz betreffend die Ermittlung der Erträge aus Kapital, Lohn und Besoldung für Elsaß-Lothringen vom 2. Juli 1898[99] differenziert zwischen den *Landes- und sonstigen Reichsangehörigen* mit einem Wohnsitz oder Aufenthalt in Elsass-Lothringen und den *Ausländern,* die sich in Elsass-Lothringen des Erwerbs wegen oder länger als ein Jahr aufhalten (für Zwecke der Ermittlung der Kapitalerträge, § 3 Nr. 1 und 2 des Gesetzes) bzw. den *Ausländern,* die einen Wohnsitz in Elsass-Lothringen haben oder dort des Erwerbs wegen aufhalten (für Zwecke der Ermittlung der Erträge aus Lohn und Besoldung, § 7 Nr. 1 und 2 des Gesetzes).

§ 1 Nr. 1 bis 3 des Einkommensteuergesetzes für das Fürstentum Schaumburg-Lippe vom 3. Mai 1901[100] beinhaltet eine detaillierte Auflistung der (unbeschränkt)[101] steuerpflichtigen natürlichen Personen und knüpft dabei ebenfalls an die Staatsangehörigkeit an. So unterscheidet es zunächst zwischen den *Schaumburg-Lippischen Staatsangehörigen,* den *Angehörigen anderer Bundesstaaten* und den *Ausländern.* Jeder Schaumburg-Lippische Staatsangehörige unterlag grundsätzlich der unbeschränkten Steuerpflicht im Sinne des § 6 des Gesetzes, es sei denn, dieser Staatsangehörige wohnte in einem anderen Bundesstaat oder in einem deutschen Schutzgebiet oder hielt sich dort auf, ohne einen Wohnsitz in Schaumburg-Lippe zu haben, oder verfügte zwar über einen Wohnsitz in Schaumburg-Lippe, hatte aber gleichzeitig einen *dienstlichen* Wohnsitz in einem anderen Bundesstaat oder in einem deutschen Schutzgebiet oder aber unterhielt nach seinem Wegzug aus Deutschland keinen Wohnsitz in Schaumburg-Lippe und beabsichtigte nicht, nach Deutschland zurückzukehren. Ein Angehöriger eines anderen Bundesstaates war dagegen nur dann unbeschränkt steuerpflichtig, wenn er in Schaumburg-Lippe seinen dienstlichen Wohnsitz hatte oder, ohne in seinem Heimatstaat einen Wohnsitz zu haben, über einen Wohnsitz in Schaumburg-Lippe verfügte bzw., ohne im deutschen Reich einen Wohnsitz zu haben, sich in Schaumburg-Lippe aufhielt. Ausländer konnten indessen wohl nur als – nach heutigem Verständnis – beschränkt[102] Steuerpflichtige infrage kommen.

---

Fassung des Art. 30 II Nr. 2 des Gesetzes betreffend die Einführung einer allgemeinen Einkommensteuer für das Großherzogtum Baden vom 20.06.1884, a. a. O.

99 Gesetzblatt für Elsaß-Lothringen 1898 Nr. 16, S. 61.

100 Schaumburg-Lippische Landesverordnungen 1901 Nr. 10, S. 67.

101 *„Als Einkommen gelten die* ***gesammten*** *Jahreseinkünfte der Steuerpflichtigen in Geld und Geldeswerth aus [...]"*, § 6 des Einkommensteuergesetzes für das Fürstentum Schaumburg-Lippe vom 03.05.1901, a. a. O., Hervorhebung nur hier.

102 *„Einkommensteuerpflichtig sind [...] diejenigen Ausländer [...] mit dem Einkommen, welches* ***in*** *Schaumburg-Lippe erworben* [also quellenabhängig] *oder* ***nach*** *Schaumburg-Lippe gebracht* [wohl als eine Art *Remittance-base*-Klausel] *wird"* oder *„Ohne Rücksicht auf die Staatsangehörigkeit [...] unterliegen der Einkommensteuer alle Personen mit dem Einkommen* ***aus*** [einer

Eine an die Staatsangehörigkeit anknüpfende Gliederung der Vorschrift über die einkommensteuerpflichtigen natürlichen Personen, allerdings mit der Einbeziehung bestimmter Kategorien von Ausländern in die unbeschränkte Steuerpflicht, ist ebenfalls in folgenden Gesetzen enthalten: § 2 des Einkommensteuergesetzes für die Freie Hansestadt Bremen vom 17. Dezember 1874[103], Art. 2 des Einkommensteuergesetzes für das Herzogtum Sachsen Meiningen vom 18. März 1890[104], § 2 des Einkommensteuergesetzes für das Fürstentum Schwarzburg-Sondershausen vom 1. Februar 1894[105], § 2 des Einkommensteuergesetzes für das Herzogtum Braunschweig vom 16. April 1896[106], § 4 des Einkommensteuergesetzes für das Großherzogtum Sachsen-Weimar-Eisenach vom 2. Juni 1897[107], Art. 11 des Einkommensteuergesetzes für das Königreich Bayern vom 19. Mai 1881[108] bzw. Art. 11 des Einkommensteuergesetzes für das Königreich Bayern vom 9. Juni 1899[109], Art. 2 des Einkommensteuergesetzes für das Herzogtum Gotha vom 12. März 1902[110], Art. 2 des Einkommensteuergesetzes für das Herzogtum Coburg vom 2. Dezember 1908[111]. Auch § 1 Nr. 1 bis 3 des Preußischen Einkommensteuergesetzes vom 24. Juni 1891[112] nimmt Rücksicht auf die Staatsangehörigkeit der natürlichen Personen bei der Bestimmung deren subjektiven Steuerpflicht.[113]

Den Höhepunkt als Anknüpfungsmoment der unbeschränkten Einkommensteuerpflicht erfährt die (deutsche) Staatsangehörigkeit im Jahr 1920, als sie einen Platz in § 2 des ersten einheitlichen (Reichs-)Einkommensteuergesetzes 1920 (EStG 1920) vom 29. März 1920[114] (in Anlehnung an das Preußische EStG 1891)[115] einnimmt. So unterscheidet auch das EStG 1920 zwischen den *Deut-*

---

Reihe von inländischen Quellen]", § 1 Nr. 3 bzw. § 2 des Einkommensteuergesetzes für das Fürstentum Schaumburg-Lippe vom 03.05.1901, a. a. O., Hervorhebung nur hier.

103 Gesetzblatt der Freien Hansestadt Bremen 1874 Nr. 24, S. 121.

104 Sammlung der landesherrlichen Verordnungen im Herzogtum Sachsen Meiningen 1890 Nr. 83, S. 321.

105 Gesetz-Sammlung für das Fürstentum Schwarzburg-Sondershausen 1894 Nr. 1, S. 1.

106 Gesetz- und Verordnungs-Sammlung für das Herzogtum Braunschweig 1896 Nr. 21, S. 113.

107 Regierungsblatt für das Großherzogtum Sachsen-Weimar-Eisenach 1897, S. 99.

108 Gesetz- und Verordnungs-Blatt für das Königreich Bayern 1881 Nr. 31, S. 441.

109 Gesetz- und Verordnungs-Blatt für das Königreich Bayern 1899, S. 227.

110 Gesetz-Sammlung für das Herzogtum Gotha 1902 Nr. 3, S. 5.

111 Gesetz-Sammlung für das Herzogtum Coburg 1908 Nr. 25, S. 159.

112 Gesetz-Sammlung für die Königlichen Preußischen Staaten 1891 Nr. 19, S. 175.

113 Siehe hierzu auch *Koblenzer, Thomas*, Die Besteuerung Nichtansässiger – ein historischer Rückblick, IStR 1997, S. 97 (98 f.).

114 RGBl. 1920, S. 359.

115 Vgl. *Dessauer, Joseph Philipp*, Einige Grundfragen des deutschen internationalen Steuerrechts: staatliche Zuständigkeit, Anknüpfung, Qualifikation und Rechtshilfe, München 1940, S. 59.

*schen* und *Nichtdeutschen* für Zwecke der Besteuerung:[116] Unbeschränkt[117] einkommensteuerpflichtig waren grundsätzlich alle Deutschen, mit Ausnahme derjenigen, die sich länger als zwei Jahre dauernd im Ausland aufhielten und dabei über keinen Wohnsitz im Inland verfügten. Nichtdeutsche mussten dagegen stets eines der folgenden territorialen Anknüpfungsmomente aufweisen, um der unbeschränkten Einkommensteuerpflicht zu unterliegen, § 2 I Nr. 2 EStG 1920:

- einen Wohnsitz im Inland,
- einen gewöhnlichen Aufenthalt im Inland des Erwerbs wegen oder
- einen gewöhnlichen Aufenthalt im Inland von mehr als sechs Monaten.

Eine eventuelle Doppel- bzw. Mehrfachbesteuerung konnte durch die Anwendung innerstaatlicher Vorschriften teilweise vermieden werden.[118]

Erst die Verfasser des Einkommensteuergesetzes 1925 (EStG 1925) vom 10. August 1925[119] wichen von der langen Tradition der Anknüpfung an die Staatsangehörigkeit – nach dem Ersuchen der Auslandsdeutschen und der Forderung der Wissenschaft[120] – ab.[121] Nun identifizieren sie den Kreis der unbeschränkt steuerpflichtigen natürlichen Personen ausschließlich durch den territorialen Bezug zum Inland: einen inländischen Wohnsitz oder den gewöhnlichen Aufenthalt im Inland. Dies entspricht grundsätzlich auch der heutigen Haltung des deutschen Gesetzgebers.

---

116 Der Begriff eines deutschen Staatsangehörigen im Steuerrecht entsprach dabei jenem des Staatsrechts, so *Dessauer, Joseph Philipp*, a. a. O., S. 86.

117 *„Einkommensteuerpflichtig sind [...] mit ihrem **gesamten** Einkommen [...]“*, § 2 I EStG 1920, Hervorhebung nur hier.

118 Für EStG 1920 siehe § 28 EStG 1920; ferner *Riehemann, Josef*, Die internationale Doppelbesteuerung unter Berücksichtigung der geschichtlichen Entwicklung und des jetzigen Standes der ihre Beseitigung und Vermeidung bezweckenden Lösungsversuche, Göttingen 1927, S. 33; siehe auch die Sonderregelung des § 55 EStG 1920; für die einzelnen Gebiete des Deutschen Reiches siehe das jeweils einschlägige Gesetz.

119 RGBl. I 1925, S. 189.

120 Vgl. *Dessauer, Joseph Philipp*, a. a. O., S. 60 m. w. N.; RT-Drs. III/795, S. 38.

121 Zu der korrespondierenden Neuordnung auf dem Gebiet des Vermögensteuerrechts siehe das Gesetz über Vermögen- und Erbschaftsteuer vom 10.08.1925, RGBl. I 1925, S. 233 sowie *Riehemann, Josef*, a. a. O., S. 37.

## 3. Staatsangehörigkeit als Unterscheidungskriterium im Zusammenhang mit der Einkommensteuerpflicht: Länderübersicht

Während die rechtliche Differenzierung nach der Staatsangehörigkeit im Regelfall zu einer Benachteiligung der Ausländer führen dürfte,[122] verdichtet sich auf dem Gebiet der Aufteilung der Steuerhoheit eher eine gegenläufige Tendenz:[123] Mehrere Staaten sehen die Staatsangehörigkeit als ein zulässiges und erprobtes Kriterium zur Begründung erhöhter steuerlicher Pflichten für die eigenen Staatsangehörigen und sichern sich somit das Besteuerungspotential im Inland: Die klassische (einfache) unbeschränkte Einkommensteuerpflicht wird derzeit in den USA[124] und Ungarn[125] mit der Staatsangehörigkeit der Steuerpflichtigen verknüpft, wobei beide Länder auch territoriale Merkmale als Anknüpfungsmomente der unbeschränkten Steuerpflicht berücksichtigen (***Staatsangehörigkeit als ein alternatives Anknüpfungsmoment***). Iran setzt dagegen das Vorliegen sowohl der territorialen Ansässigkeit als auch der inländischen Staatsangehörigkeit für die Begründung der unbeschränkten Einkommensteuerpflicht voraus,[126] ähnlich wird auch in den Philippinen[127] verfahren (***Staatsangehörigkeit als ein***

---

122 Siehe z. B. BVerfG, Beschluss vom 21.05.1974 1 BvL 22/71 und 1 BvL 21/72, BVerfGE 37, S. 217.

123 Die Aussage über die grundsätzliche Schlechterstellung eines unbeschränkt Steuerpflichtigen muss relativiert werden, wenn sich die unbeschränkte Steuerpflicht im Vergleich zu der beschränkten Steuerpflicht – ggf. erst auf der Ebene der Ausübung der Steuerhoheit – vorteilhafter auswirkt (dies könnte vor allem bei beachtlichen ausländischen Verlusten der Fall sein), siehe hierzu § 10 (II. 5.2.2).

124 Siehe *Peitz-Ziemann, Petra/Portner, Rosemarie*, in: Endres, Dieter/Schreiber, Christoph (Hrsg.), Investitions- und Steuerstandort USA, München 2008, H: Besteuerung natürlicher Personen, S. 284; zur Steuerreform des Jahres 1913 siehe *Seligman, Edwin R. A.*, The Income Tax: A Study of the History, Theory, and Practice of Income Taxation at Home and Abroad, 2. Auflage, New York 1921, S. 675 ff. sowie *Kirsch, Michael S.*, Taxing Citizens in a Global Economy, New York University Law Review 2007, S. 443 (443).

125 Die Staatsangehörigkeit eines weiteren Staates bei einem nicht im Inland örtlich ansässigen Staatsangehörigen dient dabei als Abknüpfungsmoment der unbeschränkten Einkommensteuerpflicht, vgl. *Antal, Gábor/Kinstellar, Andrékó*, Hungary – Individual Taxation, Country Surveys, Tz. 1.1, IBFD (Stand: 01.01.2011).

126 Vgl. *Ettehadieh, Mehdi/Behzadi, Khodayar*, Iran – Individual Taxation, Country Surveys, Tz. 1.1, IBFD (Stand: 01.01.2011).

127 Vgl. *Bernardo, Maria Rosario L./Mijares, Martin Ignacio D.*, Philippines – Individual Taxation, Country Surveys, Tz. 1.2.1, IBFD (Stand: 01.01.2011) sowie *Romulo, Ricardo J./Valer, Priscilla B./Fernandez, Jayson L.*, Business Operations in the Philippines, Tax Management, 978-4th 2010, A-119. Die bloße Anknüpfung der unbeschränkten Einkommensteuerpflicht an die Staatsangehörigkeit wurde 1997 abgeschafft, vgl. *Gison, C. C.*, Comprehensive tax reform in effect, *TNS-423, 431 (1997); AP, Blue pages*, TNS Online, IBFD (Stand: 23.04.1998).

***kumulatives Anknüpfungsmoment***). In der Ukraine[128] dient die Staatsangehörigkeit als eins der *Tie-Breaker*-Kriterien für die Fälle der doppelten (oder der nicht bestimmbaren) steuerlichen Ansässigkeit.

Wenngleich in Mexiko[129] und Venezuela[130] nur die örtlichen Anknüpfungsmomente als maßgebend für die Begründung der unbeschränkten Steuerpflicht gelten, wird jedoch nach einer wiederlegbaren Vermutung jeder Staatsangehörige des jeweiligen Landes dort als steuerlich ansässig behandelt, solange die tatsächliche Ansässigkeit in einem anderen Land nicht nachgewiesen wird; eine im Ergebnis vergleichbare Regelung kommt auch in Argentinien[131] zur Anwendung (***Staatsangehörigkeit als ein territoriales Anknüpfungsmoment prima facie***).

In Indien[132] weichen die Voraussetzungen der territorialen Ansässigkeit zur Begründung der unbeschränkten Einkommensteuerpflicht eines Staatsangehörigen Indiens oder einer Person indischer Abstammung von denen für einen Ausländer ab.

Finnland[133] unterstellt das Vorliegen eines inländischen Wohnsitzes bei ihren weggezogenen Staatsangehörigen für einen Zeitraum von drei Jahren nach dem Wegzug und unterwirft diese der unbeschränkten Einkommensteuerpflicht im Inland (***Staatsangehörigkeit als ein fingiertes territoriales Anknüpfungsmoment nach dem Extended-Domicile-Prinzip***). Als ein Spiegelbildpendant zu dem Institut der erweiterten unbeschränkten Steuerpflicht schließen einige Länder die zugezogenen ausländischen Arbeitnehmer, die zugleich nicht die Staatsangehörigkeit des Zuzugsstaates besitzen und weitere Bedingungen erfüllen, von

128 Vgl. *Logunova, Yulia,* Ukraine – Individual Taxation, Country Surveys, Tz. 1.1, IBFD (Stand: 15.11.2010).

129 Vgl. *Santacruz, Ricardo León/Morett, Mariana Eguiarte*, Mexico – Individual Taxation, Country Surveys, Tz. 1.1, IBFD (Stand: 03.01.2011), siehe ebenda zur erweiterten unbeschränkten Steuerpflicht der Staatsangehörigen bei einem Wegzug in ein Niedrigsteuerland.

130 Vgl. *Nouel, Luis*, Venezuela – Individual Taxation, Country Surveys, Tz. 1.1, IBFD (Stand: 07.01.2011).

131 Vgl. *Perelli, Eduardo L.*, Branch Report: Argentina, Cahiers de droit fiscal international 2002, Vol. 87b, S. 97 (98 ff.) sowie *Annacondia, Fabiola/Meloni, Eduardo O.*, Argentina – Individual Taxation, Country Surveys, Tz. 1.1, IBFD (Stand: 15.01.2011).

132 Vgl. *Ostwal, T. P./Devaraj, D.*, Branch Report: India, Cahiers de droit fiscal international 2002, Vol. 87b, S. 305 (306) sowie *Susarla, Kamesh*, India – Individual Taxation, Country Surveys, Tz. 1.1, IBFD (Stand: 01.01.2011).

133 Es kann jedoch ein Nachweis erbracht werden, dass der Steuerpflichtige keine Verbindung zum Inland mehr unterhält. In diesem Fall entfällt die unbeschränkte Steuerpflicht, vgl. *Helminen, Marjaana*, Finnish International Taxation, 2. Auflage, Vantaa 2005, S. 65 ff. Zu dem steuerlichen Status eines finnischen Staatsangehörigen nach dem Ablauf der Dreijahresfrist siehe *Helminen, Marjaana*, Branch Report: Finland, Cahiers de droit fiscal international 2002, Vol. 87b, S. 231 (232, 234), zu dem Steuerfluchtbekämpfungscharakter der erweiterten unbeschränkten Steuerpflicht siehe ebenda, S. 231 (234).

der unbeschränkten Einkommensteuerpflicht aus: z. B. Argentinien[134], Belgien[135], Finnland[136], Japan[137], Litauen[138] (***Staatsangehörigkeit als ein negatives Anknüpfungsmoment***).

Italien[139], Norwegen[140], Portugal[141], Schweden[142] und Spanien[143] sehen die Staatsangehörigkeit als kein gewöhnliches Anknüpfungsmoment der unbeschränkten Steuerpflicht, besteuern aber gleichwohl ihre weggezogenen Landsleute im Rahmen der erweiterten unbeschränkten Einkommensteuerpflicht (z. B. Italien[144], Portugal[145], Schweden[146] und Spanien[147])[148] oder berücksichtigen das

---

134 Vgl. *Perelli, Eduardo L.*, Branch Report: Argentina, a. a. O., S. 97 (102); *Annacondia, Fabiola/Meloni, Eduardo O.*, a. a. O., Tz. 1.1.

135 Vgl. *Offermanns, René*, Belgium – Individual Taxation, Country Surveys, Tz. 6.2.1, IBFD (Stand: 01.12.2010).

136 Vgl. *Manninen, Petri/Kyläkallio, Kalle/Rytöhonka, Risto*, Business Operations in Finland, Tax Management, 960-3rd 2007/2009, A-67; zu der zeitlichen Beschränkung der Regelung bis zum 31.12.2011 siehe *Pakarinen, Laura*, Finland – Individual Taxation, Country Surveys, Tz. 6.2.1, IBFD (Stand: 06.01.2011).

137 Natürliche Personen ohne japanische Staatsangehörigkeit, die nicht länger als fünf der letzten zehn Jahre im Inland territorial ansässig waren, besitzen den Status *non-permanent resident* und müssen (nur) ihre Einkünfte aus den japanischen Quellen bzw. die Einkünfte, die in Japan ausgezahlt oder nach Japan überwiesen werden, versteuern, vgl. *Dodds, James/Murata, Miyuki*, Japan – Indvidual Taxation, Country Surveys, Tz. 1.1, IBFD (Stand: 01.10.2010).

138 Vgl. *Degesys, Robertas*, Lithuania – Individual Taxation, Country Surveys, Tz. 1.1, IBFD (Stand: 28.09.2010).

139 Vgl. *Marino, Giuseppe*, Branch Report: Italy, Cahiers de droit fiscal international 2002, Vol. 87b, S. 355 (355) sowie *Greco, Laura*, Italy – Individual Taxation, Country Surveys, Tz. 1.1, IBFD (Stand: 28.02.2011).

140 Vgl. *Furuseth, Eivind*, Norway – Individual Taxation, Country Surveys, Tz. 1.1, IBFD (Stand: 31.01.2011).

141 Vgl. *Ferreira, Vanessa A.*, Portugal – Individual Taxation, Country Surveys, Tz. 1.1, IBFD (Stand: 31.01.2011).

142 Vgl. *Pakarinen, Laura*, Sweden – Individual Taxation, Country Surveys, Tz. 1.1, IBFD (Stand: 13.01.2011).

143 Vgl. *de la Cueva González-Cotera, Alvaro/Deltell, Maria Teresa*, Spain – Individual Taxation, Country Surveys, Tz. 1.1, IBFD (Stand: 31.01.2011).

144 Als Maßnahme zur Bekämpfung der Steuerflucht, *Marino, Giuseppe*, a. a. O., S. 355 (358 ff.) sowie *Greco, Laura*, a. a. O., Tz. 1.1, dort insbesondere zum möglichen Nachweis eines *echten* Wegzugs.

145 Vgl. *Ferreira, Vanessa A.*, a. a. O., Tz. 1.1: *„An individual is considered a resident of Portugal if: [...] he is a Portuguese national who moves his residence to a listed tax haven [...] (in which case he is considered resident of Portugal in the year of removal and the following 4 years), unless he proves that the removal is for a valid reason [...]“.*

146 Zum Schutz des Steueraufkommens und unabhängig vom steuerlichen Status des Zuzugslandes, vgl. *Holmgren, Mikael/Benjaminsson, Kristina*, Branch Report: Sweden, Cahiers de droit fiscal international 2002, Vol. 87b, S. 509 (512). Die zunächst nur für die Staatsangehörigen geltende Regelung wurde im Laufe der Zeit in persönlicher Hinsicht auf alle wegziehenden Steuerinlän-

Kriterium der Staatsangehörigkeit zumindest bei der Prüfung der bestehenden Verbindung zum Inland für Zwecke der Begründung der (erweiterten) unbeschränkten Steuerpflicht (z. B. Norwegen[149] und Schweden[150]).

Auch auf der Ebene der Ausübung der Steuerhoheit wird in einer Reihe von Fällen auf die Staatsangehörigkeit des Steuerpflichtigen abgestellt: z. B. in Angola[151], China[152], Guernsey[153], Indien[154], den Philippinen[155], der Russischen Föderation[156], der Schweiz[157], Serbien[158].

---

der und in zeitlicher Hinsicht von drei auf fünf Jahre ausgeweitet; Nicht-Schweden müssen jedoch dabei mindestens zehn Jahre vor dem Wegzug Steuerinländer gewesen sein, vgl. ebenda, S. 509 (513 f.). In allen Fällen muss eine wesentliche Verbindung zum Inland bestehen; zur Umkehr der Beweisschuld bezüglich des Bestehens solcher Verbindungen nach fünf Jahren siehe ebenda, S. 509 (514).

147 Es handelt sich um eine Maßnahme zur Bekämpfung der Steuerflucht, da nur der Wegzug in ein Niedrigsteuerland (*tax haven*) von der Regelung betroffen ist; hierzu und zu den zeitlichen Einschränkungen vgl. *Bayona Giménez, Juan J./Navarro Faure, Amparo*, Branch Report: Spain, Cahiers de droit fiscal international 2002, Vol. 87b, S. 483 (486 ff.); siehe auch *de la Cueva González-Cotera, Alvaro/Deltell, Maria Teresa*, a. a. O., Tz. 1.1.

148 Siehe auch Fußnote 129 zu Mexico.

149 Vgl. *Oien, Mette/Hveding, Sverre*, Branch Report: Norway, Cahiers de droit fiscal international 2002, Vol. 87b, S. 459 (462).

150 Vgl. *Holmgren, Mikael/Benjaminsson, Kristina*, Branch Report: Sweden, a. a. O., S. 509 (514); siehe auch Fußnote 146.

151 Zu den Steuerbefreiungen älterer Staatsangehöriger vgl. *Ferreira, Vanessa A.*, Angola – Individual Taxation, Country Surveys, Tz. 1.2.2, IBFD (Stand: 15.05.2010).

152 Zur Gewährung steuerlicher Vorteile erst nach einem längeren Aufenthalt im Ausland vgl. *Ma, Shiqi*, Several individual income tax issues clarified, CHI:CN; ITS:CN, TNS Online, IBFD (Stand: 02.09.2009).

153 Vgl. hierzu *Obuoforibo, Belema*, Guernsey – Individual Taxation, Country Surveys, Tz. 1.1, IBFD (Stand: 01.12.2010).

154 Zu den Sondervorschriften für die Besteuerung beschränkt steuerpflichtiger Inder oder natürlicher Personen indischer Abstammung vgl. *Ostwal, T. P./Devaraj, D.*, a. a. O., S. 305 (309 f.) sowie *Susarla, Kamesh*, India – Individual Taxation, Country Surveys, Tz. 6.2.2, IBFD (Stand: 01.01.2011).

155 Zu den steuerlichen Begünstigungen älterer Staatsangehöriger vgl. *Kaur, Daljit*, Expanded Senior Citizens Act of 2010 implementing regulations, TNS:2010-02-18:PH-1; AP:PH, IBFD (Stand: 02.08.2010); zu den Besonderheiten der Steuersätze, Steuererhebung und Abzüge für bestimmte Kategorien nicht ansässiger Ausländer vgl. *Bernardo, Maria Rosario L./Mijares, Martin Ignacio D.*, a. a. O., Tz. 6.3.1, IBFD (Stand: 01.01.2011); *Romulo, Ricardo J./Valer, Priscilla B./Fernandez, Jayson L.*, a. a. O., A-120 f.

156 Die Russische Föderation bietet einen reduzierten Einkommensteuersatz in Höhe von 13 % (statt 30 %) für nicht ansässige hochqualifizierte Arbeitnehmer, vorausgesetzt, diese besitzen nicht die Staatsangehörigkeit der Russischen Föderation, vgl. Art. 224 Abs. 3 Nr. 3 des Steuerlichen Kodex der Russischen Föderation in der Fassung des Art. 5 des Gesetzes vom 19.05.2010 N 86-FZ, Rossijskaja Gazeta 21.05.2010 N 109 sowie Anordnung des Ministeriums der Finanzen der Russischen Föderation vom 27.07.2010 N 03-04-06/0-160, http://www.

## 4. Erfahrungen aus der Anknüpfung der Steuerpflicht an die Staatsangehörigkeit im deutschen Steuerrecht

### *4.1. Erweiterte unbeschränkte Erbschaftsteuerpflicht, § 2 Abs. 1 Nr. 1 Satz 1 i. V. m. Satz 2 Buchst. b) ErbStG*

#### 4.1.1. Allgemeines

Rechtliche Erfahrungswerte der Anknüpfung der Steuerpflicht an die Staatsangehörigkeit einer natürlichen Person im deutschen Steuerrecht bietet das Institut der erweiterten unbeschränkten Erbschaftsteuer-/Schenkungsteuerpflicht. Die Arten und die Anknüpfungsmomente der Erbschaftsteuer-/Schenkungsteuerpflicht richten sich grundsätzlich nach den für die Einkommensteuerpflicht dargestellten Grundsätzen. So wird unterschieden zwischen:

- der *unbeschränkten* Erbschaftsteuer-/Schenkungsteuerpflicht, § 2 Abs. 1 Nr. 1 Satz 1 ErbStG[159] bzw. der *erweiterten unbeschränkten*[160] Erbschaftsteuer-/

---

consultant.ru/law/review/fed/db2010-08-18.html; die staatsangehörigkeitsabhängigen Besonderheiten bestehen auch hinsichtlich der Steuerberechnung und der Pflichten zur Abgabe von Steuererklärungen für die einzelnen Personengruppen, vgl. Art. 227.1 des Steuerlichen Kodex der Russischen Föderation in der Fassung des Art. 5 des Gesetzes vom 19.05.2010 N 86-FZ, Rossijskaja Gazeta 21.05.2010 N 109; siehe auch *Wellmann, Richard*, Russland: Jüngste Entwicklungen, IStR 2010, Länderbericht, S. 86 (87).

157 Zu den (zeitlichen) Besonderheiten der pauschalen Besteuerung von Ausländern vgl. *Zwahlen, Bernhard/Merhai, Joseph*, Clarification of Lump-Sum Taxation in Switzerland, Bulletin for International Taxation 2003, S. 289 ff.; *Möhr, Marco*, Die Bedeutung der Staatsangehörigkeit der natürlichen Personen im schweizerischen Steuerrecht, Chur 2002, S. 182 ff.; siehe ferner *Bron, Jan F./Seidel, Karsten*, Mögliche Inlandsbesteuerung aufgrund der Abschaffung der Besteuerung nach dem Aufwand (Pauschalbesteuerung) in der Schweiz: zugleich Überlegungen zum Verhältnis der Nebentatbestände zum Grundtatbestand des § 6 AStG, IStR 2009, S. 312 (312 ff.); Art. 14 des Bundesgesetzes über die direkte Bundessteuer (DBG) vom 14.12.1990 (AS 1991 1184) und Art. 6 des Bundesgesetzes über die Harmonisierung der direkten Steuern der Kantone und Gemeinden (StHG) vom 14.12.1990 (AS 1991 1256); zur Quellensteuerpflicht der Arbeitnehmer mit ausländischer Staatsangehörigkeit ohne fremdpolizeiliche Niederlassungsbewilligung siehe Art. 83 DBG, Art. 32 StHG; hierzu ausführlich *Möhr, Marco*, a. a. O., S. 122 ff.; zur Gewährung der Freistellung von der schweizerischen Besteuerung für nichtschweizerische Staatsangehörige durch einen öffentlich-rechtlichen Vertrag zwischen der Schweiz und dem Arbeitgeber siehe FG München, Urteil vom 23.09.2010 11 K 1169/08, EFG 2011, S. 418 (Revision eingelegt: Az. I R 93/10).

158 Zu den steuerlichen Begünstigungen für die ausländischen Steuerinländer vgl. *Demirović, Dragan/Popović, Tomislav*, a. a. O., S. 519 (522).

159 Erbschaftsteuer- und Schenkungsteuergesetz vom 17.04.1974 in der Fassung der Bekanntmachung vom 27.02.1997, BGBl. I 1997, S. 378, zuletzt geändert durch Art. 14 des Gesetzes vom 08.12.2010, BGBl. I 2010, S. 1768.

Schenkungsteuerpflicht, § 2 Abs. 1 Nr. 1 Satz 1 i. V. m. Satz 2 Buchst. b), c) ErbStG, und

- der *beschränkten* Erbschaftsteuer-/Schenkungsteuerpflicht, § 2 Abs. 1 Nr. 3 ErbStG sowie
- der *erweiterten beschränkten*[161] Erbschaftsteuer-/Schenkungsteuerpflicht, § 4 AStG.

Als Anknüpfungsmomente der unbeschränkten Erbschaftsteuer-/Schenkungsteuerpflicht dienen die territorialen Merkmale: ein inländischer Wohnsitz im Sinne des § 8 AO oder aber der inländische gewöhnliche Aufenthalt im Sinne des § 9 AO. Liegt zumindest eins dieser Anknüpfungspunkte vor,[162] umfasst die Steuerpflicht – ungeachtet der Staatsangehörigkeit des Erblassers, des Schenkers oder des Erwerbers[163] – den gesamten Vermögensanfall, § 2 Abs. 1 Nr. 1 Satz 1 i. V. m. Satz 2 Buchst. a) ErbStG (Weltvermögensprinzip).

Die beschränkte Erbschaftsteuer-/Schenkungsteuerpflicht setzt dagegen das Fehlen von oben genannten territorialen Merkmalen sowie das Vorliegen eines Inlandsvermögens voraus und ist auf dieses Vermögen beschränkt, § 2 Abs. 1 Nr. 3 ErbStG i. V. m. § 121 BewG[164]. Insoweit ist die Staatsangehörigkeit der Beteiligten ebenfalls unerheblich.

Mit dem Entwurf zum Gesetz zur Umsetzung der Beitreibungsrichtlinie sowie zur Änderung steuerlicher Vorschriften[165] hat die Bundesregierung ein erbschaftsteuerliches Novum – *unbeschränkte* Steuerpflicht *auf Antrag* gemäß § 2 Abs. 3

---

160 Vgl. *Wassermeyer, Franz*, in: Flick, Hans/Wassermeyer, Franz/Baumhoff, Hubertus/Schönfeld, Jens, Außensteuerrecht, Kommentar, Loseblattwerk, Köln 1999 ff., § 4 AStG, Rz. 10a (Stand: März 1986); *Zimmermann, Heinz/Klinkertz, Friedhelm*, in: Strunk, Günther/Kaminski, Bert/ Köhler, Stefan (Hrsg.), Außensteuergesetz, Doppelbesteuerungsabkommen: Kommentar, Loseblattwerk, Köln u. a. 2004 ff., § 4 AStG, Rz. 11 (Stand: Juni 2008); *Jülicher, Marc*, in: Troll, Max/Gebel, Dieter/Jülicher, Marc, Erbschaftsteuer- und Schenkungsteuergesetz: Kommentar, Loseblattwerk, München 1981 ff., § 2 ErbStG, Rz. 21 (Stand: Oktober 2010).

161 Vgl. *Wassermeyer, Franz*, in: Flick/Wassermeyer/Baumhoff/Schönfeld, Außensteuerrecht, § 4 AStG, Rz. 4 (Stand: März 1986); *Zimmermann, Heinz/Klinkertz, Friedhelm*, in: Strunk/Kaminski/Köhler, AStG, § 4 AStG, Rz. 5 (Stand: Juni 2008); *Jülicher, Marc*, in: Troll/Gebel/Jülicher, ErbStG, § 2 ErbStG, Rz. 78 (Stand: Oktober 2010).

162 Zur Maßgeblichkeit der Inländereigenschaft des Erblassers (bzw. Schenkers) oder des Erwerbers für den Umfang der Erbschaftsteuer- bzw. Schenkungsteuerpflicht siehe § 2 Abs. 1 Nr. 1 Satz 1 ErbStG; zu dem jeweils maßgebenden Zeitpunkt des Vorliegens der Inländereigenschaft siehe ebenda.

163 Zu einer möglichen Auswirkung der Staatsangehörigkeit des Erblassers, Schenkers oder des Erwerbers im abkommens- oder europarechtlichen Kontext siehe § 9 (IV.) und § 10 (II. 1.1).

164 Bewertungsgesetz (BewG) vom 16.10.1934 in der Fassung der Bekanntmachung vom 01.02.1991, BGBl. I 1991, S. 230, zuletzt geändert durch Art. 13 des Gesetzes vom 08.12.2010, BGBl. I 2010, S. 1768.

165 BR-Drs. 253/11, S. 37.

ErbStG – präsentiert.[166] Diese ermöglicht es einem begünstigten beschränkt Steuerpflichtigen, seinen Vermögensanfall auf Antrag im Rahmen der unbeschränkten Steuerpflicht in Deutschland erfassen zu lassen. Die noch im Referentenentwurf[167] vorgesehene Anknüpfung des Antragsrechts auch an die Staatsangehörigkeit der Beteiligten wurde fallen gelassen (sei es zur Vermeidung eines doppelten Inlandsbezuges oder der Diskussionen im Kontext des Art. 3 GG) und findet sich im Regierungsentwurf nicht wieder.

### 4.1.2. Überblick über die Vorschrift und die Bedeutung der Staatsangehörigkeit

Gemäß § 2 Abs. 1 Nr. 1 Satz 1 i. V. m. Satz 2 Buchst. b) ErbStG tritt die unbeschränkte Erbschaftsteuer- bzw. Schenkungsteuerpflicht auch beim Fehlen der inländischen territorialen Anknüpfungsmomente im Sinne des § 2 Abs. 1 Nr. 1 Satz 2 Buchst. a) ErbStG ein, wenn einer der Beteiligten ein deutscher Staatsangehöriger ist, der sich nicht länger als fünf Jahre im Ausland aufgehalten hat, ohne einen inländischen Wohnsitz zu unterhalten. Es ist entweder auf die Staatsangehörigkeit des Erblassers zur Zeit seines Todes bzw. des Schenkers zur Zeit der Ausführung der Schenkung oder auf die Staatsangehörigkeit des Erwerbers zur Zeit der Entstehung der Steuer nach § 9 ErbStG abzustellen.

Das Vorliegen der deutschen Staatsangehörigkeit bei dem Erblasser oder Schenker führt grundsätzlich zur Erweiterung der unbeschränkten Steuerpflicht aller beteiligten Erwerber. Die deutsche Staatsangehörigkeit eines Erwerbers kann sich dagegen nur auf den persönlichen steuerlichen Status des jeweiligen Erwerbers auswirken. Dabei handelt es sich um die Erweiterung der Anknüpfungsmerkmale der Inländereigenschaft, die für die Begründung der unbeschränkten Erbschaftsteuer- bzw. Schenkungsteuerpflicht einzig maßgebend ist. Der Umfang des – von der so erweiterten Steuerpflicht erfassten – Vermögens wird im Vergleich zum Regelfall des § 2 Abs. 1 Nr. 1 Satz 2 Buchst. a) ErbStG in keiner Hinsicht ausgedehnt.

Die Vorschrift erweitert vielmehr den Umfang der steuerlich relevanten Zugehörigkeit einer natürlichen Person zum Inland. Die enge Bindung an das Inland wird dabei jedoch nur beim Vorliegen eines inländischen Wohnsitzes innerhalb der letzten fünf Jahre vor dem Wegzug bejaht. Ein eventuell früher bestandener gewöhnlicher Aufenthalt im Inland ist grundsätzlich unerheblich und nicht

---

166 Zum europarechtlichen Hintergrund der Regelung siehe EuGH, Urteil vom 22.04.2010 Rs. C-510/08 „Mattner“, http://curia.europa.eu/jurisp/cgi-bin/gettext.pl?Lang=de&num=79899577C19080510&doc=T&ouvert=T&seance=ARRET sowieBR-Drs.253/11, S. 103 f.

167 Siehe http://www.der-betrieb.de/content/pdfft,0,412672, Stand: 10.03.2011.

ausreichend.[168] Der Gesetzgeber postuliert folglich das Bestehen einer besonderen Art der Verbindung zum Inland, welche die (Weiter-)Besteuerung nach dem Weltvermögensprinzip rechtfertigen soll. Im Vergleich zu der Verbindung im Kontext des § 2 AStG[169] und des § 6 AStG[170] knüpft der Gesetzgeber dabei nicht an die Dauer der vorherigen Ansässigkeit im Inland an. Vielmehr handelt es sich um eine nachgelagerte Erfassung jedes deutschen Staatsangehörigen, der zu einem beliebigen Zeitpunkt in den letzten fünf Jahren durch einen Wohnsitz mit dem Inland verbunden war.

Ein einkommensteuerliches Pendant zur derartigen Erweiterung der unbeschränkten Steuerpflicht eines wegziehenden Deutschen enthält das aktuelle Einkommensteuerrecht nicht. Insoweit wird das Gleichlaufen in der Systematik der Einkommensteuer- und der Erbschaftsteuer-/Schenkungsteuerpflichtarten auf den ersten Blick durchbrochen. Ihren Ursprung findet die erweiterte unbeschränkte Erbschaftsteuer- bzw. Schenkungsteuerpflicht nach § 2 Abs. 1 Nr. 1 Satz 1 i. V. m. Satz 2 Buchst. b) ErbStG allerdings in dem auch für die Einkommensteuerpflicht (früher) maßgebenden Grundsatz der rechtlichen Bindung eines Staatsangehörigen an das Inland. So sah § 2 I Nr. 1 EStG 1920 eine unbeschränkte Einkommensteuerpflicht eines jeden Staatsangehörigen des Deutschen Reichs vor, der sich nicht länger als zwei Jahre dauernd im Ausland aufgehalten hat, ohne dabei über einen Wohnsitz im Inland zu verfügen.[171] Die Ähnlichkeit dieser Regelung mit dem jetzigen Institut der erweiterten unbeschränkten Erbschaftsteuer- bzw. Schenkungsteuerpflicht nach § 2 Abs. 1 Nr. 1 Satz 1 i. V. m. Satz 2 Buchst. b) ErbStG ist nicht zu übersehen (das Reichserbschaftsteuergesetz vom 3. Juni 1906[172] knüpfte die unbeschränkte Steuerpflicht u. a. an die Staatsangehörigkeit des Erblassers;[173] mit dem Erbschaftsteuergesetz vom 10. September 1919[174] wurde für Zwecke der Erbanfallsteuer eine zeitliche Grenze von drei Jahren[175] und mit dem Gesetz zur Änderung des Erbschaftsteuergesetzes vom 20. Juli 1922[176] von zwei Jahren[177] eingeführt). Die Tatsache, dass die im Einkommensteuergesetz längst aufgegebene Anknüpfung an die Staatsangehörigkeit und

168 Vgl. *Jülicher, Marc*, in: Troll/Gebel/Jülicher, ErbStG, § 2 ErbStG, Rz. 21 (Stand: Oktober 2010) m. w. N.

169 Siehe hierzu § 5 (II. 4.2).

170 Siehe hierzu § 10 (III. 5).

171 Siehe hierzu § 5 (II. 2).

172 RGBl. 1906, S. 654.

173 Vgl. *Gebel, Dieter*, in: Troll/Gebel/Jülicher, ErbStG, Einführung, Rz. 64 (Stand: Februar 2001).

174 RGBl. 1919, S. 1543.

175 Vgl. *Gebel, Dieter*, in: Troll/Gebel/Jülicher, ErbStG, Einführung, Rz. 69 (Stand: Februar 2001); zur staatsangehörigkeitsabhängigen Nachlasssteuer siehe ebenda, Rz. 68 (Stand: Februar 2001).

176 RGBl. I 1922, S. 610.

177 Vgl. *Baetz, Carl*, Die Steuerpflicht der Auslandsdeutschen, Marburg i. H. 1923, S. 27.

den ehemaligen Wohnsitz ihre Relevanz für die erbschaftsteuer- und schenkungsteuerlichen Zwecke nach der zwischenzeitlichen Abschaffung der erweiterten unbeschränkten Erbschaftsteuerpflicht[178] wieder aufgegriffen worden ist,[179] wird vor allem durch die Notwendigkeit der Bekämpfung der Steuerflucht[180] auf dem Gebiet des Erbschaftsteuerrechts begründet.[181]

### 4.1.3. Länderübersicht

Die Abhängigkeit des sachlichen Umfangs der Steuerpflicht von der Staatsangehörigkeit im Erbschaftsteuerrecht ist auch ausländischen Rechtsordnungen bei weitem nicht fremd. So führt die griechische Staatsangehörigkeit des Erblassers zu der grundsätzlichen Einbeziehung des ausländischen Vermögens in die Erbschaftbesteuerung in Griechenland, unabhängig von der territorialen Ansässigkeit des Erblassers.[182] Auch in der Dominikanischen Republik dient die Staatsangehörigkeit des Erblassers als Anknüpfungsmoment zur steuerlichen Erfassung des ausländischen Vermögens im Inland.[183] Das erbschaftsteuerliche Nationalitätsprinzip gilt ebenfalls in Kuba in Bezug auf ausländische Vermögenswerte. Dabei ist jedoch auf die Staatsangehörigkeit des jeweiligen Erben abzustellen.[184] In Finnland wird die Staatsangehörigkeit (allerdings stets zusammen mit weiteren Kriterien) zur Ermittlung des erbschaftsteuerlich maßgebenden Orts der steuerlichen Ansässigkeit berücksichtigt.[185]

---

178 Siehe Gesetz zur Änderung des Erbschaftsteuergesetzes vom 30.06.1951, BGBl. I 1951, S. 759.

179 Siehe Gesetz zur Reform des Erbschaftsteuer- und Schenkungsteuerrechts vom 17.04.1974, BGBl. I 1974, S. 933.

180 Zum Begriff der Steuerflucht siehe *Schmid, Alfons*, Die internationale Steuerflucht: Möglichkeiten und Bekämpfungsmethoden, Winterthur 1961, S. 1 ff.; *Ruppe, Hans Georg*, in: Herrmann/Heuer/Raupach, EStG, Einf. ESt, Rz. 105 (Stand: Februar 1990); *Ritter, Wolfgang*, Brauchen wir ein neues Steuerfluchtgesetz?, IIFS-Hefte zur Internationalen Besteuerung, Hamburg 1987, S. 12; *Mössner, Jörg Manfred*, Die internationale Steuerflucht, in: Hansmeyer, Karl-Heinrich (Hrsg.), Staatsfinanzierung im Wandel, Berlin 1983, S. 817 (820 ff.).

181 Siehe pars pro toto *Müller-Etienne, Daniel*, Die Europarechtswidrigkeit des Erbschaftsteuerrechts, Baden-Baden 2003, S. 157 m. w. N.; *Troll, Max*, Was bringt das neue Erbschaftsteuergesetz für Ausländer?, BB 1973, S. 1572 (1572).

182 Vgl. *Tsourouflis, Andreas*, Branch Report: Greece, Cahiers de droit fiscal international 2010, Vol. 95b, S. 403 (415), die Ausnahmen und zeitlichen Einschränkungen sind zu beachten; *Jülicher, Marc*, in: Troll/Gebel/Jülicher, ErbStG, § 21 ErbStG, Rz. 101 (Stand: Oktober 2010).

183 Vgl. *Arias, Eunice*, Dominican Republic – Individual Taxation, Tz. 5, IBFD (Stand: 19.01.2011).

184 Vgl. *Muñoz, María*, Cuba – Individual Taxation, Country Surveys, Tz. 5.2, IBFD (Stand: 15.06.2010).

185 Vgl. *Nykänen, Pekka/Räbinä, Timo*, Branch Report: Finland, Cahiers de droit fiscal international 2010, Vol. 95b, S. 333 (345).

Ferner ist das Merkmal der Staatsangehörigkeit in Bulgarien[186], Chile[187], Japan[188], Norwegen[189], Polen[190], der Schweiz[191], Taiwan[192], der Tschechischen Republik[193], der Türkei[194], Ungarn[195], den USA[196], Venezuela[197] sowie (nach dem EuGH-Fall „van Hilten-van der Heijden"[198] in diesem Zusammenhang wohl das bekannteste Land) in den Niederlanden[199] für die Bestimmung des sachlichen Umfangs der Besteuerung eines Erbfalls maßgeblich.[200]

---

186 Vgl. Study on Inheritance Taxes in EU Member States and Possible Mechanisms to Resolve Problems of Double Inheritance Taxation in the EU, August 2010, Copenhagen Economics, S. 9 und 21, http://ec.europa.eu/taxation_customs/resources/documents/common/consultations/tax/2010/08/inheritance_taxes_report_2010_08_26_en.pdf; *Jülicher, Marc*, in: Troll/Gebel/Jülicher, ErbStG, § 21 ErbStG, Rz. 94 (Stand: Oktober 2010).

187 Vgl. *Hurtado, Hugo/Valdés, Carola*, Branch Report: Chile, Cahiers de droit fiscal international 2010, Vol. 95b, S. 197 (213).

188 Vgl. *Miyamoto, Toshiko*, Branch Report: Japan, Cahiers de droit fiscal international 2010, Vol. 95b, S. 489 (489).

189 Vgl. *Walby, Lars H.*, Branch Report: Norway, Cahiers de droit fiscal international 2010, Vol. 95b, S. 593 (600 f.); *Jülicher, Marc*, in: Troll/Gebel/Jülicher, ErbStG, § 21 ErbStG, Rz. 120 (Stand: Oktober 2010).

190 Vgl. *Kardach, Tomasz/Olesińska, Agnieszka*, Branch Report: Poland, Cahiers de droit fiscal international 2010, Vol. 95b, S. 621 (637 f.); *Jülicher, Marc*, in: Troll/Gebel/Jülicher, ErbStG, § 21 ErbStG, Rz. 122 (Stand: Oktober 2010).

191 Nur in den einzelnen Kantonen, vgl. *Eckert, Jean-Blaise*, Branch Report: Switzerland, Cahiers de droit fiscal international 2010, Vol. 95b, S. 747 (763 f.).

192 Vgl. *Chung, Chi*, Branch Report: Chinese Taipei, Cahiers de droit fiscal international 2010, Vol. 95b, S. 217 (230).

193 Vgl. *Zoubek, Jiri*, Branch Report: Czech Republic, Cahiers de droit fiscal international 2010, Vol. 95b, S. 277 (292); *Jülicher, Marc*, in: Troll/Gebel/Jülicher, ErbStG, § 21 ErbStG, Rz. 133 (Stand: Oktober 2010).

194 Vgl. *Jochum, Georg*, Die Folgen doppelter Staatsangehörigkeit für die Erbschaftsteuer am Beispiel deutsch-türkischer Doppelstaatler: doppelte Rechte und doppelte Pflichten?, UVR 2000, S. 415 (416); *Jülicher, Marc*, in: Troll/Gebel/Jülicher, ErbStG, § 21 ErbStG, Rz. 134 (Stand: Oktober 2010).

195 Vgl. *Csikós, Katalin/Löcsei, Tamás*, Branch Report: Hungary, Cahiers de droit fiscal international 2010, Vol. 95b, S. 427 (436); *Jülicher, Marc*, in: Troll/Gebel/Jülicher, ErbStG, § 21 ErbStG, Rz. 135 (Stand: Oktober 2010).

196 Vgl. *Jülicher, Marc*, in: Troll/Gebel/Jülicher, ErbStG, § 21 ErbStG, Rz. 136 (Stand: Oktober 2010).

197 Vgl. *Di Lucente, Nicolas Alfredo/Evans, Ronald E.*, Branch Report: Venezuela, Cahiers de droit fiscal international 2010, Vol. 95b, S. 871 (885).

198 EuGH, Urteil vom 23.02.2006 Rs. C-513/03 „van Hilten-van der Heijden", Slg. 2006, I-1957.

199 Vgl. *Richelle, Frederique M./Sonneveldt, Frans*, Branch Report: Netherlands, Cahiers de droit fiscal international 2010, Vol. 95b, S. 557 (569).

200 Siehe ferner *Müller-Etienne, Daniel*, a. a. O., S. 159 zu Großbritannien, Österreich und Schweden; zu einem Rückblick (dort insbesondere zu Dänemark, Schweden und Spanien, Stand 1985)

### *4.2. Erweiterte beschränkte Einkommensteuerpflicht, § 2 AStG*

#### 4.2.1. Konzept der erweiterten beschränkten Einkommensteuerpflicht

Gibt eine natürliche Person ihren gewöhnlichen Aufenthalt im Inland und, soweit vorhanden, ihren inländischen Wohnsitz auf, so wird sie mangels Anknüpfungsmomenten im Sinne des § 1 Abs. 1 Satz 1 EStG im Inland nicht mehr unbeschränkt steuerpflichtig. Erzielt sie dabei auch keine in § 49 EStG aufgeführten inländischen Einkünfte, scheidet auch die beschränkte Steuerpflicht im Inland aus, § 1 Abs. 4 EStG (Umkehrschluss). Sodann verliert diese natürliche Person ihre steuerliche Relevanz für Deutschland. Dies gilt allerdings nur eingeschränkt: Unter bestimmten – nachfolgend näher definierten Voraussetzungen – wird die inländische beschränkte Steuerpflicht in Wegzugsfällen über den Umfang des § 49 EStG hinaus auf alle Einkünfte im Sinne des § 2 Abs. 1 Satz 1 HS. 1 EStG ausgedehnt, die bei unbeschränkter Steuerpflicht keine ausländischen[201] Einkünfte im Sinne des § 34d EStG[202] wären. Es handelt sich um die *erweiterte beschränkte Steuerpflicht* im Sinne des § 2 AStG, die – ähnlich wie andere Arten der erweiterten Steuerpflicht im deutschen Steuerrecht – unter anderem an die (deutsche) Staatsangehörigkeit anknüpft.

Natürliche Personen, die alle ihre territorialen Anknüpfungsmerkmale der unbeschränkten Steuerpflicht im Inland aufgeben[203] und in einem Niedrigsteuerland im Sinne des § 2 Abs. 2 AStG oder aber auch in keinem ausländischen Gebiet ihre steuerliche Ansässigkeit begründen, unterliegen noch bis zum Ablauf von zehn Jahren nach Ende des Wegzugjahres der erweiterten beschränkten Steuerpflicht in Deutschland, wenn sie wesentliche wirtschaftliche Interessen nach § 2 Abs. 3 AStG in Deutschland haben und als Deutsche in dem durch § 2 Abs. 1 Satz 1 AStG bestimmten Zeitraum unbeschränkt steuerpflichtig im Inland gewesen sind.

---

siehe auch *Goodman, Wolfe D.*, Internationale Doppelbesteuerung bei Erbschaften und Schenkungen: Generalbericht, Cahiers de droit fiscal international 1985, Vol. 70b, S. 115 (126 f.).

201 Ausführlich zu den *nicht ausländischen* Einkünften siehe *Wassermeyer, Franz*, in: Flick/Wassermeyer/Baumhoff/Schönfeld, Außensteuerrecht, § 2 AStG, Rz. 31 ff. (Stand: März 1986/September 1988).

202 Bis 31.12.2008: § 34c Abs. 1 EStG, geändert durch Art. 9 des Jahressteuergesetzes 2009 (JStG 2009) vom 19.12.2008, BGBl. I 2008, S. 2794.

203 Es handelt sich grundsätzlich um die Aufgabe eines inländischen Wohnsitzes und des gewöhnlichen Aufenthalts im Inland. Der Wegfall der unbeschränkten Steuerpflicht nach § 1 Abs. 2 oder 3 EStG erfüllt die Voraussetzungen des § 2 Abs. 1 Satz 1 AStG nicht und kann dessen Folgen nicht auslösen, vgl. Tz. 2.1.1 des BMF-Schreibens betreffend Grundsätze zur Anwendung des Außensteuergesetzes vom 14.05.2004 IV B 4 – S 1340 – 11/04, BStBl. I 2004, Sondernummer 1, S. 3.

Es werden nur die Wegzugsfälle erfasst, die zum grundsätzlichen Wegfall der steuerlichen Ansässigkeit des Auswanderers oder zur Begründung der Ansässigkeit in einem Niedrigsteuerland unmittelbar oder mittelbar (bis zum Ablauf von zehn Jahren nach Ende des Wegzugjahres)[204] nach dem Wegzug führen.

Nach Auffassung der Finanzverwaltung[205] gilt eine natürliche Person für Zwecke des § 2 AStG als in einem Staat ansässig, wenn sie aufgrund eines Wohnsitzes, eines gewöhnlichen Aufenthalts oder eines anderen ähnlichen Merkmals nach dem Recht dieses Staates steuerpflichtig ist; im Umkehrschluss gilt diese Person als in keinem Land ansässig, wenn sie in dieser Weise in keinem Land steuerpflichtig wird oder die bestehende Ansässigkeit nicht nachgewiesen wird.[206]

Die Ähnlichkeit dieser Definition mit der allgemeinen Formulierung der Ansässigkeitsregelung in Art. 4 Abs. 1 OECD-MA ist nicht zu verkennen.[207] Die Heranziehung der (individuellen) Ansässigkeitsdefinition des jeweiligen Doppelbesteuerungsabkommens wird im Schrifttum zwar grundsätzlich zu Recht abgelehnt,[208] denn die Ansässigkeit im Sinne der nationalen Regelung des § 2 AStG darf nicht je nach der (beliebigen) Formulierung des jeweiligen Doppelbesteuerungsabkommens unterschiedlich verstanden werden.[209] Mehrere Autoren kommen aber im Ergebnis zu einer dem Art. 4 Abs. 1 OECD-MA vergleichbaren Formulierung: Die Ansässigkeit wird durch die Einbeziehung von natürlichen Personen in die im ausländischen Gebiet bestehende Steuerpflicht begründet,

---

204 Vgl. *Wassermeyer, Franz*, in: Flick/Wassermeyer/Baumhoff/Schönfeld, Außensteuerrecht, § 2 AStG, Rz. 60b (Stand: März 1986); *Schaumburg, Harald*, Internationales Steuerrecht: Außensteuerrecht, Doppelbesteuerungsrecht, 3. Auflage, Köln 2011, Rz. 5.296; *Baranowski, Karl-Heinz*, Besteuerung von Auslandsbeziehungen, 2. Auflage, Herne/Berlin 1996, Rz. 804.

205 Vgl. Tz. 2.2.1 des BMF-Schreibens betreffend Grundsätze zur Anwendung des Außensteuergesetzes vom 14.05.2004 IV B 4 – S 1340 – 11/04, a. a. O.

206 Kritisch zur Zuweisung der Beweislast an den Steuerpflichtigen siehe *Wassermeyer, Franz*, in: Flick/Wassermeyer/Baumhoff/Schönfeld, Außensteuerrecht, § 2 AStG, Rz. 61b (Stand: März 1986).

207 Für die Auslegung des Begriffs *Ansässigkeit* in Anlehnung an Art. 4 Abs. 1 OECD-MA siehe auch *Lempenau, Gerhard*, in: Brezing, Klaus/Krabbe, Helmut/Lempenau, Gerhard/Mössner, Jörg/Runge, Berndt, Außensteuerrecht, Kommentar, Herne/Berlin 1991, § 2 AStG, Rz. 11.

208 Siehe *Wassermeyer, Franz*, in: Flick/Wassermeyer/Baumhoff/Schönfeld, Außensteuerrecht, § 2 AStG, Rz. 60a (Stand: März 1986); *Zimmermann, Heinz/Könemann, Ragnar W.*, in: Strunk/Kaminski/Köhler, AStG, § 2 AStG, Rz. 51 (Stand: September 2004); *Lempenau, Gerhard*, a. a. O., § 2 AStG, Rz. 11; zum grundsätzlichen Geltungsbereich der abkommensrechtlichen Ansässigkeit siehe BFH, Urteil vom 13.10.1965 I 410/61 U, BStBl. III 1965, S. 738; BFH, Urteil vom 04.06.1975 I R 250/73, BStBl. II 1975, S. 708; BFH, Urteil vom 28.01.2004 I R 56/02, BFH/NV 2004, S. 917; BFH, Urteil vom 07.03.2007 I R 17/06, BFH/NV 2007, S. 1638.

209 Für Auswanderer in abkommenslose Länder gäbe es mangels Doppelbesteuerungsabkommens ohnehin keine entsprechende Formulierung.

wenn diese Steuerpflicht der deutschen unbeschränkten Steuerpflicht vergleichbar ist und an die persönlichen Merkmale anknüpft.[210] Insoweit dürfte der Begriff der Ansässigkeit im Sinne eines dem Art. 4 Abs. 1 OECD-MA entsprechenden Doppelbesteuerungsabkommens den im Schrifttum gesetzten Anforderungen an die Ansässigkeitsbestimmung im Regelfall weitgehend genügen.[211]

Die Regelung des § 2 AStG dient der Annäherung des steuerlichen Status eines weggezogenen und somit nicht mehr unbeschränkt Steuerpflichtigen und der steuerlichen Stellung eines unbeschränkt Steuerpflichtigen im Hinblick auf den Umfang der im Inland steuerpflichtigen Einkünfte und die Höhe der Steuer: Ein erweitert beschränkt Steuerpflichtiger kommt in den Genuss der Vorteile der unbeschränkten Steuerpflicht (wie etwa des vollen Verlustausgleichs)[212], hat aber auch ihre Nachteile – insbesondere die Anwendung des Steuersatzes, der sich für sämtliche Einkünfte dieser Person ergibt, § 2 Abs. 5 Satz 1 AStG[213] – hinzunehmen. Im Ergebnis wird die für die beschränkte Steuerpflicht typische, durch Gründe der Verwaltungsvereinfachung bedingte[214] Einschränkung des Leistungsfähigkeitsprinzips teilweise aufgehoben.[215] Die eventuelle steuerliche Mehrbelastung des erweitert beschränkt Steuerpflichtigen im Vergleich zu einem unbeschränkt Steuerpflichtigen wird durch die Nichterhebung des Mehrbetrags (teilweise) vermieden, § 2 Abs. 6 AStG.[216] Eine volle Angleichung der steuerlichen Stellung dieser Personengruppe mit dem Status eines Steuerinländers ist damit

---

210 Vgl. *Wassermeyer, Franz*, in: Flick/Wassermeyer/Baumhoff/Schönfeld, Außensteuerrecht, § 2 AStG, Rz. 60a (Stand: März 1986); *Zimmermann, Heinz/Könemann, Ragnar W.*, in: Strunk/Kaminski/Köhler, AStG, § 2 AStG, Rz. 50 (Stand: September 2004); siehe auch *Schaumburg, Harald*, Internationales Steuerrecht: Außensteuerrecht, Doppelbesteuerungsrecht, Rz. 5.296.

211 Die Zulässigkeit der Heranziehung von Staatsangehörigkeit des Wegzugsstaats als Anknüpfungsmoment der steuerlichen Ansässigkeit im Sinne des § 2 AStG wird in der Literatur teilweise abgelehnt, siehe *Wassermeyer, Franz*, in: Flick/Wassermeyer/Baumhoff/Schönfeld, Außensteuerrecht, § 2 AStG, Rz. 60a (Stand: März 1986), dort zur Notwendigkeit der zusätzlichen Prüfung der Ansässigkeit unter Berücksichtigung der §§ 8 und 9 AO; ebenso *Zimmermann, Heinz/Könemann, Ragnar W.*, in: Strunk/Kaminski/Köhler, AStG, § 2 AStG, Rz. 50 (Stand: September 2004); a. A. *Lempenau, Gerhard*, a. a. O., § 2 AStG, Rz. 11; *Baßler, Johannes*, in: Flick/Wassermeyer/Baumhoff/Schönfeld, Außensteuerrecht, § 2 AStG, Rz. 57 (Stand: September 2010); zur Staatsangehörigkeit als Anknüpfungsmoment der Ansässigkeit im Kontext des Art. 4 Abs. 1 OECD-MA siehe § 9 (III.).

212 Vgl. Tz. 2.5.1.2 des BMF-Schreibens betreffend Grundsätze zur Anwendung des Außensteuergesetzes vom 14.05.2004 IV B 4 – S 1340 – 11/04, a. a. O.

213 Vgl. FG Bremen, Urteil vom 30.10.2003 1 K 63/03, EFG 2004, S. 169 (rkr.).

214 Ebenda.

215 Vgl. BFH, Beschluss vom 03.11.1982 I R 3/79, BStBl. II 1983, S. 259.

216 Zur Vergleichsrechnung siehe BFH, Urteil vom 26.11.1986 I R 78/81, BStBl. II 1987, S. 363; Tz. 2.6.1 und 2.6.2 des BMF-Schreibens betreffend Grundsätze zur Anwendung des Außensteuergesetzes vom 14.05.2004 IV B 4 – S 1340 – 11/04, a. a. O.

allerdings nicht verbunden: Den Welteinkünften eines unbeschränkt Steuerpflichtigen werden die inländischen zuzüglich anderer nicht ausländischer Einkünfte eines erweitert beschränkt Steuerpflichtigen gegenübergestellt,[217] die ausländischen Einkünfte eines Steuerausländers bleiben dagegen von der inländischen Steuerpflicht unberührt. Aus diesem Grund handelt es sich nicht um die Erweiterung der unbeschränkten Steuerpflicht (bzw. der persönlichen Anknüpfungsmomente der unbeschränkten Steuerpflicht), sondern um die Ausweitung des sachlichen Umfangs der Steuerpflicht eines nicht unbeschränkt Steuerpflichtigen.[218]

### 4.2.2. Historischer Rückblick und Ziel der Regelung

*„Wohnsitzverlegungen physischer Personen, die ausschließlich oder vorwiegend aus steuerlichen Gründen vorgenommen werden, sind gewiss selten [...]"*[219], – meinte Armin Spitaler vor mehr als 60 Jahren. Der deutsche Gesetzgeber dürfte offenbar stets anderen physischen Personen begegnet sein.

Die Problematik der Steuerflucht aus Deutschland wurde in 1964 in einem Bericht der Bundesregierung erneut[220] ernsthaft diskutiert.[221] Die in den wenigen

---

217 Ausführlich zum Verhältnis der inländischen Einkünfte im Sinne des § 49 Abs. 1 EStG zu den nicht ausländischen Einkünften im Sinne des § 2 Abs. 1 Satz 1 AStG siehe BT-Drs. 16/11108, S. 43 ff.; BFH, Urteil vom 19.12.2007 I R 19/06, BStBl. II 2010, S. 398; Tz. 2.5.0.1 und 2.5.0.2 des BMF-Schreibens betreffend Grundsätze zur Anwendung des Außensteuergesetzes vom 14.05.2004 IV B 4 – S 1340 – 11/04, a. a. O.; *Lempenau, Gerhard*, a. a. O., § 2 AStG, Rz. 43; *Schaumburg, Harald*, Internationales Steuerrecht: Außensteuerrecht, Doppelbesteuerungsrecht, Rz. 5.319 ff.; siehe ferner *Baßler, Johannes*, in: Flick/Wassermeyer/Baumhoff/Schönfeld, Außensteuerrecht, § 2 AStG, Rz. 96 ff. (Stand: September 2010).

218 Kritisch zur Einordnung der erweiterten beschränkten Steuerpflicht in die Systematik der beschränkten Steuerpflicht siehe *Salditt, Franz*, Steuerlast und Wanderlust: Grundsatzprobleme der Wegzugsbesteuerung nach dem Entwurf eines Außensteuergesetzes und nach dem revidierten Abkommen mit der Schweiz, StuW 1972, S. 12 (15 ff.).

219 *Spitaler, Armin*, Die Fortschritte der internationalen Ausgleichung der Systeme der direkten Steuern seit 1939, StuW 1948, S. 7 (35).

220 Zu den historischen Korrelaten des § 2 AStG in Deutschland siehe den Überblick von *Lehner, Moris/Waldhoff, Christian*, in: Kirchhof/Söhn/Mellinghoff, EStG, § 1 EStG, Rz. A 633 ff. (Stand: August 2000) sowie *Seweloh*, Die Reichsfluchtsteuer, StuW 1934, Teil I, S. 953 (955 f.); ausführlich zu der staatsangehörigkeitsabhängigen Reichsfluchtsteuer siehe *Heßdörfer, Ludwig*, Die Reichsfluchtsteuer, StuW 1947, S. 745 (745 ff.); *Mußgnug, Dorothee*, Die Reichsfluchtsteuer 1931-1953, Berlin 1993, S. 17 ff.; zur Erweiterung der unbeschränkten Steuerpflicht durch das Gesetz gegen die Steuerflucht vom 26.07.1918, RGBl. 1918, S. 951 siehe *Seweloh*, a. a. O., S. 953 (956).

221 Bericht der Bundesregierung an den Deutschen Bundestag vom 23.06.1964 über die Wettbewerbsverfälschungen, die sich aus Sitzverlagerungen und aus dem zwischenstaatlichen Steuergefälle ergeben können, BT-Drs. IV/2412; siehe hierzu *Menck, Thomas*, Die Eindämmung der

Jahren später verabschiedeten Leitsätze für ein Gesetz zur Wahrung der steuerlichen Gleichmäßigkeit bei Auslandsbeziehungen und Verbesserung der steuerlichen Wettbewerbslage bei Auslandsinvestitionen vom 17. Dezember 1970[222] enthielten die ersten Formulierungen des zukünftigen § 2 AStG. Wenngleich diese Formulierungen zahlreiche Änderungen auf dem Weg zur endgültigen Fassung des § 2 AStG in der Fassung des Art. 1 des Gesetzes zur Wahrung der steuerlichen Gleichmäßigkeit bei Auslandsbeziehungen und zur Verbesserung der steuerlichen Wettbewerbslage bei Auslandsinvestitionen vom 8. September 1972[223] erfahren haben, blieb das Konzept der steuerlichen (Nach-)Erfassung der wegziehenden Deutschen allerdings unverändert.[224]

Die Vorschrift hat einen Lenkungscharakter[225] und soll einen (nur) steuerlich motivierten Wegzug für die im Inland unbeschränkt steuerpflichtigen Deutschen unattraktiver machen. Durch die Festlegung einer Wesentlichkeitsgrenze in § 2 Abs. 3 AStG und einer Bagatellschranke in § 2 Abs. 1 Satz 3 AStG wird die Mehrzahl der Wegzugsfälle von den Folgen des § 2 Abs. 1 AStG verschont. Die Erzielung steuerlicher Mehreinnahmen kann daher nicht als ein ernsthafter Beweggrund für die Einführung der Vorschrift angesehen werden.[226]

### 4.2.3. Bedeutung der Staatsangehörigkeit im Kontext der Vorschrift

Der wegziehende Steuerpflichtige muss in den letzten zehn Jahren vor dem Ende der unbeschränkten Steuerpflicht *als Deutscher* insgesamt mindestens fünf Jahre unbeschränkt einkommensteuerpflichtig gewesen sein, § 2 Abs. 1 Satz 1

---

Steuerflucht im „Steueroasenbericht“ der Bundesregierung, DStR 1964, S. 483 (483 ff.); zum Ausmaß der öffentlichen Resonanz auf den Bericht merkt *Grund* an, dass keine andere Bundestagsdrucksache eine dermaßen hohe Nachfrage zuvor hatte, vgl. *Grund, Walter*, Grundprobleme der Steuerharmonisierung und des internationalen Steuerrechts, StuW 1965, S. 393 (409).

222 „Wahrung der steuerlichen Gleichmäßigkeit bei Auslandsbeziehungen und Verbesserung der steuerlichen Wettbewerbslage bei Auslandsinvestitionen: Gesetzesleitsätze mit Gesetzesbegründung“, DB 1971, S. 16 (16 ff.).

223 BGBl. I 1972, S. 1713.

224 Vgl. *Wassermeyer, Franz*, in: Flick/Wassermeyer/Baumhoff/Schönfeld, Außensteuerrecht, § 2 AStG, Rz. 1 (Stand: September 2009).

225 Siehe *Schaumburg, Harald*, Internationales Steuerrecht: Außensteuerrecht, Doppelbesteuerungsrecht, Rz. 5.285; *Lempenau, Gerhard*, a. a. O., Vor §§ 2-5 AStG, Rz. 10; *Telkamp, Heinz-Jürgen*, Der Außensteuergesetz-Entwurf: Kritische Stellungnahme zum Gesetzentwurf der Bundesregierung über die Besteuerung bei Auslandsbeziehungen (Außensteuergesetz), StuW 1972, S. 97 (103); BVerfG, Beschluss vom 14.05.1986 2 BvL 2/83, BStBl. II 1986, S. 628; FG Bremen, Urteil vom 30.10.2003 1 K 63/03, EFG 2004, S. 169 (rkr.).

226 Vgl. *Zimmermann, Heinz/Könemann, Ragnar W.*, in: Strunk/Kaminski/Köhler, AStG, § 2 AStG, Rz. 7, 10 (Stand: September 2009); ebenso *Lempenau, Gerhard*, a. a. O., Vor §§ 2-5 AStG, Rz. 10 m. w. N.

AStG.[227] Die besagte langjährige Ansässigkeit als Deutscher im Inland,[228] ergänzt durch wesentliche inländische wirtschaftliche Interessen, soll das Bestehen einer tiefen persönlichen Bindung des weggezogenen Steuerpflichtigen an dieses Land und eine enge Beziehung zum deutschen Gemeinwesen typisiert beweisen. Eine derartige tiefe Bindung und eine solche enge Beziehung rechtfertigten es nach Auffassung des Gesetzgebers, die weggezogenen Deutschen und die Steuerinländer steuerlich ähnlicher zu behandeln als das Vergleichspaar „ein beschränkt steuerpflichtiger Ausländer vs. ein unbeschränkt Steuerpflichtiger".[229] Erst nach Ablauf von zehn Jahren nach Ende des Wegzugjahres soll die Eingliederung in das ausländische Staatswesen die Bindung an die Bundesrepublik überlagern und in den Hintergrund treten lassen.[230]

Mit dieser Begründung hat der Gesetzgeber eine Grundlage für zahlreiche Fragen und Diskussionen geschaffen bzw. erneuert: Was begründet eine enge Beziehung zwischen einem Land und einer natürlichen Person? Wann wird die besagte Beziehung so eng, dass sie zu materiellen (nachteiligen) Konsequenzen für die natürliche Person führen darf? Und schließlich: Wie wird man *als Deutscher* unbeschränkt steuerpflichtig?

Der Begriff *Deutscher*, als persönliche Voraussetzung der erweiterten beschränkten Steuerpflicht, wird nach Auffassung der Finanzverwaltung[231] gemäß Art. 116 Abs. 1 GG definiert: Es handelt sich vor allem um diejenigen natürlichen Personen, welche die deutsche Staatsangehörigkeit besitzen.[232] Aber auch Flüchtlinge oder Vertriebene deutscher Volkszugehörigkeit oder deren Ehegatten oder Abkömmlinge, die im Gebiet des Deutschen Reiches nach dem Stand vom

227 Diese Fristen – fünf und zehn Jahre – werden nach § 108 Abs. 1 AO i. V. m. §§ 187 ff. BGB berechnet, vgl. Tz. 2.1.1 des BMF-Schreibens betreffend Grundsätze zur Anwendung des Außensteuergesetzes vom 14.05.2004 IV B 4 – S 1340 – 11/04, a. a. O; siehe hierzu pars pro toto *Richter, Heinz*, Zur Fristenberechnung bei der erweitert beschränkten Steuerpflicht des Außensteuergesetzes, AWD BB 1974, S. 349 (349 f.).

228 Die Merkmale *Deutscher* und *unbeschränkt Steuerpflichtiger* müssen innerhalb des maßgebenden Zeitraums kumulativ vorliegen, vgl. *Debatin, Helmut*, Außensteuerreformgesetz, DStZ/A 1972, S. 265 (269 f.); ebenso *Wassermeyer, Franz*, in: Flick/Wassermeyer/Baumhoff/Schönfeld, Außensteuerrecht, § 2 AStG, Rz. 9 (Stand: März 1986).

229 Siehe BT-Drs. IV/2883, Tz. 19, 22; kritisch *Zimmermann, Heinz/Könemann, Ragnar W.*, in: Strunk/Kaminski/Köhler, AStG, § 2 AStG, Rz. 42 (Stand: September 2009) und *Wassermeyer, Franz*, Die beschränkte Steuerpflicht, in: Vogel, Klaus (Hrsg.), Grundfragen des Internationalen Steuerrechts, Köln 1985, S. 49 (74).

230 Vgl. BT-Drs. IV/2883, Tz. 22.

231 Tz. 2.1.1 Nr. 2 des BMF-Schreibens betreffend Grundsätze zur Anwendung des Außensteuergesetzes vom 14.05.2004 IV B 4 – S 1340 – 11/04, a. a. O.; siehe auch *Trappmann, Helmut J.*, Die erweiterte beschränkte Steuerpflicht im Sinne von § 2 des Außensteuergesetzes (AStG), Bochum 1981, S. 76 f. m. w. N.

232 Siehe § 1 StAG.

31. Dezember 1937 Aufnahme gefunden haben, erfüllen die Voraussetzungen eines *Deutschen* im Sinne des § 2 AStG.[233] Die Aufgabe der deutschen Staatsangehörigkeit vor oder nach dem Wegzug ist unbeachtlich, wenn die zeitlichen Voraussetzungen vor der Aufgabe der Staatsangehörigkeit bereits erfüllt waren. Ebenso steht eine weitere Staatsangehörigkeit des Weggezogenen seiner Behandlung als *Deutscher* für Zwecke des § 2 Abs. 1 Satz 1 AStG nicht entgegen.[234]

Die Angemessenheit dieser Definition wird im Schrifttum teilweise infrage gestellt. So plädieren einige Autoren für die einschränkende Auslegung des Begriffs *Deutscher*: Die von Art. 116 Abs. 1 GG miterfassten Volksdeutschen sollen – mit Blick auf die Formulierung des Art. 116 Abs. 1 GG „Deutsche im Sinne dieses Grundgesetzes", den fehlenden Verweis auf Art. 116 Abs. 1 GG in § 2 AStG sowie den begünstigenden Charakter des Art. 116 Abs. 1 GG für die Volksdeutschen – aus dem Personenkreis der Deutschen im Kontext des § 2 AStG ausgenommen werden.[235] Diesem ist nicht zuzustimmen. Die durch die deutsche Volkszugehörigkeit bedingte und auch gewollte Rückkehr der betroffenen Personen nach Deutschland betont das (Fort-)Bestehen einer besonderen persönlichen Bindung der Volksdeutschen an dieses Land (unberührt davon bleibt die bereits aufgeworfene Frage, ob die persönliche Bindung an ein Land die Erweiterung der Steuerpflicht rechtfertigen kann; diese Überlegung gilt aber auch für die deutschen Staatsangehörigen). Die besagte Bindung kann nicht wegen des bloßen formellen Fehlens der deutschen Staatsangehörigkeit verneint werden. Es sind keine vordringlichen Gründe ersichtlich, die eine differenzierte Behandlung Deutscher für Zwecke des § 2 AStG rechtfertigen sollen.[236] Schließlich ist auch der Gesetzesbegründung[237] nicht zu entnehmen, dass der Gesetzgeber insoweit eine Sonderstellung von Volksdeutschen erreichen wollte.

---

233 Siehe hierzu § 4 (I.).

234 Vgl. Tz. 2.1.1 Nr. 2 des BMF-Schreibens betreffend Grundsätze zur Anwendung des Außensteuergesetzes vom 14.05.2004 IV B 4 – S 1340 – 11/04, a. a. O.

235 Vgl. *Wassermeyer, Franz*, in: Flick/Wassermeyer/Baumhoff/Schönfeld, Außensteuerrecht, § 2 AStG, Rz. 8 (Stand: März 1986); ebenso *Zimmermann, Heinz/Könemann, Ragnar W.*, in: Strunk/Kaminski/Köhler, AStG, § 2 AStG, Rz. 39 (Stand: September 2009).

236 Vgl. *Graf zu Ortenburg, Joachim*, Abgrenzungsfragen bei der erweiterten beschränkten Einkommensteuerpflicht, DStR 1975, S. 483 (486); siehe auch *Weggenmann, Hans*, in: Haase, Florian (Hrsg.), Außensteuergesetz, Doppelbesteuerungsabkommen, Heidelberg 2009, § 2 AStG, Rz. 46.

237 Siehe BT-Drs. IV/2883, Tz. 55.

Ob auch ein Nicht-Deutscher eine „gewisse Bindung“ an Deutschland[238] (insbesondere nach einem längeren Aufenthalt)[239] zu empfinden hat,[240] kann nicht allgemein beantwortet werden und hängt von mehreren Faktoren ab, wie etwa dem Grund, den Lebensbedingungen und der Dauer des Aufenthaltes. Typisiert betrachtet kann man die Aussage des Gesetzgebers zu einer besonderen Bindung der Staatsangehörigen eines Staates an diesen Staat im Vergleich zu den ausländischen Staatsangehörigen allerdings im Regelfall zumindest nachvollziehen.[241]

Inwieweit der Besitz einer Staatsangehörigkeit oder gar die Zugehörigkeit zu einem Volk die Erweiterung des sachlichen Umfangs der Steuerpflicht auslösen darf, ist im Schrifttum umstritten.[242] Diese Diskussion findet ihren Ursprung in der grundsätzlichen Frage, ob die Zugrundelegung der Staatsangehörigkeit als Anknüpfungsmoment jeglicher (und insbesondere unbeschränkter) Steuerpflicht *gerechtfertigt* werden kann.[243]

### 4.2.4. Zwischengeschaltete Gesellschaften im Sinne des § 5 Abs. 1 AStG

Gemäß § 5 Abs. 1 Satz 1 AStG wird der Geltungsbereich der Hinzurechnungsbesteuerung nach §§ 7, 8 und 14 AStG auf natürliche Personen erweitert, die in den letzten zehn Jahren vor der Aufgabe der territorialen Anknüpfungsmerkmale der unbeschränkten Steuerpflicht nach § 1 Abs. 1 Satz 1 EStG *als Deutsche* insgesamt mindestens fünf Jahre im Inland unbeschränkt einkommensteuerpflichtig waren und ihre Ansässigkeit in einem Niedrigsteuerland oder in keinem Land begründen. Bei den Betroffenen handelt es sich grundsätzlich um die Steuerpflichtigen, die die persönlichen Voraussetzungen der erweiterten beschränkten

---

238 Oder an jeden anderen Staat, in dem sich ein ausländischer Staatsangehöriger aufhält.

239 Etwa 67 % aller in Deutschland ansässigen Ausländer halten sich in Deutschland bereits zehn und mehr Jahre auf, vgl. Achter Bericht über die Lage der Ausländerinnen und Ausländer in Deutschland, BT-Drs. 17/2400, S. 284 *(„Die Aufenthaltsdauer ergibt sich ohne Berücksichtigung von Unterbrechungen als Differenz zwischen Auszählungsstichtag und Datum der ersten Einreise nach Deutschland“*).

240 Vgl. *Kußmaul, Heinz/Cloß, Christine*, Der persönliche Anwendungsbereich des § 2 AStG, StuB 2010, S. 264 (266).

241 Grundsätzlich gegen die Emotionalisierung des Steuerrechts *Pannen, Volker*, Grundfragen zur Einkommensteuerpflicht: Markteinkommenstheorie kontra Wohnsitz- und Welteinkommensbesteuerung, Frankfurt am Main 2005, S. 72 f.

242 Kritisch hierzu *Vogel, Horst*, Aktuelle Fragen des Außensteuerrechts, insbesondere des „Steueroasengesetzes“ unter Berücksichtigung des neuen Doppelbesteuerungsabkommens mit der Schweiz, BB 1971, S. 1185 (1187); ebenso *Telkamp, Heinz-Jürgen*, a. a. O., S. 97 (103); *Wassermeyer, Franz*, in: Flick/Wassermeyer/Baumhoff/Schönfeld, Außensteuerrecht, § 2 AStG, Rz. 7 (Stand: März 1986); *Schaumburg, Harald*, Internationales Steuerrecht: Außensteuerrecht, Doppelbesteuerungsrecht, Rz. 5.293; *Kußmaul, Heinz/Cloß, Christine*, a. a. O., S. 264 (265).

243 Siehe hierzu die Nachweise in der Fußnote 1028.

Steuerpflicht nach § 2 AStG erfüllen. Im Gegensatz zu § 2 Abs. 1 Satz 1 Nr. 2 AStG ist allerdings das Bestehen wesentlicher wirtschaftlicher Interessen im Inland für die Anwendung des § 5 AStG nicht erforderlich.[244]

Es handelt sich nicht um die Einführung einer neuen Art[245] der beschränkten Steuerpflicht, die etwa wie die erweiterte beschränkte Steuerpflicht im Sinne des § 2 AStG (unter anderem) an den Status *Deutscher* anknüpft. Auch eine Erweiterung der Anknüpfungsmomente der bereits bestehenden Arten der Steuerpflicht ist mit der Vorschrift nicht verbunden. Vielmehr bezweckt der Gesetzgeber, mithilfe des § 5 AStG den sachlichen Anwendungsbereich des § 2 AStG zu modifizieren und dadurch die Umgehung der erweiterten beschränkten Steuerpflicht im Sinne des § 2 AStG zu erschweren:[246] Die bloße Zwischenschaltung einer ausländischen Gesellschaft darf keine abschirmende Wirkung für *nicht ausländische* Einkünfte auslösen.

Die Zurechnungsbesteuerung nach § 5 AStG i. V. m. §§ 7, 8 und 14 AStG ist nur im Zusammenhang mit § 2 AStG zu sehen. Sind die Voraussetzungen des § 5 AStG erfüllt, so sind sodann die Bedingungen des § 2 AStG zu prüfen: Die Zehnjahresfrist des § 2 AStG bestimmt somit mittelbar die Grenzen der steuerlichen Wirkung des § 5 Abs. 1 Satz 1 AStG.[247]

Die Erläuterungen zur Bedeutung der (deutschen) Staatsangehörigkeit im Zusammenhang mit der Erweiterung der beschränkten Steuerpflicht nach § 2 AStG gelten hier uneingeschränkt.[248] Zu den abkommens- und europarechtlichen Aspekten der Zurechnung wird zum einen auf die Ausführungen im Kapitel 2, zum anderen auf die umfassenden Ausarbeitungen im Schrifttum zur (Hin-)Zurechnungsbesteuerung im Allgemeinen verwiesen.[249]

---

244 Siehe § 5 Abs. 1 Satz 1 AStG mit dem Verweis auf § 2 Abs. 1 Satz 1 Nr. 1 AStG; Tz. 5.0.2 des BMF-Schreibens betreffend Grundsätze zur Anwendung des Außensteuergesetzes vom 14.05.2004 IV B 4 – S 1340 – 11/04, a. a. O.

245 In der ursprünglichen Fassung des Entwurfs zu § 5 AStG war tatsächlich noch die Einführung einer erweiterten beschränkten Körperschaftsteuerpflicht geplant, vgl. BT-Drs. IV/2883, Tz. 71 ff.; *Wassermeyer, Franz*, Noch einmal verschärftes Steuerfluchtgesetz, DStR 1972, S. 519 (519).

246 Vgl. Tz. 5.0.1 des BMF-Schreibens betreffend Grundsätze zur Anwendung des Außensteuergesetzes vom 14.05.2004 IV B 4 – S 1340 – 11/04, a. a. O.; *Kraft, Gerhard*, in: Kraft, Gerhard (Hrsg.), Außensteuergesetz: AStG, Kommentar, München 2009, § 5 AStG, Rz. 2; *Lempenau, Gerhard*, a. a. O., § 5 AStG, Rz. 2; *Schaumburg, Harald*, Internationales Steuerrecht: Außensteuerrecht, Doppelbesteuerungsrecht, Rz. 5.330; *Wassermeyer, Franz*, Noch einmal verschärftes Steuerfluchtgesetz, DStR 1972, S. 519 (519).

247 Vgl. *Lempenau, Gerhard*, a. a. O., § 5 AStG, Rz. 4.

248 Siehe § 5 (II. 4.2.3).

249 Zum DBA-Recht siehe pars pro toto *Wassermeyer, Franz*, in: Flick/Wassermeyer/Baumhoff/Schönfeld, Außensteuerrecht, § 5 AStG, Rz. 19, 74 f. (Stand: Januar 1988); *Rundshagen, Helmut*, in: Strunk/Kaminski/Köhler, AStG, § 5 AStG, Rz. 24 ff. (Stand: Juni 2008); zum EU-

### 4.2.5. Erweiterte beschränkte Erbschaftsteuer- bzw. Schenkungsteuerpflicht, § 4 AStG

Gleichlaufend mit der Erweiterung der beschränkten Einkommensteuerpflicht nach § 2 AStG sieht § 4 AStG eine Ausdehnung des sachlichen Umfangs der beschränkten Erbschaftsteuer- bzw. Schenkungsteuerpflicht vor: Erfüllt der Erblasser oder Schenker zur Zeit der Entstehung der Steuerschuld die Voraussetzungen der erweiterten beschränkten Einkommensteuerpflicht nach § 2 Abs. 1 Satz 1 AStG, wird der Erb- bzw. Schenkungsfall im Rahmen der erweiterten beschränkten Erbschaftsteuer- bzw. Schenkungsteuerpflicht im Inland erfasst.[250] Die sachliche Erweiterung betrifft alle Vermögensteile des Erwerbs, die über das in § 2 Abs. 1 Nr. 3 ErbStG definierte Inlandsvermögen hinausgehen und deren Erträge bei unbeschränkter Einkommensteuerpflicht nicht ausländische Einkünfte im Sinne des § 34c Abs. 1 EStG wären, § 4 Abs. 1 AStG. Voraussetzung ist jedoch, dass kein Nachweis ausreichender Besteuerung des nach § 4 AStG steuerpflichtigen Vermögens im Ausland erbracht wird, § 4 Abs. 2 AStG.

Die tragenden Beweggründe zur Einführung des § 4 AStG entsprechen denjenigen des § 2 AStG. Es handelt sich effektiv um die Ergänzung des § 2 AStG zur Erhöhung dessen lenkender Wirkung auf das Wegzugsverhalten der Deutschen, denn auch die erbschaftsteuerliche Belastung ist in den Niedrigsteuerländern im Sinne des § 2 Abs. 2 AStG häufig gering.[251]

Die erweiterte beschränkte Erbschaftsteuer- bzw. Schenkungsteuerpflicht knüpft an das Bestehen der beschränkten Steuerpflicht im Sinne des § 2 Abs. 1 Nr. 3 ErbStG an: Sind die Voraussetzungen des § 2 Abs. 1 Nr. 3 ErbStG nicht erfüllt, kommt § 4 AStG nicht zur Anwendung. Eine (ggf. erweiterte) unbeschränkte Steuerpflicht gemäß § 2 Abs. 1 Satz 1 ErbStG schließt somit die An-

---

Recht siehe pars pro toto *Schönfeld, Jens*, Hinzurechnungsbesteuerung und europäisches Gemeinschaftsrecht, Köln 2005.

250 Zur Diskussion, ob die bloße abkommensrechtliche Zuweisung des Besteuerungsrechts dem Ansässigkeitsstaat die Anwendung des § 2 Abs. 1 Satz 1 AStG – schädlich für § 4 AStG – ausschließt oder lediglich – unschädlich für § 4 AStG – aushöhlt, vgl. *Wassermeyer, Franz*, in: Flick/Wassermeyer/Baumhoff/Schönfeld, Außensteuerrecht, § 3 AStG, Rz. 11 und § 4 AStG, Rz. 9e (Stand: jeweils März 1986).

251 Kritisch zur Lenkungsfähigkeit des § 4 AStG vgl. *Zimmermann, Heinz/Klinkertz, Friedhelm*, in: Strunk/Kaminski/Köhler, AStG, § 4 AStG, Rz. 4, 6 (Stand: Juni 2008); ebenso zu §§ 2 bis 5 AStG im Allgemeinen vgl. *Wassermeyer, Franz*, Die Fortentwicklung der Besteuerung von Auslandsbeziehungen: Anmerkungen zu den derzeitigen Überlegungen zur Reform des Außensteuerrechts, IStR 2001, S. 113 (114).

wendung des § 2 Abs. 1 Nr. 3 ErbStG und folglich des § 4 AStG aus.[252] Eine Überschneidung des § 4 AStG mit § 2 Abs. 1 Nr. 1 Satz 1 i. V. m. Satz 2 Buchst. b) ErbStG ist daher ausgeschlossen.[253]

## § 6 Zwischenfazit

- Die Geschichte des Entstehens und der Entwicklung der Staatsangehörigkeit einer natürlichen Person bedingt eine immanente Verbindung der Staatsangehörigkeit mit einem entsprechenden Staatsterritorium.
- Nicht überraschend ist daher die grundsätzliche Bereitschaft des Steuerrechts, auch in seinem Kontext eine gewisse gedankliche Einheit zwischen den klassischen territorialen Anknüpfungsmomenten und der Staatsangehörigkeit zu bilden bzw. die Letztere als ein typisiertes Indiz für eine stärkere Intensität der territorialen Bindung sowie für einen höheren Nutzen dieser Bindung zu interpretieren, sei es als:

  - ein alternatives Anknüpfungsmoment zu den territorialen Merkmalen,
  - ein kumulatives Anknüpfungsmoment zusätzlich zu den territorialen Merkmalen,
  - ein territoriales Anknüpfungsmoment *prima facie*,
  - ein fingiertes territoriales Anknüpfungsmoment nach dem *Extended-Domicile*-Prinzip oder
  - ein negatives Anknüpfungsmoment bzw. ein Abknüpfungsmoment zur Neutralisierung der territorialen Merkmale.

- Auf der Ebene der Aufteilung der Steuerhoheit wirkt sich dies für einen *eigenen* Staatsangehörigen eines Staates tendenziell nachteilig aus. Indessen trifft auf der Ebene der Ausübung der Steuerhoheit die Schutzfunktion eines Staates in Bezug auf seine Staatsangehörigen auf das wirtschaftliche Interesse eines Staates zur Schaffung steuerlicher Anreize für einen Ausländerzuzug, sodass insoweit jeweils unterschiedliche Zielgruppen durch die punktuellen steuerlichen Begünstigungen angesprochen und bevorzugt werden können.
- Im deutschen Steuerrecht erfüllt die Staatsangehörigkeit derzeit vor allem die Funktion eines Anknüpfungsmoments auf der Ebene der Aufteilung der

---

252 Vgl. *Wassermeyer, Franz*, in: Flick/Wassermeyer/Baumhoff/Schönfeld, Außensteuerrecht, § 4 AStG, Rz. 10a (Stand: März 1986); Tz. 4.0 des BMF-Schreibens betreffend Grundsätze zur Anwendung des Außensteuergesetzes vom 14.05.2004 IV B 4 – S 1340 – 11/04, a. a. O.

253 Zu § 2 Abs. 1 Nr. 1 Satz 2 Buchst. b) ErbStG vgl. *Wassermeyer, Franz*, in: Flick/Wassermeyer/Baumhoff/Schönfeld, Außensteuerrecht, § 4 AStG, Rz. 10a (Stand: März 1986).

Steuerhoheit im Kontext der Maßnahmen zur Bekämpfung von Strategien zur Vermeidung von territorialen steuerlichen Anknüpfungsmerkmalen. Eine grundsätzliche Anknüpfung der Steuerpflicht an die (deutsche) Staatsangehörigkeit wurde indessen vor fast 100 Jahren aufgegeben.

# Kapitel 2: Staatsangehörigkeit im Völkerrecht und völkerrechtlicher Rahmen zur Bestimmung von Anknüpfungsmomenten der unbeschränkten Steuerpflicht

## § 7 Staatsangehörigkeit als ein völkerrechtlich zulässiges Anknüpfungsmoment?

### I. Überblick

*„There are believers and non-believers in tax principles, especially when these tax principles pertain (or „pretend to pertain") to General International Tax Law".*[254]

Den primären Rahmen zur Bestimmung von Anknüpfungsmomenten der unbeschränkten Steuerpflicht stellt das Völkerrecht dar.[255] Das Recht eines Staates auf die Erhebung der Steuern wird einerseits völkerrechtlich nicht infrage gestellt:[256] *„Die Besteuerungsrechte der einzelnen, völkerrechtlich nebeneinander stehenden Staaten sind grundsätzlich unumschränkt; es besteht demnach für sie an sich kein rechtliches Hindernis, ihre Steuertatbestände beliebig weit auszugestalten"*[257]. Andererseits ist jeder Staat gleichwohl gehalten, seine Souveränität[258] und die daraus abgeleiteten Besteuerungsbefugnisse im Einklang mit den inter-

254 *Hinnekens, Luc*, When business grows global, taxes cannot remain local: Quo vadis fiscal principle of territoriality?, in: van Arendonk, Henk/Engelen, Frank/Jansen, Sjaak (ed.), A Tax Globalist: The Search for the Borders of International Taxation, Essays in honour of Maarten J. Ellis, Amsterdam 2005, S. 282 (284).

255 Siehe hierzu im Allgemeinen BVerfG, Beschluss vom 14.05.1968 2 BvR 544/63, BStBl. II 1968, S. 636 m. w. N.; § 2 Abs. 1 AO; Art. 25 GG (kritisch zum Wortlaut des Art. 25 GG *„[...] für die Bewohner des Bundesgebietes" Mosler, Hermann*, Das Völkerrecht in der Praxis der deutschen Gerichte: Vortrag, gehalten vor der Juristischen Studiengesellschaft in Karlsruhe am 8. März 1957, Karlsruhe 1957, S. 37 f. m. w. N.); *Rutsel S., Martha*, The Jurisdiction to Tax in International Law: Theory and Practice of Legislative Fiscal Jurisdiction, Deventer/Boston 1989, S. 11 ff.

256 Vgl. *Ipsen, Knut*, Völkerrecht, S. 323.

257 *Hensel, Albert*, Steuerrecht, 3. Auflage, Berlin 1933, S. 17.

258 Zur Souveränität als Grundsatz des Völkerrechts siehe pars pro toto *Cassese, Antonio*, International Law in a Divided World, Oxford 1986, S. 129 ff.; zur Steuersouveränität siehe *Bühler, Ottmar*, Grenzen der Steuerhoheit: Unvereinbarkeit von § 15 II StAnpG mit der heutigen Auffassung von Steuersouveränität und völkerrechtlichem Territorialprinzip, DStR 1965, S. 398 (398 f.).

nationalen Übereinkünften[259], dem internationalen Gewohnheitsrecht[260] und den anerkannten allgemeinen Rechtsgrundsätzen auszuüben.[261]

## II. Gewohnheitsrecht

Das Entstehen einer Norm des völkerrechtlichen Gewohnheitsrechts ist durch zwei notwendige Merkmale bedingt. Zum einen muss es sich um eine Regelung handeln, die der ständigen Übung der Staaten entspricht (objektive Komponente, *usus*)[262]. Zum anderen müssen die Länder diese Übung zwingend mit einer rechtlichen Verpflichtung in Verbindung bringen (subjektive Komponente, *opinio iuris sive necessitatis*)[263].

Im völkerrechtlichen Gewohnheitsrecht werden vor allem das Staatsangehörigkeits- bzw. (aktives) Personalitätsprinzip, das Territorialprinzip sowie das Schutzprinzip und deren Abwandlungen als allgemein anerkannte Kriterien zur Bildung von Anknüpfungsmomenten angesehen.[264] Je nach dem konkreten Rechtsgebiet können nur einige oder aber auch sämtliche der besagten Kriterien bei der Gestaltung von Anknüpfungspunkten herangezogen werden.[265] Freilich

---

259 Ausführlich hierzu siehe *Vitzthum, Wolfgang*, in: Graf Vitzthum, Wolfgang (Hrsg.), Völkerrecht, 4. Auflage, Berlin 2007, S. 56 ff.

260 Zum völkerrechtlichen Gewohnheitsrecht im Allgemeinen siehe *Doehring, Karl*, Völkerrecht, Rz. 285 ff.

261 Vgl. pars pro toto *Weber-Fas, Rudolf*, Völkerrecht und Steuerhoheit, RIW/AWD 1979, S. 585 (585); Art. 38 Abs. 1 des Statuts des Internationalen Gerichtshofs der Vereinten Nationen vom 26.06.1945, BGBl. II 1973, S. 505.

262 Vgl. *Croxatto, Giancarlo*, Die Begrenzung der staatlichen Steuerhoheit durch internationales Gewohnheitsrecht, StuW 1964, S. 879 (879); ausführlich hierzu *Ipsen, Knut*, Völkerrecht, S. 214 ff.

263 Vgl. *Ipsen, Knut*, Völkerrecht, S. 217 ff.; ferner hierzu *Müller, Peter*, Deutsche Steuerhoheit über ausländische Tochtergesellschaften: Eine völkerrechtliche Untersuchung zu § 15 Abs. II StAnpG, Herne/Berlin 1970, S. 41: *„Die Existenz von inhaltlich übereinstimmenden Rechtssätzen, Urteilen und Verwaltungsverfügungen wird für sich allein aber niemals für die Bildung von Völkergewohnheitsrecht ausreichen; denn sie läßt noch nicht auf den Willen dieser Staaten schließen, damit einer rechtlichen Verpflichtung nachzukommen. Vielmehr könnte diese Übereinstimmung einfach daher rühren, ‚daß die verschiedenen Gesetzgeber sich von den gleichen Gesichtspunkten haben leiten lassen'"*.

264 Vgl. *Kokott, Juliane/Doehring, Karl/Buergenthal, Thomas*, Grundzüge des Völkerrechts, 3. Auflage, Heidelberg 2003, Rz. 326; *Doehring, Karl*, Völkerrecht, Rz. 808 ff.; *Burmester, Gabriele*, Grundlagen internationaler Regelungskumulation und -kollision, unter besonderer Berücksichtigung des Steuerrechts, Baden-Baden 1993, S. 279.

265 So kennt beispielsweise das deutsche Strafrecht eine großzügige Palette der Anknüpfungsmomente: das Territorialitätsprinzip (§ 3 Strafgesetzbuch [StGB] vom 15.05.1871 in der Fassung der Bekanntmachung vom 13.11.1998, BGBl. I 1998, S. 3322, zuletzt geändert durch Art. 1 des

muss der nationale Gesetzgeber dabei einen *genuine link, personal nexus* zwischen dem Staat und dem zu regelnden Sachverhalt vorweisen können.[266]

In den (kontinental-)europäischen Staaten gehört die Staatsangehörigkeit zu den wichtigsten persönlichen Anknüpfungsmomenten im Internationalen Privatrecht.[267] Das deutsche Internationale Privatrecht nimmt das Staatsangehörigkeitsprinzip insbesondere auf dem Gebiet des Personen-, Familien- sowie des Erbrechts wahr:[268]

> *„Die Entscheidung des deutschen Gesetzgebers für das Staatsangehörigkeitsprinzip beruht auf der Annahme, es entspreche dem Interesse der Beteiligten, in persönlichen Angelegenheiten nach dem Recht ihres Heimatstaates beurteilt zu werden, weil bei genereller Betrachtung die Staatsangehörigkeit ihre fortdauernde persönliche Verbundenheit mit diesem Staat dokumentiere und ihnen das vom Gesetzgeber der eigenen Nationalität geschaffene, auf Personen ihrer Nationalität ausgerichtete Recht am vertrautesten sei"*[269].

Als Vorteile einer solchen Anknüpfung werden ferner die Stabilität, starke Manipulationsresistenz und die relativ einfache Feststellbarkeit der Staatsangehörigkeit vorgetragen.[270]

Hinsichtlich der Anknüpfung der Einkommensteuerpflicht genießen freilich das Quellenprinzip und das Wohnsitzprinzip (Ansässigkeitsprinzip) die nahezu alleinige Herrschaft.[271] Beide dieser Anknüpfungsprinzipien sind als Ausprägung der völkerrechtlichen Gebietshoheit und eine Frucht des Territorialprinzips zu

---

Gesetzes vom 28.04.2011, BGBl. I 2011, S. 676), das aktive Personalitätsprinzip (§ 7 Abs. 2 Nr. 1 StGB), das Schutzprinzip (§ 5 Nr. 1 StGB), das Universalitätsprinzip (§ 6 StGB), das Prinzip der stellvertretenden Strafrechtspflege (§ 7 Abs. 2 Nr. 2 StGB), das Flaggenprinzip (§ 4 StGB) etc., vgl. *Geiger, Rudolf*, a. a. O., S. 276.

266 Vgl. *Ipsen, Knut*, Völkerrecht, S. 320 ff.; *Verdross, Alfred*, Völkerrecht, 5. Auflage, Wien 1964, S. 319; ausführlich zum *Genuine-Link*-Kriterium siehe pars pro toto *Ziegenhain, Hans-Jörg*, Exterritoriale Rechtsanwendung und die Bedeutung des Genuine-Link-Erfordernisses: eine Darstellung der deutschen und amerikanischen Staatenpraxis, München 1992, S. 1 ff.

267 Vgl. *Hailbronner, Kay*, in: Hailbronner/Renner/Maaßen, Staatsangehörigkeitsrecht, Teil I D, Rz. 3.

268 Siehe Art. 7 Abs. 1, Art. 10 Abs. 1, Art. 13 Abs. 1, Art. 17 Abs. 1 Satz 2, Art. 22, Art. 25 Abs. 1 des Einführungsgesetzes zum Bürgerlichen Gesetzbuche (EGBGB) vom 18.08.1896 in der Fassung der Bekanntmachung vom 21.09.1994, BGBl. I 1994, S. 2494, BGBl. I 1997, S. 1061, zuletzt geändert durch Art. 2 des Gesetzes vom 17.01.2011, BGBl. I 2011, S. 34.

269 BVerfG, Beschluss vom 04.05.1971 1 BvR 636/68, BVerfGE 31, S. 58 m. w. N.

270 Vgl. *Heldrich, Andreas*, in: Palandt, Bürgerliches Gesetzbuch, 67. Auflage, München 2008, Einl. vor Art. 3 EGBGB, Rz. 19 (zu eventuellen gemeinschaftsrechtlichen Schranken des Staatsangehörigkeitsprinzips im Internationalen Privatrecht vgl. *ders.*, ebenda, Art. 3 EGBGB, Rz. 10); siehe auch *Kegel, Gerhard/Schurig, Klaus*, Internationales Privatrecht, 9. Auflage, München 2004, S. 448; kritisch zum Staatsangehörigkeitsprinzip im Kollisionsrecht *Röthel, Anne*, Inländerprivilegien und Grundrechtsschutz der Transsexualität: Gleichwertigkeit von Staatsangehörigkeits- und Aufenthaltsanknüpfung, IPRax 2007, S. 204 (204) m. w. N.

271 Siehe *Frotscher, Gerrit*, Internationales Steuerrecht, 3. Auflage, München 2009, Rz. 91 ff.

verstehen:[272] Die völkerrechtlich geforderte *sufficient connection*[273] zwischen dem zu besteuernden Sachverhalt und der Steuerhoheit eines Staates stellt das Territorium dieses Quellen- (sachliche Komponente des Inlandsbezugs) bzw. Wohnsitzstaates (persönliche Komponente des Inlandsbezugs) dar.[274]

Der besagten weltweit eingespielten Praxis kann jedoch weder ein allgemeines völkerrechtliches Gebot bestimmter Anknüpfung noch ein völkerrechtliches Verbot der Zugrundelegung eines anderen Nexus-Merkmals entnommen werden.[275]

Die Anknüpfung der Steuerpflicht an die Staatsangehörigkeit nach dem Staatsangehörigkeits- bzw. Nationalitätsprinzip, das offenbar dem völkerrechtlichen Personalitätsprinzip nahe steht,[276] ist in der heutigen Steuerpraxis zwar tat-

---

272 Vgl. *Oermann*, Gewöhnlicher Aufenthalt: Grundgedanken zu § 14 Abs. 1 und 2 des Steueranpassungsgesetzes, DStZ 1937, S. 253 (253); *Gosch, Dietmar*, in: Kirchhof, Paul (Hrsg.), Einkommensteuergesetz, Kommentar, 10. Auflage, Köln 2011, § 1 EStG, Rz. 1; *Arginelli, Paolo*, The Discriminatory Taxation of Permanent Establishments by the Host State in the European Union: a Too Much Separate Entity Approach, Intertax 2007, S. 82 (90) m. w. N.; siehe auch *Offerhaus, Klaus*, Einige Schwerpunktfragen des Entwurfs eines Steueroasengesetzes, FR 1971, S. 425 (428); *Bühler, Ottmar*, Grenzen der Steuerhoheit: Unvereinbarkeit von § 15 II StAnpG mit der heutigen Auffassung von Steuersouveränität und völkerrechtlichem „Territorialprinzip", DStR 1965, S. 398 (399); zum Territorialitätsprinzip im *weitesten Sinne* vgl. *Vogel, Klaus*, Der räumliche Anwendungsbereich der Verwaltungsrechtsnorm: eine Untersuchung über die Grundfragen des sog. Internationalen Verwaltungs- und Steuerrechts, Frankfurt am Main/Berlin 1965, S. 118; kritisch *Künkele, Karl-Otto*, Völkerrechtliche Schranken für die Besteuerung fremdstaatlicher Tätigkeiten nach dem deutschen Körperschaftsteuerrecht, Augsburg 1976, S. 104; *Dessauer, Joseph Philipp*, a. a. O., S. 97 f.; zu der *territorialen Radizierung* der Einkommensteuer vgl. *Lehner, Moris/Waldhoff, Christian*, in: Kirchhof/Söhn/Mellinghoff, EStG, § 1 EStG, Rz. D 1 (Stand: November 2003), B 66 (Stand: August 2000) sowie A 7, 569 (Stand: Juli 2000/November 2003) und E 16 (Stand: September 2000); ausführlich zu der historischen Entwicklung des Territorialitätsprinzips siehe *Müller, Peter*, a. a. O., S. 62 ff.

273 Vgl. *Ipsen, Knut*, Völkerrecht, S. 320 ff.

274 Vgl. RT-Drs. III/795, S. 38; siehe auch *Koblenzer, Thomas*, Grundlagen der „beschränkten Steuerpflicht", BB 1996, S. 933 (934) m. w. N.; *Lehner, Moris/Waldhoff, Christian*, in: Kirchhof/Söhn/Mellinghoff, EStG, § 1 EStG, Rz. E 16 (Stand: September 2000); *Mössner, Jörg Manfred*, in: Mössner, Jörg Manfred u. a., Steuerrecht international tätiger Unternehmen: Handbuch der Besteuerung von Auslandsaktivitäten inländischer Unternehmen und von Inlandsaktivitäten ausländischer Unternehmen, 3. Auflage, Köln 2005, Rz. B 3 f.

275 Siehe auch *van Hoorn* in der Wiedergabe durch *Schulze-Brachmann, Arno*, Totalitäts- oder Territorialitätsprinzip?, StuW 1964, S. 589 (602); *Müller, Peter*, a. a. O., S. 125 ff., dort in Bezug auf die Sonderanknüpfung des § 15 Abs. II StAnpG.

276 Vgl. *Bühler, Ottmar*, Prinzipien des Internationalen Steuerrechts: IStR, ein systematischer Versuch, Amsterdam 1964, S. 161; ebenso *Seuffert, Walter*, Steuerhoheit im Bundesstaat und materielles Steuersystem, StuW 1947, S. 431 (443); siehe ferner *Friedrich, Kurt*, Gibt es eine völkerrechtliche Grenze für die Höhe der Besteuerung?, Köln 1972, S. 9.

sächlich eher selten[277] und ihre Angemessenheit umstritten,[278] sodass die dürftige Verbreitung derartiger Anknüpfungen in der Länderpraxis auf den ersten Blick gegen die Zurechnung des steuerrechtlichen Staatsangehörigkeitsprinzips an das völkerrechtliche Gewohnheitsrecht sprechen könnte. Man muss jedoch bedenken, dass dieses Prinzip zumindest von den Vereinigten Staaten (einem sowohl politisch als auch wirtschaftlich nicht unwesentlichen Land) umfassend angewandt und diese Handhabung von den anderen Staaten weitgehend akzeptiert wird. Auch im Schrifttum wird dem Staatsangehörigkeitsprinzip völkerrechtliche Anerkennung zugesprochen:

> *„International law accepts that a state may levy taxes against persons not within the territory of that state, so long as there is some kind of real link between the state and the proposed taxpayer, whether it be, for example, nationality or domicile“*[279];
>
> *„Again, the state may impose certain taxes upon the citizen abroad, [...] although international practice usually ascribes the collection of personal taxes to the state of residence“*[280];
>
> *„Worldwide taxation based on citizenship is recognized as legitimate under international law“*[281];
>
> *„Die zuweilen vertretene Auffassung, daß es unzulässig sei, die im Auslande wohnenden Staatsangehörigen als solche etwa einer allgemeinen Einkommen- oder Vermögenssteuer zu unterwerfen, ist nicht haltbar“*[282].

---

277 Siehe hierzu § 5 (II. 3).

278 Siehe *Mann, Frederick A.*, Studies in International Law, S. 101 m. w. N.; *Wassermeyer, Franz*, Die beschränkte Steuerpflicht, a. a. O., S. 49 (74); *Lehner, Moris/Waldhoff, Christian*, in: Kirchhof/Söhn/Mellinghoff, EStG, § 1 EStG, Rz. A 224 (Stand. September 2000); *Rutsel S., Martha*, a. a. O., S. 66 ff. m. w. N.; *Jeffery, Ramon J.*, The Impact of State Sovereignty on Global Trade and International Taxation, London u. a. 1999, S. 49 f.; kritisch zur Staatsangehörigkeit als Differenzierungskriterium im Allgemeinen siehe *Liebing, Patric*, Beschränkte Einkommensteuerpflicht in der Europäischen Union, Berlin 2004, S. 188 f.; äußerst kritisch *Künkele, Karl-Otto*, a. a. O., S. 106: *„[...] ein Staat gegen das Völkerrecht verstößt, wenn er die Steuerpflicht an Tatbestände knüpft, die mit der inländischen Volkswirtschaft nicht, oder nur sehr oberflächlich oder vorübergehend in Beziehung stehen, z. B. Staatsangehörigkeit [...]“*; siehe auch *Burmester, Gabriele*, Grundlagen internationaler Regelungskumulation und -kollision, unter besonderer Berücksichtigung des Steuerrechts, S. 228 ff.; auch die nationalsozialistischen Vorstellungen über die Bedeutung des Nationalitätsprinzips im Steuerrecht schränken den Wortschatz der Argumentation für die Anwendung dieses Prinzips eher ein, siehe z. B. *Veiel, O.*, Nationales und internationales Steuerrecht bei Diplomaten und Auslandsbeamten, StuW 1942, S. 551 (558 f.).

279 *Shaw, M. N.*, International Law, 6. Auflage, Cambridge 2008, S. 650 m. w. N.

280 *Borchard, E. M.*, The Diplomatic Protection of Citizens Abroad or the Law of International Claims, New York 1922, S. 22.

281 *Kirsch, Michael S.*, The Tax Code as Nationality Law, Harvard Journal on Legislation 2006, S. 375 (406).

282 *Isay, Ernst*, Internationales Finanzrecht: eine Untersuchung über die äußeren Grenzen der staatlichen Finanzgewalt, Stuttgart/Berlin 1934, S. 45 f.

Insgesamt kann die völkerrechtliche Stellung des steuerlichen Staatsangehörigkeitsprinzips somit als zumindest *geduldet* bezeichnet werden. Geht man freilich auf die weitere Frage ein, ob überhaupt ein *gemeines*[283] Recht bestimmte Arten der *genuine links* als steuerlich nicht sach- oder zeitgerecht rubriziert, so gelangt man zu einem unbefriedigenden Ergebnis. Im Jahr 1963 hat der Bundesfinanzhof das Bestehen eines solchen allgemeinen Rechts[284] grundsätzlich verneint und stets auf die Kriterien der hinreichenden, genügenden Anknüpfung im zu entscheidenden Fall abgestellt. Auch nach Ablauf von nun fast 50 Jahren kann von einem allgemeinen steuerlichen Völkerrecht nach wie vor kaum die Rede sein.[285]

---

283 BFH, Urteil vom 18.12.1963 I 230/61 S, BStBl. III 1964, S. 253: *„[...] gemeines, d. h. von allen der Völkerrechtsgemeinschaft angehörenden Staaten anerkanntes und angewandtes Recht auf dem Gebiet der sich in internationalen Zusammenhängen auswirkenden Besteuerung [...]"*; siehe hierzu auch *Mersmann, Wolfgang*, Zur neueren Rechtsprechung des BFH auf dem Gebiete des zwischenstaatlichen Ertragsteuerrechts, StuW 1964, S. 511 (525).

284 Dieses ist nicht mit den allgemeinen Rechtsgrundsätzen des Völkerrechts gleichzustellen, vgl. *Ipsen, Knut*, Völkerrecht, S. 231; zum Begriff der allgemeinen (Rechts-)Grundsätze des Völkerrechts siehe ebenda, S. 227 sowie *Müller, Peter*, a. a. O., S. 45 ff.

285 Zu der Ausnahme gehört wohl vor allem das steuerliche Gesandtenrecht, siehe hierzu § 8, dort zu Art. 34 WÜD; zu den steuerlichen Befreiungen der Diplomaten als Ausfluss des Gewohnheitsrechts vgl. *Blischtschenko, I. P./Durdenewski, W. N.*, Das Diplomaten- und Konsularrecht, Berlin 1966, S. 403; siehe auch *Dessauer, Joseph Philipp*, a. a. O., S. 31 (dort in Bezug auf die Exterritorialität); *Schulze-Brachmann, Arno*, a. a. O., S. 589 (610) m. w. N.; *Drüen, Klaus-Dieter*, in: Tipke, Klaus/Kruse, Heinrich Wilhelm (Hrsg.), Abgabenordnung, Finanzgerichtsordnung, § 2 AO, Rz. 13 (Stand: Januar 2010); *Birk, Dieter*, in: Hübschmann, Walter/Hepp, Ernst/Spitaler, Armin (Hrsg.), Abgabenordnung, Finanzgerichtsordnung, § 2 AO, Rz. 102 (Stand: Juni 2008); *Lang, Joachim*, Grundsätzliches zur Interpretation völkerrechtlicher Abkommen im Steuerrecht, dargestellt an dem Beispiel der Frage, ob der Diplomat einer ausländischen Mission beschränkt einkommensteuerpflichtig ist, StuW 1975, S. 285 (286); verneinend *Croxatto, Giancarlo*, a. a. O., S. 879 (884); ebenfalls a. A. *Wassermeyer, Franz*, in: Debatin, Helmut/Wassermeyer, Franz (Hrsg.), Doppelbesteuerung: Kommentar zu allen deutschen Doppelbesteuerungsabkommen, Band 1: Systematik und Kommentierung des OECD-MA, Loseblattwerk, München 1977 ff., Art. 28 OECD-MA, Rz. 7 (Stand: März 2003), dort als Ausfluss der internationalen Courtoisie; *Arno Schulze-Brachmann* bejaht zudem die Entwicklung der steuerlichen Verteilungsgrundsätze der Doppelbesteuerungsabkommen zum Gewohnheitsrecht, wie etwa das (Grundstücks-)Belegenheitsprinzip, das Betriebsstättenprinzip, das Tätigkeitsortprinzip etc., siehe *ders.*, a. a. O., S. 589 (611); zur Zurechnung des steuerlichen Territorialitätsprinzips (im engeren Sinne) an das völkerrechtliche Gewohnheitsrecht siehe *Englisch, Joachim*, Aufteilung der Besteuerungsbefugnisse – Ein Rechtfertigungsgrund für die Einschränkung von EG-Freiheiten?, IFSt-Schrift Nr. 449, Bonn 2008, S. 37 m. w. N.; in diesem Sinne auch *Burmester, Gabriele*, Zur Jurisdiktionshoheit der Staaten im Steuerrecht, JZ 1993, S. 698 (703); ferner *Hinnekens, Luc*, a. a. O., S. 282 (302 f.); zum Verhältnis des Abkommensrechts zu den allgemeinen Regeln des Völkerrechts siehe ferner *Wassermeyer, Franz*, Die beschränkte Steuerpflicht, a. a. O., S. 49 (53); *ders.*, in: Debatin/Wassermeyer, DBA, Vor Art. 1 OECD-MA,

Es besteht daher auch kein völkerrechtliches Verbot (auch kein Gebot) der Verknüpfung der Steuerpflicht mit der Staatsangehörigkeit des Steuerpflichtigen, solange dem *Genuine-Link*-Grundsatz Rechnung getragen wird.[286] Dem Staat steht es somit zunächst grundsätzlich frei, ein steuerliches Rechtsverhältnis mit der Staatsangehörigkeit einer natürlichen Person zu verknüpfen.[287] Gleichwohl muss bei einem sodann erfassten Sachverhalt ein völkerrechtlich ausreichender Bezug zum Inland bestehen.[288] Während der Staatsangehörigkeit eigener Bürger eine *genuine connection* zum Inland *per se* zugrunde liegen dürfte,[289] erfordert die Heranziehung ausländischer Staatsangehöriger zur inländischen Steuerpflicht das Vorliegen anderer *„hinreichender sachgerechter Anknüpfungsmomente"*[290]:

> *„Der rechtlichen Möglichkeit, Ausländer zu Abgaben heranzuziehen, sind durch das Erfordernis der Anknüpfung etwa an die Staatsangehörigkeit, Niederlassung, Wohnsitz oder Aufenthalt im Inland, die Verwirklichung eines Abgabentatbestandes im Inland oder die Herbeiführung eines abgabenrechtlich erheblichen Erfolges im Inland deutliche Grenzen gesetzt"*[291].

---

Rz. 10 (Stand: Januar 2008); FG Baden-Württemberg, Urteil vom 22.01.2008 11 K 10/06, DStRE 2009, S. 1177 (rkr.).

286 Siehe auch *van Hoorn* in der Wiedergabe von *Schulze-Brachmann, Arno*, a. a. O., S. 589 (613).

287 Siehe *Rutsel S., Martha*, a. a. O., S. 182 f.; ebenso *Lehner, Moris/Waldhoff, Christian*, in: Kirchhof/Söhn/Mellinghoff, EStG, § 1 EStG, Rz. A 469 (Stand: August 2000); zu dem völkerrechtlichen Einmischungs-/Interventionsverbot siehe *Burmester, Gabriele*, Grundlagen internationaler Regelungskumulation und -kollision, unter besonderer Berücksichtigung des Steuerrechts, S. 280 ff. sowie *Ziegenhain, Hans-Jörg*, Exterritoriale Rechtsanwendung und die Bedeutung des Genuine-Link-Erfordernisses: eine Darstellung der deutschen und amerikanischen Staatenpraxis, S. 31 ff.; zur rechtlichen Positionierung des Rücksichtsprinzips im Völkerrecht siehe *Ritter, Wolfgang*, Das Prinzip Rücksicht: zu den internationalen Grenzen der Steuerhoheit, BB 1984, S. 1109 (1111 ff.); zu den völkerrechtlichen Schranken der Durchsetzung des Steueranspruchs siehe *Jakobs, Horst Heinrich*, § 15 Abs. 2 StAnpG und die internationalsteuerrechtliche Anknüpfung der Körperschaftsteuerpflicht, StuW 1970, S. 587 (592 ff.) sowie die Nachweise in der Fußnote 992.

288 Zur Notwendigkeit des Vorliegens eines steuerrechtlich relevanten Inlandsbezugs siehe *Dessauer, Joseph Philipp*, a. a. O., S. 30; *Rudolf, Walter*, in: Rudolf, Walter/Habscheid, Walther, Territoriale Grenzen der staatlichen Rechtsetzung, Karlsruhe 1973, 1. Referat, S. 24 ff.; *ders.*, Über territoriale Grenzen der Steuergesetze, in: Lutter, Marcus/Kollhosser, Helmut/Trusen, Winfried (Hrsg.), Recht und Wirtschaft in Geschichte und Gegenwart: Festschrift für Johannes Bärmann zum 70. Geburtstag, München 1975, S. 769 (780 ff.) sowie *Weber-Fas, Rudolf*, Staatsverträge im Internationalen Steuerrecht: zur Rechtsnatur, Geschichte und Funktion der deutschen Doppelbesteuerungsabkommen, Tübingen 1982, S. 38 f.

289 Siehe § 4 (II.).

290 BVerfG, Beschluss vom 22.03.1983 2 BvR 457/78, BVerfGE 63, S. 343.

291 Ebenda, dort m. w. N.; kritisch zur Aufnahme der Staatsangehörigkeit in diese Liste siehe *Mann, Frederick A.*, Further Studies in International Law, Oxford 1990, S. 14.

Andernfalls handele es sich um einen völkerrechtlich unzulässigen Eingriff in den Herrschaftsbereich eines fremden Staates.[292] Es wäre daher auch äußerst bedenklich, alle natürlichen Personen, unabhängig von ihrer Staatsangehörigkeit, im Inland für steuerlich pflichtig zu erklären, um sodann – im weiteren Denkschritt – den Einkünften der Ausländer, die von § 49 EStG nicht erfasst sind, die sachliche Steuerfreiheit auszusprechen. Die besagte gesetzestechnische Vorgehensweise wäre nichts anderes als eine verdeckte Verletzung der Gebietshoheit anderer Staaten.[293]

### III. Anerkannte allgemeine Rechtsgrundsätze und internationale Übereinkünfte

Die Einordnung des Staatsangehörigkeitsprinzips als *anerkannter allgemeiner Rechtsgrundsatz* auf dem Gebiet des Steuerrechts ist durch seine mangelnde Verankerung in den Rechtsordnungen *mehrerer* Staaten ausgeschlossen.[294]

Den rechtlichen Schranken der internationalen Übereinkünfte in Bezug auf das steuerliche Staatsangehörigkeitsprinzip sind die Ausführungen in den nachfolgenden Paragraphen gewidmet.[295]

## § 8 Einkommensteuerpflicht unter Berücksichtigung der Art. 34 WÜD und Art. 49 WÜK

### I. Regelungsinhalt des Art. 34 WÜD und die Bedeutung der Staatsangehörigkeit im Kontext der Vorschrift

Das Wiener Übereinkommen über diplomatische Beziehungen (WÜD) vom 18. April 1961[296] und das Wiener Übereinkommen über konsularische Beziehungen (WÜK) vom 24. April 1963[297] beinhalten eigenständige (Nicht-)Besteuerungsvorgaben für die Vertragsstaaten. Diese in das innerstaatliche Recht übernommenen völkerrechtlichen Vereinbarungen haben Vorrang vor den nationalen

292 Ebenda.

293 Siehe hierzu *Wengler, Wilhelm,* a. a. O., 1. Teilband, S. 233, dort zum Internationalen Privatrecht.

294 Zum Begriff siehe *Ipsen, Knut*, Völkerrecht, S. 231.

295 Zum Recht der Doppelbesteuerungsabkommen als speziellem Völkerrecht siehe *Debatin, Helmut*, Das Verbot steuerlicher Diskriminierung, DStZ/A 1970, S. 129 (129 f.).

296 BGBl. II 1964, S. 958.

297 BGBl. II 1969, S. 1585.

Steuergesetzen Deutschlands gemäß § 2 AO i. V. m. Art. 59 Abs. 2 Satz 1 GG (z. B. hinsichtlich der Vergünstigungen von konsularischen Mitarbeitern oder des technischen Personals einer diplomatischen Mission)[298]. Handelt es sich jedoch um das vertragliche Festhalten der allgemeinen Regeln des Völkerrechts, ergibt sich dessen Vorrang insoweit bereits aus Art. 25 GG[299] (z. B. in Bezug auf die steuerlichen Vorrechte der Diplomaten)[300].

Gemäß Art. 34 WÜD sind Diplomaten von allen staatlichen, regionalen und kommunalen Personal- und Realsteuern oder -abgaben grundsätzlich befreit. Ausgenommen hiervon sind Steuern und Abgaben, die die Immunität des Diplomaten nicht gefährden können.[301] Das (Nicht-)Vorliegen einer bestimmten Staatsangehörigkeit ist zunächst keine direkte Voraussetzung dieser Befreiung. Da die Mitglieder des diplomatischen Personals der Mission[302] allerdings gemäß Art. 8 Abs. 1 WÜD Staatsangehörige des Entsendestaates sein sollen und dabei mit Blick auf Art. 8 Abs. 2 WÜD im Normalfall nicht die Staatsangehörigkeit des Empfangsstaates besitzen, ist festzuhalten, dass ein Diplomat in der Regel der Staatsangehörige des Entsendestaates (und nicht des Empfangsstaates) sein wird. Art. 38 WÜD legt zudem eine eigene staatsangehörigkeitsbezogene Einschränkung des Anwendungsbereichs des Art. 34 WÜD fest: So kommt ein Diplomat in den Genuss des Steuerprivilegs nur aufgrund der zusätzlichen (vom Empfangsstaat zu bestimmenden) Vorrechte und Immunitäten, wenn er Angehö-

298 Insoweit wird das Vorliegen einer allgemeinen Regel des Völkerrechts verneint, vgl. *Streck, Michael*, Steuerpflicht und Steuerbefreiungen von Diplomaten, Konsuln, NATO-Truppenmitgliedern und ihnen gleichgestellten Personen, StuW 1973, S. 119 (125, 129); in diesem Sinne zu den Vergünstigungen des technischen Personals siehe *Lehner, Moris/Waldhoff, Christian*, in: Kirchhof/Söhn/Mellinghoff, EStG, § 1 EStG, Rz. C 104 (Stand: September 2000); a. A. in Bezug auf die Konsuln *Birk, Dieter*, in: Hübschmann, Walter/Hepp, Ernst/Spitaler, Armin (Hrsg.), Abgabenordnung, Finanzgerichtsordnung, § 2 AO, Rz. 6 und 103 (Stand: Juni 2008) sowie *Drüen, Klaus-Dieter*, in: Tipke, Klaus/Kruse, Heinrich Wilhelm (Hrsg.), Abgabenordnung, Finanzgerichtsordnung, § 2 AO, Rz. 19 (Stand: Januar 2010).

299 Siehe hierzu *Lehner, Moris/Waldhoff, Christian*, in: Kirchhof/Söhn/Mellinghoff, EStG, § 1 EStG, Rz. C 104 (Stand: September 2000).

300 Siehe RFH, Urteil vom 02.07.1924 V D 2/24, RStBl. 1924, S. 187; BFH, Urteil vom 18.12.1968 III 199/64, BStBl. II 1969, S. 355; *Streck, Michael*, Steuerpflicht und Steuerbefreiungen von Diplomaten, Konsuln, NATO-Truppenmitgliedern und ihnen gleichgestellten Personen, StuW 1973, S. 119 (125); *Birk, Dieter*, in: Hübschmann, Walter/Hepp, Ernst/Spitaler, Armin (Hrsg.), Abgabenordnung, Finanzgerichtsordnung, § 2 AO, Rz. 6 und 102 (Stand: Juni 2008); *Giancarlo Croxatto* spricht dagegen von der internationalen Courtoisie, vgl. *Croxatto, Giancarlo*, a. a. O., S. 879 (884) m. w. N.; siehe auch die Nachweise in der Fußnote 285.

301 Zu den Ausnahmen wie etwa indirekte Steuern, Steuern auf private Einkünfte, deren Quelle sich im Empfangsstaat befindet, Eintragungs-, Gerichts-, Beurkundungsgebühren in Bezug auf unbewegliches Vermögen etc. siehe Art. 34 WÜD.

302 Zum Begriff siehe Art. 1 Buchst. c, d) WÜD.

riger des Empfangsstaates (oder in diesem Staat ständig ansässig)[303] ist, Art. 38 Abs. 1 WÜD. Der steuerliche Status eines Diplomaten hängt sonach (auch) von seiner Staatsangehörigkeit ab. Auf die zum Haushalt eines Diplomaten gehörenden Familienangehörigen ist das Steuerprivileg nach Art. 34 WÜD grundsätzlich anzuwenden, es sei denn, sie besitzen die Staatsangehörigkeit des Empfangsstaates, Art. 37 Abs. 1 WÜD. Gleichermaßen genießen die Mitglieder des Verwaltungs- und technischen Personals der Mission und die zu ihrem Haushalt gehörenden Familienmitglieder sowie die Mitglieder des dienstlichen Hauspersonals der Mission und die privaten Hausangestellten von Mitgliedern der Mission die Befreiung von Steuern in dem nach Art. 37 Abs. 2 bis 4 WÜD definierten Umfang, wenn sie weder Angehörige des Empfangsstaates noch in demselben ständig ansässig sind. Gemäß Art. 38 Abs. 2 WÜD kann der Empfangsstaat dabei die Reichweite der Vorrechte und Immunitäten für die Mitglieder des nicht diplomatischen Personals der Mission und der privaten Hausangestellten, die Staatsangehörige des Empfangsstaates (oder in demselben ständig ansässig) sind, selbst bestimmen, soweit *„[...] die Mission bei der Wahrnehmung ihrer Aufgaben* [dadurch] *nicht ungebührlich behindert“* wird, was durch die Einbeziehung dieser Personen in die unbeschränkte Steuerpflicht in der Regel auch nicht erfolgt.

## II. Regelungsinhalt des Art. 49 WÜK und die Bedeutung der Staatsangehörigkeit im Kontext der Vorschrift

Eine dem Art. 34 WÜD entsprechende Regelung enthält Art. 49 Abs. 1 WÜK[304], welcher die Besonderheiten des steuerlichen Status der Konsularbeamten[305] und

303 Der Begriff *ständig ansässig* ist nicht mit der unbeschränkten Steuerpflicht gleichzustellen. Es kommt vielmehr auf das tatsächliche Ziel des Aufenthalts der natürlichen Person im Empfangsstaat an: Ein nur vorübergehender Aufenthalt im Empfangsstaat und das Vorliegen einer klaren Absicht, später den Empfangsstaat zu verlassen, schließen die ständige Ansässigkeit regelmäßig aus, siehe OFD Berlin, Verfügung betreffend steuerliche Behandlung von Bediensteten an ausländischen diplomatischen und konsularischen Vertretungen im Inland vom 20.07.2000, IStR 2000, S. 756; für die ständige Ansässigkeit einer natürlichen Person spricht auch das Vorliegen eines Wohnsitzes bzw. des gewöhnlichen Aufenthalts im Inland, der vor der Aufnahme der begünstigten Tätigkeit begründet wurde, DA 62.6 Abs. 2 der Dienstanweisung zur Durchführung des Familienleistungsausgleichs nach dem X. Abschnitt des Einkommensteuergesetzes (DA-FamEStG) in der Fassung vom 21.12.2010 St II 2 – S 2280 – 302/10, BStBl. I 2011, S. 21 (zu der konsolidierten Fassung siehe http://www.bzst.de/cae/servlet/contentblob/210342/publicationFile/3143/DA_FamEStG_2010.pdf;jsessionid=218885A10C3D38B81C5B203914EF0A85).

304 Es handelt sich jedoch nicht um eine allgemeine Regel des Völkerrechts, vgl. *Streck, Michael*, Steuerpflicht und Steuerbefreiungen von Diplomaten, Konsuln, NATO-Truppenmitgliedern und

deren Familienangehörigen festlegt: Die Konsularbeamte sowie die mit ihnen im gemeinsamen Haushalt lebenden Familienmitglieder werden ebenfalls von allen staatlichen, regionalen und kommunalen Personal- und Realsteuern oder -abgaben befreit.[306] In persönlicher Hinsicht erstreckt sich diese Befreiung auch auf die Bediensteten des Verwaltungs- und technischen Personals und die mit ihnen im gemeinsamen Haushalt lebenden Familienangehörigen. Die Mitglieder des dienstlichen Hauspersonals sind dagegen nur von Steuern und sonstigen Abgaben auf ihre Dienstbezüge befreit, Art. 49 Abs. 2 WÜK.

Die Steuerbefreiung gemäß Art. 49 WÜK knüpft dabei grundsätzlich an das Nichtvorliegen der Staatsangehörigkeit des Empfangsstaates an. Die Mitglieder der konsularischen Vertretung, welche die Staatsangehörigkeit des Empfangsstaates besitzen (oder im Empfangsstaat ständig ansässig sind), sowie ihre Familienmitglieder werden vom Steuerprivileg im Sinne des Art. 49 WÜK nicht erfasst. Insoweit greift Art. 71 i. V. m. Art. 1 Abs. 3 WÜK: Die Entscheidung über die Gewährung der steuerlichen Erleichterungen, Vorrechte und Immunitäten für die Betroffenen und über den Umfang solcher Privilegien wird stets dem jeweiligen Empfangsstaat überlassen. Das Gleiche gilt für die Familienangehörigen von Mitgliedern der konsularischen Vertretung und die Mitglieder des Privatpersonals, die selbst Angehörige des Empfangsstaates (oder dort ständig ansässig) sind. Die Wahrnehmung der Aufgaben der konsularischen Vertretung darf dabei nicht beeinträchtigt werden, Art. 71 Abs. 2 Satz 3 WÜK.

## III. Historische Entwicklung und Ziel der Regelungen

Die umfassende Befreiung von natürlichen Personen mit diplomatischem oder konsularischem Status von der Besteuerung im Empfangsstaat findet ihre Begründung in mehreren rechtlichen Theorien.[307] Zum einen kann die privilegierte Stellung dieser Personengruppe mit dem Prinzip der Exterritorialität der Mission (Exterritorialitätstheorie)[308] und dem Prinzip der Repräsentanz eines souveränen

ihnen gleichgestellten Personen, StuW 1973, S. 119 (129) sowie die Nachweise in der Fußnote 285.

305 Diese sollen grundsätzlich die Staatsangehörigkeit des Entsendestaats besitzen, Art. 22 Abs. 1 WÜK.

306 Zu den Ausnahmen im Einzelnen siehe Art. 49 Abs. 1 WÜK.

307 Zum allgemeinen Überblick über die Theorien und zu deren Entwicklungsgeschichte siehe statt vieler *Blischtschenko, I. P./Durdenewski, W. N.*, a. a. O., S. 373 ff.

308 Vgl. *Strutz, Georg*, Kommentar zum Einkommensteuergesetz vom 10. August 1925 nebst den Ausführungsbestimmungen, Band I: Einleitung, §§ 1-18, Berlin 1927, S. 469; siehe aber *Birk, Dieter*, in: Hübschmann, Walter/Hepp, Ernst/Spitaler, Armin (Hrsg.), Abgabenordnung, Finanzgerichtsordnung, § 2 AO, Rz. 107 (Stand: Juni 2008).

Entsendestaates (Repräsentationstheorie)[309] erklärt werden. Andererseits wird die Notwendigkeit der (auch steuerlichen) Sonderstellung der Mission und deren Personals – nach der aktuell wohl herrschenden Auffassung – mit der Theorie der funktionalen Notwendigkeit begründet.[310] Die hier relevante Quintessenz dieser Theorie bildet das Prinzip *ne impediatur legatio*: Die Mission eines Staates erfordere einen rechtlichen Sonderstatus im Empfangsstaat, um ihre Aufgaben wirksam erfüllen zu können.[311] Die Präambel des WÜD bezieht sich dabei sowohl auf die Theorie der funktionalen Notwendigkeit als auch auf die Repräsentationstheorie.[312]

Der Ausfluss dieser Grundsätze ist bereits in den älteren deutschen Steuergesetzen festzustellen, z. B. in § 3 des Einkommensteuergesetzes für die Freie Hansestadt Bremen vom 17. Dezember 1874[313], Art. 14 Buchst. a) des Einkommensteuergesetzes für das Königreich Bayern vom 19. Mai 1881[314], § 4 Satz 1 Nr. 2 des Einkommensteuergesetzes für das Herzogtum Braunschweig vom 16. April 1896[315], Art. 6 Nr. 3 des Einkommensteuergesetzes für das Herzogtum Coburg vom 2. Dezember 1908[316] sowie in § 3 Nr. 4 des Preußischen Einkommensteuergesetzes vom 24. Juni 1891 und § 3 EStG 1920, die entweder eine ausdrückliche Steuerbefreiung der Mitglieder der Gesandtschaft statuieren oder eine Öffnungsklausel für die entsprechenden völkerrechtlichen Bestimmungen beinhalten. Beispielsweise sah § 3 EStG 1920 eine persönliche Steuerbefreiung für natürliche Personen vor, *„[...] denen unter Wahrung der Gegenseitigkeit nach allgemeinen*

---

309 Hierzu pars pro toto *Ipsen, Knut*, Völkerrecht, S. 570.

310 Vgl. *Lehner, Moris/Waldhoff, Christian*, in: Kirchhof/Söhn/Mellinghoff, EStG, § 1 EStG, Rz. C 103 (Stand: September 2000) m. w. N.

311 Vgl. *Ipsen, Knut*, Völkerrecht, S. 570 m. w. N.

312 Vgl. *Blischtschenko, I. P./Durdenewski, W. N.*, a. a. O., S. 381.

313 *„Von der Einkommensteuer sind befreit: [...] c) Konsulatsbeamte nicht deutscher Staaten, welche Angehörige des Staats sind, der sie ernannt hat, sofern sie nicht hier ein Gewerbe betreiben [...]"*, Art. 3 Buchst. c) des Einkommensteuergesetzes für die Freie Hansestadt Bremen vom 17.12.1874, a. a. O.

314 *„Die Staatsregierung ist befugt: [...] Ausländern, welche des Dienstes halber in Bayern ihren Wohnsitz oder ständigen Aufenthalt zu nehmen genöthigt sind, die Befreiung von der Einkommensteuer unter der Voraussetzung ähnlicher Begünstigungen für bayerische im Auslande stationierte Bedienstete zu gewähren [...]"*, Art. 14 Buchst. a) des Einkommensteuergesetzes für das Königreich Bayern vom 19.05.1881, a. a. O.

315 *„Von der Einkommensteuer sind befreit: [...] diejenigen Personen, denen nach völkerrechtlichen Grundsätzen [...] ein Anspruch auf Befreiung von der Einkommensteuer zukommt"*, § 4 Satz 1 Nr. 2 des Einkommensteuergesetzes für das Herzogtum Braunschweig vom 16.04.1896, a. a. O.

316 *„Von der Einkommensteuer sind befreit: [...] diejenigen Personen, denen sonst nach völkerrechtlichen Grundsätzen ein Anspruch auf Befreiung von der Einkommensteuer zukommt [...]"*, Art. 6 Nr. 3 des Einkommensteuergesetzes für das Herzogtum Coburg vom 02.12.1908, a. a. O.

*völkerrechtlichen Grundsätzen oder denen nach besonderen, mit anderen Staaten getroffenen Vereinbarungen ein Anspruch auf Befreiung von den persönlichen Steuern zusteht*", und hielt somit – zum einen – die Bindungswirkung der zwischenstaatlichen Vereinbarungen und der allgemeinen völkerrechtlichen Grundsätze für das Steuerrecht ausdrücklich fest. Zum anderen – im Gegensatz zu der allgemeinen Fassung des Art. 25 GG und des § 2 AO – konkretisierte die Vorschrift die genaue Reichweite dieser Wirkung: die Befreiung der natürlichen Personen von den persönlichen Steuern in Deutschland. Diese steuerrechtliche Tradition wurde in § 5 EStG 1925[317] und in § 9 Steueranpassungsgesetz (StAnpG) vom 16. Oktober 1934[318] fortgeführt.

Die völkerrechtlich bedingten steuerlichen Vorrechte schlagen sich später in der Verwaltungsanordnung der Bundesregierung über die steuerliche Behandlung der diplomatischen und berufskonsularischen Vertretungen auswärtiger Staaten in der Bundesrepublik Deutschland und der deutschen ständigen Mitglieder des internationalen Stabes des Generalsekretariats der Organisation für europäische wirtschaftliche Zusammenarbeit (OEEC) vom 13. Oktober 1950[319] nieder: Freilich schließt die Anordnung die unbeschränkte Steuerpflicht der diplomatischen Vertreter aus und knüpft dabei ausdrücklich an das Fehlen der deutschen Staatsangehörigkeit an. Die Besteuerung nach dem steuerlichen Territorialitätsprinzip und die darauf gründende beschränkte Steuerpflicht (mit Ausnahme der Dienstbezüge) bleiben indessen unberührt.[320]

Ferner gewähren die einzelnen Verordnungen der internationalen Organisationen sowie die zwischen diesen Organisationen und den Aufnahmestaaten abgeschlossenen Abkommen (Sitzabkommen), z. B. das Abkommen zwischen der Bundesrepublik Deutschland und dem Internationalen Seegerichtshof über den Sitz des Gerichtshofs (Sitzabkommen) vom 14. Dezember 2004[321], bestimmte – unter anderem an das WÜD und das Nichtvorliegen der Staatsangehörigkeit des Sitzstaates anknüpfende – steuerliche Vorrechte.[322] So genießen die Mitglieder und die Bediensteten des Internationalen Seegerichtshofs, wenn sie die deutsche Staatsangehörigkeit nicht besitzen (und in der Bundesrepublik nicht ständig an-

317 Zur lediglich klarstellenden Bedeutung des § 5 EStG 1925 siehe *Strutz, Georg*, a. a. O., S. 468.

318 RGBl. I 1934, S. 925.

319 Bundesanzeiger 1959, Nr. 212 = MinBlFin 1950, S. 631.

320 Die Verwaltungsanordnung ist derzeit nur auf Fälle anzuwenden, in denen der Entsendestaat dem WÜD bzw. WÜK nicht rechtswirksam beigetreten ist, siehe OFD Berlin, Verfügung betreffend steuerliche Behandlung von Bediensteten an ausländischen diplomatischen und konsularischen Vertretungen im Inland vom 20.07.2000, IStR 2000, S. 756 ff.

321 BGBl. II 2007, S. 159; in Kraft getreten am 01.05.2007, BGBl. II 2007, S. 672.

322 Siehe hierzu *Kramer, Bernhard*, Die Besteuerung der Bediensteten Internationaler Organisationen unter besonderer Berücksichtigung der Rechtslage in der Bundesrepublik Deutschland, Bonn 1977, S. 24 ff.

sässig sind), die steuerlichen Vorrechte, Befreiungen und Erleichterungen, die den im vergleichbaren Rang stehenden Diplomaten der diplomatischen Missionen in Deutschland zustehen.[323] Auch die Mitglieder der NATO-Truppen, des zivilen Gefolges und deren Angehörige werden im Aufnahmestaat steuerlich privilegiert behandelt:[324] Gemäß Art. X Abs. 1 Satz 1 des Abkommens zwischen den Parteien des Nordatlantikvertrags über die Rechtsstellung ihrer Truppen (NATO-Truppenstatut) vom 19. Juni 1951[325] i. V. m. Art. 68 Abs. 4 des Zusatzabkommens zum NATO-Truppenstatut hinsichtlich der in der Bundesrepublik Deutschland stationierten ausländischen Truppen vom 3. August 1959[326] sind diese Personen aus der unbeschränkten Steuerpflicht in der Bundesrepublik Deutschland in der Regel ausgeschlossen, da die Zeitabschnitte ihres Aufenthaltes im Inland nicht als Zeiten des Aufenthalts im Sinne des § 9 AO oder des Innehabens eines Wohnsitzes im Sinne des § 8 AO gelten.[327] Das besagte Steuerprivileg knüpft indessen an das Nichtvorliegen der Staatsangehörigkeit des Aufnahmestaates an, Art. X Abs. 4 des NATO-Truppenstatuts i. V. m. Art. 68 Abs. 4 des Zusatzabkommens zum NATO-Truppenstatut. Eine derartige Differenzierung nach der Staatsangehörigkeit des Aufenthaltsstaates wurde vom Bundesverfassungsgericht in Bezug auf den allgemeinen Gleichheitsgrundsatz des Art. 3 Abs. 1 GG als unbedenklich angesehen: Die Staatsangehörigkeit sei ein international allgemein anerkanntes Anknüpfungsmoment. Ihr Vorliegen begründe ein besonderes Rechtsverhältnis zwischen dem Staat und seinem Bürger und könne eine Fülle von gegenseitigen Rechten und Pflichten (unter anderem auch von steuerlichen Rechten und Pflichten) bedingen. Als Sachverhaltselement rechtfertige sie auch die im Kontext des Art. X des NATO-Truppenstatuts gebotene Differenzierung.[328]

Eine ausführliche Zusammenstellung der Fundstellen der zwischenstaatlichen Vereinbarungen, die eine Befreiung von deutschen Personensteuern vorsehen, kann dem BMF-Schreiben betreffend steuerliche Vorrechte und Befreiungen

---

323 Vgl. Art. 18 i. V. m. Art. 23 des Sitzabkommens.

324 Siehe hierzu auch *Feuerstein, Peter*, Einkommensteuerpflicht bei NATO-Beschäftigungsverhältnissen, DB 1993, S. 1211 (1211 ff.); *Lehner, Moris/Waldhoff, Christian*, in: Kirchhof/Söhn/Mellinghoff, EStG, § 1 EStG, Rz. C 143 ff. (Stand: September 2000).

325 BGBl. II 1961, S. 1190.

326 Zusatzabkommen zu dem Abkommen zwischen den Parteien des Nordatlantikvertrages über die Rechtsstellung ihrer Truppen hinsichtlich der in der Bundesrepublik Deutschland stationierten ausländischen Truppen vom 03.08.1959, BGBl. II 1961, S. 1218, zuletzt geändert durch das Abkommen vom 18.03.1993, BGBl. II 1994, S. 2598.

327 Es handelt sich um die sogenannte Nichtwohnsitzfiktion, die stets von den Aufenthaltsgründen abhängig ist (siehe Art. X Abs. 1 Satz 1 des NATO-Truppenstatuts) und auf Antrag durchbrochen werden kann.

328 BFH, Urteil vom 14.11.1969 III R 95/68, BStBl. II 1970, S. 153.

aufgrund zwischenstaatlicher Vereinbarungen vom 20. August 2007[329] entnommen werden.

Zusammenfassend ist festzuhalten, dass das Fehlen der Staatsangehörigkeit des Empfangsstaates regelmäßig zu einer der Voraussetzungen der Steuerbefreiung nach WÜD bzw. WÜK wird. Oder aber auch anders gewendet: Die Staatsangehörigkeit des Empfangsstaates wirkt im Ergebnis als ein negatives Anknüpfungsmoment der unbeschränkten Steuerpflicht im Empfangsstaat.

Wenngleich Art. 34 WÜD bzw. Art. 49 WÜK ausdrücklich von einer Befreiung von Steuern und nicht von dem Ausschluss der unbeschränkten Steuerpflicht selbst spricht, bleibt es strittig, ob diese Befreiung lediglich eine sachliche Befreiung bewirken kann[330] oder effektiv doch zur beschränkten Steuerpflicht führen soll[331].

Wohlgemerkt wirkt sich die Regelung des § 3 Nr. 29 EStG – im Gegensatz zu Art. 34 WÜD und Art. 49 WÜK – auf die unbeschränkte Steuerpflicht eindeutig nicht aus. Es handelt sich vielmehr um eine punktuelle Freistellung bestimmter – gesetzlich eng definierter – Einkünfte: des Gehalts und der Bezüge, welche die diplomatischen Vertreter ausländischer Staaten, die ihnen zugewiesenen Beamten und die in ihren Diensten stehenden Personen erhalten, soweit die Betroffe-

329 BStBl. I 2007, S. 656, Stand: 01.01.2007.

330 So *Birk, Dieter*, in: Hübschmann, Walter/Hepp, Ernst/Spitaler, Armin (Hrsg.), Abgabenordnung, Finanzgerichtsordnung, § 2 AO, Rz. 107 f. (Stand: Juni 2008); *Drüen, Klaus-Dieter*, in: Tipke, Klaus/Kruse, Heinrich Wilhelm (Hrsg.), Abgabenordnung, Finanzgerichtsordnung, § 2 AO, Rz. 15 (Stand: Januar 2010); *Schaumburg, Harald*, Internationales Steuerrecht: Außensteuerrecht, Doppelbesteuerungsrecht, Rz. 5.67; siehe ferner *Lehner, Moris/Waldhoff, Christian*, in: Kirchhof/Söhn/Mellinghoff, EStG, § 1 EStG, Rz. C 108 (Stand: September 2000); *Lang, Joachim*, Grundsätzliches zur Interpretation völkerrechtlicher Abkommen im Steuerrecht, dargestellt an dem Beispiel der Frage, ob der Diplomat einer ausländischen Mission beschränkt einkommensteuerpflichtig ist, StuW 1975, S. 285 (285); *Jütte, Werner*, Anmerkung zum Erlass der Senatsverwaltung für Finanzen Berlin vom 08.11.1994 III C 2 - S 1310 - 1/92, IStR 1995, S. 85 (86); FG Bremen, Urteil vom 08.09.1960 I 67/60, EFG 1961, S. 146 (rkr.) und FG Düsseldorf, Urteil vom 18.10.1973 VIII 177/73 L, EFG 1974, S. 64 (rkr.).

331 Vgl. BFH, Urteil vom 13.11.1996 I R 119/95, DStRE 1997, S. 945; *Streck, Michael*, Steuerpflicht und Steuerbefreiungen von Diplomaten, Konsuln, NATO-Truppenmitgliedern und ihnen gleichgestellten Personen, StuW 1973, S. 119 (126 ff.); *ders.*, Steuerpflicht der Diplomaten: methodische Probleme beim Zusammentreffen von Steuerrecht und Völkerrecht, FR 1975, S. 261 (262); *Herlinghaus, Andreas*, in: Flick/Wassermeyer/Baumhoff/Schönfeld, Außensteuerrecht, § 1 EStG, Rz. 74 (Stand: Juli 1999); siehe auch *Wassermeyer, Franz*, in: Debatin/Wassermeyer, DBA, Art. 28 OECD-MA, Rz. 10 (Stand: März 2003); ferner *Hensel, Christian*, Ertragsteuerliche Behandlung von Bediensteten an ausländischen Vertretungen im Inland, RIW 1999, S. 659 (663); H 3.29 EStH 2010; OFD Berlin, Verfügung betreffend steuerliche Behandlung von Bediensteten an ausländischen diplomatischen und konsularischen Vertretungen im Inland vom 20.07.2000, IStR 2000, S. 756; DA 62.6 Abs. 1 Satz 3 DA-FamEStG.

nen die deutsche Staatsangehörigkeit[332] nicht besitzen (und nicht im Inland ständig ansässig sind), und des Gehalts und der Bezüge der Berufskonsuln, der Konsulatsangehörigen und ihres Personals, soweit sie Angehörige des Entsendestaates sind (mit weiteren Einschränkungen gemäß § 3 Nr. 29 Buchst. b) Satz 2 EStG).

## IV. Erweiterte unbeschränkte Einkommensteuerpflicht, § 1 Abs. 2 EStG

### 1. Konzept der erweiterten unbeschränkten Einkommensteuerpflicht

Mit dem § 1 Abs. 2 EStG wird der Kreis der unbeschränkt Steuerpflichtigen um natürliche Personen erweitert, die zwar weder einen Wohnsitz noch ihren gewöhnlichen Aufenthalt im Inland haben, zugleich aber:

- die deutsche Staatsangehörigkeit besitzen,
- in einem Dienstverhältnis[333] zu einer inländischen juristischen Person des öffentlichen Rechts[334] stehen,
- für dieses Dienstverhältnis aus einer inländischen[335] öffentlichen Kasse vergütet werden[336] und gleichzeitig

332 Zur Ausschlusswirkung der deutschen Staatsangehörigkeit im Kontext des § 3 Nr. 29 EStG siehe *Fissenewert, Hans-Ulrich*, in: Frotscher, Gerrit (Hrsg.), Einkommensteuergesetz: (EStG); Kommentar, Loseblattwerk, Freiburg im Breisgau 1981 ff., § 3 Nr. 29 EStG, Rz. 6 (Stand: Januar 2010).

333 Es kann sich um ein Dienstverhältnis als Beamter, Angestellter oder Arbeiter im öffentlichen Dienst handeln, vgl. *Lehner, Moris/Waldhoff, Christian*, in: Kirchhof/Söhn/Mellinghoff, EStG, § 1 EStG, Rz. C 25 ff. (Stand: September 2000) m. w. N.; *Stapperfend, Thomas*, in: Herrmann/Heuer/Raupach, EStG, § 1 EStG, Rz. 160 (Stand: Oktober 2007).

334 Die inländischen juristischen Personen des öffentlichen Rechts sind vor allem der Bund, die Länder und Gemeinden (die Gebietskörperschaften), die Körperschaften des öffentlichen Rechts, die ihren Sitz im Inland haben, dagegen nicht die juristischen Personen des Privatrechts, die von dem Bund, den Ländern oder Gemeinden unterhalten werden, aber auch nicht die supranationalen Organisationen, denen es grundsätzlich an dem zwingend erforderlich Inlandsbezug fehlt, vgl. *Lehner, Moris/Waldhoff, Christian*, in: Kirchhof/Söhn/Mellinghoff, EStG, § 1 EStG, Rz. C 35 ff. (Stand: September 2000); *Stapperfend, Thomas*, in: Herrmann/Heuer/Raupach, EStG, § 1 EStG, Rz. 160 (Stand: Oktober 2007).

335 Ein Bezug zum Inland wird nur durch die Zuordnung der Kasse zu einer inländischen juristischen Person erreicht, es muss sich also um eine Kasse in der Trägerschaft der inländischen juristischen Person handeln, vgl. *Lehner, Moris/Waldhoff, Christian*, in: Kirchhof/Söhn/Mellinghoff, EStG, § 1 EStG, Rz. C 56 (Stand: September 2000); *Stapperfend, Thomas*, in: Herrmann/Heuer/Raupach, EStG, § 1 EStG, Rz. 163 (Stand: Oktober 2007).

- in ihrem Wohnsitz- oder Aufenthaltsstaat nur der beschränkten (also nicht der unbeschränkten) Steuerpflicht unterliegen oder nicht steuerpflichtig sind[337].

Erfüllt eine natürliche Person und deren Dienstherr die genannten Voraussetzungen, kommt sie in den Genuss der unbeschränkten Steuerpflicht.[338] Es handelt sich um die Erweiterung des Kreises der der unbeschränkten Steuerpflicht unterliegenden natürlichen Personen durch die Einführung von alternativen Anknüpfungsmerkmalen, dagegen nicht um die Ausdehnung der Reichweite des Steuerzugriffs (zu Recht merken *Moris Lehner und Christian Waldhoff* an: *„Man kann darüber streiten, ob etwas ‚unbeschränktes' überhaupt noch ‚erweitert' werden kann"*[339]; beäugt man den Begriff „erweiterte unbeschränkte Einkommensteuerpflicht", so fallen einem die Worte aus einem bekannten Kinderbuch ein: *„Es muss im Leben mehr als alles geben"*[340]). Der sachliche Umfang der Steuerpflicht wird – im Gegensatz zu der Regelung des § 1 Abs. 3 EStG – auch nicht auf die inländischen Einkünfte im Sinne des § 49 EStG beschränkt und ent-

---

336 Als öffentliche Kasse im Sinne dieser Vorschrift ist eine Einrichtung zu verstehen, die der Dienstaufsicht untersteht und deren Haushaltsplan der Prüfung durch die Organe der öffentlichen Hand unterliegt, siehe BFH, Urteil vom 07.08.1986 IV R 228/82, BStBl. II 1986, S. 848; BFH, Urteil vom 03.12.1982 VI R 84/79, BStBl. II 1983, S. 219, zum Kassenstaatsprinzip im Allgemeinen siehe *Waldhoff, Christian*, in: Vogel, Klaus/Lehner, Moris, Doppelbesteuerungsabkommen der Bundesrepublik Deutschland auf dem Gebiet der Steuern vom Einkommen und Vermögen: Kommentar auf der Grundlage der Musterabkommen, 5. Auflage, München 2008, Art. 19 OECD-MA, Rz. 4 f.; ferner: *Rodi, Michael*, Das Kassenstaatsprinzip im nationalen und internationalen Steuerrecht, RIW 1992, S. 484 (484 ff.).

337 Um eine lediglich der beschränkten Steuerpflicht (vom Umfang) ähnliche Steuerpflicht im Ausland handelt es sich dann, wenn der Wohnsitz- oder Aufenthaltsstaat nur diejenigen Einkünfte des Steuerpflichtigen der Besteuerung unterwirft, die einen engen, unmittelbaren Inlandsbezug aufweisen. Es muss sich somit eine Ähnlichkeit der ausländischen Besteuerungsgrundsätze mit dem Grundgedanken des § 1 Abs. 4 i. V. m. § 49 EStG feststellen lassen, siehe BFH, Urteil vom 09.10.1985 I R 271/81, BFHE 145, S. 44; FG Köln, Urteil vom 02.10.2009 5 K 1023/06, EFG 2010, S. 435 (rkr.); siehe auch *Stapperfend, Thomas*, in: Herrmann/Heuer/Raupach, EStG, § 1 EStG, Rz. 175 (Stand: Oktober 2007); *Baranowski, Karl-Heinz*, a. a. O., Rz. 74.

338 Zum völkerrechtlichen Hintergrund dieser Regelung siehe § 8 (III.).

339 *Lehner, Moris/Waldhoff, Christian*, in: Kirchhof/Söhn/Mellinghoff, EStG, § 1 EStG, Rz. D 174 (Stand: November 2003).

340 Ein Teil des deutschen Titels zum Buch von *Sendak, Maurice*, Higgelti Piggelti Pop!: Oder Es muss im Leben mehr als alles geben, 3. Auflage, Zürich 1993 (Titel im Original: Higglety Pigglety Pop!: Or There Must be More to Life, deutsche Übersetzung von *Hildegard Krahé*).

spricht demjenigen nach § 1 Abs. 1 EStG i. V. m. § 2 Abs. 1 EStG.[341] Es gilt somit stets das Welteinkommensprinzip.[342]

Als *lex specialis* geht § 1 Abs. 2 EStG dem § 1 Abs. 4 EStG („*[...] vorbehaltlich der Absätze 2 [...]*“) vor und überlagert diesen. Durch eine derartige Durchbrechung des *steuerlichen Territorialitätsprinzips* ermöglicht es der Gesetzgeber dem von ihm als schutzbedürftig definierten Kreis der Steuerpflichtigen, die Vorteile einer unbeschränkten Steuerpflicht zu nutzen (wie etwa die Abzugsmöglichkeit für Sonderausgaben nach § 10 Abs. 1 Nr. 1 bis 1b, 4 ff. EStG und außergewöhnliche Belastungen nach §§ 33 ff. EStG oder die Zulässigkeit der Inanspruchnahme der Kinderfreibeträge gemäß § 32 Abs. 6 EStG), gleichzeitig beugt er aber auch der Entstehung eventueller Besteuerungslücken vor und stellt somit die Besteuerung nach der wirtschaftlichen Leistungsfähigkeit sicher.[343] Vergleichbare Vorschriften kommen auch im Steuerrecht anderer Länder zur Anwendung (z. B. in Finnland[344], den Niederlanden[345] und in der Schweiz[346]).

---

341 Siehe hierzu *Stapperfend, Thomas*, in: Herrmann/Heuer/Raupach, EStG, Vor §§ 1, 1a EStG, Rz. 4 (Stand: Oktober 2007).

342 Vgl. *Kaminski, Bert*, Die persönliche Einkommensteuerpflicht: unter besonderer Berücksichtigung der Neuerungen durch das Jahressteuergesetz 1996, StuSt 1996, S. 398 (400).

343 Vgl. *Schaumburg, Harald*, Internationales Steuerrecht: Außensteuerrecht, Doppelbesteuerungsrecht, Rz. 5.39; *Gosch, Dietmar*, in: Kirchhof, Paul (Hrsg.), Einkommensteuergesetz: Kommentar, 10. Auflage, Köln 2011, § 1 EStG, Rz. 9; *Frotscher, Gerrit*, in: Frotscher, Gerrit (Hrsg.), EStG, § 1 EStG, Rz. 31 (Stand: März 2009); *Lehner, Moris/Waldhoff, Christian*, in: Kirchhof/Söhn/Mellinghoff, EStG, § 1 EStG, Rz. C 5 (Stand: September 2000); *Streck, Michael*, Steuerpflicht der Diplomaten: methodische Probleme beim Zusammentreffen von Steuerrecht und Völkerrecht, FR 1975, S. 261 (262), dort noch zur Vorgängerregelung in § 14 Abs. 2 StAnpG; BFH, Urteil vom 22.02.2006 I R 60/05, BStBl. II 2007, S. 106; die Aussage, dass § 1 Abs. 2 Satz 2 EStG (primär) der Vermeidung der doppelten unbeschränkten Einkommensteuerpflicht diene (so insbesondere BT-Drs. 7/1470, S. 238, *Ebling, Klaus*, in: Blümich, EStG, § 1 EStG, Rz. 265 [Stand: Februar 2008], *Crasemann, Dagmar*, Besteuerung von im Ausland lebenden Angehörigen des deutschen öffentlichen Dienstes, StW 1997, S. 59 [59] sowie *Tiedtke, Klaus/Langheim, Hagen*, Die Voraussetzungen und Rechtsfolgen der beschränkten und der [fiktiven] unbeschränkten Steuerpflicht, DStZ 2003, S. 10 [12]), muss relativiert werden: kritisch zum lediglich *prophylaktischen* Zweck des § 1 Abs. 2 Satz 2 EStG auch *Streck, Michael*, Steuerpflicht der Diplomaten: methodische Probleme beim Zusammentreffen von Steuerrecht und Völkerrecht, FR 1975, S. 261 (263).

344 Vgl. *Helminen, Marjaana*, Finnish International Taxation, S. 69 f.

345 Siehe Art. 2.2 Abs. 2 Wet Inkomstenbelasting 2001, http://wetten.overheid.nl/BWBR0011353/Hoofdstuk2/Afdeling21/Artikel22/geldigheidsdatum_24-03-2011 (Dutch government websites); im Vergleich zu der Vorgängerregelung wurde die Vorschrift in 2001 insoweit geändert, als vor allem nur noch die Diplomaten und Konsularbediensteten von ihr betroffen bleiben (im Einzelnen hierzu siehe *Betten, Rijkele*, Branch Report: Netherlands, Cahiers de droit fiscal international 2002, Vol. 87b, S. 407 (408).

346 Siehe Art. 3 Abs. 5 und Art. 6 Abs. 4 DBG; ausführlich hierzu *Möhr, Marco*, a. a. O., S. 224 ff.

Unabhängig von der Frage, welche europarechtlichen Grundfreiheiten im Kontext des § 1 Abs. 2 EStG einschlägig sind (so gilt beispielsweise Art. 45 AEUV nicht für die Beschäftigung in der öffentlichen Verwaltung, Art. 45 Abs. 4 AEUV)[347], muss die Gemeinschaftswidrigkeit des § 1 Abs. 2 EStG – spätestens auf der Ebene der Bildung eines Vergleichspaars – verneint werden: Die völkerrechtlich allgemein anerkannte Sonderstellung von Bediensteten oder aber auch die Nichteinbeziehung des begünstigten Steuerpflichtigen in die unbeschränkte Einkommensteuerpflicht im Zielstaat[348] bedingt in der Regel die Nichtvergleichbarkeit der Lage der zu beurteilenden Vergleichssubjekte.[349]

## 2. Historische Entwicklung der Vorschrift und Bedeutung der Staatsangehörigkeit im Kontext der Vorschrift

Diese – ursprünglich für die Auslandsbeamten vorgesehene – Regelung war bereits in § 1 Nr. 1 Buchst. c) Satz 2 des Preußischen Einkommensteuergesetzes vom 24. Juni 1891[350], § 1 Nr. 1 Buchst. c) Satz 2 des Einkommensteuergesetzes für das Fürstentum Schaumburg-Lippe vom 3. Mai 1901[351], Art. 2 Nr. 1 Buchst. c) Satz 2 des Einkommensteuergesetzes für das Herzogtum Coburg vom 2. Dezember 1908[352] aber auch in § 2 I Nr. 1 Satz 2 EStG 1920[353] enthalten. Sie besagte sinngemäß, dass die Auslandsbeamten, die die Staatsangehörigkeit des

347 Zur Auslegung des Begriffs der öffentlichen Verwaltung im Sinne des Art. 45 Abs. 4 AEUV siehe EuGH, Urteil vom 17.12.1980 Rs. 149/79 „Kommission/Belgien", Slg. 1980, S. 3881, Rn. 10 ff.; EuGH, Urteil vom 30.09.2003 Rs. C-47/02 „Albert Anker, Klaas Ras, Albertus Snoek", Slg. 2003, I-10447, Rn. 57 ff.; für Deutschland siehe auch FG Baden-Württemberg, Beschluss vom 21.12.2009 6 K 2260/09, EFG 2010, S. 1421 (anhängiges Verfahren beim EuGH: Az. C-240/10).

348 Zum Vergleichspaar im Kontext des § 1 Abs. 2 EStG und § 1 Abs. 3 EStG siehe auch *Benz, Sebastian*, Die beschränkte Steuerpflicht im Licht der EG-Freizügigkeit: eine Untersuchung de lege lata und de lege ferenda, Bonn 1996, S. 108.

349 Siehe ferner BVerfG, Beschluss vom 23.10.1973 2 BvC 3/73, BVerfGE 36, S. 139, dort in Bezug auf § 12 BWahlG in der Fassung vom 07.07.1972.

350 *„Auf Reichs- und Staatsbeamte, welche im Auslande ihren dienstlichen Wohnsitz haben und dort zu entsprechenden direkten Staatssteuern nicht herangezogen werden, findet die Ausnahme unter c keine Anwendung"*, § 1 Nr. 1 Buchst. c) Satz 2 des Preußischen Einkommensteuergesetzes vom 24. Juni 1891, a. a. O.

351 Gleichlautend mit dem Zitat in der Fußnote 350.

352 Gleichlautend mit dem Zitat in der Fußnote 350.

353 *„Beamte des Reichs oder der Länder und Militärpersonen, die ihren dienstlichen Wohnsitz im Ausland haben, sowie die in ihren Diensten stehenden Deutschen sind ohne Rücksicht auf die Dauer ihres Aufenthalts im Ausland einkommensteuerpflichtig, soweit sie an ihrem ausländischen Wohnsitz nicht zu einer entsprechenden direkten Steuer herangezogen werden"*, § 2 I Nr. 1 Satz 2 EStG 1920.

Reichs bzw. des jeweiligen Landes besaßen, ungeachtet des fehlenden inländischen Wohnsitzes oder des gewöhnlichen Aufenthalts im Inland unbeschränkt steuerpflichtig waren. Die Staatsangehörigkeit stellte sonach ein eigenständiges – nicht nur der Ergänzung der territorialen Merkmale dienendes – persönliches Anknüpfungsmoment der unbeschränkten Steuerpflicht dar.

Indessen statuierte Art. 14 Buchst. b) des Einkommensteuergesetzes für das Königreich Bayern vom 19. Mai 1881[354] bzw. Art. 16 Buchst. c) des Einkommensteuergesetzes für das Königreich Bayern vom 9. Juni 1899[355] sowie § 14 Abs. 2 StAnpG[356] nicht direkt die unbeschränkte Steuerpflicht eines solchen Auslandsbeamten: Er fingierte zunächst einen inländischen Wohnsitz oder den inländischen gewöhnlichen Aufenthalt eines Auslandsbeamten,[357] um dann von dieser Wohnsitz- bzw. Aufenthaltsfiktion die unbeschränkte Steuerpflicht im Inland abzuleiten. Formell betrachtet berechtigte nicht der Beamtenstatus oder das Vorliegen der deutschen Staatsangehörigkeit selbst, sondern erst der daraus folgende fiktive Inlandsaufenthalt oder inländische Wohnsitz des Betroffenen zur Inanspruchnahme der Vorteile der unbeschränkten Steuerpflicht, verpflichtete sie aber zugleich, ihre Nachteile hinzunehmen.[358]

Die Fiktion des steuerlichen Aufenthaltsortes im Kassenstaat gemäß § 14 Abs. 2 StAnpG galt gleichermaßen für Auslandsbeamte, die keinen diplomatischen oder konsularischen Schutz genossen,[359] dagegen nicht für die nichtbeamteten, im Angestelltenverhältnis tätigen Personen.[360] Erst mit dem Gesetz zur Reform der Einkommensteuer, des Familienlastenausgleichs und der Sparförderung

354 *„Die Staatsregierung ist befugt: […] Bayern, welche des Dienstes halber im Auslande ihren Wohnsitz oder ständigen Aufenthalt haben, soferne sie die erwähnte Begünstigung genießen, hinsichtlich der Steuerpflicht als in Bayern wohnhaft zu behandeln"*, Art. 14 Buchst. b) des Einkommensteuergesetzes für das Königreich Bayern vom 19.05.1881, a. a. O.

355 *„Die Staatsregierung ist befugt: […] Bayern, welche des Dienstes halber in anderen deutschen Bundesstaaten oder im Auslande ihren Wohnsitz oder ständigen Aufenthalt haben, soferne sie die in lit. a und b erwähnten Vergünstigungen genießen, hinsichtlich der Steuerpflicht als in Bayern wohnhaft zu behandeln […]"*, Art. 16 Buchst. c) des Einkommensteuergesetzes für das Königreich Bayern vom 09.06.1899, a. a. O.

356 Siehe auch die Ausführungen in der Gesetzesbegründung zum EStG 1934 vom 16.10.1934 (RGBl. I 1934, S. 1005), RStBl. 1935, S. 33 (34).

357 Zu der lediglich klarstellenden Funktion des § 14 Abs. 2 Satz 2 StAnpG, der auch die Ehegatten in den Anwendungsbereich der Vorschrift einbezieht, siehe RFH, Urteil vom 08.05.1935 VI A 359/34, StuW 1935, Teil II, S. 946.

358 Der ausdrücklich genannte Grund für die Einbeziehung eines Auslandsbeamten in die unbeschränkte Einkommensteuerpflicht im Inland lag jedoch in dem speziellen Charakter des (Dienst-)Verhältnisses zu Deutschland, vgl. RT-Drs. III/795, S. 38.

359 Vgl. BFH, Urteil vom 04.08.1982 I R 129/78, BFHE 136, S. 469.

360 Vgl. BFH, Urteil vom 26.04.1978 I R 97/76, BStBl. II 1978, S. 628.

(Einkommensteuerreformgesetz – EStRG) vom 5. August 1974[361] wurde der Anwendungsbereich der Regelung (nach ihrer modifizierten Übernahme in § 1 Abs. 2 EStG 1974) – als Reaktion auf die steigende Zahl der Auslandseinsätze von Nichtbeamten[362] – auf deutsche Staatsangehörige erweitert, die als beamtete oder aber auch nichtbeamtete Nichtselbstständige für eine inländische juristische Person des öffentlichen Rechts im Ausland tätig waren und hierfür aus einer inländischen Kasse bezahlt wurden.

Da die Vorschrift *höchstens*[363] eine Steuerpflicht im Ausland voraussetzte, welche der beschränkten Steuerpflicht nach deutschem Verständnis vergleichbar sein sollte, konnten zum einen weiterhin vor allem die Angehörigen des öffentlichen Dienstes mit diplomatischem oder konsularischem Status (und die zum Haushalt der Bediensteten gehörenden deutschen Familienangehörigen) vom Anwendungsbereich des § 1 Abs. 2 EStG erfasst sein.[364] Zum anderen setzte der Beamtenstatus in der Regel ohnehin das Vorliegen der deutschen Staatsangehörigkeit[365] voraus, sodass durch das EStRG 1974 insoweit keine wesentliche Einschränkung oder Erweiterung des Personenkreises der Betroffenen erfolgte.

Die Fiktion des steuerlichen Aufenthaltsortes nach § 14 Abs. 2 StAnpG wurde vom Gesetzgeber in § 1 Abs. 2 EStG 1974 nicht übernommen. Stattdessen spricht § 1 Abs. 2 EStG nun von eigenständigen personenbezogenen Anknüpfungsmerkmalen der unbeschränkten Steuerpflicht, die nicht (auch nicht fiktiv) die Qualität eines territorialen Anknüpfungsmoments nach § 1 Abs. 1 EStG – eines Wohnsitzes und des gewöhnlicher Aufenthalts – erreichen müssen. Zu diesen eigenständigen Merkmalen gehört unter anderem die deutsche Staatsangehörigkeit. Dabei lässt es sich allerdings nicht verkennen, dass mit dieser Gesetzesänderung kein grundsätzlicher Wandel der Theorie der Anknüpfungspunkte der unbeschränkten Steuerpflicht im deutschen Steuerrecht verbunden ist. Vielmehr bleibt der Wille des Staates, die steuerlichen Wirkungen der völkerrechtlich bedingten Vorrechte möglichst vollständig zu neutralisieren, einziger Beweggrund der Gesetzesanpassung.

---

361 BGBl. I 1974, S. 1769.

362 BT-Drs. 7/1470, S. 238

363 Vgl. *Lehner, Moris/Waldhoff, Christian*, in: Kirchhof/Söhn/Mellinghoff, EStG, § 1 EStG, Rz. C 62 sowie C 160 (Stand: September 2000).

364 Siehe BMF-Schreiben betreffend die Anwendung des § 1 Abs. 2 oder 3 EStG (für Veranlagungszeiträume ab 1996: § 1 Abs. 3 in Verbindung mit § 1a Abs. 2 EStG 1996) vom 19.03.1996 IV B 4 – S 2102 – 15/96, BStBl. I 1996, S. 373.

365 Siehe § 7 des Bundesbeamtengesetzes vom 14.07.1953, BGBl. I 1953, S. 551; aktuell: § 7 des Bundesbeamtengesetzes (BBG) vom 05.02.2009, BGBl. I 2009, S. 160, zuletzt geändert durch Art. 11 des Gesetzes vom 19.11.2010, BGBl. I 2010, S. 1552.

Weder das EStG noch die Reichsabgabenordnung vom 13. Dezember 1919[366] (und später die AO) enthalten eine eigenständige Definition der deutschen Staatsangehörigkeit für Zwecke des § 1 Abs. 2 EStG. Das Vorliegen der deutschen Staatsangehörigkeit ist daher grundsätzlich nach dem StAG in der jeweils aktuellen Fassung (dynamischer Verweis)[367] zu prüfen. Es handelt sich somit um die Deutschen im Sinne des § 1 StAG (gleichwohl ist die für den Beamtenstatus maßgebende Definition der Deutschen in Art. 116 Abs. 1 GG theoretisch weiter gefasst als diejenige in § 1 StAG)[368].

Zum Schutz der Familiengemeinschaft wurde der Kreis der der unbeschränkten Steuerpflicht unterliegenden Familienangehörigen durch das Steuerbereinigungsgesetz 1986 vom 19. Dezember 1985[369] auch auf die zum Haushalt des entsandten Bediensteten gehörenden Angehörigen im Sinne des § 15 AO[370] ohne deutsche Staatsangehörigkeit ausgedehnt.[371] Die bis dahin geltende Beschränkung der Regelung auf natürliche Personen mit deutscher Staatsangehörigkeit[372] wurde zugunsten der Angehörigen aufgegeben, die zwar keine deutsche Staatsangehörigkeit besaßen, aber auch keine oder nur im Inland einkommensteuerpflichtigen Einkünfte bezogen[373], § 1 Abs. 2 Satz 1 EStG 1986[374].

Ferner wurde § 1 Abs. 3 EStG als eine Vorgängerregelung des jetzigen § 1 Abs. 3 EStG eingeführt, die sich allerdings ausdrücklich nur an deutsche Staatsangehörige und deren Ehegatten richtete.[375]

Die neue Fassung des § 1 Abs. 2 Satz 1 EStG 1986 war zwingend ab dem Jahr 1985 und bei den noch offenen Fällen für die Veranlagungszeiträume 1981 bis 1984 anzuwenden, § 52 Abs. 1a EStG 1986. Bei den Veranlagungszeiträumen 1981 bis 1984 hatte jeder Betroffene dagegen ein antragsgebundenes Wahlrecht,

---

366 RGBl. 1919, S. 1993.

367 Vgl. *Lehner, Moris/Waldhoff, Christian*, in: Kirchhof/Söhn/Mellinghoff, EStG, § 1 EStG, Rz. C 15 (Stand: September 2000).

368 Siehe hierzu § 4 (I.).

369 BGBl. I 1985, S. 2436.

370 Vgl. *Ebling, Klaus*, in: Blümich, EStG, § 1 EStG, Rz. 256 (Stand: Februar 2008); *Lehner, Moris/Waldhoff, Christian*, in: Kirchhof/Söhn/Mellinghoff, EStG, § 1 EStG, Rz. C 71 (Stand: September 2000); *Stapperfend, Thomas*, in: Herrmann/Heuer/Raupach, EStG, § 1 EStG, Rz. 166 (Stand: Oktober 2007).

371 Zu den verfassungsrechtlichen Bedenken hinsichtlich der Beschränkung der Vorgängerregelung auf die Angehörigen, welche die deutsche Staatsangehörigkeit besitzen, siehe FG Köln, Beschluss vom 31.03.1981 I (VII) 194/79 E, EFG 1981, S. 400 (rkr.).

372 Im Ergebnis verneinend zur Verfassungswidrigkeit der Beschränkung der Regelung auf die Staatsangehörigen Deutschlands *Lehner, Moris/Waldhoff, Christian*, in: Kirchhof/Söhn/Mellinghoff, EStG, § 1 EStG, Rz. C 6 sowie C 91 (Stand: September 2000).

373 Siehe BT-Drs. 10/1636, S. 56.

374 EStG in der Fassung der Bekanntmachung vom 15.04.1986, BGBl. I 1986, S. 441.

375 Siehe hierzu *Ebling, Klaus*, in: Blümich, EStG, § 1 EStG, Rz. 270 ff. (Stand: Februar 2008).

die bereits bestandskräftigen Bescheide unter der Berücksichtigung der Neufassung ändern zu lassen. Für die deutschen Staatsangehörigen ging dieses Antragsrecht insoweit ins Leere, als die Vorgängerregelung die unbeschränkte Steuerpflicht für diese Personengruppe bereits vorsah. Familienangehörige ohne deutsche Staatsangehörigkeit konnten dagegen das Wahlrecht ausüben oder aber auch – im Gegensatz zu Familienangehörigen mit der deutschen Staatsangehörigkeit – den Eintritt in die unbeschränkte Steuerpflicht (auch in den Veranlagungszeiträumen ab 1985) gezielt vermeiden, z. B. durch die Nichtstellung eines Antrags nach § 52 Abs. 1a EStG 1986 für die zurückliegenden Veranlagungszeiträume oder durch den Bezug von geringfügigen, im Ausland steuerpflichtigen Einkünften in den Veranlagungszeiträumen ab 1985. Deutsche Staatsangehörige hatten in jedem Fall eventuelle Nachteile der unbeschränkten Steuerpflicht im Inland und der damit verbundenen Besteuerung nach dem Welteinkommensprinzip zu dulden.

## V. Erweiterte unbeschränkte Erbschaftsteuerpflicht, § 2 Abs. 1 Nr. 1 Satz 1 i. V. m. Satz 2 Buchst. c) ErbStG

Eine mit der ertragsteuerlichen Regelung des § 1 Abs. 2 EStG korrespondierende erbschaftsteuer- bzw. schenkungsteuerliche Vorschrift findet sich in § 2 Abs. 1 Nr. 1 Satz 2 Buchst. c) ErbStG: Deutsche Staatsangehörige, die weder einen inländischen Wohnsitz im Sinne des § 8 AO noch ihren gewöhnlichen Aufenthalt nach § 9 AO im Inland haben, werden unabhängig von der Fünfjahresfrist nach § 2 Abs. 1 Nr. 1 Satz 2 Buchst. b) ErbStG als Inländer für Zwecke des § 2 Abs. 1 Nr. 1 Satz 1 ErbStG behandelt, wenn sie zu einer inländischen juristischen Person des öffentlichen Rechts in einem Dienstverhältnis stehen und dafür Arbeitslohn aus einer inländischen öffentlichen Kasse beziehen.[376] Die zum Haushalt der Auslandsbediensteten gehörenden Angehörigen mit deutscher Staatsangehörigkeit sind ebenfalls von § 2 Abs. 1 Nr. 1 Satz 2 Buchst. c) ErbStG erfasst.

Als notwendige Voraussetzung der Erweiterung des Begriffs *Inländer* auf die Auslandsbediensteten und ihre Angehörigen gilt die Einbeziehung des Erb- bzw. Schenkungsfalls zu einer nur eingeschränkten Erbschaftsteuer- bzw. Schenkungsteuerpflicht im Wohnsitz- oder Aufenthaltsstaat. Der Letztere darf lediglich das

376 Zu den Begriffen „deutsche Staatsangehörigkeit", „inländische juristische Person des öffentlichen Rechts", „Dienstverhältnis zu einer inländischen juristischen Person des öffentlichen Rechts", „inländische öffentliche Kasse" siehe die Ausführungen in § 8 (IV. 1) und § 4 (I.) sowie *Jülicher, Marc*, in: Troll/Gebel/Jülicher, ErbStG, § 2 ErbStG, Rz. 28 ff. (Stand: Oktober 2010).

(seinem Umfang nach)[377] beschränkte Vermögen der Besteuerung unterwerfen, § 2 Abs. 1 Nr. 1 Satz 2 Buchst. c) Satz 2 ErbStG. So will der Gesetzgeber die eventuellen (vor allem völkerrechtlich bedingten) Besonderheiten der steuerlichen Behandlung eines Auslandsbediensteten (siehe etwa die steuerlichen Vorrechte nach dem WÜD[378] oder WÜK[379]) neutralisieren: Unterliegt die natürliche Person aufgrund seines Sonderstatus höchstens der beschränkten Steuerpflicht im Wohnsitz- bzw. Aufenthaltsstaat,[380] wird die Besteuerung nach dem Leistungsfähigkeitsprinzip durch die Erfassung des Erb- bzw. Schenkungsfalls im Rahmen der unbeschränkten Steuerpflicht im Inland gewährleistet.

§ 2 Abs. 1 Nr. 1 Satz 2 Buchst. b) ErbStG geht § 2 Abs. 1 Nr. 1 Satz 2 Buchst. c) ErbStG vor.[381] Hält sich ein Auslandsbediensteter nicht länger als fünf Jahre im Ausland auf und hat er vor seinem Wegzug ins Ausland einen Wohnsitz im Inland unterhalten, wird die Einbeziehung des Erb- bzw. Schenkungsfalls in die unbeschränkte Steuerpflicht im Inland vorrangig bereits durch seinen Status als Staatsangehöriger Deutschlands bedingt. Für die Anwendung des § 2 Abs. 1 Nr. 1 Satz 2 Buchst. c) ErbStG besteht kein Raum, denn insoweit entstehen weder Nach- noch Vorteile bezüglich des erbschaftsteuer- bzw. schenkungsteuerlichen Status des Auslandsbediensteten im Vergleich zur steuerlichen Stellung eines *normalen* Staatsangehörigen Deutschlands, die durch § 2 Abs. 1 Nr. 1 Satz 2 Buchst. c) ErbStG abgefangen werden müssten. Wie bereits mit § 2 Abs. 1 Nr. 1 Satz 2 Buchst. b) ErbStG wird durch § 2 Abs. 1 Nr. 1 Satz 2 Buchst. c) ErbStG nur der Kreis der Inländer erweitert. Es handelt sich nicht um eine Ausdehnung der Reichweite des Steuerzugriffs im Vergleich zur unbeschränkten Steuerpflicht gemäß § 2 Abs. 1 Nr. 1 Satz 1 i. V. m. § 2 Abs. 1 Nr. 1 Satz 2 Buchst. a) ErbStG.

---

377 Vgl. *Jüptner, Roland*, in: Fischer, Michael/Jüptner, Roland/Pahlke, Armin/Wachter, Thomas (Hrsg.), Erbschaftsteuergesetz (ErbStG), Kommentar, Haufe: Online-Version, § 2 ErbStG, Rz. 52 (Stand: Mai 2010).

378 Siehe hierzu § 8 (I.).

379 Siehe hierzu § 8 (II.).

380 Siehe hierzu *Jülicher, Marc*, in: Troll/Gebel/Jülicher, ErbStG, § 2 ErbStG, Rz. 31 (Stand: Oktober 2010).

381 Vgl. *Jüptner, Roland*, in: Fischer/Jüptner/Pahlke/Wachter, ErbStG, § 2 ErbStG, Rz. 51 (Stand: Mai 2010); *Jülicher, Marc*, in: Troll/Gebel/Jülicher, ErbStG, § 2 ErbStG, Rz. 28 (Stand: Oktober 2010).

# § 9 Staatsangehörigkeit im Recht der Doppelbesteuerungsabkommen und abkommensrechtlicher Rahmen zur Bestimmung von Anknüpfungsmomenten der unbeschränkten Einkommensteuerpflicht

## I. Staatsangehörigkeit im Kontext des OECD-MA, Art. 3 Abs. 1 Buchst. g) OECD-MA

Gemäß Art. 3 Abs. 1 Buchst. g) OECD-MA[382] ist die abkommensrechtliche Staatsangehörigkeit (bzw. Staatsbürgerschaft)[383] einer natürlichen Person an die nationale Staatsangehörigkeit bzw. Staatsbürgerschaft geknüpft: *„[...] bedeutet [...] der Ausdruck ‚Staatsangehöriger' [...] jede natürliche Person, die die Staatsangehörigkeit oder Staatsbürgerschaft dieses Vertragsstaates besitzt"*. Eine eigenständige Definition im engeren Sinn enthält das OECD-MA nicht. Die Bestimmungen des innerstaatlichen Rechts des jeweiligen Vertragsstaates sind zur Feststellung des Vorliegens der Staatsangehörigkeit im Sinne eines Abkommens zwingend heranzuziehen.

In der deutschen Abkommenspraxis wird in der Regel ein ausdrücklicher Bezug auf Art. 116 Abs. 1 GG[384] (überwiegend in den älteren Abkommen)[385] bzw. auf den Begriff eines Deutschen im Sinne des GG[386] (tendenziell in den neueren

---

382 Ursprünglich war die abkommensrechtliche Definition der Staatsangehörigkeit in Art. 24 Abs. 2 OECD-MA 1977 enthalten, siehe z. B. Art. 24 Abs. 2 DBA-Belgien 1967/2002/2010, Art. 21 Abs. 2 DBA-Frankreich 1959/1969/1989/2001, Art. XXI Abs. 2 DBA-Griechenland 1966, Art. XX Abs. 2 DBA-Großbritannien 1964/1970, Art. XXV Abs. 2 DBA-Irland 1962, Art. 24 Abs. 3 DBA-Spanien 1966.

383 Siehe hierzu Nr. 8 OECD-MK 2010 zu Art. 3 OECD-MA.

384 Vgl. z. B. DBA-Ägypten 1987, DBA-Argentinien 1978/1996, DBA-Belgien 1967/2002/2010, DBA-Bolivien 1992, DBA-Dänemark 1995, DBA-Ecuador 1982, DBA-Elfenbeinküste 1979, DBA-Frankreich 1959/1969/1989/2001, DBA-Griechenland 1966, DBA-Großbritannien 1964/1970, DBA-Indien 1995, DBA-Indonesien 1990, DBA-Iran 1968, DBA-Irland 1962, DBA-Island 1971, DBA-Israel 1962/1977, DBA-Italien 1989, DBA-Japan 1966/1979/1983, DBA-Luxemburg 1958/1973/2009, DBA-Mongolei 1994, DBA-Namibia 1993, DBA-Neuseeland 1978, DBA-Niederlande 1959/1980/1991/2004, DBA-Norwegen 1991, DBA-Pakistan 1994, DBA-Portugal 1980, DBA-Schweiz 1971/1978/1989/1992/2002, DBA-Simbabwe 1988, DBA-Sri Lanka 1979, DBA-Spanien 1966, DBA-Südafrika 1973, DBA-Thailand 1967, DBA-Uruguay 1987, DBA-USA 1989/2006, DBA-Venezuela 1995, DBA-Vietnam 1995, DBA-Zypern 1974.

385 Etwas überraschend daher Art. 3 Abs. 1 Buchst. g) Nr. i) DBA-VAE 2010; wohl in Anlehnung an Art. 3 Abs. 1 Buchst. e) Nr. 1 DBA-VAE 1995.

386 Vgl. z. B. DBA-Albanien 2010, DBA-Algerien 2007, DBA-Aserbaidschan 2004, DBA-Belarus 2005, DBA-Bulgarien 2010, DBA-Georgien 2006, DBA-Ghana 2004, DBA-Großbritannien 2010, DBA-Kanada 2001, DBA-Kasachstan 1997, DBA-Kirgisistan 2005, DBA-Kroatien 2006,

Abkommen) genommen.[387] Lediglich Art. 3 Abs. 1 Buchst. e) DBA-China 1985 spricht allgemein von einer *„natürliche[n] Person, die nach dem Recht eines Vertragsstaats dessen Angehöriger ist [...]“*. Gleichwohl kann daraus keine abweichende Definition eines deutschen Staatsangehörigen abgeleitet werden.[388]

Bei einer juristischen Person, Personengesellschaft sowie anderen Personenvereinigungen wird die Staatsangehörigkeit grundsätzlich an das Recht, nach dem sie errichtet wurden, geknüpft.[389] Im abkommensrechtlichen Sinn kann somit ausdrücklich auch eine nicht natürliche Person eine Staatsangehörigkeit besitzen.

Die Aufnahme der Staatsangehörigkeit in die allgemeinen Begriffsbestimmungen des OECD-MA oder eines Doppelbesteuerungsabkommens ist nicht zufällig. Das OECD-MA selbst und nahezu jedes derzeit geltende deutsche Doppelbesteuerungsabkommen enthalten eine Reihe von Vorschriften, die an die Staatsangehörigkeit der Steuerpflichtigen anknüpfen. Nur wenige deutsche Abkommen verwenden den Begriff *Staatsangehörigkeit* grundsätzlich nicht[390] oder definieren diesen nicht.[391]

---

DBA-Kuwait 1999, DBA-Malaysia 2010, DBA-Malta 2001/2010, DBA-Mazedonien 2006, DBA-Mexiko 2008, DBA-Österreich 2000, DBA-Rumänien 2001, DBA-Schweden 1992, DBA-Singapur 2004, DBA-Slowenien 2006, DBA-Südafrika 2008, DBA-Syrien 2010, DBA-Tadschikistan 2003, DBA-Uruguay 2010, DBA-Usbekistan 1999; mit dem neuen Wortlaut ist jedoch keine Änderung im Verständnis des Begriffs „Staatsangehöriger“ verbunden, vgl. *Vogel, Klaus*, in: Vogel/Lehner, DBA, Art. 3 OECD-MA, Rz. 72.

387 Vergleichbar auch Art. 3 Abs. 1 Buchst. f) Doppelbuchst. aa) DBA-Türkei 1985 (mit Bezug auf das „Gesetz über die türkische Staatsangehörigkeit“) und Art. 3 Abs. 1 Buchst. g) Nr. ii) DBA-Pakistan 1994 (mit Bezug auf die pakistanische Verfassung oder die einschlägigen pakistanischen Rechtsvorschriften).

388 Vgl. *Hackemann, Tim/Pfaar, Michael*, in: Debatin/Wassermeyer, DBA, Art. 3 DBA-China, Rz. 28 (Stand: Mai 2005); *Wilke, Kay-Michael*, in: Gosch, Dietmar/Kroppen, Heinz-Klaus/Grotherr, Siegfried (Hrsg.), DBA-Kommentar, Loseblattwerk, Herne u. a. 1997 ff., Art. 3 DBA-China, Rz. 4 (Stand: Grundwerk); zum Hintergrund dieser Formulierung vgl. *Manke, Klaus*, Unterzeichnung des deutsch-chinesischen Doppelbesteuerungsabkommens, DStZ 1985, S. 263 (266 f.).

389 Vgl. Art. 3 Abs. 1 Buchst. g) Nr. ii) OECD-MA.

390 Zu den seltenen Ausnahmen gehören DBA-Australien 1972, DBA-Bulgarien 1987 (dagegen nicht DBA-Bulgarien 2010), DBA-Jugoslawien 1987, DBA-Tschechoslowakei 1980 (zu den Problemen bei der Einigung in Bezug auf den Begriff der Staatsangehörigkeit – u. a. mit Blick auf die DDR – vgl. *Safarik, Frantisek*, in: Debatin/Wassermeyer, DBA, Art. 4 DBA-Tschechien, Rz. 27 [Stand: März 1998]; *Wilke, Kay-Michael*, in: Gosch, Dietmar/Kroppen, Heinz-Klaus/Grotherr, Siegfried (Hrsg.), DBA-Kommentar, Art. 3 OECD-MA, Rz. 36 [Stand: Grundwerk]), DBA-UdSSR 1981 (zum Begriff der Staatsangehörigkeit konnte auch hier keine Einigkeit erzielt werden, vgl. *Manke, Klaus*, Deutsch-sowjetisches Doppelbesteuerungsabkommen unterzeichnet, DStZ 1982, S. 91 [92, 97]), DBA-Ungarn 1977, DBA-Jersey 2008 sowie die meisten deutschen Sonderabkommen betreffend Einkünfte und Vermögen von Schifffahrt- und

Einen direkten Einfluss auf steuerliche Folgen gewinnt die Staatsangehörigkeit insbesondere im Kontext der *Tie-Breaker*-Regeln des Art. 4 Abs. 2 Buchst. d) OECD-MA[392] sowie des Diskriminierungsverbots im Sinne des Art. 24 Abs. 1 und 2 OECD-MA[393], aber auch als ein Tatbestandsmerkmal in den abkommensrechtlichen Verteilungsnormen, wie etwa Art. 19 Abs. 1 Buchst. b) Nr. ii) und Abs. 2 Buchst. b) OECD-MA[394] oder in den Meistbegünstigungs-[395] sowie Auskunftsklauseln[396] einiger Abkommen (die beiden letzten Fälle allerdings ohne Anlehnung an das OECD-MA).

Als Folge der angestrebten Berücksichtigung konkreter innerstaatlicher steuerlicher Vorschriften (wie etwa die Anknüpfung der unbeschränkten Steuerpflicht an die Staatsangehörigkeit) oder sonstiger besonderer Bedürfnisse eines Vertragsstaates (z. B. Vermeidung der *Treaty-Shopping*-Fälle im weiteren Sinn) findet die tatbestandsmäßige Anknüpfung an die Staatsangehörigkeit ihren Eingang in das jeweilige Doppelbesteuerungsabkommen auch auf dem Wege der Umformulierungen und Ergänzungen des OECD-MA, z. B. mithilfe der *Saving*-[397] und *Limitation-on-Benefits*-Klauseln[398].

---

Luftfahrtunternehmen; zu den Schwierigkeiten bei der Festlegung der Definition der deutschen Staatsangehörigkeit in den Abkommen mit den osteuropäischen Ländern im Allgemeinen siehe *Wilke, Kay-Michael*, in: Gosch, Dietmar/Kroppen, Heinz-Klaus/Grotherr, Siegfried (Hrsg.), DBA-Kommentar, Art. 3 OECD-MA, Rz. 36 (Stand: Grundwerk).

391 Z. B. DBA-Finnland 1979 (für die natürlichen Personen), DBA-Polen 2003, DBA-Russland 1996/2007; diese Lücke ist durch die Anwendung des Art. 3 Abs. 2 des jeweiligen Abkommens zu schließen.

392 Zu den Tie-Breaker-Regeln siehe § 9 (IV.).

393 Ausführlich zum Diskriminierungsverbot siehe § 9 (VI.).

394 Zu Art. 19 OECD-MA siehe § 9 (III. 2); als ein weiteres Beispiel von staatsangehörigkeitsabhängigen Verteilungsnormen siehe Art. 20 Abs. 1, 2 DBA-Türkei 1985.

395 Siehe z. B. Art. 2 Abs. 3 des Abkommens zwischen dem Deutschen Reich und der Republik Finnland über Rechtsschutz und Rechtshilfe in Steuersachen vom 25.09.1935, RGBl. II 1936, S. 37.

396 Siehe z. B. Art. 13 Abs. 1 des Abkommens zwischen dem Deutschen Reich und dem Königreich Italien über Amts- und Rechtshilfe in Steuersachen vom 09.06.1938, RGBl. II 1939, S. 124.

397 Siehe Protokoll zu Art. 2 und 9 DBA-Schweiz/Niederlande 1951/1966, Art. 8 Abs. 2 ErbSt-DBA-Schweiz 1978, Art. 13 Abs. 7 DBA-Schweiz/Kanada 1997, Art. 13 Abs. 5 DBA-Italien/Kanada 1977/1989, Art. 13 Abs. 5 DBA-Italien/Norwegen 1985, Art. 13 Abs. 5 DBA-Italien/Niederlande 1990, Art. 13 Abs. 7 DBA-Finnland/Kanada 2006, wobei die Abgrenzung der kleinen *Saving*-Klauseln zu den Verteilungsnormen in dem jeweiligen Abkommen insoweit wohl vor allem anhand der Formulierung: *„The provisions of [...] shall not affect the right of [...] to levy [tax] according to its law [...]"* erfolgen dürfte; die entsprechenden speziellen innerstaatlichen Regelungen, deren effektive Wirkung ein Staat auch im Abkommensfall aufrecht erhalten will, können dabei als ein wesentliches Indiz für das Vorliegen einer *Saving*-Klausel dienen; auch Art. 4 Abs. 2 Satz 1 Luftfahrt-DBA-Saudi Arabien 2007 dürfte im Ergebnis als eine

Die Aufnahme des Staatsangehörigkeitsmerkmals in die Methodenartikel ist dabei in der Regel durch die Besonderheiten der Verteilungsvorschriften und die *Saving*-Klauseln mittelbar oder unmittelbar bedingt.[399]

## II. Unter das Abkommen fallende Personen, Art. 1 OECD-MA

Als völkerrechtlicher Vertrag begründet ein Doppelbesteuerungsabkommen die Rechte und Pflichten vor allem *inter partes*, für die an dem jeweiligen Abkommen beteiligten Vertragsparteien: die Vertragsstaaten.[400] Darüber hinaus können

---

*Saving*-Klausel auf die Besteuerung von *Nicht-Staatsangehörigen* auswirken: *„Vergütungen, die ein Arbeitnehmer [...] bezieht, sind [...] von der Steuer befreit, vorausgesetzt, er ist **Staatsangehöriger** des erstgenannten Staates [...]"* (Hervorhebung nur hier), je nach dem Ort der Ansässigkeit des Steuerpflichtigen kann es sich aber im letzteren Fall [auch] um einen Methodenartikel handeln, zudem kann die Auffassung vertreten werden, dass – mangels einer klassischen Regelung zur Abkommensberechtigung – die Staatsangehörigkeit insoweit [auch] zu den Merkmalen eines Abkommensberechtigten gehört; zu den staatsangehörigkeitsabhängigen *Saving*-Klauseln siehe ferner auch § 9 (V.).

398 Zu den gemeinschaftsrechtlichen Bedenken hinsichtlich der *Limitation-on-Benefits*-Klauseln siehe statt vieler *Thömmes, Otmar*, Seminar D: Abkommensberechtigung und „Limitation on Benefits" (LOB)-Klauseln, IStR 2007, S. 577 (577 ff.); die Vorteilsbegrenzungen nach Art. 23 Abs. 1 Alternative 3, Abs. 2 Alternative 2, jeweils i. V. m. Abs. 3 und Art. 4 Abs. 1 Buchst. b) DBA-VAE 1995 stellen im Ergebnis ebenfalls eine (mittelbar) von der Staatsangehörigkeit der Nutzungsberechtigten und der Beherrschenden abhängige *Limitation-on-Benefits*-Klausel dar; vergleichbar auch Art. 23 Abs. 1 Buchst. d) i. V. m. Abs. 2 und Art. 4 Abs. 1 Buchst. b) DBA-Kuwait 1999; als eine *Limitation-on-Benefits*-Klausel bezeichnet *Félix Borrego* auch die Einschränkung der staatsangehörigkeitsbedingten Ansässigkeit in den Abkommen mit den USA, wie etwa in Nr. 2 des Protokolls zum DBA-USA 1989/2006, vgl. *Borrego, Félix A. V.*, Limitation on Benefits Clauses in Double Taxation Conventions, Haag 2006, S. 118 f., dort in Bezug auf Nr. 5 des Protokolls zum DBA-Spanien/USA 1990: nach der hier vertretenen Auffassung sind die Vorschriften zur Bestimmung der Ansässigkeit – als Abkommensberechtigung im Allgemeinen (zu denen auch Nr. 5 des Protokolls zum DBA-Spanien/USA 1990 oder Nr. 2 des Protokolls zum DBA-USA 1989/2006 gehört) – von den *Limitation-on-benefits*-Klauseln jedoch stets zu unterscheiden, so widerspricht die Annahme einer *Limitation-on-benefits*-Klausel in Nr. 2 des Protokolls der Aussage, dass Art. 4 Abs. 1 Satz 1 OECD-MA (und Art. 4 Abs. 1 Satz 1 DBA-USA 1989/2006) lediglich die territorialen Merkmale berücksichtigt; *Wassermeyer, Franz*, in: Debatin/Wassermeyer, DBA, Art. 4 OECD-MA, Rz. 1 (Stand: März 2001) spricht ebenfalls von einer *Einschränkung* der – an sich gegebenen – Abkommensberechtigung durch eine *Limitation-on-benefits*-Klausel.

399 Siehe Art. 10 Abs. 1 Buchst. a) i. V. m. Art. 8 Abs. 2 ErbSt-DBA-Schweiz 1978; Art. 7, 11 Abs. 2 DBA-Frankreich/Monaco 1963 und Art. XVIII Abs. 2 Buchst. b) Nr. ii) DBA-Großbritannien 1964/1970.

400 Vgl. *Schaumburg, Harald*, Internationales Steuerrecht: Außensteuerrecht, Doppelbesteuerungsrecht, Rz. 16.19 und 16.169; *Vogel, Klaus*, in: Vogel/Lehner, DBA, Einl., Rz. 45 ff.; *Wasser-*

diese Abkommen gleichwohl die die Drittsubjekte *erga omnes* begünstigenden Regelungen treffen. Die Möglichkeit der Inanspruchnahme dieser Begünstigungen hängt zum einen vom Abschluss aller erforderlichen Maßnahmen auf der völkerrechtlichen[401] und der innerstaatlichen[402] Ebene zum Wirksamwerden des Doppelbesteuerungsabkommens und zum anderen vom Erfüllen der Anknüpfungsvoraussetzungen des Abkommens durch den Betroffenen ab.

Die ersten deutschen Doppelbesteuerungsabkommen setzten im Regelfall das Vorliegen der Staatsangehörigkeit zumindest eines der Vertragsstaaten für die Anwendung des jeweiligen Abkommens voraus.[403] Die besagte Abkommenspra-

---

*meyer, Franz*, in: Debatin/Wassermeyer, DBA, Vor Art. 1 OECD-MA, Rz. 9 (Stand: Januar 2008).

401 Siehe hierzu Teil II des Wiener Übereinkommens über das Recht der Verträge vom 23.05.1969, BGBl. II 1985, S. 927; *Frotscher, Gerrit*, Internationales Steuerrecht, Rz. 45; *Doehring, Karl*, Völkerrecht, Rz. 333 ff.

402 Siehe Art. 59 Abs. 2 Satz 1 GG.

403 Vgl. *Dorn, Herbert*, Die internationale Doppelbesteuerung und ihre Milderung durch die Nachkriegsabkommen Deutschlands, StuW 1925, S. 1037 (1045); *ders.*, Der deutsch-italienische Doppelbesteuerungsvertrag: eine Übersicht, StuW 1926, S. 97 (100); *Spitaler, Armin*, Die Fortschritte der internationalen Ausgleichung der Systeme der direkten Steuern seit 1939, StuW 1948, S. 7 (49) m. w. N.; *Bühring, H.*, Grundsätze der deutschen Doppelbesteuerungsabkommen, StuW 1954, S. 313 (313); *Bühler, Ottmar*, Prinzipien des Internationalen Steuerrechts, S. 54; *Dessauer, Joseph Philipp*, a. a. O., S. 76; *Weber-Fas, Rudolf*, Staatsverträge im Internationalen Steuerrecht: zur Rechtsnatur, Geschichte und Funktion der deutschen Doppelbesteuerungsabkommen, S. 48 m. w. N.; *Schaumburg, Harald*, Internationales Steuerrecht: Außensteuerrecht, Doppelbesteuerungsrecht, Rz. 16.12; *Prokisch, Rainer*, in: Vogel/Lehner, DBA, Art. 1 OECD-MA, Rz. 6 und 58; siehe auch Nr. 1 OECD-MK 2010 zu Art. 1 OECD-MA; kritisch zu *Dorn Seuffert, Walter*, Die Staatsangehörigkeit in den Doppelbesteuerungsverträgen, StuW 1938, S. 203 (204 ff.); als Beispiele von staatsangehörigkeitsbezogenen Abkommen siehe die Übereinkunft zwischen Preußen und Sachsen wegen Beseitigung der doppelten Besteuerung der beiderseitigen Staats-Angehörigen vom 16.04.1869, IStR 2006, S. III sowie den Vertrag zwischen dem Deutschen Reiche und der Tschechoslowakischen Republik zur Ausgleichung der in- und ausländischen Besteuerung, insbesondere zur Vermeidung der Doppelbesteuerung auf dem Gebiete der direkten Steuern vom 31.12.1921, RGBl. II 1923, S. 70; Vertrag zwischen dem Deutschen Reiche und der Republik Österreich zur Ausgleichung der in- und ausländischen Besteuerung, insbesondere zur Vermeidung der Doppelbesteuerung auf dem Gebiete der direkten Steuern vom 23.05.1922, RGBl. II 1923, S. 90; BFH, Urteil vom 14.03.1989 I R 20/87, BStBl. II 1989, S. 649: dort zum Abkommen zwischen dem Deutschen Reiche und Italien zur Vermeidung der Doppelbesteuerung und zur Regelung anderer Fragen auf dem Gebiete der direkten Steuern vom 31.10.1925, RGBl. II 1925, S. 1146; auf dem Gebiet der Erbschaftsteuer siehe Nr. 1 OECD-MK zu Art. 1 ErbSt-OECD-MA; Übereinkommen zwischen Deutschland und Griechenland über die Besteuerung des beweglichen Nachlaßvermögens vom 18.11.1910/01.12.1910, RGBl. 1912, S. 173; staatsangehörigkeitsbezogen ist ferner Teil II (Rechtsschutz in Abgabensachen) des Vertrages zwischen der Bundesrepublik Deutschland und der Republik Österreich vom 04.10.1954 über Rechtsschutz und Rechtshilfe in Abgabensachen, BGBl. II 1955, S. 834.

xis ist nicht überraschend, bedenkt man doch zum einen die zu den Entstehungszeiten dieser Abkommen im nationalen Steuerrecht grundsätzlich verbreitete Anknüpfung der unbeschränkten Einkommensteuerpflicht an die Staatsangehörigkeit der natürlichen Person.[404] Es handelte sich insoweit im Ergebnis um die gedankliche Verkürzung der im aktuellen Abkommensrecht anzuwendenden (und inzwischen selbstverständlich gewordenen) Prüfungsreihenfolge von „(territoriales) Anknüpfungsmoment und unbeschränkte Steuerpflicht in wenigstens einem der Vertragsstaaten → Ansässigkeit im Sinne des Art. 4 Abs. 1 OECD-MA → Abkommensberechtigung gemäß Art. 1 OECD-MA" auf „Staatsangehörigkeit → Abkommensberechtigung". Aus völkerrechtlicher Sicht war diese Handhabung unbedenklich, da die Staatsangehörigkeit – als *allégeance politique* – die Anforderung der völkerrechtlich notwendigen Nähe zum Staat stets erfüllte.[405]

Zum anderen verfolgten einige deutsche Doppelbesteuerungsabkommen[406] das Ziel, die Ausübung der in dem Freizügigkeitsgesetz vom 1. November 1867[407] erklärten Aufenthalts- und Niederlassungsfreiheit der (Nord-)Deutschen und somit den Verbund der deutschen Länder auch aus wirtschaftlicher Sicht zu ermöglichen bzw. zu stärken.[408] Die Beschränkung des Geltungsbereichs solcher Abkommen auf die eigenen Staatsangehörigen ist daher insoweit derivativ, also – ähnlich wie bei den steuerlichen Vorschriften im Kontext der Europäischen Union – durch außersteuerliche Motive bedingt.[409] Die besondere Ausrichtung des persönlichen Anwendungsbereichs der Abkommen ist schließlich mit der jedem Staat zustehenden Schutzfunktion in Bezug auf die eigenen Angehörigen in Verbindung zu bringen.[410]

404 Zum deutschen Steuerrecht siehe die Ausführungen in § 5 (II. 2).

405 Hierzu ausführlich siehe § 7 (II.).

406 Siehe z. B. Übereinkunft zwischen Preußen und Sachsen wegen Beseitigung der doppelten Besteuerung der beiderseitigen Staats-Angehörigen vom 16.04.1869, a. a. O.

407 RGBl. 1867, S. 55.

408 Siehe *Menck, Thomas*, Ein Jahrhundert Vermeidung der Doppelbesteuerung: vom Gesetz gegen die Doppelbesteuerung von 1870 zum modernen Vertragssystem, DStZ/A 1970, S. 263 (263).

409 Zu dem persönlichen Anwendungsbereich des Reichsgesetzes wegen Beseitigung der Doppelbesteuerung vom 13.05.1870 siehe *Fähnrich, Alexander*, Doppelbesteuerung im Allgemeinen und ihre Beseitigung durch die Gesetzgebung im deutschen Staatsgebiet von der Reichsgründung bis zur Gegenwart, Borna-Leipzig 1928, S. 14.

410 Vgl. *Dorn, Herbert*, Die internationale Doppelbesteuerung und ihre Milderung durch die Nachkriegsabkommen Deutschlands, StuW 1925, S. 1037 (1045 f.); siehe auch *Spitaler, Armin*, Die Fortschritte der internationalen Ausgleichung der Systeme der direkten Steuern seit 1939, StuW 1948, S. 7 (49 ff.); *Bachmayr, Karl E.*, Rechtsanspruch auf Schutz gegen internationale Doppelbesteuerung, StuW 1964, S. 885 (887 f.); zum Auslandsschutz in den früheren deutschen Verfassungen siehe *Doehring, Karl*, Die Pflicht des Staates zur Gewährung diplomatischen Schutzes: deutsches Recht und Rechtsvergleichung, Köln/Berlin 1959, S. 25 ff; als Ausfluss des

Dagegen knüpfen Art. 1 OECD-MA und die meisten aktuellen deutschen Abkommen die grundsätzliche Abkommensberechtigung einer Person an das Bestehen der Ansässigkeit in mindestens einem der Vertragsstaaten des jeweiligen Doppelbesteuerungsabkommens im Allgemeinen an.[411] Da der Ansässigkeit einer Person mehrere Anknüpfungskriterien zugrunde liegen können, wird die Abkommensberechtigung unabhängig von der Staatsangehörigkeit dieser Person begründet[412] (nur in einigen derzeit geltenden Abkommen der Bundesrepublik Deutschland erfolgt die Begrenzung dessen persönlichen Anwendungsbereichs durch eine entsprechende Formulierung der staatsangehörigkeitsabhängigen abkommensrechtlichen Ansässigkeitsformel).[413] Die Rolle der Staatsangehörigkeit

---

Schutzgedankens ist wohl auch die Sonderklausel des § 4 EStG 1925 anzusehen: *„Der Reichsminister der Finanzen wird ermächtigt, mit Zustimmung des Reichsrats in Fällen, in denen ein auswärtiger Staat das Einkommen eines Deutschen insbesondere aus Gewerbebetrieb schwerer belastet als das Einkommen seiner eigenen Staatsangehörigen oder das der Angehörigen der meistbegünstigten Nationen, eine höhere Besteuerung des inländischen Einkommens für Angehörige dieses Staates anzuordnen"*; ebenso die staatsangehörigkeitsbezogenen Gleichbehandlungsklauseln der zwischenstaatlichen Abkommen, siehe z. B. Teil II (Rechtsschutz in Abgabensachen) des Vertrages zwischen der Bundesrepublik Deutschland und der Republik Österreich vom 04.10.1954 über Rechtsschutz und Rechtshilfe in Abgabensachen, a. a. O.

411 Zu den Ausnahmen in Bezug auf Art. 24 OECD-MA siehe § 9 (VI. 1); zu den weiteren Ausnahmen siehe *Wassermeyer, Franz*, in: Debatin/Wassermeyer, DBA, Art. 1 OECD-MA, Rz. 19 (Stand: Oktober 2010); keine ausdrückliche (wohl aber sinngemäße) Anknüpfung der allgemeinen Abkommensberechtigung an die Ansässigkeit wie in Art. 1 OECD-MA enthalten DBA-Griechenland 1966 (siehe auch *Krabbe, Helmut*, in: Debatin/Wassermeyer, DBA, Vor Art. I DBA-Griechenland, Rz. 6 [Stand: September 2000], *Wilke, Kay-Michael*, in: Gosch, Dietmar/Kroppen, Heinz-Klaus/Grotherr, Siegfried (Hrsg.), DBA-Kommentar, Art. I DBA-Griechenland, Rz. 1 [Stand: November 2007] m. w. N.), DBA-Großbritannien 1964/1970 (siehe auch *Beckmann, Thomas*, in: Debatin/Wassermeyer, DBA, Vor Art. I DBA-Großbritannien, Rz. 6 [Stand: Oktober 2007], *Wilke, Kay-Michael*, in: Gosch, Dietmar/Kroppen, Heinz-Klaus/Grotherr, Siegfried (Hrsg.), DBA-Kommentar, Art. I DBA-Großbritannien, Rz. 1 [Stand: April 2008]), DBA-Irland 1962 (siehe auch *Rosenthal, Michael*, in: Debatin/Wassermeyer, DBA, Vor Art. I DBA-Irland, Rz. 3 [Stand: Mai 2007], *Wilke, Kay-Michael*, in: Gosch, Dietmar/Kroppen, Heinz-Klaus/Grotherr, Siegfried (Hrsg.), DBA-Kommentar, Art. I DBA-Irland, Rz. 10 [Stand: Grundwerk]), DBA-Luxemburg 1958/1973 (siehe auch *Siegers, Dirk*, in: Debatin/Wassermeyer, DBA, Vor Art. 1 DBA-Luxemburg, Rz. 20 [Stand: Mai 2004]), DBA-Niederlande 1959/1980/1991/2004 (vgl. *Mick, Marcus*, in: Debatin/Wassermeyer, DBA, Vor Art. I DBA-Niederlande, Rz. 2 [Stand: Juli 2009] m. w. N., *Wilke, Kay-Michael*, in: Gosch, Dietmar/Kroppen, Heinz-Klaus/Grotherr, Siegfried (Hrsg.), DBA-Kommentar, Art. I DBA-Niederlande, Rz. 1 [Stand: Februar 2005]).

412 Zur Schließung einer möglichen Lücke in dem Kreis der Berechtigten nach Art. 1 OECD-MA und Art. 24 Abs. 1 OECD-MA wurde eine eigenständige Regelung zum persönlichen Anwendungsbereich des Art. 24 Abs. 1 Satz 1 OECD-MA in Art. 24 Abs. 1 Satz 2 OECD-MA getroffen, siehe hierzu § 9 (VI. 1).

413 Siehe z. B. die Sonderstellung *Deutscher* und *Kolumbianer* im Kontext des Art. I des Schifffahrt-/Luftfahrt-DBA-Kolumbien 1965.

als ein Anknüpfungsmoment für die Geltung bestimmter abkommensrechtlicher Begünstigungen (insbesondere im Kontext der *Limitation-on-Benefits*-Klauseln)[414] oder für die Einschränkung der Wirkung einiger Abkommen (z. B. im Rahmen der *Saving*-Klauseln)[415] bleibt davon unberührt.

## III. Ansässige Person, Art. 4 Abs. 1 OECD-MA

### 1. Abkommensrechtliche Ansässigkeit und unbeschränkte Einkommensteuerpflicht

Gemäß Art. 1 OECD-MA gilt ein Doppelbesteuerungsabkommen für Personen, die mindestens in einem der Vertragsstaaten ansässig sind.[416] Bei der Aufteilung der Besteuerungsrechte zwischen den Vertragsstaaten und bei der Bestimmung der Methoden zur Vermeidung der Doppelbesteuerung stellt das Abkommen auf die Ansässigkeit in einem (und die Nicht-Ansässigkeit in einem anderem) Vertragsstaat ab.[417]

Die Definition der Ansässigkeit befindet sich in Art. 4 Abs. 1 OECD-MA:

> *„[...] eine in einem Vertragsstaat ansässige Person [...]" ist „[...] eine Person, die nach dem Recht dieses Staates dort auf Grund ihres Wohnsitzes, ihres ständigen Aufenthalts, des Ortes ihrer Geschäftsleitung oder eines anderen ähnlichen Merkmals [...]" unbeschränkt „[...] steuerpflichtig ist [...]".*

Zur Feststellung, ob die Ansässigkeit im Sinne des jeweiligen Abkommens vorliegt, ist folglich stets auf die Grundsätze des innerstaatlichen Rechts des jeweiligen Vertragsstaates zurückzugreifen. Gemäß Nr. 8 OECD-MK 2010 zu Art. 4 OECD-MA wolle die Ansässigkeitsdefinition des OECD-MA *„die verschiedenen Formen der persönlichen Beziehungen zu einem Staat erfassen, die nach dem innerstaatlichen Steuerrecht die Grundlage einer umfassenden Besteuerung (unbeschränkte Steuerpflicht) bilden"*. In Deutschland, als dem Vertragsstaat ei-

---

414 Siehe die Nachweise in der Fußnote 398.

415 Siehe hierzu § 9 (V.).

416 Bei einer Ansässigkeit in beiden Vertragsstaaten gemäß Art. 4 Abs. 1 OECD-MA wird die abkommensrechtlich schließlich maßgebende Ansässigkeit nach Art. 4 Abs. 2 OECD-MA abgeleitet; zur Geltung einzelner abkommensrechtlicher Vorschriften unabhängig von der Ansässigkeit im Sinne des Art. 4 OECD-MA siehe die Nachweise in der Fußnote 411.

417 Zur Bedeutung der abkommensrechtlichen Ansässigkeit im Allgemeinen siehe Nr. 1 OECD-MK 2010 zu Art. 4 OECD-MA; siehe auch *Staringer, Claus*, Die Ansässigkeit aufgrund des Wohnsitzes, des ständigen Aufenthalts, des Ortes der Geschäftsleitung oder eines anderen ähnlichen Merkmals nach Art. 4 Abs. 1 OECD-MA, in: Lang, Michael/Schuch, Josef/Staringer, Claus, Die Ansässigkeit im Recht der Doppelbesteuerungsabkommen, Wien 2008, S. 69 ff.

nes Doppelbesteuerungsabkommens, sind es ein Wohnsitz im Sinne des § 8 AO oder der gewöhnliche Aufenthalt im Sinne des § 9 AO, die die unbeschränkte Einkommensteuerpflicht einer natürlichen Person gemäß § 1 Abs. 1 Satz 1 EStG hervorrufen und somit das Vorliegen der abkommensrechtlichen Ansässigkeit bedingen.[418]

Das Verhältnis der Staatsangehörigkeit und der abkommensrechtlichen Ansässigkeit muss im Kontext dieser Arbeit in zweierlei Hinsicht geklärt werden. Zum einen stellt sich die Frage, ob die Staatsangehörigkeit unter den *anderen ähnlichen* Merkmalen im Sinne des Art. 4 Abs. 1 Satz 1 OECD-MA im Allgemeinen subsumiert werden kann. Verneint man dies, so wäre der Gestaltungsrahmen in Bezug auf die Integration der Staatsangehörigkeit in die Ansässigkeitsregelung des jeweils neu abzuschließenden Abkommens, insbesondere jene mit den OECD-Ländern, wohl eingeschränkt bzw. bedürfte zusätzlicher Verhandlungsanstrengungen der deutschen Delegation. Da überdies der EuGH in seiner Praxis auf die Grundsätze der OECD-Musterabkommen zurückzukommen pflegt,[419] geben die sodann gewonnenen Erkenntnisse zugleich einen Hinweis, inwieweit eine solche Anknüpfung auch die Akzeptanz des EuGH genießen dürfte.

Zum anderen muss aber gleichwohl die tendenzielle Handhabung dieser Problematik in der deutschen Abkommenspraxis *in concreto* ermittelt werden, um die Verwendbarkeit der bereits geltenden Ansässigkeitsklauseln der deutschen Abkommen für die staatsangehörigkeitsabhängige innerstaatlichen Anknüpfung zu prüfen.

Die wohl herrschende Meinung im Schrifttum möchte nicht die persönlichen Verknüpfungsmerkmale im Allgemeinen, sondern ausschließlich die territorialen persönlichen Anknüpfungsmomente (wie etwa ein Wohnsitz oder gewöhnlicher Aufenthalt, dagegen nicht die Staatsangehörigkeit einer natürlichen Person) als maßgebende Merkmale im Sinne des Art. 4 Abs. 1 Satz 1 OECD-MA wissen[420]

---

418 Für eine Körperschaft sind der Sitz im Sinne des § 11 AO und der Ort der Geschäftsleitung im Sinne des § 10 AO maßgebend, § 1 Abs. 1 KStG (Körperschaftsteuergesetz [KStG] vom 31.08.1976 in der Fassung der Bekanntmachung vom 15.10.2002, BGBl. I 2002, S. 4144, zuletzt geändert durch Art. 2 des Gesetzes vom 08.12.2010, BGBl. I 2010, S. 1768).

419 Vgl. z. B. EuGH, Urteil vom 23.02.2006 Rs. C-513/03 „van Hilten-van der Heijden“, Slg. 2006, I-1957, Rn. 48; EuGH, Urteil vom 14.02.1995 Rs. C-279/93 „Schumacker“, Slg. 1995, I-225, Rn. 32; EuGH, Urteil vom 14.09.1999 Rs. C-391/97 „Gschwind“, Slg. 1999, I-5451, Rn. 24; siehe ferner *Häger, Jan*, Meistbegünstigung im Recht der Doppelbesteuerungsabkommen: eine Untersuchung vor dem Hintergrund des Welthandelsrechts und des primären Gemeinschaftsrechts, Baden-Baden 2008, S. 217.

420 Vgl. *Wassermeyer, Franz*, in: Debatin/Wassermeyer, DBA, Art. 4 OECD-MA, Rz. 40 (Stand: März 2001); *Lehner, Moris*, in: Vogel/Lehner, DBA, Art. 4 OECD-MA, Rz. 2 und 77; ebenso *Schaumburg, Harald*, Internationales Steuerrecht: Außensteuerrecht, Doppelbesteuerungsrecht,

(die Zulässigkeit der ausdrücklichen Erweiterung der in Art. 4 Abs. 1 OECD-MA aufgeführten Liste für Zwecke der einzelnen Abkommen bleibt davon unberührt). Auch die deutschen Doppelbesteuerungsabkommen gehen in der Regel von der Ortsbezogenheit der Anknüpfungsmomente des Art. 4 Abs. 1 Satz 1 OECD-MA aus[421] (die territoriale Ansässigkeit wird dabei als Ausdruck der *allégeance économique* interpretiert)[422].

Bedenkt man, dass die Staatsangehörigkeit in der Praxis kaum als ein Anknüpfungsmoment der unbeschränkten Einkommensteuerpflicht im innerstaatlichen Steuerrecht verwendet wird,[423] mündet diese Sichtweise grundsätzlich in das zutreffende Ergebnis ein. Andererseits könnte auch die grundsätzliche Zielsetzung des Art. 24 Abs. 1 OECD-MA *prima facie* gegen die abkommensrechtlich gewollte rechtliche Differenzierung in Bezug auf die Staatsangehörigkeit sprechen.

Es sind aber keine unbestreitbaren Gründe ersichtlich, Argumente für die besagte Auffassung vom Wortlaut des OECD-MA abzuleiten. Die Tatsache, dass

---

Rz. 16.172; *Wilke, Kay-Michael*, in: Gosch, Dietmar/Kroppen, Heinz-Klaus/Grotherr, Siegfried (Hrsg.), DBA-Kommentar, Art. 4 OECD-MA, Rz. 18 (Stand: Grundwerk); *Reimer, Ekkehart*, Die abkommensrechtliche Ansässigkeit aus gemeinschaftsrechtlichem Blickwinkel, in: Lang/Schuch/Staringer, Die Ansässigkeit im Recht der Doppelbesteuerungsabkommen, S. 27; *Staringer, Claus*, Die Ansässigkeit aufgrund des Wohnsitzes, des ständigen Aufenthalts, des Ortes der Geschäftsleitung oder eines anderen ähnlichen Merkmals nach Art. 4 Abs. 1 OECD-MA, ebenda, S. 75; *Borrego, Félix A. V.*, a. a. O., S. 78 und 117; *Shannon, Harry A.*, The general definition of residence under United States income tax treaties, Intertax 1988, S. 204 (207); *ders.*, Das OECD-Musterabkommen zur Vermeidung der Doppelbesteuerung im Vergleich mit dem US-Musterabkommen, RIW 1986, S. 271 (275); a. A.: *Frotscher, Gerrit*, Internationales Steuerrecht, Rz. 215; *Philipp, Alfred/Loukota, Helmut/Jirousek, Heinz* (Hrsg.), Internationales Steuerrecht, 2. Auflage, Loseblattwerk, Wien 1976 ff., Art. 4 OECD-MA, Rz. Z 4 (Stand: 24. Lieferung); in Bezug auf ErbSt-OECD-MA siehe *Jülicher, Marc*, in: Debatin/Wassermeyer, DBA, Art. 4 ErbSt-OECD-MA, Rz. 19 (Stand: Januar 2010).

421 Diese Aussage kann insbesondere anhand der speziellen Regelungen auf dem Gebiet der Erbschaft- und Schenkungsteuer bestätigt werden: Eben dann, wenn das deutsche innerstaatliche Steuerrecht das Besteuerungsrecht an die Staatsangehörigkeit anknüpft und diese Anknüpfung auch im Abkommenskontext beibehalten will, siehe z. B. Art. 27 DBA-Dänemark 1995 sowie Nr. 2 des Protokolls zum ErbSt-DBA-Frankreich 2006: *„Hinsichtlich des Artikels 4 Absatz 1 gilt ein deutscher Staatsangehöriger, der sich zum Zeitpunkt des Todes oder der Schenkung seit höchstens fünf Jahren außerhalb der Bundesrepublik Deutschland aufhielt, ohne in der Bundesrepublik Deutschland über eine Wohnstätte zu verfügen, als eine Person mit Wohnsitz in der Bundesrepublik Deutschland im Sinne des ersten Satzes dieses Absatzes"*.

422 Vgl. *Zuber, Barbara*, a. a. O., S. 86.

423 So führt *Pierre Folliet* in 1951 (dem Jahr, dass dem Entstehungsjahr des Art. 4 OECD-MA zeitlich nahe liegt) aus: *„En général la nationalité ne joue pas de rôle en matière fiscale [...]"*, *Folliet, Pierre*, Les lieux d'imposition des personnes physiques en matière d'impôts directs: Rapport général, Cahiers de droit fiscal international 1951, Vol. 17, S. 7 (14).

die von den USA abgeschlossenen Doppelbesteuerungsabkommen – im Gegensatz zum OECD-MA – ausdrücklich als eines der Ansässigkeitsmerkmale die Staatsangehörigkeit aufführen, kann lediglich für die federführende Stellung der USA in der Ausformulierung der Abkommenstexte sprechen: *„Wohl tragen die Verträge, an denen die Vereinigten Staaten beteiligt sind, ganz unverkennbar die Physiognomie ihrer Vertragstype [...]"* – merkte *Armin Spitaler*[424] bereits im Jahr 1948 an. Diese Aussage hat bis heute ihre Aktualität nicht verloren.[425]

Sollte die Definition des Art. 4 Abs. 1 OECD-MA die Staatsangehörigkeit nicht erfassen, wäre es auch zu erwarten, dass die USA einen entsprechenden Vorbehalt zu diesem Artikel erheben würden, wie etwa in Nr. 31 OECD-MK 2010 zu Art. 4 OECD-MA. Nr. 83 OECD-MK 2010 zu Art. 24 OECD-MA spricht zwar von einem Vorbehalt der Vereinigten Staaten, ihren *nichtansässigen* Staatsangehörigen die Gleichheit der Verhältnisse mit solchen der anderen Nichtansässigen nicht anzuerkennen. Die gewichtige Frage ist dabei die, ob diese Einschränkung in Verbindung mit Art. 4 Abs. 1 OECD-MA zu bringen ist (und ob die Vereinigten Staaten sich somit des territorialen Charakters der Ansässigkeit im Sinne des Art. 4 Abs. 1 OECD-MA bewusst sind) oder ob mit dem besagten Vorbehalt vor allem die aus Art. 4 Abs. 2 OECD-MA folgende abkommensrechtliche Nichtansässigkeit eines Staatsangehörigen der USA umfasst ist.

In Bezug auf das DBA-USA 1989/2006 lässt sich eine klare Antwort nicht geben. Wenngleich das *Treasury Department* das Fehlen der Staatsangehörigkeit in Art. 4 DBA-USA 1989 in seinen *Technical Explanations*[426] anspricht:

> *„Unlike the U.S. Model, ‚citizenship' is not included among the criteria of residence. Thus, a U.S. citizen must have some tie to the United States in addition to citizenship to be treated as a U.S. resident for purposes of the Convention"*[427],

so wird die Verständlichkeit dieser Schlussfolgerung durch die weiteren Ausführungen des *Treasury Departments* stark relativiert:

---

424 *Spitaler, Armin*, Die Fortschritte der internationalen Ausgleichung der Systeme der direkten Steuern seit 1939, StuW 1948, S. 7 (39).

425 Siehe auch *Shannon, Harry A.*, Das OECD-Musterabkommen zur Vermeidung der Doppelbesteuerung im Vergleich mit dem US-Musterabkommen, RIW 1986, S. 271 (276) mit dem Hinweis darauf, dass das US-Musterabkommen grundsätzlich als *erstes Angebot* der US-Delegation in den Abkommensverhandlungen gelte.

426 Treasury Department Technical Explanation of the Convention and Protocol between the United States of America and the Federal Republic of Germany for the Avoidance of Double Taxation and the Prevention of Fiscal Evasion with Respect to Taxes on Income and Capital and to Certain Other Taxes Signed at Bonn on August 29, 1989, http://www.irs.gov/pub/irs-trty/germtech.pdf.

427 Technical Explanations zu Art. 4 DBA-USA 1989, a. a. O.

*„If, however, he is resident in the United States and not Germany but has ties to a third State, in the absence of Protocol Paragraph 2 he would always be a resident of the United States, no matter how tenuous his relationship with the United States relative to that with the third State"*[428].

*Argumentum e contrario* bedürfte es Nr. 2 des Protokolls nicht, wenn die Anknüpfungsmomente des Art. 4 Abs. 1 DBA-USA 1989 die Staatsangehörigkeit nicht mit einschlössen.

In den *Technical Explanations* zu der aktuellen Fassung des DBA-USA[429] ist der Passus zu der Staatsangehörigkeit als (Nicht-)Anknüpfungsmoment der abkommensrechtlichen Ansässigkeit nicht mehr enthalten. Vielmehr merkt das *Treasury Department* nun ausdrücklich an:

*„In general, this definition incorporates the definitions of residence in U.S. and German law by referring to a resident as a person who, under the laws of a Contracting State, is subject to tax therein by reason of his domicile, residence, place of management, place of incorporation or any other similar criterion. Thus, residents of the United States generally include* ***U.S. citizens****"*[430]

und

*„Under Article 4 (Residence), a person is generally treated as a resident of a Contracting State if that person is, under the laws of that Contracting State, liable to tax therein by reason of his domicile, residence,* ***citizenship****, place of management, place of incorporation, or other similar criteria"*[431].

Mithilfe der Nr. 2 Buchst. a) des Protokolls zum DBA-USA 1989/2006 wird das von der Bundesrepublik Deutschland angestrebte Ergebnis sicherlich erreicht.[432] Ob dem Protokoll aber insoweit lediglich klarstellende Bedeutung zuzurechnen ist, mag man bezweifeln.[433] Dem an sich berechtigten Vorwurf, dass mit den

---

428 Ebenda.

429 Department of the Treasury Technical Explanation of the Protocol Signed at Berlin on June 1, 2006 Amending the Convention between the United States of America and the Federal Republic of Germany for the Avoidance of Double Taxation and the Prevention of Fiscal Evasion with Respect to Taxes on Income and Capital and to Certain Other Taxes Signed on 29th August 1989, http://www.irs.gov/pub/irs-trty/germanyte07.pdf.

430 Technical Explanations zu Art. 4 DBA-USA 1989/2006, a. a. O., Hervorhebung nur hier.

431 Technical Explanations zu Art. 1 DBA-USA 1989/2006, a. a. O., Hervorhebung nur hier.

432 Zu vergleichbaren Formulierungen siehe z. B. Art. 4 Abs. 2 Buchst. a) DBA-USA/Frankreich 1994, Art. 4 Abs. 1 Buchst. a) DBA-USA/Irland 1997 sowie Art. 4 Abs. 1 Buchst. b) DBA-USA/Schweden 1994; dagegen etwas anders konzipiert sind die Ansässigkeitsregelungen der Art. 4 Abs. 1 Buchst. c) DBA-USA/Österreich 1996 und Art. 4 Abs. 4 DBA-USA/Dänemark 1999, da Abs. 1 des jeweiligen Artikels dieser Abkommen die Staatsangehörigkeit ausdrücklich in der Liste der maßgebenden Ansässigkeitsmerkmale aufführt.

433 So wohl aber *Jacob, Friedhelm*, in: Endres, Dieter/Jacob, Friedhelm/Gohr, Marion/Klein, Martin (Hrsg.), DBA Deutschland/USA, Doppelbesteuerungsabkommen, München 2009, Art. 4,

Ausführungen der *Technical Explanations* lediglich die Auslegungsmeinung einer der Vertragsparteien (hier: der USA) zum Ausdruck gebracht wird,[434] ist grundsätzlich zuzustimmen.[435] Gleichwohl fehlt es an einer *expressis verbis* geäußerten Auffassung der deutschen Seite hierzu.

Auch in den Materialien zur Entstehungsgeschichte der abkommensrechtlichen Ansässigkeitsregelung im Kontext des OECD-MA wird man kaum fündig, ob die Verfasser des OECD-MA insoweit eine Einschränkung der Anknüpfungsmomente erreichen wollten. Die ersten Arbeitsentwürfe zum OECD-MA beinhalteten eine allgemeine Aussage zur Geltung des Abkommens für diejenigen Personen, welche in einem der Vertragsstaaten der unbeschränkten Steuerpflicht unterliegen.[436] Es ging um eine grundsätzliche Entscheidung, der Beurteilung der Abkommensberechtigung die Ansässigkeitsgrundsätze des jeweiligen innerstaatlichen Steuerrechts zugrunde zu legen.[437] Im dritten Bericht wird die Staatsangehörigkeit als eines der maßgebenden Anknüpfungsmomente der unbeschränkten Steuerpflicht ausdrücklich aufgeführt[438] und bleibt auch noch im Entwurf des OECD-MA in der Fassung der Empfehlungen der Arbeitsgruppe vom 26. November 1957 enthalten.[439] Wenngleich die Staatsangehörigkeit in der Liste der Anknüpfungspunkte im endgültigen Bericht fehlt, so ist damit aller-

---

Rz. 61; *Wolff, Ulrich*, in: Debatin/Wassermeyer, Art. 4 DBA-USA, Rz. 19 (Stand: Mai 2009) spricht im Ergebnis von der einschränkenden Funktion der besagten Protokollklausel.

434 Siehe *Borrego, Félix A. V.*, a. a. O., S. 114.

435 *Lehner, Moris*, in: Vogel/Lehner, DBA, Art. 4 OECD-MA, Rz. 147 dehnt den sachlichen Geltungsbereich dieser Klausel auch auf das innerstaatliche US Steuerrecht aus. Eine derartige Sichtweise ist im Hinblick auf die US Technical Explanations zu Nr. 2 Buchst. a) des Protokolls zum DBA-USA 1989/2006 kritisch zu hinterfragen: *„Subparagraph a) of paragraph 2 […] provides the Federal Republic of Germany shall treat a United States citizen […] as a resident of the Unites States only if […] This rule requires that the U.S. citizen […] in order to claim German treaty benefits under the Convention“*, a. a. O.

436 Siehe z. B. Art. 1 OECD-MA (Entwurf) in der Fassung des Berichts FC/WP2(57)1 vom 27.05.1957 der Arbeitsgruppe Nr. 2 (Dänemark/Luxemburg) des OECD-Steuerausschusses: *„This Agreement shall apply in every case where a person is fully liable to taxation in one of the Member countries […]“*.

437 Die deutsche Delegation wollte die abkommensrechtliche Ansässigkeit an den ständigen Wohnsitz (*permanent dwelling*) anknüpfen, siehe den Vorschlag der deutschen Delegation TFD/FC/17 vom 06.06.1957; ebenso die Niederlande und die Schweiz, siehe den ersten Bericht FC/WP2(56)1 vom 02.10.1956 der Arbeitsgruppe Nr. 2 des OECD-Steuerausschusses.

438 Vgl. Bericht FC/WP2(57)2 vom 19.09.1957 der Arbeitsgruppe Nr. 2 (Dänemark/Luxemburg) des OECD-Steuerausschusses.

439 *„For the purposes of this Convention, the expression ‚resident' of a State means any person who, under the national law of that State, is liable to taxation therein by reason of his domicile, residence, head office, nationality or some other similar personal criterion“*, Empfehlungen der Arbeitsgruppe Nr. 2 des OECD-Steuerausschusses vom 26.11.1957 TFD/FC/27.

risch[452] (viele Länder haben zwar auf die Erhebung der Erbschaftsteuer im eigentlichen Sinne verzichtet,[453] z. B. Australien[454], Estland[455], Israel[456], Kolumbien[457], Mexiko[458], Neuseeland[459], Österreich[460], Russland[461], Schweden[462], die

452 Im Einzelnen zu den kritischen Aspekten des § 21 ErbStG siehe *Jülicher, Marc*, in: Troll/Gebel/Jülicher, ErbStG, § 21 ErbStG, Rz. 17 ff. (Stand: Oktober 2010).

453 Für eine Übersicht für die EU siehe *Watrin, Christoph/Kappenberg, Christoph*, Generalthema II: Internationale Besteuerung von Erbfällen, IStR 2010, S. 546 (548) sowie Study on Inheritance Taxes in EU Member States and Possible Mechanisms to Resolve Problems of Double Inheritance Taxation in the EU, August 2010, Copenhagen Economics, a. a. O., S. 21; zu weiteren Ländern siehe *Jülicher, Marc*, in: Troll/Gebel/Jülicher, ErbStG, § 21 ErbStG, Rz. 91, 96, 100a, 102a, 109, 112, 123, 127, 128, 137 (Stand: Oktober 2010); mit der Neufassung des liechtensteinischen Steuergesetzes wurde die Nachlass-, Erbanfalls- und Schenkungssteuer mit Wirkung vom 01.01.2011 ebenfalls in Liechtenstein abgeschafft, siehe das Gesetz vom 23.09.2010 über die Landes- und Gemeindesteuern (Steuergesetz; SteG), Liechtensteinisches Landesgesetzblatt, Jahrgang 2010 Nr. 340, ausgegeben am 18.11.2010, S. 1; zur ursprünglichen Fassung des liechtensteinischen Steuergesetzes siehe das Gesetz vom 30.01.1961 über die Landes- und Gemeindesteuern (Steuergesetz), Liechtensteinisches Landesgesetzblatt, Jahrgang 1961 Nr. 7, ausgegeben am 30.03.1961, S. 1 (siehe dort insbesondere Art. 89 ff.).

454 Vgl. *Flynn, Michael/Stewart, Miranda*, Branch Report: Australia, Cahiers de droit fiscal international 2010, Vol. 95b, S. 97 (103); *Jülicher, Marc*, in: Troll/Gebel/Jülicher, ErbStG, § 21 ErbStG, Rz. 92 (Stand: Oktober 2010).

455 Vgl. *Riikjärv, Mait/Vanasaun, Ivo*, Branch Report: Estonia, Cahiers de droit fiscal international 2010, Vol. 95b, S. 319 (323); *Jülicher, Marc*, in: Troll/Gebel/Jülicher, ErbStG, § 21 ErbStG, Rz. 98 (Stand: Oktober 2010).

456 Vgl. *Harris, Leon/Tsachor, Eitan*, Branch Report: Israel, Cahiers de droit fiscal international 2010, Vol. 95b, S. 451 (451); *Jülicher, Marc*, in: Troll/Gebel/Jülicher, ErbStG, § 21 ErbStG, Rz. 105 (Stand: Oktober 2010).

457 Vgl. *Gutiérrez, Fabio L./Rodríguez, Eleonora L.*, Branch Report: Colombia, Cahiers de droit fiscal international 2010, Vol. 95b, S. 235 (247).

458 Vgl. *Garcia, Marcela Fonseca/Tiburcio, Arturo*, Branch Report: Mexico, Cahiers de droit fiscal international 2010, Vol. 95b, S. 545 (550); *Jülicher, Marc*, in: Troll/Gebel/Jülicher, ErbStG, § 21 ErbStG, Rz. 116 (Stand: Oktober 2010).

459 Vgl. *Wilkinson, Tony*, Branch Report: New Zealand, Cahiers de droit fiscal international 2010, Vol. 95b, S. 577 (577); *Jülicher, Marc*, in: Troll/Gebel/Jülicher, ErbStG, § 21 ErbStG, Rz. 118 (Stand: Oktober 2010).

460 Vgl. *Fraberger, Friedrich/Stangl, Christian*, Branch Report: Austria, Cahiers de droit fiscal international 2010, Vol. 95b, S. 121 (121); *Jülicher, Marc*, in: Troll/Gebel/Jülicher, ErbStG, § 21 ErbStG, Rz. 121 (Stand: Oktober 2010).

461 Vgl. *Matchekhin, Victor/Rousakova, Irina*, Branch Report: Russia, Cahiers de droit fiscal international 2010, Vol. 95b, S. 665 (667); *Jülicher, Marc*, in: Troll/Gebel/Jülicher, ErbStG, § 21 ErbStG, Rz. 124 (Stand: Oktober 2010).

462 Vgl. *Kristoffersson, Eleonor*, Branch Report: Sweden, Cahiers de droit fiscal international 2010, Vol. 95b, S. 727 (727); *Jülicher, Marc*, in: Troll/Gebel/Jülicher, ErbStG, § 21 ErbStG, Rz. 125 (Stand: Oktober 2010).

Ukraine[463]; da die Erb- oder Schenkungsfälle in diesen Ländern dennoch meistens im Rahmen der Einkommensbesteuerung berücksichtigt werden, wird der Schwerpunkt der Doppelbesteuerungsproblematik bei einem grenzüberschreitenden Erbfall beachtlich verstellt).

Als ein prägnantes negatives Beispiel dieser Diskrepanz auf dem Gebiet des Einkommensteuerrechts dienen die finnischen unilateralen Maßnahmen zur Beseitigung der doppelten Besteuerung:

> *„The credit method is applicable also in a dual-residence situation where an individual is regarded as being a resident at the same time in Finland and in another state because of the Finnish three-year rule. Double taxation, however, is abolished only with respect to income from another state and wealth situated in another state. Finland does not abolish international double taxation with respect to taxes paid in the other state with respect to income from Finnish sources or wealth situated in Finland. The Finnish three-year-rule may thus lead to double taxation, which is not eliminated in Finland"*[464].

In einem abkommensrechtlichen Fall tritt diese Problematik freilich ebenfalls auf, wenn die vereinbarten bilateralen Mechanismen zur Vermeidung der Doppelbesteuerung (seien es die Methodenvorschriften oder die *Tie-Breaker*-Regeln) *in praxi* versagen und dabei nicht durch innerstaatliche Maßnahmen kompensiert werden können:

> *„Although we shall not further analyse a measure which, being part of Swedish domestic law, will be explained in the corresponding branch report, we would, however, like to point out that, under the provisions of the treaty signed between Sweden and Spain, this clause, rather than entailing a mutual recognition of the exclusive Swedish power, results in a double taxation which is not resolved"*[465].

Die Ansässigkeitsregelung des DBA-Spanien/Schweden 1976 sieht nämlich vor, dass die abkommensrechtliche Ansässigkeit einer natürlichen Person, die der erweiterten unbeschränkten Einkommensteuerpflicht in Schweden unterliegt und gleichzeitig aber auch in Spanien unbeschränkt einkommensteuerpflichtig ist, letztendlich durch die zuständigen Behörden der Vertragsstaaten im Einvernehmen bestimmt werden muss[466] (wohlgemerkt: Die Kriterien der abkommensrechtlichen Ansässigkeit in Art. IV Abs. 1 DBA-Spanien/Schweden 1976 – *„por razón de su domicilio, su residencia, su sede de dirección o cualquier otro criterio de naturaleza análoga"* – weichen kaum von jenen der Musterformulierung

463 Vgl. *Gorbanovskaya, Olga*, Branch Report: Ukraine, Cahiers de droit fiscal international 2010, Vol. 95b, S. 777 (777 ff.); *Jülicher, Marc*, in: Troll/Gebel/Jülicher, ErbStG, § 21 ErbStG, Rz. 134a (Stand: Oktober 2010).

464 *Helminen, Marjaana*, Branch Report: Finland, Cahiers de droit fiscal international 2002, Vol. 87b, S. 231 (236).

465 *Bayona Giménez, Juan J./Navarro Faure, Amparo*, a. a. O., S. 483 (499).

466 Art. IV Abs. 3 DBA-Spanien/Schweden 1976, siehe auch Fußnote 146.

des Art. 4 Abs. 1 Satz 1 OECD-MA ab, dennoch wird in Art. IV Abs. 3 DBA-Spanien/Schweden 1976 lediglich der *Tie-Breaker*-Abs. 2, dagegen nicht Abs. 1 modifiziert; dies spricht dafür, dass die Vertragsparteien die Kriterien der erweiterten schwedischen unbeschränkten Steuerpflicht, der die territorialen Merkmale nur *post factum* zugrunde liegen, unter die Ansässigkeitskriterien des Abs. 1 zu subsumieren wissen).

Die Erweiterung der Anknüpfungsmomente der unbeschränkten Steuerpflicht um die Staatsangehörigkeit im deutschen Steuerrecht erfordert unter Umständen die Anpassung der bestehenden Abkommen (dies gilt vor allem für: DBA-Bolivien 1992[467], DBA-Irland 1962[468], DBA-Luxemburg 1958/1973/2009[469], DBA-Niederlande 1959/1980/1991/2004[470], DBA-UdSSR 1981[471] sowie DBA-Uruguay 1987[472], es sei denn, die Anknüpfung an die Staatsangehörigkeit wird insoweit mit dem Vorliegen eines *deemed domicile* assoziiert) bzw. die Aufnahme der entsprechenden Formulierungen in die noch zu verhandelnden Verträge, wie es *exempli causa* in Art. 4 Abs. 1 Buchst. b) DBA-Kuwait 1999[473], Art. 4 Abs. 1 Buchst. b) Nr. i) DBA-VAE 2010[474], in der Abkommenspraxis der Verei-

---

467 *„Im Sinne dieses Abkommens bedeutet der Ausdruck ‚eine in einem Vertragsstaat ansässige Person‘ eine Person, die ihren Wohnsitz, ihren ständigen oder gewöhnlichen Aufenthalt, [...] in diesem Staat hat“*, Art. 4 Abs. 1 DBA-Bolivien 1992.

468 *„[...] bedeuten für die Zwecke dieses Abkommens [...] der Ausdruck ‚eine in der Bundesrepublik ansässige Person‘ eine Person, die im Sinne der Steuergesetze der Bundesrepublik ihren Wohnsitz oder gewöhnlichen Aufenthalt in der Bundesrepublik hat und im Sinne der Steuergesetze von Irland nicht in Irland ansässig ist“*, Art. II Abs. 1 Buchst. d) Nr. ii) DBA-Irland 1962.

469 *„Eine natürliche Person hat einen Wohnsitz im Sinne dieses Abkommens in dem Vertragsstaat, in dem sie eine Wohnung hat unter Umständen, die darauf schließen lassen, dass sie die Wohnung beibehalten und benutzen wird“*, Art. 3 Abs. 1 DBA-Luxemburg 1958/1973, siehe auch Art. 3 Abs. 2 DBA-Luxemburg 1958/1973 zu dem gewöhnlichen Aufenthalt als einer Alternative zur Wohnung.

470 Der Wortlaut des Art. 3 Abs. 1 DBA-Niederlande 1959/1980/1991/2004 entspricht jenem des Art. 3 Abs. 1 DBA-Luxemburg 1958/1973, hierzu siehe Fußnote 469.

471 *„Im Sinne dieses Abkommens bedeutet der Ausdruck ‚eine in einem Vertragsstaat ansässige Person‘ eine Person, die dort auf Grund ihres Wohnsitzes, ihres gewöhnlichen Aufenthaltes, [...] steuerpflichtig ist“*, Art. 1 Abs. 3 DBA-UdSSR 1981.

472 Der Wortlaut des Art. 4 Abs. 1 DBA-Uruguay 1987 entspricht jenem des Art. 4 Abs. 1 DBA-Bolivien 1992, hierzu siehe Fußnote 467; Art. 4 Abs. 1 Satz 1 DBA-Uruguay 2010 orientiert sich dagegen an Art. 4 Abs. 1 Satz 1 OECD-MA.

473 *„Im Sinne dieses Abkommens bedeutet der Ausdruck ‚eine in einem Vertragsstaat ansässige Person‘ [...] im Fall des Staates Kuwait eine natürliche Person, die ihren Wohnsitz im Staat Kuwait hat und* ***Staatsangehöriger des Staates Kuwait*** *ist [...]“*, Art. 4 Abs. 1 Buchst. b) DBA-Kuwait 1999, Hervorhebung nur hier.

474 *„Im Sinne dieses Abkommens bedeutet der Ausdruck ‚eine im Vertragsstaat ansässige Person‘ [...] im Fall der Vereinigten Arabischen Emirate [...] eine natürliche Person, die ihren Wohnsitz in den Vereinigten Arabischen Emiraten hat und* ***Staatsangehöriger der Vereinigten Arabi-***

nigten Staaten im Allgemeinen[475] (wobei die Gründe für diese Handhabung in den USA und Kuwait bzw. den VAE weit auseinander liegen dürften)[476], in Art. 1 Abs. 2 Buchst. a) DBA-Spanien/Bulgarien 1990[477] oder aber auch (seitens Deutschlands) in Art. 4 Abs. 1 Buchst. b) ErbSt-DBA-USA 1980/1998, Art. 4 Abs. 1 Buchst. a) ErbSt-DBA-Schweiz 1978[478] der Fall ist, soweit die Ansässigkeitsregelung eines deutschen Doppelbesteuerungsabkommens auf die territorialen Anknüpfungsmerkmale bereits ohnehin – bewusst[479] oder unbewusst[480] – nicht beschränkt ist.

---

***schen Emirate** ist […]*", Art. 4 Abs. 1 Buchst. b) Nr. i) DBA-VAE 2010 (Hervorhebung nur hier), so bereits in Art. 4 Abs. 1 Buchst. b) DBA-VAE 1995.

475 Siehe Art. 4 Abs. 1 Satz 1 US-MA 2006.

476 In den Abkommen der VAE und des Kuwaits dient die abweichende Definition der Ansässigkeit vor allem der Vermeidung der *Treaty-Shopping*-Fälle durch die Begründung der Ansässigkeit in den VAE oder Kuwait, wo die steuerliche Belastung im Regelfall kaum entsteht, ausführlich zu den VAE vgl. *Hull, Howard R.*, United Arab Emirates: Tax Treaty Relief on International Investment, Bulletin for International Taxation 2009, S. 52 (52 ff.).

477 *„[…] A los efectos del presente Convenio se consideran residentes: […] En el caso de Bulgaria, las personas físicas que sean **nacionales** de la República Popular de Bulgaria […]"*, Art. 1 Abs. 2 Buchst. a) DBA-Spanien/Bulgarien 1990, Hervorhebung nur hier.

478 *„[…] Einen Wohnsitz im Sinne dieses Abkommens hatte der Erblasser […] in der Bundesrepublik Deutschland, wenn er Inländer im Sinne des Erbschaftsteuerrechts der Bundesrepublik Deutschland war […]"*, Art. 4 Abs. 1 Buchst. a) ErbSt-DBA-Schweiz 1978.

479 Hier allerdings nur in Bezug auf zwei Abkommen auf dem Gebiet der Nachlass- und Erbschaftsteuern: siehe Art. 4 Abs. 1 Buchst. a) ErbSt-DBA-Schweiz 1978 sowie Art. 4 Abs. 1 Buchst. b) ErbSt-DBA-USA 1980/1998.

480 So definiert z. B. Art. 4 Abs. 1 Buchst. a) DBA-Kuwait 1999 einen in Deutschland Ansässigen als *„eine Person, die nach dem Recht der Bundesrepublik Deutschland dort der unbeschränkten Steuerpflicht unterliegt"*. Die Erweiterung der Anknüpfungsmomente der unbeschränkten Steuerpflicht nach dem innerstaatlichen Recht Deutschlands wäre somit von der bereits geltenden Formulierung zwangsläufig erfasst, es sei denn, eine solche Erweiterung würde dem Konzept des Abkommens im weiteren Sinn an sich widersprechen oder es würde sich bei Art. 4 Abs. 1 Buchst. a) DBA-Kuwait 1999 freilich um einen statischen Verweis handeln (es können jedoch keine Anhaltspunkte für diese Auslegung dem Abkommen selbst oder der Denkschrift zum Abkommen und Protokoll entnommen werden), siehe Art. 3 Abs. 2 DBA-Kuwait 1999, Art. 3 Abs. 2 OECD-MA sowie Nr. 11-13.1 der OECD-MK 2010 zu Art. 3 Abs. 2 OECD-MA; zur Denkschrift zum Abkommen siehe BR-Drs. 489/99, S. 27; zu der Problematik der statischen und dynamischen Verweise im Abkommensrecht im Allgemeinen siehe *Fischer-Zernin, Justus*, Doppelbesteuerungsabkommen als Instrument des Völkerrechts und des innerstaatlichen Rechts, RIW 1987, S. 785 (789 f.) m. w. N.; *Ruppe, Hans Georg*, in: Herrmann/Heuer/Raupach, EStG, Einf. ESt, Rz. 142 (Stand: Februar 1990) m. w. N.; *Sasseville, Jacques*, Temporal Aspects of Tax Treaties, in: Baker, Philip/Bobbett, Catherine (ed.), Tax polymath: a life in international taxation, essays in honour of John F. Avery Jones, Amsterdam 2010, S. 37 ff.; die gleichlautende Formulierung der Ansässigkeitsdefinition enthält Art. 4 Abs. 1 Buchst. a) DBA-VAE 2010 (auch Art. 4 Abs. 1 Buchst. a) DBA-VAE 1995); in etwa auch Art. 4 Abs. 1 Buchst. b) DBA-Australien 1972 und Art. 4 Abs. 1 DBA-Schweiz 1971/1978/1989/1992/2002 (siehe

Entsendestaat zu.[491] Für Mitglieder diplomatischer Missionen und konsularischer Vertretungen gilt er allerdings nur soweit, als die befreienden Vorschriften des Völkerrechts nicht reichen. Analog zu der im WÜD und WÜK getroffenen typischen Differenzierung nach dem Vorliegen bzw. Fehlen der Staatsangehörigkeit des Aufnahmestaates für die Besteuerung des Verwaltungs- und technischen Personals knüpft Art. 19 OECD-MA die Verteilung der Besteuerungsrechte zwischen dem Entsende- und dem Empfangsstaat (unter anderem) an die Staatsangehörigkeit des jeweiligen Steuerpflichtigen an:[492] Die Vergütungen der Bediensteten können zwar grundsätzlich nur im Kassenstaat besteuert werden, das Besteuerungsrecht in Bezug auf die Entgelte von Staatsangehörigen des Empfangsstaates steht dagegen ausschließlich diesem Empfangsstaat zu.[493] In der deutschen Abkommenspraxis wird eine derartige Anknüpfung an die Staatsangehörigkeit des Empfangsstaates grundsätzlich übernommen.[494] Die Vorschrift wird allerdings in der Regel durch die Voraussetzung des Fehlens einer anderen (zusätzlichen) Staatsangehörigkeit modifiziert.[495]

## IV. *Tie-Breaker*-Regeln, Art. 4 Abs. 2 OECD-MA

Bejaht man die Aussage, dass die derzeitige Formulierung des Art. 4 Abs. 1 OECD-MA die Staatsangehörigkeit als Anknüpfungsmoment der abkommensrechtlichen Ansässigkeit mit berücksichtigt – oder dass das OECD-Ansässig-

491 Art. 19 Abs. 1 Buchst. a) OECD-MA; es handelt sich freilich um den Ausfluss der *internationalen Courtoisie* und die *gegenseitige Achtung souveräner Staaten*, so Nr. 1 OECD-MK zu Art. 19 OECD-MA.

492 Zu den verfassungs- und europarechtlichen Bedenken hinsichtlich der Anknüpfung an die Staatsangehörigkeit einer natürlichen Person im Kontext des Art. 19 OECD-MA siehe *Wassermeyer, Franz*, in: Debatin/Wassermeyer, DBA, Art. 19 OECD-MA, Rz. 70 (Stand: Oktober 2004); kritisch hierzu unter europarechtlichen Gesichtspunkten auch *Dautzenberg, Norbert*, Vereinbarkeit von Doppelbesteuerungsabkommen und EG-Vertrag am Beispiel der Besteuerung der Arbeitnehmereinkünfte, DB 1997, S. 1354 (1356 f.); siehe aber EuGH, Urteil vom 12.05.1998 Rs. C-336/96 „Gilly“, Slg. 1998, I-2793, Rn. 30 ff. sowie § 10.

493 Art. 19 Abs. 1 Buchst. b) Nr. i) OECD-MA; zur gleichen Wirkung von außerdienstlichen Gründen des Aufenthalts im Empfangsstaat siehe Art. 19 Abs. 1 Buchst. b) Nr. ii) OECD-MA; zu der korrespondierenden Regelung für Ruhegehälter siehe Art. 19 Abs. 2 OECD-MA.

494 Vgl. *Waldhoff, Christian*, in: Vogel/Lehner, DBA, Art. 19 OECD-MA, Rz. 47; zur Übersicht siehe ebenda, Art. 19 OECD-MA, Rz. 36 (Stand: Februar 2008); Ausnahmen: Art. 18 DBA-Bulgarien 1987, Art. 16 Abs. 3 sowie Art. 19 Abs. 2 DBA-Jugoslawien 1987, Art. 18 DBA-Tschechoslowakei 1980, Art. 19 Abs. 1 DBA-Türkei 1985, Art. 18 DBA-Ungarn 1977, Art. 13 DBA-UdSSR 1981.

495 Zu den möglichen Variationen vgl. *Waldhoff, Christian*, in: Vogel/Lehner, DBA, Art. 19 OECD-MA, Rz. 48.

keitskonzept eine solche Anknüpfung zumindest duldet –, so stellt sich die Frage, welche Folgen eine so begründete Ansässigkeit nach sich ziehen kann. Es sind grundsätzlich drei Konstellationen in diesem Zusammenhang denkbar:

Zum einen kann die auf diese Weise als abkommensberechtigt eingestufte Person (nur) in dem Staat ihrer Staatsangehörigkeit einen Wohnsitz innehaben oder einen alternativen territorialen Bezug im Sinne des Art. 4 Abs. 1 OECD-MA (nur) zu diesem Staat aufweisen. In diesem Fall wird eine ausdrückliche Regelung zur Staatsangehörigkeit in Art. 4 Abs. 1 OECD-MA entbehrlich: Der Betroffene ist bereits aufgrund eines anderen Merkmals in seinem Staat ansässig.

Ist der Staatsangehörige eines Vertragsstaates dagegen (nur) in dem anderen Vertragsstaat wohnhaft bzw. auf eine andere Weise (nur) dort territorial ansässig, handelt es sich um eine Situation der doppelten Ansässigkeit, wenn dieser andere Vertragsstaat die unbeschränkte Steuerpflicht an das territoriale Kriterium anknüpft, was in der Regel auch der Fall sein dürfte. Beide Vertragsstaaten würden freilich das Besteuerungsrecht eines Ansässigkeitsstaates für sich beanspruchen wollen. Der sonach aufgetretene Konflikt wird durch die Anwendung der *Tie-Breaker*-Regeln des Art. 4 Abs. 2 OECD-MA gelöst werden müssen. Den absoluten Vorrang genießt dabei zunächst der jeweilige Wohnsitzstaat: *„Die Person gilt als nur in dem Staat ansässig, in dem sie über eine ständige Wohnstätte verfügt"*[496]. Die lediglich durch die Staatsangehörigkeit bedingte abkommensrechtliche Ansässigkeit dieser Person tritt insoweit zurück. Als Ansässigkeitskriterium ist die Staatsangehörigkeit auch im Verhältnis zum gewöhnlichen Aufenthalt nachrangig zu behandeln.[497] Im geschilderten Fall bedeutet es, dass die Aufnahme der Staatsangehörigkeit in die Liste der Anknüpfungsmomente der abkommensrechtlichen Ansässigkeit nach Art. 4 Abs. 1 OECD-MA effektiv ins Leere laufen würde, solange die territorialen Anknüpfungskriterien (nur) in Bezug zum anderen Vertragsstaat erfüllt oder beim Letzteren in der abkommensrechtlich relevanten Form insoweit stärker ausgeprägt sind. Der Staatsangehörigkeitsstaat müsste sich ausschließlich mit den abkommensrechtlichen Besteuerungsrechten eines Quellenstaates begnügen. Die Tatsache, dass der Steuerpflichtige abkommensrechtlich nicht als in seinem Staatsangehörigkeitsstaat ansässig gilt, lässt das (Fort-)Bestehen seiner unbeschränkten Steuerpflicht in diesem Staat zwar unberührt. Die tatsächliche Auswirkung der unbeschränkten Steuerpflicht im Vergleich zu der beschränkten Steuerpflicht würde sich jedoch – je nach der

496 Art. 4 Abs. 2 Buchst. a) HS. 1 OECD-MA; zum Begriff der Wohnstätte siehe Nr. 11 ff. OECD-MK 2010 zu Art. 4 OECD-MA.

497 Vgl. Art. 4 Abs. 2 Buchst. b) OECD-MA; zum Begriff des gewöhnlichen Aufenthalts siehe Nr. 16 ff. OECD-MK 2010 zu Art. 4 OECD-MA.

Ausgestaltung des konkreten Einzelfalls – regelmäßig als nicht wesentlich und eher im Ausnahmefall als wesentlich darstellen.

Freilich gewinnt die Staatsangehörigkeit aber dann an Bedeutung, wenn die territorialen Anknüpfungsmerkmale im Verhältnis zu den beiden Vertragsstaaten im gleichen Umfang gegeben sind und der ausschlaggebende Mittelpunkt der Lebensinteressen[498] in keinem dieser Staaten geortet werden kann:[499]

> *„[...] kann nicht bestimmt werden, in welchem Staat die Person den Mittelpunkt ihrer Lebensinteressen hat, oder verfügt sie in keinem der Staaten über eine ständige Wohnstätte [...]“*[500]

und

> *„[...] hat die Person ihren gewöhnlichen Aufenthalt in beiden Staaten oder in keinem der Staaten, so gilt sie als nur in dem Staat ansässig, dessen Staatsangehöriger sie ist“*[501].

So könnte die Zurechnung der vorrangigen abkommensrechtlichen Ansässigkeit dem Staatsangehörigkeitsstaat erhalten bleiben.[502] Die besagte Folge würde allerdings unabhängig von der Tatsache eintreten, ob die Ansässigkeitsdefinition des Art. 4 Abs. 1 OECD-MA die Einbeziehung der Staatsangehörigkeit explizit fordert, schweigend duldet oder entschieden ablehnt. Eine Umformulierung des

---

498 Siehe hierzu Nr. 14 f. OECD-MK 2010 zu Art. 4 OECD-MA.

499 Die von der Bundesrepublik Deutschland derzeit abgeschlossenen Abkommen haben die durch Art. 4 Abs. 2 OECD-MA vorgegebene Reihenfolge überwiegend übernommen; zu den Ausnahmen in Bezug (auch) auf die Staatsangehörigkeit als einem *Tie-Breaker*-Kriterium siehe Art. 4 Abs. 2 DBA-Australien 1972 (dies entspricht der damaligen Abkommenspraxis von Australien, vgl. *Lederer, Lothar Walter*, Doppelter Wohnsitz natürlicher Personen im internationalen Steuerrecht: zur Auslegung und Anwendung von Art. 4 Abs. 2 der OECD-Musterabkommen zur Vermeidung der Doppelbesteuerung 1966 und 1977, RIW/AWD 1981, S. 463 [470], dort Fußnote 74), Art. 4 Abs. 2 DBA-Bolivien 1992, Art. 4 Abs. 2 DBA-Bulgarien 1987 (dagegen nicht Art. 4 Abs. 2 DBA-Bulgarien 2010), Art. 4 Abs. 2 DBA-Indonesien 1990, Art. II Abs. 1 Buchst. d) Nr. ii) DBA-Irland 1962, Art. 2 Abs. 1 Nr. 5 Buchst. b) DBA-Israel 1962/1977, Art. 4 Abs. 2 DBA-Japan 1966/1979/1983, Art. 5 Abs. 2 DBA-Jersey 2008, Art. 4 Abs. 2 DBA-Jugoslawien 1987, Art. 3 Abs. 3 DBA-Luxemburg 1958/1973, Art. 3 Abs. 3 DBA-Niederlande 1959/1980/1991/2004, Art. 4 Abs. 2 DBA-Tschechoslowakei 1980, Art. 1 Abs. 4 DBA-UdSSR 1981, Art. 4 Abs. 2 DBA-Ungarn 1977, Art. 4 Abs. 2 DBA-Uruguay 1987 (dagegen nicht Art. 4 Abs. 2 DBA-Uruguay 2010); die Staatsangehörigkeit des Steuerpflichtigen könnte jedoch insoweit bei der Bestimmung des Ansässigkeitsstaats im Rahmen eines Verständigungsverfahrens berücksichtigt werden, vgl. *Siegers, Dirk*, in: Debatin/Wassermeyer, DBA, Art. 3 DBA-Luxemburg, Rz. 43 (Stand: Mai 2004).

500 Art. 4 Abs. 2 Buchst. b) OECD-MA.

501 Art. 4 Abs. 2 Buchst. c) OECD-MA.

502 Die Anknüpfung an die Staatsangehörigkeit im abkommensrechtlichen Kontext für Zwecke der Aufteilung der Besteuerungsrechte zwischen den Vertragsstaaten ist an sich gemeinschaftsrechtlich unbedenklich, vgl. hierzu EuGH, Urteil vom 12.05.1998 Rs. C-336/96 „Gilly“, Slg. 1998, I-2793.

Art. 4 Abs. 1 OECD-MA in Bezug auf die Staatsangehörigkeit wäre insoweit nicht notwendig.

Schließlich ist der Fall zu betrachten, in dem der Staatsangehörige eines Vertragsstaates zu keinem der Vertragsstaaten einen territorialen Bezug aufweist. In diesem Fall kommt der Steuerpflichtige aufgrund seiner Staatsangehörigkeit in den Genuss des rechtlichen Schutzes eines Doppelbesteuerungsabkommens, der ihm ansonsten verwehrt wäre. Im Ergebnis erweitert sich der Kreis der für diesen Steuerpflichtigen einschlägigen Abkommen auf alle diejenigen, die durch seinen Staat abgeschlossenen worden sind (mit Ausnahme dessen, was für ihn bereits aufgrund seines Wohnsitzes gilt). Die Anknüpfung der abkommensrechtlichen Ansässigkeit an die Staatsangehörigkeit hätte somit vor allem Bedeutung für die Staatsangehörigen eines Vertragsstaates, die aufgrund ihrer Staatsangehörigkeit der unbeschränkten Steuerpflicht in diesem Staat unterliegen, zu keinem der beiden Vertragsstaaten eines Abkommens territorialen Bezug aufweisen und aus dem *anderen* Vertragsstaat Einkünfte beziehen. Abhängig von dem Stand der abkommensrechtlichen Vernetzung des Wohnsitzstaates kann diese Folge positiv oder aber auch neutral für den Steuerpflichtigen ausfallen.

Zusammenfassend lässt sich festhalten, dass die Ausdehnung der unbeschränkten Steuerpflicht auf die Staatsangehörigen eines Staates durch die einschränkende Wirkung der bestehenden Doppelbesteuerungsabkommen in Bezug auf das Steuersubstrat weitgehend neutralisiert wäre, solange die gewichtigen *Abknüpfungsmomente* im weiteren Sinn[503] gegeben sind. Dies gilt unabhängig davon, ob die Staatsangehörigkeit als Anknüpfungsmoment der abkommensrechtlichen Ansässigkeit anzuerkennen oder abzulehnen ist. Spätestens auf der Ebene der *Tie-Breaker*-Regeln muss die Staatsangehörigkeit ihre nachrangige Stellung hinnehmen.

Wiewohl die Umstellung der Reihenfolge der *Tie-Breaker-Rules* das besagte Problem theoretisch beheben könnte, so wäre es aber in der Praxis kaum durchsetzbar: Die Akzeptanz der Vertragspartner wird ein solches, nicht dem OECD-MA abzuleitendes Vorhaben nicht unbedingt erfahren dürfen. Auf dem Gebiet der Erbschaft-/Schenkungsteuern sind die staatsangehörigkeitsbezogenen Modifikationen der *Tie-Breaker*-Regeln allerdings auch Deutschland nicht fremd. Nach den üblichen Ausführungen zu den *Tie-Breaker*-Regeln in Art. 4 Abs. 2 ErbSt-DBA-Frankreich 2006 führt Abs. 3 fort:

> *„Ungeachtet des Absatzes 2 gilt der Wohnsitz einer natürlichen Person, die zum Zeitpunkt ihres Todes oder zum Zeitpunkt der Schenkung Staatsangehörige eines Vertragsstaats war, ohne*

---

503 Als *Abknüpfungsmomente* im weiteren Sinn bezeichnet *Wengler* die maßgebenden Auslandsverknüpfungen, die zur Neutralisierung der sonstigen Inlandsverknüpfungen führen, *Wengler, Wilhelm*, a. a. O., 2. Teilband, S. 829.

*gleichzeitig Staatsangehörige des anderen Vertragsstaats zu sein, und die nach Absatz 1 einen Wohnsitz in beiden Vertragsstaaten hatte, als nur im erstgenannten Staat gelegen, wenn [...]".*

Je nachdem, ob man die Staatsangehörigkeit unter die ähnlichen Merkmale im Sinne des Art. 4 Abs. 1 Satz 1 ErbSt-DBA-Frankreich 2006 subsumiert, ermöglicht diese Klausel die bloße Ausklammerung der vorübergehend Ansässigen aus der Ansässigkeitsstaatbesteuerung im Gaststaat[504] oder aber auch die effektive Durchsetzung der Besteuerung nach § 2 Abs. 1 Nr. 1 Satz 2 Buchst. b) ErbStG.

Art. 27 DBA-Dänemark 1995 (ähnlich auch Art. 27 DBA-Schweden 1992) sieht ebenfalls eine – von Art. 4 abweichende – Ansässigkeitsbestimmung für Zwecke der Erbschaft-, Nachlass- und Schenkungsteuern vor:

*„War der Erblasser im Zeitpunkt seines Todes oder der Schenker im Zeitpunkt der Ausführung der Schenkung [...] Staatsangehöriger eines Vertragsstaats, ohne gleichzeitig Staatsangehöriger des anderen Vertragsstaats zu sein [...] und [...] war er in dem anderen Staat [...] für die Dauer von nicht mehr als fünf Jahren ansässig gewesen, [...] so gilt er abweichend von Artikel 4 als in dem Vertragsstaat ansässig, dessen Staatsangehöriger er war"*[505].

Diese abkommensrechtliche Vorschrift hat ihr Entstehen – wohl nur unter anderem[506] – der erweiterten unbeschränkten Erbschaftsteuerpflicht im Sinne des § 2 Abs. 1 Nr. 1 Satz 1 i. V. m. Satz 2 Buchst. b) ErbStG[507] zu verdanken und stellt eine speziellere Bestimmung vor allem im Verhältnis zu Art. 4 Abs. 2 DBA-Dänemark 1995 (mit der Staatsangehörigkeit als Anknüpfungsmoment der besonderen *Tie-Breaker*-Regelung) dar.[508]

Alternativ kann sich der Staat für die Aufnahme einer *Saving*-Klausel in das jeweilige Abkommen entscheiden, wie etwa nach dem Muster der von den USA abgeschlossenen Verträge[509] oder Nr. 1 des Protokolls zum DBA-Philippinen

---

504 Vgl. hierzu *Hahn, Hartmut*, in: Debatin/Wassermeyer, DBA, Art. 4 ErbSt-DBA-Frankreich, Rz. 23 (Stand: Oktober 2008).

505 Siehe ferner Art. 27 Abs. 2 DBA-Dänemark 1995 bzw. Art. 27 Abs. 2 DBA-Schweden 1992 zu der Auswirkung der Staatsangehörigkeit eines Erben oder eines Beschenkten.

506 Zu den offiziellen Beweggründen für die Aufnahme der Vorschrift in das DBA-Dänemark 1995 siehe BT-Drs. 13/4903, S. 44; BT-Drs. 12/5838, S. 40 sowie *Krabbe, Helmut*, in: Debatin/Wassermeyer, DBA, Art. 27 DBA-Dänemark, Rz. 1 (Stand: Januar 2007) und *Lüdicke, Jürgen*, in: Debatin/Wassermeyer, DBA, Art. 27 DBA-Schweden, Rz. 1 (Stand: Oktober 2001).

507 Ausführlich hierzu siehe § 5 (II. 4.1).

508 Diese Formulierung ähnelt dem Art. 4 Abs. 3 ErbSt-DBA-USA 1980/1998: *„War eine natürliche Person im Zeitpunkt ihres Todes oder der Schenkung [...] Staatsangehöriger eines Vertragsstaats, ohne gleichzeitig Staatsangehöriger des anderen Vertragsstaats zu sein, und [...], so gilt der Wohnsitz dieser Person [...] , ungeachtet des Absatzes 2 als in dem Vertragsstaat gelegen, dessen Staatsangehörige sie waren"*; siehe hierzu *Jülicher, Marc*, in: Troll/Gebel/Jülicher, ErbStG, § 2 ErbStG, Rz. 246 (Stand: Oktober 2010).

509 Siehe § 9 (V. 2).

1983.[510] In diesem Fall würde Deutschland einerseits sein Besteuerungsrecht weitgehend uneingeschränkt behalten, das besagte Merkmal der Staatsangehörigkeit würde andererseits nicht die maßgebende abkommensrechtliche Ansässigkeit des Steuerpflichtigen im Wohnsitzstaat beeinflussen.[511] Die Gefahren einer eventuellen Doppelbesteuerung müssten sodann auf der Ebene der Methodenvorschriften in dem jeweiligen Doppelbesteuerungsabkommen[512] oder mit einem innerstaatlichen steuerrechtlichen Pendant behoben werden. Letzteres muss jedoch speziell auf die Besonderheiten der erweiterten unbeschränkten Steuerpflicht zugeschnitten sein: Dem § 34c EStG fehlt es insbesondere an einer Lösung für die nicht ausländischen Einkünfte im Sinne des § 34d EStG.

Auch das zeitliche Hinausschieben der Anwendung eines Doppelbesteuerungsabkommens bei einem Wegzügler kann – theoretisch – der abkommensrechtlich bedingten Kürzung des Besteuerungssubstrats entgegen wirken.[513] Diese Vorgehensweise ist jedoch in der Praxis kaum ratsam, denn sie erfordert wiederum die Revision der bestehenden Abkommen, ist nur befristet wirksam und dürfte auf nur sehr bescheidenes Interesse der jeweiligen Vertragsparteien stoßen.

Schließlich ist es aber auch nicht abwegig, den Verlust des Status eines Ansässigkeitsstaates im abkommensrechtlichen Sinne bewusst hinzunehmen – bedenkt man dabei die Tatsache, dass Deutschland in seiner Abkommenspolitik die Freistellungsmethode bereits als Ansässigkeitsstaat zur Vermeidung der Doppel-

---

510 Siehe § 9 (V. 3).

511 Siehe auch *Shannon, Harry A.*, Das OECD-Musterabkommen zur Vermeidung der Doppelbesteuerung im Vergleich mit dem US-Musterabkommen, RIW 1986, S. 271 (276).

512 Siehe z. B. Art. 23 Abs. 4 Satz 2 DBA-Finnland 1979; Nr. 1 des Protokolls zu Art. 4 DBA-Liberia 1970 (mit dem Verzicht auf die Besteuerung nach dem Staatsangehörigkeitsprinzip in Liberia ist die Regelung überholt, vgl. *Müller, Klaus-Dieter*, in: Debatin/Wassermeyer, DBA, Art. 4 DBA-Liberia, Rz. 5 [Stand: Mai 2010); Art. 4 Abs. 4 Satz 3 DBA-Schweiz 1971/1978/1989/1992/2002; Art. 23 Abs. 1 und 5 DBA-USA 1989/2006 sowie Art. 11 ErbSt-DBA-USA 1980/1998; Nr. 17 Satz 3 des Protokolls zum DBA-Italien 1989; nicht so ausdrücklich Art. 24 Abs. 2 DBA-Philippinen 1983; zu einer umfassenden Übersicht für die USA siehe *Vacovec, Kenneth J./Beutler, Todd M.*, Branch Report: Unites States, Cahiers de droit fiscal international 2002, Vol. 87b, S. 597 (619 ff.).

513 So bereits der Vorschlag der Steuerreformkommission im Bericht der Steuerreformkommission zum Außensteuerrecht, Schriftenreihe BMF, Band 16, Bonn 1970, S. 21; siehe auch *Flick, Hans*, Das deutsche Außensteuergesetz und ergänzende Rechtsvorschriften im Überblick, in: Vogel, Klaus (Hrsg.), Steueroasen und Außensteuergesetze: Die Bedeutung der Steueroasen heute und die gesetzlichen Maßnahmen zu ihrer Bekämpfung, München 1981, S. 29 (32): *„Die Besteuerung nach dem Außensteuergesetz und aufgrund der anderen gegen Steuerumgehungen gerichteten Gesetze läßt sich im Verhältnis zu DBA-Staaten weitgehend nur durchsetzen, wenn in solchen Fällen das Abkommen dem Steuerpflichtigen den Abkommensschutz versagt".*

besteuerung ohnehin vorrangig anwendet[514] und somit auf das Besteuerungssubstrat, das einen engeren territorialen Bezug zum anderen Vertragsstaat aufweist, gezielt weitgehend verzichtet. In diesem Fall wird sich die Erweiterung der Anknüpfungsmomente der unbeschränkten Einkommensteuerpflicht effektiv insbesondere auf die Besteuerung der in einem Nicht-DBA-Staat territorial ansässigen Staatsangehörigen auswirken. Bei einem eventuellen Konflikt zwischen einem DBA-Ansässigkeitsstaat aufgrund eines territorialen Kriteriums und dem staatsangehörigkeitsbedingten Ansässigkeitsstaat werden dagegen keine wesentlichen Abweichungen hinsichtlich des sachlichen Umfangs der im Inland steuerlich zu erfassenden Einkünfte im Vergleich zu der jetzigen Praxis entstehen. Die erklärungs- und ermittlungstechnischen Folgen der unbeschränkten Steuerpflicht – wie etwa die Notwendigkeit der steuerlichen Wahrnehmung des Welteinkommens zur Bestimmung der nach dem Progressionsvorbehalt anzuwendenden Steuersätze für die im Inland steuerpflichtigen Einkünfte – müssen jedoch beachtet werden. Mit Blick auf die tendenzielle – vor allem europarechtlich gebotene – Angleichung der Besteuerungsgrundsätze für die unbeschränkte und die beschränkte Steuerpflicht ist diese Problematik jedoch auch ohne Erweiterung der Anknüpfungsmomente der unbeschränkten Einkommensteuerpflicht zukünftig nicht zu vernachlässigen.

## V. *Saving*-Klauseln

### 1. Überblick

Ihren Ursprung verdankt eine der breitesten Gruppen von staatsangehörigkeitsabhängigen *Saving*-Klauseln den zahlreichen nationalen Wegzugsbesteuerungsvorschriften der Vertragsstaaten. Insoweit könnte Deutschland auf die eigenen Erfahrungswerte, aber auch auf die bereits gesammelten praktischen Erfahrungen anderer Vertragsstaaten bei der Überprüfung der Notwendigkeit und vor allem der Zweckmäßigkeit der Bildung einer *Saving*-Klausel für die Besteuerung der im Ausland territorial ansässigen Deutschen zurückgreifen.

### 2. Art. 1 Abs. 4 Buchst. a) DBA-USA 1989/2006

Die wohl bekanntesten staatsangehörigkeitsabhängigen *Saving*-Klauseln sind in den von den Vereinigten Staaten abgeschlossenen Doppelbesteuerungsabkom-

---

514 Vgl. hierzu *Lüdicke, Jürgen*, Überlegungen zur deutschen DBA-Politik, Baden-Baden 2008, S. 63.

men enthalten.[515] Als *„the traditional saving clause found in all U.S. treaties“*[516] bezeichnet das *Treasury Department* folgenden Passus: *„[...] berührt dieses Abkommen nicht die Besteuerung durch die Vereinigten Staaten von dort ansässigen Personen [...] und Staatsbürgern der Vereinigten Staaten“*[517]. Die im innerstaatlichen US-Steuerrecht statuierte unbeschränkte Steuerpflicht aller Staatsangehörigen der Vereinigten Staaten würde – formell weiterhin unberührt bestehend – in den meisten Abkommensfällen im Ergebnis ins Leere laufen, wenn die Verhandlungsdelegation an der Seite der Vereinigten Staaten einen entsprechenden Vorbehalt zur Aufnahme in das Abkommen nicht brächten.[518] Denn die Staatsangehörigkeit gehört – wenn überhaupt[519] – nur zu den nachrangigen Anknüpfungskriterien der abkommensrechtlichen Ansässigkeit.[520] Mithilfe einer *Saving*-Klausel sichern sich die USA insoweit (unter anderem) das Besteuerungsrecht in Bezug auf die nicht im Inland territorial ansässigen Staatsangehörigen[521] (unter bestimmten Voraussetzungen auch nach dem eventuellen Verlust der Staatsangehörigkeit)[522].

### 3. Nr. 1 des Protokolls zum DBA-Philippinen 1983

Eine dem Art. 1 Abs. 4 DBA-USA 1989/2006 vergleichbare *Saving*-Klausel für die eigenen Staatsangehörigen enthält Nr. 1 des Protokolls zum DBA-Philippinen 1983: *„Das Abkommen ist nicht so auszulegen, als entzöge es der Republik der Philippinen das Recht, ihre in der Bundesrepublik Deutschland ansässigen Staatsangehörigen nach dem innerstaatlichen philippinischen Recht zu besteuern [...]“*. Mit der Abschaffung der unbeschränkten Steuerpflicht der nicht in den

---

515 Zu einer Übersicht siehe *Vacovec, Kenneth J./Beutler, Todd M.*, a. a. O., S. 597 (619 ff.).

516 Technical Explanations zu Art. 1 Abs. 4 DBA-USA 1989/2006, a. a. O.

517 Art. 1 Abs. 4 Buchst. a) DBA-USA 1989/2006; Nr. 28 OECD-MK zu Art. 1 OECD-MA; Nr. 33 OECD-MK zu Art. 1 ErbSt-OECD-MA.

518 Siehe auch *Jacob, Friedhelm*, in: Endres/Jacob/Gohr/Klein (Hrsg.), DBA Deutschland/USA, Doppelbesteuerungsabkommen, Art. 4, Rz. 43.

519 Siehe § 9 (III. 1).

520 Siehe die Ausführungen zu den Tie-Breaker-Regeln in § 9 (IV.).

521 Ausführlich zur Bedeutung des Art. 1 Abs. 4 DBA-USA 1989/2006 siehe *Wolff, Ulrich*, in: Debatin/Wassermeyer, Art. 1 DBA-USA, Rz. 88 ff. (Stand: Mai 2009); zur entsprechenden Klausel auf dem Gebiet der Nachlass-, Erbschaft- und Schenkungsteuern siehe Art. 11 Abs. 1 Buchst. a) Nr. i ErbSt-DBA-USA 1980/1998 (staatsangehörigkeitsabhängige *Saving*-Klausel seitens der USA) sowie Art. 11 Abs. 1 Buchst. b) i. V. m. der Wohnsitzdefinition des Art. 4 Abs. 1 Buchst. b) ErbSt-DBA-USA 1980/1998 und dem Inländerbegriff des § 2 Abs. 1 Nr. 1 Satz 2 Buchst. b) ErbStG (im Ergebnis staatsangehörigkeitsabhängige *Saving*-Klausel seitens Deutschlands).

522 In diesem Fall handelt es sich jedoch nicht mehr um die unbeschränkte Steuerpflicht, siehe hierzu *Vacovec, Kenneth J./Beutler, Todd M.*, a. a. O., S. 597 (600).

Philippinen ansässigen eigenen Staatsangehörigen[523] wurde die praktische Wirkung der Klausel weitgehend eingeschränkt. Ebenfalls Nr. 1 des Protokolls zu Art. 4 DBA-Liberia 1970 spricht von einem Vorbehalt in Bezug auf die liberianischen Staatsangehörigen: *„[...] Jedoch kann die auf Grund dieser Staatsangehörigkeit zu erhebende liberianische Steuer erhoben werden [...]"*. Auch hier ist die *Saving*-Klausel durch die Änderung des nationalen liberianischen Steuerrechts überholt.[524]

## 4. Art. 23 Abs. 4 DBA-Finnland 1979

Das innerstaatliche finnische Steuerrecht sieht vor, dass natürliche Personen auch nach der Aufgabe der territorialen Anknüpfungsmerkmale im Inland innerhalb von drei Jahren nach dem Wegzug als in Finnland territorial ansässig gelten und dort der unbeschränkten Steuerpflicht unterliegen können.[525] Mit Art. 23 Abs. 4 Satz 1 DBA-Finnland 1979 wird es Finnland ermöglicht, ungeachtet der übrigen (insoweit einschränkenden) Vorschriften des Abkommens die innerstaatlich bestimmte Besteuerung dieser Personen aufrecht zu erhalten:

> *„Ungeachtet anderer Vorschriften des Abkommens darf eine in der Bundesrepublik Deutschland ansässige natürliche Person in der Republik Finnland besteuert werden, wenn sie nach finnischem Steuerrecht, wie es für die in Artikel 2 genannten finnischen Steuern gilt, als in der Republik Finnland ansässig angesehen wird".*

Da die nationale gesetzliche Regelung lediglich die Staatsangehörigen Finnlands umfasst, ist der persönliche Geltungsbereich der *Saving*-Klausel des Art. 23 Abs. 4 Satz 1 DBA-Finnland 1979 auf die Personen mit finnischer Staatsangehörigkeit gemäß Art. 23 Abs. 4 Satz 3 DBA-Finnland 1979 beschränkt. Ein vergleichbarer Vorbehalt ist in vielen (jedoch nicht allen)[526] seit 1978 abgeschlossenen finnischen Abkommen zu finden[527] (hier ist insbesondere auf Art. 1 Abs. 4 DBA-Finnland/USA 1989 aufmerksam zu machen, in dem der Besteuerungsvorbehalt in Bezug auf die jeweils eigenen Staatsangehörigen der Vertragsstaaten

---

523 Siehe die Nachweise in der Fußnote 127.

524 Vgl. die Nachweise in der Fußnote 512.

525 Vgl. *Manninen, Petri/Kyläkallio, Kalle/Rytöhonka, Risto*, a. a. O., A-67.

526 Siehe. z. B. DBA-Finnland/Niederlande 1995, DBA-Finnland/Ungarn 1978; die Mehrheit der Abkommen enthält keine Sonderregelung für die erweitert unbeschränkt Steuerpflichtigen, vgl. *Helminen, Marjaana*, Branch Report: Finland, Cahiers de droit fiscal international 2002, Vol. 87b, S. 231 (238).

527 Vgl. z. B. Art. 23 Abs. 1 Buchst. c) DBA-Finnland/Argentinien 1994 sowie Art. 23 Abs. 1 Buchst. c) DBA-Finnland/Estland 1993, insgesamt etwa 30 Abkommen, vgl. *de Broe, Luc*, The tax treatment of transfer of residence by individuals: General Report, Cahiers de droit fiscal international 2002, Vol. 87b, S. 19 (45).

eingeräumt wird, um nun den Sondervorschriften der beiden Staaten gerecht zu werden). Ab dem Jahr 2000 zeichnet sich dagegen stets die umgekehrte Tendenz ab.[528]

Ähnliche Formulierungen sind auch in vielen schwedischen Abkommen enthalten (z. B. DBA-Schweden/Schweiz 1965/1966/1985/1992)[529], wobei die erweiterte unbeschränkte Steuerpflicht in Schweden nicht vorrangig von der Staatsangehörigkeit abhängig ist.[530] Als eine kleine *Saving*-Klausel zur (dem sachlichen Umfang nach nur teilweisen) Aufrechterhaltung der erweiterten unbeschränkten Einkommensteuerpflicht für die eigenen Staatsangehörigen können Art. 13 Abs. 5 DBA-Schweden/Italien 1980, Art. XIII Abs. 5 DBA-Schweden/Spanien 1976 und Art. 14 Abs. 5 DBA-Spanien/Niederlande 1971 angesehen werden.

### 5. Nr. 17 Buchst. a) des Protokolls zu Art. 24 und 6 bis 22 DBA-Italien 1989

Besteht zwischen Deutschland und dem Zuzugsland ein Doppelbesteuerungsabkommen,[531] so werden die Einkünfte, die nur im Ansässigkeitsstaat besteuert werden dürfen, von der Besteuerung auch im Rahmen der erweiterten beschränkten Steuerpflicht nach § 2 AStG im Quellenstaat ausgenommen,[532] wenn die eventuell gesondert vereinbarten *Saving*-Klauseln dem nicht entgegen wirken.[533] Insoweit läuft § 2 AStG effektiv ins Leere.[534] Denn mangels eines inländi-

528 Siehe z. B. DBA-Finnland/Österreich 2000, DBA-Finnland/Kanada 2006, DBA-Finnland/Indien 2010.

529 Vgl. Art. 25 Abs. 2 DBA-Schweiz/Schweden 1965/1966/1985/1992; siehe hierzu *Möhr, Marco*, a. a. O., S. 116.

530 Siehe hierzu Fußnote 146.

531 Die Mehrzahl der Niedrigsteuerländer hat kein Doppelbesteuerungsabkommen mit Deutschland abgeschlossen, vgl. *Wassermeyer, Franz*, in: Flick/Wassermeyer/Baumhoff/Schönfeld, Außensteuerrecht, § 2 AStG, Rz. 5a (Stand: September 2009).

532 Siehe *Baranowski, Karl-Heinz*, a. a. O., Rz. 814; *Graf zu Ortenburg, Joachim*, a. a. O., S. 483 (484).

533 Hierzu ausführlich § 9 (V.).

534 Vgl. *Debatin, Helmut*, Leitsätze für ein Gesetz zur Wahrung der steuerlichen Gleichmäßigkeit bei Auslandsbeziehungen und zur Verbesserung der steuerlichen Wettbewerbslage bei Auslandsinvestitionen, DStZ/A 1971, S. 89 (96); *Flick, Heinz*, Vereinbarkeit des Steuerfluchtgesetzes mit Doppelbesteuerungsabkommen, BB 1971, S. 250 (250); *Grasmann, Günther*, Der Entwurf des deutschen Gesetzes zur Wahrung der steuerlichen Gleichmäßigkeit bei Auslandsbeziehungen und zur Verbesserung der steuerlichen Wettbewerbslage bei Auslandsinvestitionen, Teil I, Europäische Steuerzeitung 1971, S. 77 (85); *Kluge, Volker*, Außensteuergesetz und Doppelbesteuerungsabkommen, AWD BB 1972, S. 411 (413); siehe auch *Schaumburg, Harald*, Internationales Steuerrecht: Außensteuerrecht, Doppelbesteuerungsrecht, Rz. 5.289; *Wassermeyer,*

schen Wohnsitzes und des inländischen Aufenthalts eines weggezogenen Steuerpflichtigen kann Deutschland nur als Quellenstaat und nicht als Ansässigkeitsstaat auftreten. Bei den übrigen (inländischen) Einkünften bleibt das Besteuerungsrecht Deutschlands (als Quellenstaat) für Zwecke der erweiterten beschränkten Steuerpflicht grundsätzlich unberührt,[535] die im jeweiligen Abkommen eventuell bestimmten Höchstsätze der Quellensteuern dürfen allerdings nicht überschritten werden.[536]

Um die effektive Wirkung der erweiterten beschränkten Steuerpflicht in einem Abkommensfall zu erhöhen, muss man das jeweils einschlägige Standarddoppelbesteuerungsabkommen der Revision unterziehen.[537] Beispielsweise legt Nr. 17 Buchst. a) des Protokolls zu Art. 24 und 6 bis 22 DBA-Italien 1989 vertraglich fest, dass die Vorschriften dieses Abkommens der deutschen Besteuerung von aus Deutschland stammenden Einkünften in Bezug auf diejenigen deutschen Staatsangehörigen grundsätzlich nicht entgegenstehen, welche von §§ 2 und 5 AStG erfasst sind oder aber aufgrund der *Tie-Breaker*-Regeln des Art. 4

---

*Franz*, in: Flick/Wassermeyer/Baumhoff/Schönfeld, Außensteuerrecht, § 2 AStG, Rz. 3 (Stand: September 2009); *ders.*, 15 Jahre Außensteuergesetz, DStR 1987, S. 635 (637); *Kaminski, Bert*, Die persönliche Einkommensteuerpflicht: unter besonderer Berücksichtigung der Neuerungen durch das Jahressteuergesetz 1996, StuSt 1996, S. 398 (410); ferner *Reising, Klaus*, Besteuerung in der Bundesrepublik Deutschland (BRD) einer in der Schweiz ansässigen natürlichen Person nach dem Entwurf eines Gesetzes zur „Wahrung der steuerlichen Gleichmäßigkeit bei Auslandsbeziehungen und zur Verbesserung der steuerlichen Wettbewerbslage bei Auslandsinvestitionen", DStR 1971, S. 205 (207); im Ergebnis so auch *Vogel, Horst*, Schwerpunkte des Außensteuerreformgesetzes in Verbindung mit dem neuen deutsch-schweizerischen Doppelbesteuerungsabkommen, DB 1972, S. 1402 (1403).

535 Zu beachten ist, dass eine bloße fiktive Geschäftsleitungsbetriebsstätte im Sinne des § 2 Abs. 1 Satz 2 AStG in der Fassung des Art. 9 des JStG 2009 die Voraussetzungen des Art. 5 OECD-MA gemeinhin nicht erfüllen kann. Der Bundesrepublik Deutschland wird insoweit kein Besteuerungsrecht eines Betriebsstättenstaats nach Art. 7 Abs. 1 OECD-MA zugewiesen; zur Fiktion einer inländischen Geschäftsleitungsbetriebsstätte siehe *Schmidt, Lutz/Heinz, Carsten*, Neues zur Betriebsstättenbesteuerung im Jahressteuergesetz 2009 – Unstimmigkeiten und Empfehlungen, IStR 2009, S. 43 (46 f.) sowie *Baßler, Johannes*, in: Flick/Wassermeyer/Baumhoff/Schönfeld, Außensteuerrecht, § 2 AStG, Rz. 141 ff. (Stand: September 2010).

536 Vgl. Tz. 2.0.2.1 Nr. 1, 2 des BMF-Schreibens betreffend Grundsätze zur Anwendung des Außensteuergesetzes vom 14.05.2004 IV B 4 – S 1340 – 11/04, a. a. O.; ebenso *Wassermeyer, Franz*, in: Flick/Wassermeyer/Baumhoff/Schönfeld, Außensteuerrecht, § 2 AStG, Rz. 5c und 117g (Stand: März 1986 bzw. November 1990); *Flick, Heinz*, Vereinbarkeit des Steuerfluchtgesetzes mit Doppelbesteuerungsabkommen, BB 1971, S. 250 (250); *Gross, Ekkehard*, in: Wöhrle, Winfried/Schelle, Diether/Gross, Ekkehard (Hrsg.), Außensteuergesetz, Kommentar, Loseblattwerk, Stuttgart 1984 ff., § 2 AStG, Rz. 60 f. (Stand: Dezember 2002); *Baranowski, Karl-Heinz*, a. a. O., Rz. 814.

537 Vgl. *Wassermeyer, Franz*, in: Flick/Wassermeyer/Baumhoff/Schönfeld, Außensteuerrecht, § 2 AStG, Rz. 3 (Stand: September 2009).

Abs. 2 DBA-Italien 1989 für Zwecke des Abkommens nicht als in Deutschland ansässig gelten und nur aufgrund eines inländischen Wohnsitzes oder des gewöhnlichen Aufenthalts im Inland von dem Anwendungsbereich des §§ 2 und 5 AStG nicht umfasst werden. Insoweit wird die Anwendung der innerstaatlichen deutschen Regelung (vor allem des § 2 AStG)[538] ungeachtet der übrigen Vorschriften des Doppelbesteuerungsabkommens sichergestellt.[539]

Als weitere Beispiele der kleinen staatsangehörigkeitsabhängigen *Saving*-Klauseln sind Art. 13 Abs. 5 DBA-Italien/Kanada 1977/1989, Art. 13 Abs. 5 DBA-Italien/Norwegen 1985, Art. 13 Abs. 5 DBA-Italien/Niederlande 1990, Art. 13 Abs. 5 DBA-Italien/Schweden 1980, Art. 13 Abs. 7 DBA-Finnland/Kanada 2006 zu nennen: Es handelt sich freilich vor allem um abkommensrechtliche Vorschriften, die die jeweilige (staatsangehörigkeitsneutrale) beschränkte Einkommensteuerpflicht unterstützen sollen. In Bezug auf Schweden und Finnland kann sich die einschlägige Klausel zugleich auf die erweiterte unbeschränkte Steuerpflicht auswirken. Die erweiterte unbeschränkte Einkommensteuerpflicht in Italien dürfte jedoch nicht angesprochen sein, da die aufgeführten Länder von der italienischen schwarzen Liste der Steueroasen kaum erfasst bzw. ohnehin ein EU/EWR-Staat sind.

## 6. Art. 4 Abs. 4 DBA-Schweiz 1971/1978/1989/1992/2002

Mit der Aufnahme einer *Saving*-Klausel in Art. 4 Abs. 4 DBA-Schweiz 1971/1978/1989/1992/2002 hat die Bundesrepublik Deutschland die Möglichkeit der Besteuerung einer natürlichen Person nach den Vorschriften für die beschränkt[540] und ggf. erweitert beschränkt[541] Steuerpflichtigen für das Jahr des Wegzugs dieser Person in die Schweiz und in den nächsten fünf Jahren – ungeachtet der übrigen Vorschriften des Abkommens, die dem Besteuerungsrecht Deutschlands ansonsten insoweit entgegen stehen würden – in bestimmten Fällen aufrechterhalten.[542] In dem Abkommenskreis Deutschlands ist diese Klausel einmalig. Da die – in dieser Arbeit öfter angesprochene – persönliche Bindung eines Staatsange-

538 Hierzu ausführlich § 5 (II. 4.2).

539 Siehe hierzu ferner Tz. 2.0.2.4. des BMF-Schreibens betreffend Grundsätze zur Anwendung des Außensteuergesetzes vom 14.05.2004 IV B 4 – S 1340 – 11/04, a. a. O.

540 Siehe hierzu § 5 (I.).

541 Hierzu ausführlich siehe § 5 (II. 4.2).

542 Ausführlich zu Art. 4 Abs. 4 DBA-Schweiz 1971/1978/1989/1992 siehe *Wassermeyer, Franz*, in: Flick, Hans/Wassermeyer, Franz/Kempermann, Michael (Hrsg.), Doppelbesteuerungsabkommen Deutschland-Schweiz: Steuern vom Einkommen und Vermögen, Nachlass- und Erbschaftsteuern, Kommentar, Loseblattwerk, Köln 1981 ff., Art. 4 DBA-Schweiz, Rz. 97 ff. (Stand: Juli 2000).

hörigen an sein Heimatland[543] den Vorrang vor der (fingierten) Verwurzelung dieser Person mit der Rechtsordnung Deutschlands genießt, ist der persönliche Anwendungsbereich des Art. 4 Abs. 4 DBA-Schweiz 1971/1978/1989/1992/2002 auf die Wegziehenden beschränkt, jene nicht die Staatsangehörigen der Schweiz sind:

> *„Bei einer in der Schweiz ansässigen natürlichen Person, die **nicht die schweizerische Staatsangehörigkeit** besitzt und die in der Bundesrepublik Deutschland insgesamt mindestens fünf Jahre unbeschränkt steuerpflichtig war, kann die Bundesrepublik Deutschland in dem Jahr, in dem die unbeschränkte Steuerpflicht zuletzt geendet hat, und in den folgenden fünf Jahren die aus der Bundesrepublik Deutschland stammenden Einkünfte und die in der Bundesrepublik Deutschland belegenen Vermögenswerte, ungeachtet anderer Bestimmungen des Abkommens, besteuern".*[544]

## VI. Abkommensrechtliches Diskriminierungsverbot, Art. 24 Abs. 1 OECD-MA

### 1. Überblick

Gemäß Art. 24 Abs. 1 OECD-MA dürfen die Staatsangehörigen eines Vertragsstaates im anderen Vertragsstaat nicht *anders*[545] oder belastender – insgesamt nachteiliger[546] – behandelt werden als die Staatsangehörigen dieses anderen Staates selbst.[547] Das staatsangehörigkeitsbezogene Verbot von Diskriminierung

543 Siehe auch *Debatin, Helmut*, Der deutsch-schweizerische Steuervertrag (II), DB 1972, S. 1983 (1986).

544 Art. 4 Abs. 4 Satz 1 DBA-Schweiz 1971/1978/1989/1992/2002, Hervorhebung nur hier; zu den Ausnahmen siehe Art. 4 Abs. 4 Satz 4 DBA-Schweiz 1971/1978/1989/1992/2002; zu einer vergleichbaren Regelung auf dem Gebiet der Nachlass- und Erbschaftsteuern siehe Art. 4 Abs. 4 ErbSt-DBA-Schweiz 1978; ausführlich zur Bedeutung der schweizerischen Staatsangehörigkeit im Kontext des Art. 4 Abs. 4 DBA-Schweiz 1971/1978/1989/1992/2002 siehe *Jülicher, Marc*, in: Troll/Gebel/Jülicher, ErbStG, § 2 ErbStG, Rz. 228 (Stand: Oktober 2010); siehe auch ebenda, Rz. 233 (Stand: Oktober 2010) zu Art. 8 Abs. 2 Satz 4 ErbSt-DBA-Schweiz 1978.

545 Hierzu ausführlich *Adonnino, Pietro*, Non-discrimination rules in international taxation: General Report, Cahiers de droit fiscal international 1993, Vol. 78b, S. 131 (168 ff.); *Avery Jones, John F. u. a.*, The Non-discrimination Article in Tax Treaties, ET 1991, S. 310 (325 ff.); *Avery Jones, John F.*, Understanding the OECD Model Tax Convention: The Lessons of History, Florida Tax Review 2009, S. 1 (33 f.).

546 Vgl. *Wassermeyer, Franz*, in: Debatin/Wassermeyer, DBA, Art. 24 OECD-MA, Rz. 16 (Stand: Mai 2005).

547 Zum Überblick über die (Fort-)Entwicklung der Vorschrift im Kontext des OECD-MA siehe *Dommes, Sabine/Metzler, Vanessa E.*, Das Staatsangehörigendiskriminierungsverbot bei natürlichen Personen, in: Lang, Michael/Schuch, Josef/Staringer, Claus (Hrsg.), Die Diskriminie-

(*non-discrimination* in der englischsprachigen Fassung des Art. 24 OECD-MA bzw. *Gleichbehandlung* in der deutschsprachigen Version des Art. 24 OECD-MA) erfährt seine Berücksichtigung in der Mehrzahl der von Deutschland abgeschlossenen, derzeit geltenden Doppelbesteuerungsabkommen. Zu den wohl seltenen Ausnahmen gehören das DBA-Australien 1972[548], DBA-Bulgarien 1987, DBA-Jersey 2008, DBA-Jugoslawien 1987, DBA-Tschechoslowakei 1980[549] sowie das DBA-UdSSR 1981[550]. Diese Abkommen nehmen dabei grundsätzlich keinen Bezug auf die Staatsangehörigkeit.[551] Auch das DBA-Kuwait 1999 enthält kein Verbot im Sinne des Art. 24 Abs. 1 OECD-MA, was durch die Besonderheiten des kuwaitischen Steuerrechts bedingt ist.[552]

Das Diskriminierungsverbot fehlt ebenfalls im DBA-Neuseeland 1978: Im Notenwechsel vom 20. Oktober 1978 weisen die Vertragsstaaten darauf hin, dass das Recht beider Staaten jenen Grundsätzen entspreche, die dem Art. 24 OECD-MA zugrunde liegen. Aus *besonderen Gründen,* welche wohl vor allem von der neuseeländischen Seite vorgetragen worden sind,[553] verzichten aber die Parteien auf die Aufnahme des Diskriminierungsverbots in das Abkommen. Neuseeland sei jedoch bereit, das Abkommen um ein solches Verbot zu erweitern, wenn ein neues neuseeländisches Doppelbesteuerungsabkommen einen entsprechenden Artikel beinhalten sollte. Derzeit findet sich ein Pendant des Art. 24 OECD-MA bereits in mehreren der von Neuseeland abgeschlossenen Abkommen[554] (die USA sind wohl der erste Vertragsstaat, der die Aufnahme des Diskriminierungsverbots durchgesetzt hat)[555]. Die Bundesrepublik Deutschland hat jedoch – so-

---

rungsverbote im Recht der Doppelbesteuerungsabkommen, Wien 2006, S. 93 (96 ff.); zum Diskriminierungsverbot in ErbSt-OECD-MA siehe Art. 10 ErbSt-OECD-MA.

548 Siehe hierzu *Rust, Alexander*, in: Vogel/Lehner, DBA, 5. Auflage, Art. 24 OECD-MA, Rz. 10.

549 Siehe hierzu *Safarik, Frantisek*, in: Debatin/Wassermeyer, DBA, Art. 24 DBA-Tschechien, Rz. 1 (Stand: März 1998).

550 Zu den Besonderheiten des abkommensrechtlichen Diskriminierungsverbots in der Abkommenspraxis der UdSSR siehe *Avery Jones, John F. u. a.*, The Non-discrimination Article in Tax Treaties, ET 1991, S. 310 (311), dort Fußnote 6.

551 Siehe die Nachweise in der Fußnote 390.

552 Siehe zu den Staaten des Arabischen/Persischen Golfs *Bohnert, Benoît*, Branch Report: France, Cahiers de droit fiscal international 2008, Vol. 93a, S. 267 (272); ferner *Hundt, Florenz*, in: Debatin/Wassermeyer, DBA, Vor Art. 1 DBA-Kuwait, Rz. 9 (Stand: Oktober 2009).

553 Vgl. z. B. Nr. 8 des finalen Protokolls zum DBA-Frankreich/Neuseeland vom 30.11.1979 und Buchst. h) des Protokolls zum DBA-Italien/Neuseeland vom 06.12.1979; siehe ferner *Rust, Alexander*, in: Vogel/Lehner, DBA, 5. Auflage, Art. 24 OECD-MA, Rz. 10 m. w. N.

554 Siehe z. B. Art. 23 DBA-Österreich/Neuseeland 2006 sowie Art. 23 DBA-USA/Neuseeland 1982.

555 Das noch ältere DBA-Finnland/Neuseeland 1982/1986 enthält zwar ebenfalls das Diskriminierungsverbot in seinem Art. 23A, jedoch wurde diese Vorschrift – wie die Nummerierung bereits verrät – nachträglich (mit dem Zweiten Protokoll zum DBA-Finnland/Neuseeland vom

weit es aus der Anlage zum BMF-Schreiben vom 12. Januar 2011[556] ersichtlich ist – noch keine Schritte zur Anpassung des DBA-Neuseeland 1978 eingeleitet.

Schließlich fehlt ein ausdrückliches staatsangehörigkeitsbezogenes Diskriminierungsverbot auch dem DBA-Ungarn 1977. In seinem Kontext – ähnlich wie das DBA-UdSSR 1981 oder DBA-Australien 1972 – knüpft es grundsätzlich keine abkommensrechtlichen Rechte und Pflichten an die Staatsangehörigkeit an.[557] Wenngleich Art. 24 Abs. 1 DBA-Ungarn 1977 darauf hinweist, dass die Vertragsstaaten die *„[...] allgemein anerkannten Grundsätze[n] über die Gleichbehandlung"* zu beachten haben, ist ein allgemein anerkanntes staatsangehörigkeitsbezogenes Diskriminierungsverbot auf dem Gebiet des Steuerrechts nicht aufzufinden. Insoweit kann auch für das DBA-Ungarn 1977 nicht mittelbar ein Diskriminierungsverbot aufgrund der Staatsangehörigkeit abgeleitet werden.[558]

Der sachliche Anwendungsbereich des Diskriminierungsverbots umfasst sowohl die Besteuerung an sich als auch die damit zusammenhängenden Verpflichtungen, wie etwa die Einhaltung von Fristen oder die Erfüllung von Erklärungspflichten: also das materielle und das formelle Steuerrecht[559] (die Diskriminierungsverbote der Abkommen zum Informationsaustausch, die ebenfalls an die Staatsangehörigkeit anknüpfen, sind in der Regel freilich auf den Bereich der Auskunftsersuchen begrenzt)[560]. Widerspricht eine innerstaatliche Norm eines Vertragsstaates diesem Grundsatz, kann der betroffene Staatsangehörige des anderen Vertragsstaates die Anwendung der nichtdiskriminierenden – im Ergebnis der für die Staatsangehörigen des ersten Staates geltenden – Regelung für sich

05.12.1986) in das DBA-Finnland/Neuseeland aufgenommen, ebenso DBA-Dänemark/Neuseeland 1980/1985.

556 Siehe die Nachweise in der Fußnote 447.

557 Siehe die Nachweise in der Fußnote 390.

558 Siehe auch *Rust, Alexander*, in: Vogel/Lehner, DBA, 5. Auflage, Art. 24 OECD-MA, Rz. 28; siehe aber *Reith, Thomas*, in: Debatin/Wassermeyer, DBA, Art. 24 DBA-Ungarn, Rz. 1 (Stand: September 2000).

559 Vgl. Nr. 15 OECD-MK 2010 zu Art. 24 OECD-MA; die Auffassung, dass das Diskriminierungsverbot lediglich die Auferlegung höherer Steuern umfasse (vgl. BFH, Urteil vom 15.09.1971 I R 202/67, BStBl. II 1972, S. 281 zu Art. XI Abs. 1 des Freundschafts-, Handels- und Schifffahrtsvertrages vom 29.10.1954 zwischen der Bundesrepublik Deutschland und den Vereinigten Staaten von Amerika, BGBl. II 1956, S. 488) ist überholt, vgl. BFH, Urteil vom 14.03.1989 I R 20/87, BStBl. II 1989, S. 649.

560 Vgl. z. B. Art. 7 Abs. 5 Auskunftsabkommen-Anguilla 2010; Art. 7 Abs. 5 Auskunftsabkommen-Bahamas 2010; Art. 7 Abs. 5 Auskunftsabkommen-Gibraltar 2009; Art. 7 Abs. 5 Auskunftsabkommen-Guernsey 2009.

beanspruchen.[561] Der Fall ist der zuständigen Behörde des Vertragsstaates vorzulegen, dessen Staatsangehörigkeit der Beschwerte besitzt.[562]

Das Diskriminierungsverbot ist gemäß Art. 24 Abs. 6 OECD-MA nicht auf die Steuern im Sinne des Art. 2 OECD-MA beschränkt. Die von einigen Ländern angeregte Diskussion zur Reduzierung des sachlichen Anwendungsbereichs des Diskriminierungsverbots auf die vom jeweiligen Abkommen erfassten Steuern[563] hat offenbar nicht gefruchtet. Im Regelfall folgen auch die Doppelbesteuerungsabkommen der Bundesrepublik Deutschland insoweit den Vorgaben des OECD-MA.[564]

Der persönliche Anwendungsbereich des Art. 24 Abs. 1 OECD-MA setzt das Vorliegen der Staatsangehörigkeit eines der Vertragsstaaten voraus. Die Definition der Staatsangehörigkeit ist dem Art. 3 Abs. 1 Buchst. g) OECD-MA zu entnehmen.

Die Ansässigkeit in einem der Vertragsstaaten des jeweiligen Abkommens ist dagegen nach Art. 24 Abs. 1 OECD-MA nicht erforderlich. In vielen der von Deutschland abgeschlossenen Doppelbesteuerungsabkommen wird der Geltungsbereich des Diskriminierungsverbots allerdings auf die in einem der Vertragsstaaten ansässigen Staatsangehörigen beschränkt.[565] Der Ort der Ansässigkeit behält auch insoweit seine Bedeutung, als er in die Prüfung der Vergleichbarkeit der Verhältnisse einbezogen wird: Ein im Vertragsstaat Ansässiger be-

---

561 Vgl. BFH, Urteil vom 22.04.1998 I R 54/96, IStR 1998, S. 504; siehe ferner *Wassermeyer, Franz*, in: Debatin/Wassermeyer, DBA, Art. 24 OECD-MA, Rz. 26 (Stand: Mai 2005).

562 Vgl. Art. 25 Abs. 1 Satz 1 OECD-MA; viele deutsche Abkommen weichen von dem Muster des Art. 25 OECD-MA insoweit ab, als sie keine besondere Zuständigkeit für die Fälle des Art. 24 Abs. 1 OECD-MA bestimmen, siehe z. B. DBA-Argentinien 1978/1996, DBA-Australien 1972, DBA-Belgien 1967/2002/2010, DBA-Bolivien 1992, DBA-Ecuador 1982, DBA-Elfenbeinküste 1979, DBA-Frankreich 1959/1969/1989/2001, DBA-Großbritannien 1964/1970, DBA-Irland 1962, DBA-Israel 1962/1977, DBA-Japan 1966/1979/1983, DBA-Neuseeland 1978, DBA-Spanien 1966, DBA-Türkei 1985; tendenziell wird in den neuen deutschen Abkommen das OECD-Muster nachgebildet, vgl. *Lehner, Moris*, in: Vogel/Lehner, DBA, Art. 25 OECD-MA, Rz. 60.

563 Siehe hierzu *Lang, Michael*, Die Arbeiten der OEEC und der OECD zur Schaffung der Diskriminierungsverbote, in: Lang, Michael/Schuch, Josef/Staringer, Claus (Hrsg.), Die Diskriminierungsverbote im Recht der Doppelbesteuerungsabkommen, S. 31 (44).

564 Zur Übersicht siehe *Rust, Alexander/Sailer, Norbert,* in: Kommentar zu Art. 24 OECD-MA des Vereins für Internationale Steuern und Finanzen, LEXInform, Dokument-Nr. 0401241 (Stand: 31.12.2009) sowie *Rust, Alexander*, in: Vogel/Lehner, DBA, 5. Auflage, Art. 24 OECD-MA, Rz. 184 (Stand: 01.02.2008).

565 Zur Übersicht siehe *Rust, Alexander/Sailer, Norbert,* a. a. O. sowie *Rust, Alexander*, in: Vogel/ Lehner, DBA, 5. Auflage, Art. 24 OECD-MA, Rz. 66 (Stand: 01.02.2008).

findet sich grundsätzlich nicht in einer vergleichbaren Situation mit einem in diesem Staat nicht Ansässigen.[566]

Ferner erstreckt sich der Schutzbereich des Diskriminierungsverbots auf Staatenlose, die allerdings die Ansässigkeit in einem der Vertragsstaaten vorweisen müssen, Art. 24 Abs. 2 OECD-MA. Freilich hat das Diskriminierungsverbot im Sinne des Art. 24 Abs. 2 OECD-MA überwiegend nur in die neueren deutschen Doppelbesteuerungsabkommen Eingang gefunden.[567]

Im Gegensatz zu den gemeinschaftsrechtlichen Diskriminierungsverboten[568] verbietet Art. 24 Abs. 1 OECD-MA zum einen nur die direkte Diskriminierung[569] und stellt zum anderen ein absolutes Verbot dar. Durch das Vorbringen sachlicher Gründe kann ein Verstoß gegen Art. 24 Abs. 1 OECD-MA nicht gerechtfertigt werden.[570] Gleichwohl setzt die Schaffung eines ausdrücklichen Vorbehalts zum abkommensrechtlichen Diskriminierungsverbot, wie etwa in Nr. 83 ff. OECD-MK 2010 zu Art. 24 OECD-MA, nicht das Vorliegen bestimmter *zulässiger* Rechtfertigungsgründe voraus.

---

566 Vgl. Nr. 7 OECD-MK 2010 zu Art. 24 OECD-MA; BFH, Urteil vom 20.10.1976 I R 224/74, BStBl. II 1977, S. 175; im Schrifttum strittig, siehe hierzu pars pro toto *Dommes, Sabine/Metzler, Vanessa E.*, Das Staatsangehörigendiskriminierungsverbot bei natürlichen Personen, a. a. O., S. 93 (111 f.) m. w. N.

567 Zu einer Übersicht siehe *Bruns, Silke*, Branch Report: Germany, Cahiers de droit fiscal international 2008, Vol. 93a, S. 291 (295 ff.); *Rust, Alexander/Sailer, Norbert*, a. a. O. sowie *Rust, Alexander*, in: Vogel/Lehner, DBA, 5. Auflage, Art. 24 OECD-MA, Rz. 88 (Stand: 01.02.2008).

568 Siehe § 10 (II. 2. bis 4.).

569 Vgl. Nr. 1 OECD-MK 2010 zu Art. 24 OECD-MA; BFH, Urteil vom 19.11.2003 I R 22/02, BStBl. II 2004, S. 560; BFH, Beschluss vom 08.04.2005 V B 123/03, BStBl. II 2005, S. 585; *Dommes, Sabine/Metzler, Vanessa E.*, Das Staatsangehörigen-diskriminierungsverbot bei natürlichen Personen, a. a. O., S. 93 (102 f.) m. w. N. aus dem Schrifttum und Rechtsprechung; *Thömmes, Otmar*, Verbote der Diskriminierung von Steuerausländern und Steuerinländern, in: Lehner, Moris (Hrsg.), Steuerrecht im Europäischen Binnenmarkt: Einfluss des EG-Rechts auf die nationalen Steuerrechtsordnungen, Köln 1996, S. 81 (95); wohl a. A. *Lehner, Moris*, Der Einfluss des Europarechts auf die Doppelbesteuerungsabkommen, IStR 2001, S. 329 (333).

570 Vgl. *Wassermeyer, Franz*, in: Debatin/Wassermeyer, DBA, Art. 24 OECD-MA, Rz. 26 (Stand: Mai 2005); *Rust, Alexander*, in: Vogel/Lehner, DBA, 5. Auflage, Art. 24 OECD-MA, Rz. 4 und 60; *Tumpel, Michael/Stangl, Christian*, Das Betriebsstättendiskriminierungsverbot, in: Lang, Michael/Schuch, Josef/Staringer, Claus (Hrsg.), Die Diskriminierungsverbote im Recht der Doppelbesteuerungsabkommen, S. 69 (89 f.); *Dommes, Sabine/Metzler, Vanessa E.*, Das Staatsangehörigendiskriminierungsverbot bei natürlichen Personen, a. a. O., S. 93 (121); kritisch hierzu *Hohenwarter, Daniela/Weninger, Patrick*, DBA-Diskriminierungsverbote: Auswahl der Vergleichsobjekte, Rechtfertigungsgründe und Verhältnismäßigkeitsgrundsatz, in: Lang, Michael/Schuch, Josef/Staringer, Claus (Hrsg.), Die Diskriminierungsverbote im Recht der Doppelbesteuerungsabkommen, S. 231 (254 ff.).

Die Aufnahme des staatsangehörigkeitsabhängigen Diskriminierungsverbots in das OECD-MA orientiert sich an den damaligen Handels- und Freundschaftsabkommen und gründet in der allgemeinen Schutzfunktion eines Staates in Bezug auf seine Staatsangehörigen.[571] Da die Staatsangehörigkeit auch zu Zeiten der Schaffung des Diskriminierungsverbots kein gewöhnliches steuerliches Unterscheidungskriterium gewesen war[572] und diese aufdringliche Tatsache den Verfassern des OECD-MA durchaus bewusst war,[573] ist davon auszugehen, dass mit dem Diskriminierungsverbot des Art. 24 Abs. 1 OECD-MA keinesfalls die weitestgehende Beseitigung von grundsätzlichen steuerlichen Differenzen in der Behandlung der Ausländer – wie etwa mit Art. 18 AEUV und den gemeinschaftsrechtlichen Grundfreiheiten – beabsichtigt und gewollt war.[574]

Im Hinblick auf den persönlichen Geltungsbereich der gemeinschaftsrechtlichen Diskriminierungsverbote und die sich – zumindest teilweise – daran orientierenden Anpassungen der nationalen Gesetzgebung gewinnt das Diskriminierungsverbot des Art. 24 OECD-MA zuletzt immer mehr Aufmerksamkeit im Schrifttum und in der Praxis: *„[...] das abkommensrechtliche Diskriminierungsverbot des Art. 24 OECD-MA – ein Weg, der bei den gesetzlichen Differenzierungen, die neuerdings zwischen EU- und Nicht-EU-Staaten vorgenommen werden, oftmals nicht hinreichend im Auge behalten wird“*[575].

Vergleichbare Diskriminierungsverbote können auch in einigen weiteren völkerrechtlichen Verträgen, z. B. Investitionsschutz- sowie Freundschafts-, Handels- und Schifffahrtsverträgen, enthalten sein,[576] soweit deren sachlicher An-

---

571 Vgl. *Frotscher, Gerrit*, Internationales Steuerrecht, Rz. 219; siehe ferner Nr. 6 OECD-MK 2010 zu Art. 24 OECD-MA.

572 Siehe z. B. *Raupach, Arndt*, Neuere deutsche Rechtsprechung zu zwischenstaatlichen Steuerfällen, Nach einem Vortrag auf der Münchner Steuerfachtagung am 26. März 1969, DStZ/A 1969, S. 219 (230)

573 Vgl. Bericht vom 11.01.1957 FC/WP4(57)1 der Arbeitsgruppe 4.

574 Siehe ferner hierzu *Avery Jones, John F. u. a.*, The Non-discrimination Article in Tax Treaties, ET 1991, S. 310 (312).

575 *Gosch, Dietmar*, Entwicklung und Rezeption der Rechtsprechung des EuGH aus Sicht des BFH, Ubg 2009, S. 73 (74); als Beispiel aus der Praxis siehe FG Berlin-Brandenburg, Urteil vom 06.05.2010 13 K 6429/06 B, EFG 2011, S. 139 (Revision eingelegt: Az. I R 63/10).

576 Ausführlich zu den Handelsverträgen siehe *Adonnino, Pietro*, a. a. O., S. 131 (189 ff.); zu ausgewählten Beispielen siehe *Oberascher, Friederike*, Das Staatsangehörigendiskriminierungsverbot des Art. 24 OECD-MA in einer historischen Längsschnittanalyse, in: Lang, Michael/ Schuch, Josef/Staringer, Claus (Hrsg.), Die Diskriminierungsverbote im Recht der Doppelbesteuerungsabkommen, S. 49 (59 ff.); zum Verhältnis der Inländergleichbehandlung und der Meistbegünstigung siehe *Hofbauer Ines*, Das Prinzip der Meistbegünstigung im grenzüberschreitenden Ertragsteuerrecht: eine Betrachtung anhand des Internationalen Wirtschaftsrechts und des Rechts der Doppelbesteuerungsabkommen, Wien 2005, S. 36 ff.; *Reimer, Ekkehart*, Steuerrechtliche Bezüge der völkerrechtlichen Meistbegünstigungspflichten, in: Cordewener,

wendungsbereich sich auf das Gebiet der direkten Steuern erstreckt und darin keine ausdrücklichen Schranken in Bezug auf die Doppelbesteuerungsabkommen enthalten sind.[577]

## 2. Diskriminierungsverbot und unbeschränkte Einkommensteuerpflicht

Die Einbeziehung von im Ausland territorial ansässigen Staatsangehörigen Deutschlands in die unbeschränkte Einkommensteuerpflicht im Inland stellt eine *unterschiedliche* Behandlung eines deutschen Staatsangehörigen und eines Ausländers dar. Ob diese unterschiedliche Behandlung vorteilhaft oder belastend für die eigenen Staatsangehörigen ist, hängt von dem konkreten Einzelfall ab. Der breit gefasste Umfang der Steuerpflicht eines unbeschränkt Steuerpflichtigen wirkt sich – im Vergleich zur nur beschränkten Steuerpflicht – im Regelfall nachteilig aus. Die Diskriminierung eigener Staatsangehöriger ist allerdings vom Diskriminierungsverbot im Sinne des Art. 24 Abs. 1 OECD-MA grundsätzlich nicht erfasst: Dem jeweiligen Vertragsstaat steht es frei, bestimmte steuerliche Pflichten eigenen Staatsangehörigen aufzuerlegen[578] (so führt die finnische IFA-

---

Axel/Enchelmaier, Stefan/Schindler, Philipp (Hrsg.), Meistbegünstigung im Steuerrecht der EU-Staaten, München 2006, S. 41 (43 ff.); *Rust, Alexander*, Meistbegünstigungsklauseln in den Doppelbesteuerungsabkommen, ebenda, S. 77 (88 ff.); *Häger, Jan*, Meistbegünstigung im Recht der Doppelbesteuerungsabkommen, S. 45 ff. und 54 ff.; zu den bilateralen Investitionsabkommen siehe *Knöller, Claus-Peter*, Die Bedeutung bilateraler Investitionsabkommen für das Recht der direkten Steuern, IStR 2008, S. 453 (456 ff.); als Beispiel einer staatsangehörigkeitsabhängigen steuerlichen Meistbegünstigungsklausel siehe Art. 2 Abs. 3 des Abkommens zwischen dem Deutschen Reich und der Republik Finnland über Rechtsschutz und Rechtshilfe in Steuersachen vom 25.09.1935, a. a. O.; zu Beispielen in den schweizerischen Niederlassungsverträgen siehe *Möhr, Marco*, a. a. O., S. 104 ff.; zu den Ursachen der eher geringeren Auswirkung der Nichtdiskriminierungsvorschriften der völkerrechtlichen Abkommen auf dem Gebiet der Menschenrechte im internationalen Überblick siehe *Hinnekens, Luc/Hinnekens, Philippe*, Non-discrimination at the crossroads of international taxation: General Report, Cahiers de droit fiscal international 2008, Vol. 93a, S. 15 (43 ff.); siehe aber auch *Dürrschmidt, Daniel*, „Europäisches Steuerrecht" nach Lissabon, NJW 2010, S. 2086 (2088 f.), dort zu den Änderungen des EUV im Zusammenhang mit dem Vertrag von Lissabon.

577 Für ein Praxisbeispiel siehe FG Berlin-Brandenburg, Urteil vom 06.05.2010 13 K 6429/06 B, EFG 2011, S. 139 (Revision eingelegt: Az. I R 63/10), dort zum Freundschafts-, Handels- und Schifffahrtsvertrag zwischen der Bundesrepublik Deutschland und den Vereinigten Staaten von Amerika vom 29.10.1954, BGBl. II 1956, S. 488.

578 Vgl. Nr. 14 OECD-MK 2010 zu Art. 24 OECD-MA; siehe auch *Schaumburg, Harald*, Besteuerung von Kapitalerträgen – Vollzugsdefizite und Vorgaben des Europäischen und Internationalen Steuerrechts, in: Ebling, Iris (Hrsg.), Besteuerung von Einkommen, Köln 2001, S. 225 (240); *Rust, Alexander*, in: Vogel/Lehner, DBA, 5. Auflage, Art. 24 OECD-MA, Rz. 44; *Dommes, Sabine/Metzler, Vanessa E.*, Das Staatsangehörigendiskriminierungsverbot bei natürlichen Personen, a. a. O., S. 93 (103); *Debatin, Helmut*, Das Verbot steuerlicher Diskriminierung,

Berichterstatterin zur erweiterten unbeschränkten Steuerpflicht der finnischen Staatsangehörigen aus:[579] *„The unlimited extended tax liability type rule of the Finnish domestic tax law instead concerns only Finnish nationals, and thus should not be affected by the tax treaty non-discrimination clauses“*[580]). Auch das Vorliegen einer weiteren Staatsangehörigkeit ändert an dem insoweit ungünstigen Status eines Deutschen nichts.[581]

Sollten diesen Pflichten allerdings steuerliche Vorteile gegenüberstehen, wie etwa die Einbeziehung ausländischer Verluste (soweit deren Berücksichtigung durch § 2a EStG nicht eingeschränkt ist), oder aber auch die Nicht-Erhebung der Steuer in der Form des Steuerabzugs gemäß § 50a Abs. 1 EStG, kann der Tatbestand der Diskriminierung nach Art. 24 Abs. 1 OECD-MA in Bezug auf die nicht in Deutschland territorial ansässigen Staatsangehörigen des anderen Vertragsstaates erfüllt sein. Dies gilt jedoch nur dann, wenn ein Ausländer und ein Staatsangehöriger Deutschlands sich dabei in einer vergleichbaren Lage befinden. In diesem Zusammenhang werden derzeit zwei Auffassungen vertreten:

Zum einen wird die Vergleichbarkeit[582] der Verhältnisse eines im Ausland territorial ansässigen, gemäß Art. 24 Abs. 1 OECD-MA berechtigten Ausländers mit denen eines im Ausland territorial ansässigen (aufgrund seiner Staatsangehörigkeit im Inland unbeschränkt steuerpflichtigen) Deutschen grundsätzlich als gegeben angesehen.[583] Die Vergleichbarkeit der Verhältnisse könne nach diesem Szenario auch nicht mit dem Argument verneint werden, dass ein Staatsangehöriger Deutschlands eine im Sinne des Art. 4 Abs. 1 OECD-MA in Deutschland ansässige (unbeschränkt steuerpflichtige) Person sei[584] und seine Lage daher mit der eines im Inland nicht ansässigen (nicht unbeschränkt steuerpflichtigen) Ausländers, wie bereits oben im Vergleichspaar „Ansässiger vs. Nichtansässiger“ dargestellt, nicht vergleichbar wäre. Denn eine solche Ansässigkeit sei wiederum

---

DStZ/A 1970, S. 129 (131); die deutsche Version der Überschrift zu Art. 24 OECD-MA ist insoweit ungenau, siehe hierzu *Wassermeyer, Franz*, in: Debatin/Wassermeyer, DBA, Art. 24 OECD-MA, Rz. 26 (Stand: Mai 2005).

579 Siehe hierzu § 5 (II. 3).

580 *Helminen, Marjaana*, Branch Report: Finland, Cahiers de droit fiscal international 2002, Vol. 87b, S. 231 (241).

581 Vgl. *Wilke, Kay-Michael*, in: Gosch, Dietmar/Kroppen, Heinz-Klaus/Grotherr, Siegfried (Hrsg.), DBA-Kommentar, Art. 3 OECD-MA, Rz. 49 (Stand: Grundwerk).

582 Als Grundlage für die Beurteilung der Vergleichbarkeit von Verhältnissen dienen die rechtlichen und tatsächlichen Gegebenheiten des Einzelfalls, siehe Nr. 7 OECD-MK 2010 zu Art. 24 OECD-MA.

583 Vgl. *Rust, Alexander*, in: Vogel/Lehner, DBA, 5. Auflage, Art. 24 OECD-MA, Rz. 59.

584 Hierzu siehe *Hohenwarter, Daniela/Weninger, Patrick*, DBA-Diskriminierungsverbote: Auswahl der Vergleichsobjekte, Rechtfertigungsgründe und Verhältnismäßigkeitsgrundsatz, a. a. O., S. 231 (246).

lediglich durch das Vorliegen der Staatsangehörigkeit Deutschlands und eine innerstaatliche Regelung bedingt. Insoweit können aber keine unterschiedlichen Verhältnisse angenommen werden:[585] Die Anknüpfung der Ansässigkeit an die Staatsangehörigkeit stelle ebenfalls eine unzulässige Diskriminierung im Sinne des Art. 24 Abs. 1 OECD-MA dar.[586] Die Nichtvergleichbarkeit der Verhältnisse könne sich aber eben nicht auf ein diskriminierendes Merkmal beziehen.[587] Tue sie es doch, so seien derartige Unterschiede stets zu vernachlässigen. Anders ist die Lage offenbar nur dann zu beurteilen, wenn die Staatsangehörigkeit als zulässiges Differenzierungsmerkmal für Zwecke der abkommensrechtlichen Ansässigkeit und der Nichtdiskriminierungsklausel ausdrücklich vereinbart wurde.[588]

Schließt man sich der dargestellten Auffassung an, hätte der berechtigte Staatsangehörige des anderen Vertragsstaates in diesem Fall einen Anspruch auf die Anwendung einer für ihn *nicht diskriminierenden, günstigeren* Regelung.[589] So hat der Bundesfinanzhof in Bezug auf das Diskriminierungsverbot des Art. 24 Abs. 1 DBA-Niederlande 1959 und die staatsangehörigkeitsabhängige Abkommensberechtigung im Kontext des DBA-Italien 1925 bestätigt, dass die in Deutschland territorial ansässigen Staatsangehörigen der Niederlanden einen *„Anspruch auf alle Steuerbefreiungen, Steuervergünstigungen und Steuerermäßigungen, die einem hier ansässigen deutschen Staatsangehörigen unter sonst*

---

585 Vgl. *Adonnino, Pietro*, a. a. O., S. 131 (160, 167) m. w. N.; in diesem Sinne wohl auch *Debatin, Helmut*, Das Verbot steuerlicher Diskriminierung, DStZ/A 1970, S. 129 (133); tendenziell auch BFH, Urteil vom 30.10.1973 I R 38/70, BStBl. II 1974, S. 255: *„Eine Verletzung dieses in Art. 21 Abs. 1 DBA-Frankreich enthaltenen Gleichbehandlungsgrundsatzes liegt vor, wenn bei Vorliegen gleicher Verhältnisse je nach Staatsangehörigkeit verschiedene steuerliche Belastungen vorgesehen sind. Im Streitfall ergeben sich die Besteuerungsunterschiede indessen nicht aufgrund unterschiedlicher Staatsangehörigkeit, sondern* ***als Folge der von der Staatsangehörigkeit unabhängigen*** *beschränkten Steuerpflicht"*, Hervorhebung nur hier; siehe auch BFH, Beschluss vom 18.04.1975 III B 24/74, BStBl. II 1975, S. 595.

586 Vgl. *Rust, Alexander*, in: Vogel/Lehner, DBA, 5. Auflage, Art. 24 OECD-MA, Rz. 59 m. w. N.; in diesem Sinne auch *Vogel, Horst*, Aktuelle Fragen des Außensteuerrechts, insbesondere des „Steueroasengesetzes" unter Berücksichtigung des neuen Doppelbesteuerungsabkommens mit der Schweiz, BB 1971, S. 1185 (1187).

587 Vgl. *van Raad, Kees*, Nondiscrimination in International Tax Law, Deventer u. a. 1986, S. 91 f.; *ders.*, Netherlands Withholding Tax on Dividends Paid to Foreign Parent Companies and Nondiscrimination Clauses?, Intertax 1982, S. 183 (187); *ders.*, 1992 Additions to Articles 3(2) (Interpretation) and 24 (Non-Discrimination) of the 1992 OECD Model and Commentary, Intertax 1992, S. 671 (675); *Dommes, Sabine/Metzler, Vanessa E.*, Das Staatsangehörigendiskriminierungsverbot bei natürlichen Personen, a. a. O., S. 93 (110 f.) m. w. N.

588 Vgl. Nr. 4 OECD-MK 2010 zu Art. 24 OECD-MA; siehe auch *Möhr, Marco*, a. a. O., S. 104.

589 Siehe *Wassermeyer, Franz*, in: Debatin/Wassermeyer, DBA, Art. 24 OECD-MA, Rz. 26 (Stand: Mai 2005); *Fischer-Zernin, Justus*, in: Gosch, Dietmar/Kroppen, Heinz-Klaus/Grotherr, Siegfried (Hrsg.), DBA-Kommentar, Art. 24 OECD-MA, Rz. 5 (Stand: Grundwerk).

*gleichen Verhältnissen zu gewähren sind",*[590] haben. Da sich die persönlichen und wirtschaftlichen Verhältnisse eines in Deutschland wohnhaften Niederländers lediglich aufgrund der Staatsangehörigkeit von der entsprechenden Lage eines dort territorial ansässigen Deutschen unterschieden haben, gelangte der Niederländer in den Genuss der abkommensrechtlichen Vorschriften des DBA-Italien 1925.

Hinsichtlich der unbeschränkten Steuerpflicht muss man sich sodann der Frage widmen, ob der besagte Anspruch effektiv die volle Optierung zur unbeschränkten Steuerpflicht voraussetzt[591] (so etwa der Weg des Gesetzgebers bei der Einführung des § 2 Abs. 3 ErbStG)[592] oder aber lediglich eine punktuelle Inanspruchnahme von einzelnen, jeweils günstigeren Regelungen – z. B. die Berücksichtigung von Auslandsverlusten oder die Abstandnahme vom Quellensteuerabzug – unter der grundsätzlichen Beibehaltung der beschränkten Steuerpflicht dem Grunde nach durch das Diskriminierungsverbot ermöglicht.[593] Da die Staatsangehörigkeit – als diskriminierungsauslösendes Kriterium – die Differenzierung auf der Ebene der Aufteilung der Steuerhoheit bedingt, müsste das Diskriminierungsverbot – streng genommen – die vollständige Anwendung der charakteristischen Merkmale der unbeschränkten Steuerpflicht ermöglichen. Die unbeschränkte Steuerpflicht im Inland wäre somit auf die Staatsangehörigen der jeweiligen Vertragsstaaten Deutschlands auszudehnen.[594]

Als eine Ausnahme könnten gleichwohl die Fälle angesehen werden, die von speziellen abkommensrechtlichen Klauseln bezüglich der Steuervergünstigungen erfasst sind: Beruft sich beispielsweise ein in Irland Ansässiger nur auf das Diskriminierungsverbot des Art. XXI Abs. 2[595] i. V. m. Art. II Abs. 1 Buchst. d) Nr. ii) DBA-Irland 1962, so dürfen ihm die Freibeträge und sonstigen einkommensteuerlichen Vergünstigungen gewährt werden, die einem in Deutschland

---

590 BFH, Urteil vom 14.03.1989 I R 20/87, BStBl. II 1989, S. 649.

591 Nach dem bloßen Wortlaut der Vorschrift wäre eine derartige Folgerung wohl zunächst nicht völlig abwegig, siehe auch *Zalasiński, Adam*, Article 24(1) of the OECD Model Convention and the Exclusion of MFN Treatment – A Comment on the OECD Public Discussion Draft, Intertax 2007, S. 460 (464).

592 Siehe BR-Drs. 253/11, S. 37.

593 Siehe hierzu BFH, Urteil vom 22.04.1998 I R 54/96, IStR 1998, S. 504.

594 Ebenso *Rust, Alexander*, in: Vogel/Lehner, DBA, 5. Auflage, Art. 24 OECD-MA, Rz. 59; im Allgemeinen zum Erfordernis der *wirtschaftlichen* Gleichstellung eines Diskriminierten siehe *Fischer-Zernin*, Justus, in: Gosch, Dietmar/Kroppen, Heinz-Klaus/Grotherr, Siegfried (Hrsg.), DBA-Kommentar, Art. 24 OECD-MA, Rz. 5 (Stand: Grundwerk).

595 *„In Irland ansässigen natürlichen Personen stehen die gleichen Freibeträge, Vergünstigungen und Ermäßigungen in Bezug auf die Einkommensteuer der Bundesrepublik zu, die den* ***nicht in der Bundesrepublik ansässigen deutschen Staatsangehörigen*** *gewährt werden"*, Art. XXI Abs. 2 DBA-Irland 1962, Hervorhebung nur hier.

*States or domestic enterprises owned or controlled by non-residents with a tax treatment that is better than that of nationals, residents or domestic enterprises owned or controlled by residents*"[607].

Eine andere Auffassung – die zu keinen solch völkerrechtlich verwirrenden Ergebnissen führt – basiert dagegen auf der Annahme der grundsätzlichen Nichtvergleichbarkeit der rechtlichen Lage eines unbeschränkt Steuerpflichtigen und jener eines nicht unbeschränkt Steuerpflichtigen.[608] In diesem Fall wird der Anwendungsbereich des Art. 24 Abs. 1 OECD-MA durch die Einbeziehung der im Ausland territorial ansässigen Staatsangehörigen Deutschlands nicht berührt.

### 3. Diskriminierungsverbot und erweiterte beschränkte Einkommensteuerpflicht

Eine gemäß Art. 24 Abs. 1 bzw. 2 OECD-MA verbotene Diskriminierung eines berechtigten Ausländers im Vergleich zu einem Staatsangehörigen der Bundesrepublik Deutschland[609] wird im Falle des § 2 AStG in der Regel nicht eintreten: Für die erweitert beschränkt Steuerpflichtigen gilt grundsätzlich eine breitere steuerliche Bemessungsgrundlage und zumeist auch ein höherer Steuersatz[610], sodass ein beschränkt steuerpflichtiger Ausländer insoweit im Normalfall besser gestellt sein wird als ein erweitert beschränkt Steuerpflichtiger. Die Diskriminierung eigener Staatsangehöriger ist wiederum vom Diskriminierungsverbot des Art. 24 Abs. 1 OECD-MA nicht erfasst.[611]

In seltenen Fällen kann die steuerliche Last eines erweitert beschränkt Steuerpflichtigen im Vergleich zur Steuerlast eines beschränkt Steuerpflichtigen – z. B. aufgrund der besseren Verlustausgleichsmöglichkeit eines erweitert beschränkt Steuerpflichtigen – geringer ausfallen. Wenngleich die besagten Konstellationen bezüglich der steuerlichen Bemessungsgrundlage bereits durch die Zuteilungsvorschriften des jeweiligen Abkommens weitestgehend aufgefangen wären:[612] Es gibt kaum eine Einkunftsart im OECD-MA, die über die Grenzen der inländischen Einkünfte im Sinne des § 49 Abs. 1 EStG hinausgeht und gleichwohl im

607 Nr. 3 OECD-MK 2010 zu Art. 24 OECD-MA.

608 Siehe hierzu *Avery Jones, John F. u. a.*, The Non-discrimination Article in Tax Treaties, ET 1991, S. 310 (314 ff.) m. w. N.; *Bruns, Silke*, Taxation and Non-Discrimination: Clarification and Reconsideration by the OECD, ET 2008, S. 484 (487); siehe ferner Nr. 9 OECD-MK 2010 zu Art. 24 OECD-MA sowie Nr. 83 OECD-MK 2010 zu Art. 24 OECD-MA.

609 Zum Diskriminierungsverbot nach Art. 24 OECD-MA siehe § 9 (VI.).

610 Dies gilt vor allem seit dem Wegfall des Mindeststeuersatzes im Sinne des § 50 Abs. 3 Satz 2 EStG in der Fassung vor 2009 (neugefasst mit Art. 1 des JStG 2009).

611 Siehe die Nachweise in der Fußnote 578.

612 Zur Sonderregelung im Protokoll zum DBA-Italien 1989 siehe § 9 (V. 5); zu den Besonderheiten im DBA-Schweiz 1971/1978/1989/1992/2002 siehe § 9 (V. 6).

Quellenstaat weiterhin besteuert werden darf.[613] *In puncto* Steuersatz werden die durch Verlustnichtberücksichtigung entstandenen Nachteile aber weiterhin bestehen bleiben, solange der für erweitert beschränkt Steuerpflichtige auch in einem Abkommensfall regelmäßig geltende[614] Progressionsvorbehalt durch § 2a EStG nicht eingeschränkt wird[615] und zu einem niedrigeren Steuersatz führt[616] (zu beachten ist, dass der einheitliche Mindeststeuersatz in Höhe von 25 % nach § 50 Abs. 3 Satz 2 EStG für beschränkt Steuerpflichtige bzw. nach § 2 Abs. 5 Satz 3 AStG i. V. m. § 50 Abs. 3 Satz 2 EStG für erweitert beschränkt Steuerpflichtige mit dem JStG 2009 abgeschafft wurde;[617] bei den Kapitaleinkünften ist

---

613 Vgl. *Wassermeyer, Franz*, in: Flick/Wassermeyer/Baumhoff/Schönfeld, Außensteuerrecht, § 2 AStG, Rz. 5d (Stand: März 1986); ebenso *Graf zu Ortenburg, Joachim*, a. a. O., S. 483 (484).

614 Zur Anwendbarkeit des Progressionsvorbehalts nach § 2 Abs. 5 Satz 1 EStG in Abkommensfällen siehe Tz. 2.0.2.1 Nr. 3 des BMF-Schreibens betreffend Grundsätze zur Anwendung des Außensteuergesetzes vom 14.05.2004 IV B 4 – S 1340 – 11/04, a. a. O.; *Debatin, Helmut*, Der deutsch-schweizerische Steuervertrag (I), DB 1972, S. 1939 (1944); *Baranowski, Karl-Heinz*, a. a. O., Rz. 814; *Graf zu Ortenburg, Joachim*, a. a. O., S. 483 (485); *Kaligin, Thomas*, Zum Progressionsvorbehalt in § 32b EStG und § 2 Abs. 5 AStG, RIW/AWD 1982, S. 32 (34); *Lempenau, Gerhard*, a. a. O., § 2 AStG, Rz. 95; *Wassermeyer, Franz*, in: Flick/Wassermeyer/Baumhoff/Schönfeld, Außensteuerrecht, § 2 AStG, Rz. 117g ff. (Stand: November 1990); siehe auch Nr. 56 OECD-MK 2010 zu Art. 23A OECD-MA; zur grundsätzlichen Anwendbarkeit des Progressionsvorbehalt in einem Abkommensfall siehe BFH, Urteil vom 19.12.2001 I R 63/00, BStBl. II 2003, S. 302, dort mit dem Hinweis auf die geänderte Rechtsprechung, sowie *Wassermeyer, Franz*, in: Debatin/Wassermeyer, DBA, Art. 23A OECD-MA, Rz. 122 (Stand: Oktober 2002) m. w. N.; siehe hierzu auch *Raupach, Arndt*, Neuere deutsche Rechtsprechung zu zwischenstaatlichen Steuerfällen, Nach einem Vortrag auf der Münchner Steuerfachtagung am 26. März 1969, DStZ/A 1969, S. 219 (229); zur Anwendbarkeit des Progressionsvorbehalts nach § 2 Abs. 5 Satz 1 AStG dagegen nur bei einem ausdrücklichen Vorbehalt im jeweiligen Doppelbesteuerungsabkommen siehe *Hellwig, Peter*, Das Außensteuergesetz, eine Problembereicherung für die Steuerfachwelt: kleine Auslese, DStZ/A 1973, S. 13 (19); *ders.*, Ausgewählte Fragen zur erweiterten beschränkten Steuerpflicht, DStZ/A 1974, S. 4 (6); *Apel, Wolfgang/Oltmanns, Martin*, Diskriminiert das deutsche Steuerrecht den Zu- und Wegzug?, DB 1998, S. 2560 (2563); siehe ferner *Vogel, Klaus*, in: Vogel/Lehner, DBA, Art. 23 OECD-MA, Rz. 40 f. sowie Rz. 214, jeweils m. w. N.; in Bezug auf die beschränkte Steuerpflicht siehe auch *Bühring, H.*, a. a. O., S. 313 (326).

615 Zur Auswirkung des § 2a EStG auf den negativen Progressionsvorbehalt siehe H 2a EStH 2010.

616 Siehe hierzu *Richter, Heinz*, Auswirkung von negativen Einkünften bei erweitert beschränkter Steuerpflicht i. S. des Außensteuergesetzes, AWD BB 1974, S. 208 (209), dort allerdings noch mit dem Mindestsatz von 25 %; ferner *Hellwig, Peter*, Ausgewählte Fragen zur erweiterten beschränkten Steuerpflicht, DStZ/A 1974, S. 4 (5 f.).

617 Zu § 2a EStG in der Fassung des JStG 2009 siehe *Schmidt, Lutz/Heinz, Carsten*, a. a. O., S. 43 (43 ff.); *Wittkowski, Ansas/Lindscheid, Friederike*, Berücksichtigung ausländischer Betriebsstättenverluste nach dem JStG 2009, IStR 2009, S. 225 (227 ff.).

der besondere Steuersatz gemäß § 32d EStG zu berücksichtigen[618]).[619] Insoweit wird der berechtigte, aus Deutschland weggezogene Ausländer im Vergleich zu einem weggezogenen Deutschen schlechter gestellt. Aufgrund des Art. 24 Abs. 1 OECD-MA muss in diesem Fall der persönliche Anwendungsbereich des § 2 AStG auf die Staatsangehörigen des jeweiligen abkommensrechtlichen Vertragsstaates (bzw. Staatenlose) ausgedehnt werden.[620] Zu den gemeinschaftsrechtlichen Aspekten der Anknüpfung an die Staatsangehörigkeit zur Aufteilung der Steuerhoheit wird grundsätzlich auf die Ausführungen in § 10 verwiesen.[621]

## 4. Diskriminierungsverbot des Art. 24 Abs. 1 OECD-MA und gemeinschaftsrechtlich bedingte Anpassungen des deutschen Steuerrechts

### *4.1. Nettobesteuerung gemäß § 50a Abs. 3 EStG sowie Veranlagungsmöglichkeiten gemäß § 50 Abs. 2 EStG*

Im Hinblick auf das in Art. 24 Abs. 1 OECD-MA verankerte Verbot von Diskriminierung der Staatsangehörigen des anderen Vertragsstaates ist die Beschränkung der Regelung des § 50a Abs. 3 EStG[622] auf die Staatsangehörigen der Mitgliedstaaten der Europäischen Union und der EWR-Staaten nicht unbedenk-

618 Vgl. *Lüdicke, Jürgen*, in: Lüdicke, Jürgen/Kempf, Andreas/Brink, Thomas (Hrsg.), Verluste im Steuerrecht, Baden-Baden 2010, S. 270 m. w. N.; *Haase, Florian*, Erweiterte beschränkte Steuerpflicht nach § 2 AStG und Abgeltungsteuer, BB 2008, S. 2555 (2555 f.).

619 Diese niedrigere Steuer wird nicht durch § 2 Abs. 6 AStG an die bei beschränkter Steuerpflicht (ohne Anwendung des § 2 AStG) zu entrichtende deutsche Steuer angeglichen, da § 2 Abs. 6 AStG zu einer Minderung nicht aber zu einer Erhöhung des zu entrichtenden Steuerbetrages führen kann.

620 Ebenso *Rust, Alexander*, in: Vogel, Klaus/Lehner, Moris, Doppelbesteuerungsabkommen der Bundesrepublik Deutschland auf dem Gebiet der Steuern vom Einkommen und Vermögen: Kommentar auf der Grundlage der Musterabkommen, 4. Auflage, München 2003, Art. 24 OECD-MA, Rz. 53; zu Art. 24 DBA-USA 1989/2006 siehe *Wunderlich, Caroline*, in: Endres/Jacob/Gohr/Klein (Hrsg.), DBA Deutschland/USA, Doppelbesteuerungsabkommen, Art. 24 DBA-USA, Rz. 14.

621 Siehe auch: *Dautzenberg, Norbert*, Die erweiterte beschränkte Steuerpflicht des AStG und der EG-Vertrag, IStR 1997, S. 39 (39 ff.); *Grasmann, Günther*, a. a. O., S. 77 (83); *Schaumburg, Harald*, Internationales Steuerrecht: Außensteuerrecht, Doppelbesteuerungsrecht, Rz. 5.293; zu den europarechtlichen Bedenken hinsichtlich der nicht staatsangehörigkeitsabhängigen Merkmale des § 2 AStG siehe *Zimmermann, Heinz/Könemann, Ragnar W.*, in: Strunk/Kaminski/Köhler, AStG, § 2 AStG, Rz. 35.3 ff. (Stand: September 2009); *Wassermeyer, Franz*, Die Fortentwicklung der Besteuerung von Auslandsbeziehungen: Anmerkungen zu den derzeitigen Überlegungen zur Reform des Außensteuerrechts, IStR 2001, S. 113 (114); *Ritter, Wolfgang*, Perspektiven für die Fortentwicklung des deutschen internationalen Steuerrechts, IStR 2001, S. 430 (434); *Lüdicke, Jürgen*, in: Lüdicke/Kempf/Brink, Verluste im Steuerrecht, S. 271.

622 Siehe hierzu § 10 (III. 3).

lich. Wenngleich die Steuerabzugsverpflichtung dem Grunde nach weiterhin allein an staatsangehörigkeitsneutrale Merkmale anknüpft:

- an die beschränkte Steuerpflicht, also an das Fehlen eines inländischen Wohnsitzes oder des gewöhnlichen Inlandsaufenthalts bei gleichzeitigem Vorliegen inländischer Einkünfte im Sinne des § 49 EStG, und
- an den Bezug von Einkünften im Sinne des § 50a Abs. 1 EStG,

so behält die Staatsangehörigkeit des beschränkt Steuerpflichtigen jedoch entscheidenden Einfluss auf die Ermittlung der dem Steuerabzug unterliegenden Einkünfte. Der früher *insoweit* als diskriminierungsfrei[623] einzustufende Regelungsinhalt der Vorschrift könnte nun in seiner neuen Fassung einen Verstoß gegen das Diskriminierungsverbot des Art. 24 Abs. 1 OECD-MA darstellen, wenn man die Vergleichbarkeit der rechtlichen und tatsächlichen Verhältnisse eines begünstigten beschränkt Steuerpflichtigen und eines beschränkt steuerpflichtigen Staatsangehörigen eines Drittstaates bejaht.[624] Die Nettobesteuerung nach § 50a Abs. 3 EStG müsste in solchen Fällen auch bei den im Inland beschränkt steuerpflichtigen Staatsangehörigen eines Drittstaates anzuwenden sein, mit dem Deutschland ein das Diskriminierungsverbot im Sinne des Art. 24 Abs. 1 OECD-MA enthaltenes Doppelbesteuerungsabkommen abgeschlossen hat. Auf die Prüfung des Vorliegens eines EU/EWR-Wohnsitzes bzw. des gewöhnlichen Aufenthaltes in einem EU/EWR-Staat kann gleichwohl auch hier nicht verzichtet werden: So verneint das FG Berlin-Brandenburg die Vergleichbarkeit der Verhältnisse eines in den USA ansässigen beschränkt steuerpflichtigen Staatsangehörigen der USA mit einem im Gemeinschaftsgebiet ansässigen beschränkt steuer-

623 Vgl. *Frotscher, Gerrit*, in: Frotscher, Gerrit (Hrsg.), EStG, § 50a EStG, Rz. 29 (Stand: Januar 2008).

624 Siehe hierzu *Schnitger, Arne*, Das Ende der Bruttobesteuerung beschränkt Steuerpflichtiger – Die Lehren der Rs. Gerritse, FR 2003, S. 745 (750); *Kumpf, Wolfgang/Roth, Andreas*, Wahlbesteuerung für beschränkt Einkommensteuerpflichtige? Zur Besteuerung von nicht im Inland ansässigen natürlichen Personen im System der Einkommensteuer, StuW 1996, S. 259 (263); *Fekar, Pavel/Schnitger, Arne*, Art. 24 Abs. 1 OECD-MA als Eintrittsklausel zur mittelbaren und unmittelbaren Anwendung der Grundfreiheiten des EG-Vertrages für Drittstaatler, SWI 2002, S. 76 (82) sowie *Loukota, Helmut*, Das DBA-Diskriminierungsverbot – Eine Bestandsaufnahme der Verwaltungspraxis, SWI 2005, S. 56 (57) schließen einen Verstoß gegen Art. 24 Abs. 1 OECD im Kontext des § 1 Abs. 4 des österreichischen EStG nicht aus und gehen wohl daher im Ergebnis von der Vergleichbarkeit der Verhältnisse aus; tendenziell so wohl auch BFH, Urteil vom 29.01.2003 I R 6/99, BStBl. II 2004, S. 1043.

pflichtigen deutschen Staatsangehörigen.[625] Dieses würde auch in Bezug auf § 50 Abs. 2 Satz 2 Nr. 4 Buchst. b) und Nr. 5 EStG gelten.[626]

Die Vergleichbarkeit der rechtlichen und tatsächlichen Verhältnisse kann allerdings mit Blick auf das Bestehen besonderer gegenseitiger Verpflichtungen der EU/EWR-Staaten[627] ohnehin nicht ohne Weiteres bestätigt werden.[628] Sollte die Vergleichbarkeit doch bejaht werden, muss sodann zumindest die Angemessenheit des absoluten Charakters des Diskriminierungsverbots im Sinne des Art. 24 Abs. 1 OECD-MA in solchen Fällen infrage gestellt werden.[629]

### *4.2. Fiktive unbeschränkte Einkommensteuerpflicht gemäß § 1a EStG*

Die Festlegung des Kreises der nach § 1a EStG Begünstigten knüpft an die Staatsangehörigkeit dieser Steuerpflichtigen an. So kommen nur diejenigen natürlichen Personen in den Genuss des § 1a Abs. 1 EStG, die die Staatsangehörigkeit eines Mitgliedstaates der Europäischen Union oder eines EWR-Staates besitzen. Das Vorliegen einer bestimmten Staatsangehörigkeit des Ehegatten oder des Leistungsempfängers ist grundsätzlich nicht erforderlich: Es ist auf einen Wohnsitz oder den gewöhnlichen Aufenthalt des Ehegatten bzw. des Leistungsempfängers in einem Mitgliedstaat der Europäischen Union oder einem EWR-Land abzustellen, § 1a Abs. 1 Nr. 1 Satz 2, Nr. 1a Satz 2 und Nr. 2 Satz 2

---

625 FG Berlin-Brandenburg, Urteil vom 06.05.2010 13 K 6429/06 B, EFG 2011, S. 139 (Revision eingelegt: Az. I R 63/10).

626 Vgl. *Rust, Alexander*, in: Vogel/Lehner, DBA, 5. Auflage, Art. 24 OECD-MA, Rz. 53a, dort noch zu § 50 Abs. 5 Satz 2 Nr. 2 EStG a. F.; *Gosch, Dietmar*, in: Kirchhof, Paul (Hrsg.), EStG, § 50 EStG, Rz. 17 m. w. N. sowie Rz. 24; *ders.*, Vielerlei Gleichheiten – Das Steuerrecht im Spannungsfeld von bilateralen, supranationalen und verfassungsrechtlichen Anforderungen, DStR 2007, S. 1553 (1560); in Bezug auf Art. 24 DBA-USA 1989/2006 siehe *Wunderlich, Caroline*, in: Endres/Gohr/Jacob/Klein, DBA Deutschland/USA, Doppelbesteuerungsabkommen, Art. 24 DBA-USA, Rz. 12, dort noch zu § 50 Abs. 5 Satz 2 Nr. 2 EStG a. F.

627 Siehe auch die Ausführungen des FG Berlin-Brandenburg im Kontext einer Meistbegünstigungsklausel in FG Berlin-Brandenburg, Urteil vom 06.05.2010 13 K 6429/06 B, EFG 2011, S. 139 (Revision eingelegt: Az. I R 63/10).

628 Siehe *Rust, Alexander*, in: Vogel/Lehner, DBA, 5. Auflage, Art. 24 OECD-MA, Rz. 53; in diesem Sinne auch *Frotscher, Gerrit*, Internationales Steuerrecht, Rz. 222; siehe auch FG Düsseldorf, Urteil vom 10.07.2003 14 K 887/03 E, HaufeIndex 1080587 (rkr.) sowie FG Düsseldorf, Urteil vom 27.06.2002 14 K 2428/98 E, HaufeIndex 796944 (rkr.); ferner Nr. 2 letzter Satz OECD-MK 2010 zu Art. 24 OECD-MA – einschränkend hierzu *Bruns, Silke*, Taxation and Non-Discrimination: Clarification and Reconsideration by the OECD, ET 2008, S. 484 (485 f.) sowie *Zalasiński, Adam*, Article 24(1) of the OECD Model Convention and the Exclusion of MFN Treatment – A Comment on the OECD Public Discussion Draft, Intertax 2007, S. 460 (472).

629 Vgl. *Gosch, Dietmar*, Vielerlei Gleichheiten – Das Steuerrecht im Spannungsfeld von bilateralen, supranationalen und verfassungsrechtlichen Anforderungen, DStR 2007, S. 1553 (1560).

EStG[630] (im Ergebnis richtet sich die Vorschrift in erster Linie an Ehegatten bzw. Leistungsempfänger, die in einem Mitgliedstaat der Europäischen Union bzw. einem EWR-Staat unbeschränkt steuerpflichtig sind)[631].

Die Zugrundelegung der Staatsangehörigkeit als Anknüpfungsmoment für die besagten Vergünstigungen könnte wohl zu einer vom Gesetzgeber nicht beabsichtigten Erweiterung des Anwendungsbereichs des § 1a Abs. 1 EStG führen, wenn man die Diskriminierungsklauseln der von Deutschland abgeschlossenen Doppelbesteuerungsabkommen bedenkt.[632] Im Hinblick auf die Kapitalverkehrsfreiheit muss die Ausklammerung von Staatsangehörigen von Drittstaaten zugleich gemeinschaftsrechtlich hinterfragt werden. Die vorherigen Ausführungen zu der eventuellen Nichtvergleichbarkeit der Ausgangslage eines Staatsangehörigen eines EU/EWR-Staates und jener eines Staatsangehörigen eines Drittstaates gelten hier entsprechend.

### *4.3. Stundung gemäß § 6 Abs. 5 AStG*

Die staatsangehörigkeitsneutrale Ausgestaltung des Besteuerungstatbestandes des § 6 Abs. 1 Satz 1 AStG spricht zunächst gegen die Vorbringung von abkommensrechtlichen Bedenken hinsichtlich des § 6 AStG in Bezug auf die Diskriminierung von Staatsangehörigen eines anderen Vertragsstaates.[633] Eine diskriminierende Folgewirklung anderer staatsangehörigkeitsabhängiger Vorschriften im Kontext des § 6 AStG – wie etwa § 1 Abs. 2 EStG oder § 2 AStG – wird an dieser Stelle ebenfalls verneint. Der Übergang von der unbeschränkten in die erweiterte beschränkte Steuerpflicht im Sinne des § 2 AStG steht der An-

630 Zu den Besonderheiten bezüglich der Anforderungen an den Wohnsitz- und Aufenthaltsstaat bei unbeschränkt steuerpflichtigen Personen im Sinne des § 1 Abs. 2 EStG siehe § 1a Abs. 2 EStG.

631 Vgl. *Frotscher, Gerrit*, in: Frotscher, Gerrit (Hrsg.), EStG, § 1a EStG, Rz. 7 (Stand: März 2009).

632 Siehe hierzu *Rust, Alexander*, in: Vogel/Lehner, DBA, 5. Auflage, Art. 24 OECD-MA, Rz. 53a m. w. N.; *Frotscher, Gerrit*, in: Frotscher, Gerrit (Hrsg.), EStG, § 1a EStG, Rz. 5 (Stand: März 2009); siehe auch *Gosch, Dietmar*, in: Kirchhof, Paul (Hrsg.), EStG, § 1a EStG, Rz. 3; *ders.*, Vielerlei Gleichheiten – Das Steuerrecht im Spannungsfeld von bilateralen, supranationalen und verfassungsrechtlichen Anforderungen, DStR 2007, S. 1553 (1560); zu allen Fällen, die *der Rechtssache Werner vergleichbar* sind, siehe auch *Lüdicke, Jürgen*, Die Besteuerung Nichtansässiger im Spannungsverhältnis zwischen Gemeinschaftsrecht und Doppelbesteuerungsabkommen, in: Schön, Wolfgang (Hrsg.), Gedächtnisschrift für Brigitte Knobbe-Keuk, Köln 1997, S. 647 (669); zu den Besonderheiten des Art. XVII DBA-Großbritannien 1964/1970 und des Art. XXI DBA-Irland 1962 siehe § 9 (VI. 2).

633 Zu den allgemeinen abkommensrechtlichen Bedenken gegen § 6 AStG wird auf die Ausführungen von *Telkamp, Heinz-Jürgen*, a. a. O., S. 97 (107 f.) sowie von *Wassermeyer, Franz*, in: Flick/Wassermeyer/Baumhoff/Schönfeld, Außensteuerrecht, § 6 AStG, Rz. 2 (Stand: Juni 2007) verwiesen.

wendung des § 6 AStG nicht entgegen. Würde ein – für deutsche Staatsangehörige möglicher – Wechsel von der unbeschränkten in die erweiterte unbeschränkte Steuerpflicht nach § 1 Abs. 2 EStG das schädliche Beenden der unbeschränkten Steuerpflicht im Sinne des § 6 AStG verhindern können, müsste man insoweit die Benachteiligung von Staatsangehörigen des jeweils anderen Vertragsstaates zwar bejahen. Diese differenzierte steuerrechtliche Behandlung ist gleichwohl völkerrechtlich bedingt und beruht insoweit auf der Nichtvergleichbarkeit der Lage eines Staatsangehörigen des Entsendestaates und des Ausländers.

Die staatsangehörigkeitsbezogene steuerliche Begünstigung des § 6 Abs. 5 AStG ist dennoch mit Blick auf das Diskriminierungsverbot im Sinne des Art. 24 Abs. 1 OECD-MA zwielichtig.[634] Aus der Sicht des Gemeinschaftsrechts ist § 6 Abs. 5 AStG dagegen uninteressant[635], solange alle gemeinschaftsrechtlich Begünstigten von dem persönlichen Anwendungsbereich der Vorschrift erfasst sind. Dies ist regelmäßig der Fall. Strittig bleibt jedoch die Frage, ob und inwieweit die Aufnahme von Staatsangehörigen der Schweiz im Hinblick auf das Abkommen zwischen der Schweizerischen Eidgenossenschaft einerseits und der Europäischen Gemeinschaft und ihren Mitgliedstaaten andererseits über die Freizügigkeit (Freizügigkeitsabkommen) vom 21. Juni 1999[636] und von Staatsangehörigen von Drittstaaten im Allgemeinen in Bezug auf Art. 63 AEUV geboten wäre. Auf die Diskussionen im Schrifttum und in der Rechtsprechung wird an dieser Stelle verwiesen.[637]

---

634 Vgl. *Wassermeyer, Franz*, Merkwürdigkeiten bei der Wegzugsbesteuerung, IStR 2007, S. 833 (836); *Gosch, Dietmar*, Vielerlei Gleichheiten – Das Steuerrecht im Spannungsfeld von bilateralen, supranationalen und verfassungsrechtlichen Anforderungen, DStR 2007, S. 1553 (1560).

635 Hier: nur in Bezug auf die *Staatsangehörigkeit* eines Steuerpflichtigen als Unterscheidungskriterium im Kontext des § 6 Abs. 5 AStG.

636 BGBl. II 2001, S. 811.

637 Zu der gemeinschaftsrechtlichen Problematik in Bezug auf die Schweiz siehe: *Söffing, Andreas/Bron, Jan F.*, Die Wegzugsbesteuerung im Verhältnis zur Schweiz unter Berücksichtigung des Freizügigkeitsabkommens, RIW 2009, S. 358 (358 ff.); *Lang, Michael/Lüdicke, Jürgen/Reich, Markus*, Beteiligungen im Privatvermögen: Die Besteuerung des Wegzugs aus Österreich und Deutschland in die Schweiz – Teil II, IStR 2008, S. 709 (713 ff.); *Schönfeld, Jens*, in: Flick/Wassermeyer/Baumhoff/Schönfeld, Außensteuerrecht, § 6 AStG, Rz. 27.7 (Stand: Juni 2007); *Weigell, Jörg*, Geltung der Niederlassungsfreiheit auch im Verhältnis zur Schweiz, IStR 2006, S. 190 (195); *Schnitger, Arne*, Die Kapitalverkehrsfreiheit im Verhältnis zu Drittstaaten – Vorabentscheidungsersuchen in den Rs. van Hilten, Fidium Finanz AG und Lasertec, IStR 2005, S. 493 (497); siehe allerdings FG Baden-Württemberg, Urteil vom 21.07.2010 14 K 1469/10, EFG 2010, S. 1997 (Revision eingelegt: Az. X R 43/10); zu der Kapitalverkehrsfreiheit im Zusammenhang mit dem Wegzug siehe EuGH, Urteil vom 23.02.2006 Rs. C-513/03 „van Hilten-van der Heijden“, Slg. 2006, I-1957; kritisch hierzu *Bron, Jan F.*, Das van Hilten-Urteil des EuGH und die (Un-)Anwendbarkeit der Wegzugsbesteuerung im Verhältnis zu

# § 10 Staatsangehörigkeit im Gemeinschaftsrecht und europarechtlicher Rahmen zur Bestimmung von Anknüpfungsmomenten der unbeschränkten Einkommensteuerpflicht

## I. Überblick

Im Hinblick auf den persönlichen Geltungsbereich und die Zielsetzung des Gemeinschaftsrechts spielt die Staatsangehörigkeit eine entscheidende Rolle im europäischen Steuerrecht. *Argumentum e contrario* müsste eine Anknüpfung an die Staatsangehörigkeit im innerstaatlichen Steuerrecht eines Mitgliedstaates der Europäischen Union wiederum *prima facie* kaum freien Spielraum genießen. Nicht überraschend ist daher, dass auf dem Gebiet der deutschen Erbschaftsteuer § 2 Abs. 1 Nr. 1 Satz 1 i. V. m. Satz 2 Buchst. b) ErbStG sowie § 4 AStG und auf dem Gebiet der Einkommensteuer § 2 AStG aus gemeinschaftsrechtlicher Sicht im deutschen Schrifttum bereits öfter kritisiert worden sind.[638]

Im Gegensatz zu den Vorschriften über die indirekten Steuern, die gemäß Art. 113 AEUV[639] einer zwingenden Harmonisierung für Zwecke des Funktionierens des Binnenmarkts und der Vermeidung von Wettbewerbsverzerrungen unterliegen, bleiben die einzelstaatlichen Reglungen der Mitgliedstaaten auf dem

---

Drittstaaten, IStR 2006, S. 296 (301); siehe auch *Kumpf, Wolfgang/Roth, Andreas*, Wahlbesteuerung für beschränkt Einkommensteuerpflichtige? Zur Besteuerung von nicht im Inland ansässigen natürlichen Personen im System der Einkommensteuer, StuW 1996, S. 259 (262 f.), dort zu verfassungsrechtlichen Bedenken im Allgemeinen in Bezug auf §§ 1a, 50 EStG in der Fassung des JStG 1996.

638 Vgl. *Dautzenberg, Norbert/Brüggemann, Alexander*, EG-Vertrag und deutsche Erbschaftsteuer, BB 1997, S. 123 (128, 131); *Dautzenberg, Norbert*, Reformbedarf bei der beschränkten Steuerpflicht nach dem EuGH-Urteil in der Rechtssache Asscher, DB 1996, S. 2248 (2249); *ders.*, Die Bedeutung des EG-Vertrages für die Erbschaftsteuer, EWS 1998, S. 86 (89); *Ritter, Wolfgang*, Perspektiven für die Fortentwicklung des deutschen internationalen Steuerrechts, IStR 2001, S. 430 (434); *Schaumburg, Harald*, Problemfelder im Internationalen Erbschaftsteuerrecht, RIW 2001, S. 161 (165, 167); *Schnitger, Arne*, Geltung der Grundfreiheiten des EG-Vertrages im deutschen internationalen Erbschaftsteuerrecht: Auswirkungen des EuGH-Urteils in der Rs. Erben von Barbier, FR 2004, S. 185 (188 ff.) m. w. N; *Thonemann, Susanne*, Ist das deutsche Erbschaftsteuerrecht EU-konform?, ErbStB 2005, S. 220 (222); *Herzig, Norbert/Dautzenberg, Norbert*, Die Einwirkungen des EG-Rechts auf das deutsche Unternehmenssteuerrecht, DB 1997, S. 8 (16); hinsichtlich § 2 Abs. 1 Nr. 1 Satz 2 Buchst. b) ErbStG und § 4 AStG siehe *Meincke, Jens Peter*, Ist das deutsche Erbschaftsteuerrecht EU-konform?, ZEV 2004, S. 353 (357); ferner *Wachter, Thomas*, Erweitert unbeschränkte Erbschaftsteuerpflicht und Europarecht, FR 2005, S. 1068 (1075 ff.).

639 Ex-Art. 93 EGV.

Gebiet der direkten Steuern jedoch nach wie vor grundsätzlich frei gestaltbar.[640] Die Mitgliedstaaten müssen dabei gleichwohl ihre Befugnisse unter Wahrung des Gemeinschaftsrechts ausüben[641] und die europarechtlichen Vorgaben insbesondere in Bezug auf:

- das allgemeine Diskriminierungsverbot (Art. 18 AEUV)[642],
- die allgemeine Freizügigkeit der Unionsbürger (Art. 21 AEUV)[643] sowie
- die Grundfreiheiten des Art. 26 Abs. 2 AEUV[644]:
    - Warenverkehrsfreiheit (Art. 28 ff., 110 ff. AEUV)[645],
    - Dienstleistungsfreiheit (Art. 56 ff. AEUV)[646],
    - Personenfreizügigkeit:
        - Arbeitnehmerfreizügigkeit (Art. 45 ff. AEUV)[647] und
        - Niederlassungsfreiheit (Art. 49 ff. AEUV)[648],
    - Kapitalverkehrsfreiheit (Art. 63 ff. AEUV)[649]

berücksichtigen. Die *steuerliche Autarkie*[650] eines Mitgliedstaates ist insoweit ausgeschlossen: Widerspricht eine innerstaatliche Regelung des Steuerrechts den

640 Vgl. *Malmer, Kerstin*, Emigration taxes and EC law, Cahiers de droit fiscal international 2002, Vol. 87b, S. 79 (87); zur fortbestehenden Steuersouveränität der Mitgliedstaaten der Europäischen Union nach dem Vertrag von Lissabon (siehe Fußnote 837) siehe *Dürrschmidt, Daniel*, „Europäisches Steuerrecht“ nach Lissabon, NJW 2010, S. 2086 (2087).

641 Ständige EuGH-Rechtsprechung, vgl. z. B. EuGH, Urteil vom 04.10.1991 Rs. C-246/89 „Kommission/Vereinigtes Königreich“, Slg. 1991, I-4585, Rn. 12; EuGH, Urteil vom 14.02.1995 Rs. C-279/93 „Schumacker“, Slg. 1995, I-225, Rn. 21; EuGH, Urteil vom 08.03.2001 Rs. C-397/98 und C-410/98 „Metallgesellschaft u. a.“, Slg. 2001, I-1727, Rn. 37; EuGH, Urteil vom 12.12.2002 Rs. C-324/00 „Lankhorst-Hohorst“, Slg. 2002, I-11779, Rn. 26; EuGH, Urteil vom 13.03.2007 Rs. C-524/04 „Test Claimants in the Thin Cap Group Litigation“, Slg. 2007, I-2107, Rn. 25; EuGH, Urteil vom 17.01.2008 Rs. C-105/07 „Lammers & Van Cleeff NV“, Slg. 2008, I-173, Rn. 12; EuGH, Urteil vom 25.02.2010 Rs. C-337/08 „X Holding BV“, DStR 2010, S. 427, Rn. 16.

642 Ex-Art. 12 EGV.

643 Ex-Art. 18 EGV.

644 Ex-Art. 14 EGV.

645 Ex-Art. 23 ff., 90 ff. EGV.

646 Ex-Art. 49 ff. EGV.

647 Ex-Art. 39 ff. EGV.

648 Ex-Art. 43 ff. EGV.

649 Ex-Art. 56 ff. EGV.

650 Rn. 62 der Schlussanträge des Generalanwalts *Poiares Maduro* vom 07.04.2005 in der Rs. C-446/03 „Marks & Spencer“, http://eur-lex.europa.eu/Notice.do?val=418331cs&lang=de&list=418331:cs,&pos=1&page=1&nbl=1&pgs=10&hwords=446/03~&checktexte=checkbox&visu=#texte.

Nichtdiskriminierungsvorschriften[651] der Europäischen Union, so ist sie aufgrund des Vorrangs des Gemeinschaftsrechts nicht anzuwenden.[652]

Die rechtlichen Bestimmungen zur Gestaltung von steuerlichen Anknüpfungsmomenten sind folglich auf ihre Vereinbarkeit mit dem Gemeinschaftsrecht zu prüfen:[653]

- Ist der Schutzbereich der Nichtdiskriminierungsvorschriften eröffnet?
- Liegt eine Diskriminierung bzw. Beschränkung vor?
- Sind Rechtfertigungsgründe für die Ungleichbehandlung gegeben und ist die Verhältnismäßigkeit insoweit gewahrt?

---

651 Zur unmittelbaren Wirkung des Art. 18 AEUV siehe *Lenz, Carl Otto*, in: Lenz, Carl Otto/ Borchardt, Klaus-Dieter (Hrsg.), EU-Verträge, Art. 18 AEUV, Rz. 10; *Epiney, Astrid*, in: Calliess, Christian/Ruffert, Matthias (Hrsg.), EUV/EGV, Das Verfassungsrecht der Europäischen Union mit Europäischer Grundrechtecharta, Kommentar, 3. Auflage, München 2007, Art. 12 EGV, Rz. 2; *Holoubek, Michael*, in: Schwarze, Jürgen (Hrsg.), EU-Kommentar, Baden-Baden 2000, Art. 12 EGV, Rz. 38; zur unmittelbaren Wirkung des Art. 21 AEUV vgl. EuGH, Urteil vom 17.09.2002 Rs. C-413/99 „Baumbast“, Slg. 2002, I-7091, Rn. 84; siehe auch *Weber-Grellet, Heinrich*, Neu-Justierung der EuGH-Rechtsprechung, DStR 2009, S. 1229 (1233 f.); zur unmittelbaren Anwendbarkeit der Grundfreiheiten im Allgemeinen vgl. pars pro toto *Cordewener, Axel*, Europäische Grundfreiheiten und nationales Steuerrecht: „Konvergenz“ des Gemeinschaftsrechts und „Kohärenz“ der direkten Steuern in der Rechtsprechung des EuGH, Köln 2002, S. 41 ff.; zur unmittelbaren Anwendbarkeit der Grundfreiheiten im Einzelnen: zu Art. 30 AEUV vgl. *Kamann, Hans-Georg*, in: Streinz, Rudolf (Hrsg.), EUV/EGV, Art. 25 EGV, Rz. 24; ebenso *Waldhoff, Christian*, in: Calliess, Christian/Ruffert, Matthias (Hrsg.), EUV/ EGV, Art. 25 EGV, Rz. 2; zu Art. 34 AEUV vgl. *Schroeder, Werner*, in: Streinz, Rudolf (Hrsg.), EUV/EGV, Art. 28 EGV, Rz. 3 und 24; EuGH, Urteil vom 22.03.1977 Rs. 74/76 „Iannelli/Meroni“, Slg. 1977, S. 557, Rn. 13; EuGH, Urteil vom 08.11.1979 Rs. 251/78 „Denkavit“, Slg. 1979, S. 3369, Rn. 3; zu Art. 45 AEUV (mit Einschränkungen) vgl. EuGH, Urteil vom 16.06.1992 Rs. C-351/90 „Kommission/Luxemburg“, Slg. 1992, I-3945, Rn. 18 sowie EuGH, Urteil vom 15.12.1995 Rs. C-415/93 „Bosman“, Slg. 1995, I-4921, Rn. 93; zu Art. 49 AEUV vgl. *Müller-Graff, Peter-Christian*, in: Streinz, Rudolf (Hrsg.), EUV/EGV, Art. 43 EGV, Rz. 2 und 89; EuGH, Urteil vom 21.06.1974 Rs. 2/74 „Reyners“, Slg. 1974, S. 631, Rn. 24/28; zu Art. 56 AEUV vgl. *Müller-Graff, Peter-Christian*, in: Streinz, Rudolf (Hrsg.), EUV/EGV, Art. 49 EGV, Rz. 10; *Holoubek, Michael*, in: Schwarze, Jürgen (Hrsg.), EU-Kommentar, Art. 49 EGV, Rz. 5 und 13; EuGH, Urteil vom 03.12.1974 Rs. 33/74 „van Binsbergen“, Slg. 1974, S. 1299, Rn. 27; zu Art. 63 AEUV vgl. *Sedlaczek, Michael*, in: Streinz, Rudolf (Hrsg.), EUV/EGV, Art. 56 EGV, Rz. 27; *Glaesner, Adrian*, in: Schwarze, Jürgen (Hrsg.), EU-Kommentar, Art. 56 EGV, Rz. 4; zu Art. 110 AEUV vgl. *Kamann, Hans-Georg*, in: Streinz, Rudolf (Hrsg.), EUV/EGV, Art. 90 EGV, Rz. 36.

652 Zum Vorrang des (primären) Gemeinschaftsrechts vgl. pars pro toto *Cordewener, Axel*, Europäische Grundfreiheiten und nationales Steuerrecht, S. 53 ff.; *Lüdicke, Jürgen/Hummel, Lars*, Zum Primat des primären Gemeinschaftsrechts, IStR 2006, S. 694 (695 f.).

653 Zu einem dreiteiligen Prüfungsmaßstab siehe z. B. *Weber-Grellet, Heinrich*, Europäisches Steuerrecht, München 2005, S. 51 f.; *ders.*, Neu-Justierung der EuGH-Rechtsprechung, DStR 2009, S. 1229 (1229).

## II. Tatbestandsebene

### 1. Schutzbereich

#### *1.1. Persönliche Voraussetzungen*

Der persönliche Schutzbereich des allgemeinen Diskriminierungsverbots, der allgemeinen Freizügigkeit und der Grundfreiheiten erstreckt sich vor allem auf die Unionsbürger[654], also die Staatsangehörigen[655] eines Mitgliedstaates der Europäischen Union[656] (persönlicher Anwendungsbereich)[657]. Insoweit dient die

654 Zum Begriff *Unionsbürger* siehe Art. 20 Abs. 1 AEUV (ex-Art. 17 EGV) und die Ausführungen in § 4 (I.).

655 Zu den Besonderheiten in Bezug auf die Gesellschaften siehe: zu Art. 18 AEUV *Lenz, Carl Otto*, in: Lenz, Carl Otto/Borchardt, Klaus-Dieter (Hrsg.), EU-Verträge, Art. 18 AEUV, Rz. 2; *Holoubek, Michael*, in: Schwarze, Jürgen (Hrsg.), EU-Kommentar, Art. 12 EGV, Rz. 17; *Streinz, Rudolf*, in: Streinz, Rudolf (Hrsg.), EUV/EGV, Art. 12 EGV, Rz. 30, 33; *Zuleeg, Manfred*, in: von der Groeben, Hans/Schwarze, Jürgen (Hrsg.), Kommentar zum Vertrag über die Europäische Union und zur Gründung der Europäischen Gemeinschaft (EUV/EGV), 6. Auflage, Baden-Baden 2003, Art. 12 EG, Rz. 10; *von Bogdandy, Armin*, in: Grabitz, Eberhard/Hilf, Meinhard (Hrsg.), Das Recht der Europäischen Union, Band I, EUV/EGV, Loseblattwerk, München 1999 ff., Art. 12 EGV, Rz. 29 ff. (Stand: Juni 2005); noch a. A. BFH, Urteil vom 31.10.1990 II R 176/87, BStBl. II 1991, S. 161, kritisch hierzu *Eckhoff, Rolf*, in: Birk, Dieter (Hrsg.), Handbuch des Europäischen Steuer- und Abgabenrechts, Herne/Berlin 1995, § 17 „Diskriminierung im Bereich der Besteuerung des Einkommens und des Vermögens", S. 480 f.; zu Art. 21 AEUV *Bieg, Thorsten*, Der Gerichtshof der Europäischen Gemeinschaften und sein Einfluss auf das deutsche Steuerrecht: dogmatische Grundlagen, verallgemeinerungsfähige Prinzipien und Auswirkungen der Rechtsprechung des EuGH zu den direkten Steuern, Frankfurt am Main 1997, S. 40 und *Magiera, Siegfried*, in: Streinz, Rudolf (Hrsg.), EUV/EGV, Art. 18 EGV, Rz. 13; siehe aber auch *Hatje, Armin*, in: Schwarze, EU-Kommentar, Art. 18 EGV, Rz. 9 sowie Art. 17 EGV, Rz. 10; zu Art. 28 ff. AEUV *Schroeder, Werner*, in: Streinz, Rudolf (Hrsg.), EUV/EGV, Art. 28 EGV, Rz. 24; ebenso *Becker, Ulrich*, in: Schwarze, Jürgen (Hrsg.), EU-Kommentar, Art. 28 EGV, Rz. 7; *Müller-Graff, Peter-Christian*, in: von der Groeben, Hans/Schwarze, Jürgen (Hrsg.), EUV/EGV, Art. 28 EG, Rz. 1; zu Art. 45 ff. AEUV siehe *Franzen, Martin*, in: Streinz, Rudolf (Hrsg.), EUV/EGV, Art. 39 EGV, Rz. 39; EuGH, Urteil vom 07.05.1998 Rs. C-350/96 „Clean car", Slg. 1998, I-2521, Rn. 19 ff.; zu Art. 49 ff. AEUV siehe Art. 54 AEUV; zu Art. 56 ff. AEUV siehe Art. 54 i. V. m. Art. 62 AEUV; zu Art. 63 ff. AEUV siehe *Schürmann, Thomas*, in: Lenz, Carl Otto/Borchardt, Klaus-Dieter (Hrsg.), EU-Verträge, Art. 63 AEUV, Rz. 18.

656 Für die Statusdeutschen siehe *Franzen, Martin*, in: Streinz, Rudolf (Hrsg.), EUV/EGV, Art. 39 EGV, Rz. 46 ff.; für die Staatsangehörigen eines EWR-Vertragsstaats siehe das Abkommen über den Europäischen Wirtschaftsraum (EWR-Abkommen) vom 02.05.1992, ABl. 1994 Nr. L 1, S. 3, zuletzt geändert durch die Entscheidung Nr. 301/08/KOL der EFTA-Behörde vom 21.05.2008, ABl. 2009 Nr. L 41, S. 28.

657 Das gleichzeitige Vorliegen mehrerer Staatsangehörigkeiten von Mitgliedstaaten oder der Staatsangehörigkeit eines Drittstaats ist unschädlich, vgl. EuGH, Urteil vom 02.10.1997 Rs. C-

Staatsangehörigkeit als persönliches Kriterium der Anwendung der Nichtdiskriminierungsvorschriften des Gemeinschaftsrechts und stellt ein entscheidendes Differenzierungsmerkmal dar: Während ein Unionsbürger in den vollen Genuss des Schutzes des Gemeinschaftsrechts gelangen kann, werden sich Staatsangehörige von Drittstaaten nur in eingeschränkten Fällen auf die Grundfreiheiten berufen dürfen.[658] Diese Differenzierung färbt auf das nationale Steuerrecht ab und kann insoweit das Entstehen der staatsangehörigkeitsbezogenen Diskriminierung bedingen, denn durch das Verbot der unterschiedlichen Behandlung der Kategorien der Steuerpflichtigen A und B wird die Zulässigkeit der (verbleibenden) Ungleichbehandlung der Personengruppe A bzw. B einerseits mit der Personengruppe C andererseits mittelbar hervorgehoben.[659]

Die hier zu untersuchende Regelung – das Nationalitätsprinzip – knüpft die unbeschränkte Steuerpflicht an das Vorliegen der Staatsangehörigkeit der Bundesrepublik Deutschland an. Der persönliche Schutzbereich der Grundrechte bzw. der Grundfreiheiten ist daher vor allem den Staatsangehörigen Deutschlands eröffnet. Darüber hinaus können gleichwohl diejenigen natürlichen Personen die persönlichen Tatbestandsvoraussetzungen erfüllen, welche entweder die Staatsangehörigkeit eines anderen Mitgliedstaates der Europäischen Union oder eines Vertragsstaates des EWR-Abkommens (voller Schutzbereich) oder eines Drittstaates (Schutz in Bezug auf die Kapitalverkehrsfreiheit) besitzen, wenn sie

---

122/96 „Saldanha“, Slg. 1997, I-5325, Rn. 15; EuGH, Urteil vom 07.07.1992 Rs. C-369/90 „Micheletti“, Slg. 1992, I-4239, Rn. 15.

658 Siehe hierzu im Allgemeinen *Ehlers, Dirk*, in: Ehlers, Dirk (Hrsg.), Europäische Grundrechte und Grundfreiheiten, 3. Auflage, Berlin 2009, § 7 „Allgemeine Lehren“, Rz. 46; *Streinz, Rudolf*, in: Streinz, Rudolf (Hrsg.), EUV/EGV, Art. 12 EGV, Rz. 36; *Zuleeg, Manfred*, in: von der Groeben, Hans/Schwarze, Jürgen (Hrsg.), EUV/EGV, Art. 12 EG, Rz. 15; *Holoubek, Michael*, in: Schwarze, Jürgen (Hrsg.), EU-Kommentar, Art. 12 EGV, Rz. 19 f.; *Magiera, Siegfried*, in: Streinz, Rudolf (Hrsg.), EUV/EGV, Art. 18 EGV, Rz. 13; zur Warenverkehrsfreiheit vgl. *Schroeder, Werner*, in: Streinz, Rudolf (Hrsg.), EUV/EGV, Art. 28 EGV, Rz. 24; ebenso *Becker, Ulrich*, in: Schwarze, Jürgen (Hrsg.), EU-Kommentar, Art. 28 EGV, Rz. 8; *Müller-Graff, Peter-Christian*, in: von der Groeben, Hans/Schwarze, Jürgen (Hrsg.), Art. 28 EG, Rz. 1; a. A. in Bezug auf die Warenverkehrsfreiheit *Kingreen, Thorsten*, Die Struktur der Grundfreiheiten des Europäischen Gemeinschaftsrechts, Berlin 1999, S. 78 ff. m. w. N.; zur Kapitalverkehrsfreiheit siehe Art. 63 AEUV; zur passiven Dienstleistungsfreiheit vgl. *Müller-Graff, Peter-Christian*, in: Streinz, Rudolf (Hrsg.), EUV/EGV, Art. 49 EGV, Rz. 53 ff. und 57 ff; siehe auch Art. 56 Satz 2 AEUV sowie EuGH, Urteil vom 03.10.2006 Rs. C-290/04 „FKP Scorpio Konzertproduktionen“, Slg. 2006, I-9461, Rn. 67 f.; zu den Besonderheiten für Familienangehörige von Unionsbürgern vgl. *Häger, Jan*, Meistbegünstigung im Recht der Doppelbesteuerungsabkommen, S. 167; zu der Auswirkung der Assoziierungs-/Kooperationsabkommen auf die Rechte von Drittstaatsangehörigen siehe *Franzen, Martin*, in: Streinz, Rudolf (Hrsg.), EUV/EGV, Art. 39 EGV, Rz. 52 ff. sowie *Hailbronner, Kay/Jochum, Georg*, Europarecht II: Binnenmarkt und Grundfreiheiten, Stuttgart 2006, Rz. 508 ff.

659 Siehe hierzu § 9 (VI. 4.1).

eine Schlechterstellung im Vergleich zu solchen unbeschränkt steuerpflichtigen Deutschen rügen wollen.[660]

### *1.2. Räumliche und sachliche Voraussetzungen*

Bei dem nach gemeinschaftsrechtlichen Gesichtspunkten zu prüfenden Fall muss es sich zwingend um einen grenzüberschreitenden[661], gemeinschaftsgebietsbezogenen[662] Sachverhalt handeln (räumlicher Anwendungsbereich)[663], welchem vor allem ein Erwerbszweck zugrunde liegt (sachlicher Anwendungsbereich)[664].

Von der Konformitätsprüfung angesprochen sind folglich natürliche Personen, die sich im Gemeinschaftsgebiet oder im EWR aufhalten und dabei grenzüberschreitend wirtschaftlich aktiv sind. Im Falle der Kapitalverkehrsfreiheit sind auch Drittlandgebiete in die Gesamtbetrachtung mit einzubeziehen. Das Erwerbszweckerfordernis entfällt grundsätzlich, wenn es sich um eine Diskriminierung im Sinne des Art. 18 AEUV oder Art. 21 AEUV handelt. Insoweit sind die privaten Beweggründe des Grenzübertrittes ausreichend[665] und – mit Blick auf

---

660 Zu den denkbaren Konstellationen der Ungleichbehandlung je nach dem steuerlichen Status der betroffenen natürlichen Person siehe § 10 (II. 5.3).

661 Vgl. *Weber-Grellet, Heinrich*, Europäisches Steuerrecht, S. 48; *Ehlers, Dirk*, in: Ehlers, Dirk (Hrsg.), Europäische Grundrechte und Grundfreiheiten, § 7 „Allgemeine Lehren", Rz. 23; siehe auch nachfolgend zur Inländerdiskriminierung.

662 Vgl. *Holoubek, Michael*, in: Schwarze, Jürgen (Hrsg.), EU-Kommentar, Art. 12 EGV, Rz. 28 ff.; es handelt sich zum einen um das Gemeinschaftsgebiet im Sinne des Art. 52 EUV (Vertrag über die Europäische Union [EUV] vom 07.02.1992 in der Fassung vom 30.03.2010, ABl. 2010 Nr. C 83, S. 13), Art. 355 AEUV (siehe z. B. *Magiera, Siegfried*, in: Streinz, Rudolf (Hrsg.), EUV/EGV, Art. 18 EGV, Rz. 17; *Franzen, Martin*, in: Streinz, Rudolf (Hrsg.), EUV/EGV, Art. 39 EGV, Rz. 76) und zum anderen um die Gebiete der Vertragsstaaten des EWR-Abkommens, siehe Fußnote 656; zur Anwendung der Grundfreiheiten außerhalb des Gemeinschaftsgebiets siehe *Lenz, Carl Otto*, in: Lenz, Carl Otto/Borchardt, Klaus-Dieter (Hrsg.), EU-Verträge, Art. 18 AEUV, Rz. 9; ferner EuGH, Urteil vom 12.07.1984 Rs. 237/83 „Prodest", Slg. 1984, S. 3153, Rn. 6; EuGH, Urteil vom 27.09.1989 Rs. 9/88 „Lopes da Veiga", Slg. 1989, S. 2989, Rn. 15.

663 Vgl. *Streinz, Rudolf*, Europarecht, 8. Auflage, Heidelberg 2008, Rz. 792; *Weber-Grellet, Heinrich*, Europäisches Steuerrecht, S. 49 f.; *Jorewitz, Gitta*, Die Prüfung der EG-Konformität des deutschen Ertragsteuerrechts, Herne/Berlin 2004, S. 106 f.; *Ehlers, Dirk*, in: Ehlers, Dirk (Hrsg.), Europäische Grundrechte und Grundfreiheiten, § 7 „Allgemeine Lehren", Rz. 56.

664 Siehe hierzu *Bieg, Thorsten*, Der Gerichtshof der Europäischen Gemeinschaften und sein Einfluss auf das deutsche Steuerrecht, S. 165 f.

665 Zu Art. 21 AEUV vgl. *Magiera, Siegfried*, in: Streinz, Rudolf (Hrsg.), EUV/EGV, Art. 18 EGV, Rz. 9; zu Art. 18 AEUV siehe § 10 (II. 2).

die Subsidiarität dieser Vorschriften – im Ergebnis regelmäßig auch notwendig.[666]

Nicht erfasst von den Diskriminierungs- bzw. Beschränkungsverboten sind freilich die Fälle der sogenannten *Inländerdiskriminierung* (auch *umgekehrte Diskriminierung, discrimination à rebours*)[667], die keinen grenzüberschreitenden Bezug aufweisen.[668]

Die einzelnen – nachfolgend dargestellten – allgemeinen Verbote und Grundfreiheiten beruhen darüber hinaus auf dem Vorliegen einiger weiterer persönlicher und sachlicher Voraussetzungen.

---

666 Zu Art. 21 AEUV vgl. *Hatje, Armin,* in: Schwarze, Jürgen (Hrsg.), EU-Kommentar, Art. 18 EGV, Rz. 12; zu Art. 18 AEUV siehe § 10 (II. 2).

667 Vgl. *Bleckmann, Albert,* Die umgekehrte Diskriminierung (discrimination à rebours) im EWG-Vertrag, RIW 1985, S. 917 (917 ff.); ausführlich zum Begriff der umgekehrten Diskriminierung siehe *Epiney, Astrid,* Umgekehrte Diskriminierungen: Zulässigkeit und Grenzen der discrimination à rebours nach europäischem Gemeinschaftsrecht und nationalem Verfassungsrecht, Köln u. a. 1995, S. 17 f. sowie S. 33 f.; *Tiedje, Jürgen/ Troberg, Peter,* in: von der Groeben, Hans/Schwarze, Jürgen (Hrsg.), EUV/EGV, Art. 43 EG, Rz. 109; siehe ferner *Plötscher, Stefan,* Der Begriff der Diskriminierung im Europäischen Gemeinschaftsrecht: zugleich ein Beitrag zur einheitlichen Dogmatik der Grundfreiheiten des EG-Vertrages, Berlin 2003, S. 75.

668 Vgl. *Stober, Rolf,* Allgemeines Wirtschaftsverwaltungsrecht: Grundlagen des Wirtschaftsverfassungs- und Wirtschaftsverwaltungsrechts, des Weltwirtschafts- und Binnenmarktrechts, 16. Auflage, Stuttgart 2008, S. 69 f.; *Schilling, Theodor,* Gleichheitssatz und Inländerdiskriminierung, JZ 1994, S. 8 (9); *Jorewitz, Gitta,* Die Prüfung der EG-Konformität des deutschen Ertragsteuerrechts, S. 106 f.; zur grundsätzlichen Anwendbarkeit der Grundfreiheiten auf die eigenen Staatsangehörigen vgl. EuGH, Urteil vom 13.11.2003 Rs. C-42/02 „Lindman", Slg. 2003, I-13519; EuGH, Urteil vom 11.03.2004 Rs. C-9/02 „Hughes de Lasteyrie du Saillant", Slg. 2004, I-2409; zu Art. 18 AEUV siehe *Streinz, Rudolf,* in: Streinz, Rudolf (Hrsg.), EUV/EGV, Art. 12 EGV, Rz. 6 und 58 ff.; *Epiney, Astrid,* in: Calliess, Christian/Ruffert, Matthias (Hrsg.), EUV/EGV, Art. 12 EGV, Rz. 27 ff.; *Biag, Thorsten,* Der Gerichtshof der Europäischen Gemeinschaften und sein Einfluss auf das deutsche Steuerrecht, S. 86 f. und 164 ff.; *Zuleeg, Manfred,* in: von der Groeben, Hans/Schwarze, Jürgen (Hrsg.), EUV/EGV, Art. 12 EG, Rz. 14; *Lenz, Carl Otto,* in: Lenz, Carl Otto/Borchardt, Klaus-Dieter (Hrsg.), EU-Verträge, Art. 18 AEUV, Rz. 3; EuGH, Urteil vom 26.01.1993 Rs. C-112/91 „Werner", Slg. 1993, I-429, Rn. 16 f.; *Holoubek, Michael,* in: Schwarze, Jürgen (Hrsg.), EU-Kommentar, Art. 12 EGV, Rz. 33-35; zu Art. 34 AEUV siehe *Schroeder, Werner,* in: Streinz, Rudolf (Hrsg.), EUV/EGV, Art. 28 EGV, Rz. 22; zu Art. 45 AEUV siehe *Franzen, Martin,* in: Streinz, Rudolf (Hrsg.), EUV/EGV, Art. 39 EGV, Rz. 35 f.; *Wölker, Ulrich/Grill, Gerhard,* in: von der Groeben, Hans/Schwarze, Jürgen (Hrsg.), EUV/EGV, Art. 39 EG, Rz. 9 ff.; zu Art 49 AEUV siehe *Schlag, Martin,* in: Schwarze, Jürgen (Hrsg.), EU-Kommentar, Art. 43 EGV, Rz. 43; *Müller-Graff, Peter-Christian,* in: Streinz, Rudolf (Hrsg.), EUV/EGV, Art. 43 EGV, Rz. 55; EuGH, Urteil vom 08.12.1987 Rs. 20/87 „Gauchard", Slg. 1987, S. 4879, Rn. 10; zu Art. 56 AEUV siehe *Holoubek, Michael,* in: Schwarze, Jürgen (Hrsg.), EU-Kommentar, Art. 49 EGV, Rz. 35; zu Art. 63 AEUV siehe *Schürmann, Thomas,* in: Lenz, Carl Otto/Borchardt, Klaus-Dieter (Hrsg.), EU-Verträge, Art. 63 AEUV, Rz. 21.

## 2. Allgemeines Diskriminierungsverbot, Art. 18 AEUV

Als spezifischer Ausdruck des allgemeinen Gleichheitsgrundsatzes[669] verbietet das *Diskriminierungs*verbot[670] des Art. 18 Abs. 1 AEUV jede Diskriminierung aus Gründen der Staatsangehörigkeit: Unbeschadet der im Übrigen vorgesehenen Ausnahmen können alle Unionsbürger die gleiche rechtliche Behandlung unabhängig von ihrer Staatsangehörigkeit beanspruchen, soweit sie sich in einer *vergleichbaren* Situation befinden.[671]

Nicht überraschend an dieser Stelle wäre die sofortige Schlussfolgerung, dass jegliche Anknüpfung an die Staatsangehörigkeit im Steuerrecht grundsätzlich mit Hinweis auf Art. 18 AEUV *eo ipso* abzulehnen sei[672] und die weitere Analyse hinsichtlich der Grundfreiheiten folglich entbehrlich wäre. Dieses Fazit darf gleichwohl nur eingeschränkt gelten.

Zum einen wirkt das Verbot im Sinne des Art. 18 AEUV nur in dem bereits aufgezeigten engen räumlichen und sachlichen Anwendungsrahmen: Fehlt es bei dem zu würdigenden Sachverhalt grundsätzlich an einem grenzüberschreitenden Bezug zum Gemeinschaftsgebiet, so werden die Schranken des Art. 18 AEUV unbeachtlich.[673]

Zum anderen gehen die speziellen Diskriminierungsverbote des Gemeinschaftsrechts dem allgemeinen Diskriminierungsverbot des Art. 18 AEUV grundsätzlich vor (Subsidiarität des Art. 18 AEUV).[674] Fällt ein Vorgang in den

---

669 Vgl. EuGH, Urteil vom 16.10.1980 Rs. 147/79 „Hochstrass/EuGH", Slg. 1980, S. 3005, Rn. 7; EuGH, Urteil vom 19.03.2002 Rs. C-224/00 „Kommission/Italien", Slg. 2002, I-2965, Rn. 14; siehe aber *Rossi, Matthias*, Das Diskriminierungsverbot nach Art. 12 EGV, EuR 2000, S. 197 (209).

670 Siehe hierzu *Streinz, Rudolf*, in: Streinz, Rudolf (Hrsg.), EUV/EGV, Art. 12 EGV, Rz. 52 sowie *Holoubek, Michael*, in: Schwarze, Jürgen (Hrsg.), EU-Kommentar, Art. 12 EGV, Rz. 44.

671 Ständige EuGH-Rechtsprechung, vgl. EuGH, Urteil vom 12.07.2005 Rs. C-403/03 „Schempp", Slg. 2005, I-6421, Rn. 15; EuGH, Urteil vom 02.10.2003 Rs. C-148/02 „Garcia Avello", Slg. 2003, I-11613, Rn. 22 f.; EuGH, Urteil vom 15.03.2005 Rs. C-209/03 „Bidar", Slg. 2005, I-2119, Rn. 31; einschränkend zur Anwendung des Begriffs „allgemeines Diskriminierungsverbot" im Kontext des Art. 18 AEUV siehe *Rossi, Matthias*, a. a. O., S. 197 (197).

672 In Bezug auf § 2 AStG siehe z. B. *Angermann, Franz/Anger, Christiane*, Der neue Erlass zum Außensteuergesetz – Erweitert beschränkte Steuerpflicht bei Wohnsitz in Großbritannien?, IStR 2005, S. 439 (443).

673 Ständige EuGH-Rechtsprechung, vgl. EuGH, Urteil vom 12.07.2005 Rs. C-403/03 „Schempp", Slg. 2005, I-6421, Rn. 20; EuGH, Urteil vom 02.10.2003 Rs. C-148/02 „Garcia Avello", Slg. 2003, I-11613, Rn. 26.

674 Ständige EuGH-Rechtsprechung, vgl. EuGH, Urteil vom 30.05.1989 Rs. 305/87 „Kommission/ Griechenland", Slg. 1989, S. 1461, Rn. 12 f.; EuGH, Urteil vom 12.04.1994 Rs. C-1/93 „Halliburton Services", Slg. 1994, I-1137, Rn. 12; EuGH, Urteil vom 29.04.1999 Rs. C-311/97 „Royal Bank of Scotland", Slg. 1999, I-2651, Rn. 20; EuGH, Urteil vom 13.04.2000 Rs. C-

sachlichen Anwendungsbereich einer Grundfreiheit, ist diese vorrangig zu prüfen. Bejaht man insoweit einen gemeinschaftswidrigen Verstoß, ist auch ein (Kumulativ-)Verstoß gegen Art. 18 AEUV gegeben.[675] Kommt man dagegen zum Schluss, dass die zu prüfende Vorschrift im Einklang mit den einschlägigen Grundfreiheiten steht, kann Art. 18 AEUV die Ergebnisse dieser Prüfung lediglich bestätigen. Denn das allgemeine Diskriminierungsverbot des Art. 18 AEUV darf keine *weitergehenden Anforderungen* als die speziellen Grundfreiheiten stellen.[676] Ein Widerspruch ist insoweit ausgeschlossen.

Schließlich ist die Differenzierung zwischen Staatsangehörigen der Mitgliedstaaten und Drittstaaten im Kontext des Art. 18 AEUV gemeinschaftsrechtlich grundsätzlich unbedenklich.[677]

Mit Blick auf die besagten Prüfungseinschränkungen fragt es sich folglich, ob auf dem Gebiet der direkten Steuern ein alleiniger Verstoß gegen Art. 18 AEUV festgestellt werden kann oder ob dieser durch die spezielleren Regelungen der Art. 28 ff., 45 ff., 56 ff. AEUV und insbesondere der Art. 49 und 63 AEUV doch im Normalfall abgefangen wird.[678] Regelmäßig dürften die ertragsteuerlichen

---

251/98 „Baars", Slg. 2000, I-2787, Rn. 23; EuGH, Urteil vom 08.03.2001 Rs. C-397/98 und 410/98 „Metallgesellschaft u. a.", Slg. 2001, I-1727, Rn. 38 ff.; EuGH, Urteil vom 11.10.2007 Rs. C-443/06 „Hollmann", Slg. 2007, I-8491, Rn. 28 f.; EuGH, Urteil vom 17.01.2008 Rs. C-105/07 „Lammers & Van Cleeff NV", Slg. 2008, I-173, Rn. 14; EuGH, Urteil vom 10.09.2009 Rs. C-269/07 „Kommission/Deutschland", Slg. 2009, I-7811, Rn. 98; EuGH, Urteil vom 21.01.2010 Rs. C-311/08 „SGI", IStR 2010, S. 144, Rn. 31; zur Subsidiarität des Art. 18 AEUV im Schrifttum siehe *Hahn, Hartmut*, Die Vereinbarkeit von Normen des deutschen internationalen Steuerrechts mit EG-Recht, Bonn 1999, S. 52; *Streinz, Rudolf*, in: Streinz, Rudolf (Hrsg.), EUV/EGV, Art. 12 EGV, Rz. 2 und 14; *Lenz, Carl Otto*, in: Lenz, Carl Otto/Borchardt, Klaus-Dieter (Hrsg.), EU-Verträge, Art. 18 AEUV, Rz. 1; *Bieg, Thorsten*, Der Gerichtshof der Europäischen Gemeinschaften und sein Einfluss auf das deutsche Steuerrecht, S. 84; *Zuleeg, Manfred*, in: von der Groeben, Hans/Schwarze, Jürgen (Hrsg.), EUV/EGV, Art. 12 EG, Rz. 18; *Holoubek, Michael*, in: Schwarze, Jürgen (Hrsg.), EU-Kommentar, Art. 12 EGV, Rz. 7-12; *Ehlers, Dirk*, in: Ehlers, Dirk (Hrsg.), Europäische Grundrechte und Grundfreiheiten, § 7 „Allgemeine Lehren", Rz. 215.

675 Vgl. z. B. EuGH, Urteil vom 16.09.1999 Rs. C-22/98 „Becu", Slg. 1999, I-5665, Tenor.

676 Vgl. *Holoubek, Michael*, in: Schwarze, Jürgen (Hrsg.), EU-Kommentar, Art. 12 EGV, Rz. 7; *Streinz, Rudolf*, in: Streinz, Rudolf (Hrsg.), EUV/EGV, Art. 12 EGV, Rz. 14; siehe ferner z. B. EuGH, Urteil vom 09.06.1977 Rs. 90/76 „van Ameyde", Slg. 1977, S. 1091, Rn. 27; EuGH, Urteil vom 04.10.1991 Rs. C-246/89 „Kommission/Vereinigtes Königreich", Slg. 1991, I-4585, Rn. 18.

677 Vgl. EuGH, Urteil vom 04.06.2009 Rs. C-22/08 und C-23/08 „Vatsouras, Koupatanzte", Slg. 2009, I-4585, Rn. 53.

678 In diesem Sinne auch *Häger, Jan*, Meistbegünstigung im Recht der Doppelbesteuerungsabkommen, S. 137; siehe auch *Herzig, Norbert/Dautzenberg, Norbert*, Der EWG-Vertrag und die Doppelbesteuerungsabkommen: Rechtsfragen im Verhältnis zwischen Doppelbesteuerungsabkommen und den Diskriminierungsverboten des EWGV, DB 1992, S. 2519 (2522).

### 3. Allgemeine Freizügigkeit der Unionsbürger, Art. 21 AEUV

Gemäß Art. 21 Abs. 1 AEUV hat jeder Unionsbürger das Recht auf Freizügigkeit und darf sich im Hoheitsgebiet der Mitgliedstaaten – unbeschadet der im Übrigen vorgesehenen Ausnahmen[687] – frei bewegen und aufhalten. In den Geltungsbereich des Art. 21 AEUV fällt ebenso das Recht, in einem anderen Mitgliedstaat einen Wohnsitz zu begründen.[688]

Es stellt sich nun die Frage, ob die Einbeziehung eines Staatsangehörigen Deutschlands in die unbeschränkte Steuerpflicht im Inland unabhängig vom Vorhandensein eines inländischen Wohnsitzes oder des Orts seines gewöhnlichen Aufenthalts ein in den Geltungsbereich des Art. 21 AEUV fallendes Hindernis für einen Unionsbürger darstellen kann. Während die persönlichen Tatbestandsvoraussetzungen insoweit keine Besonderheiten aufweisen,[689] muss der sachliche und räumliche Anwendungsbereich des Art. 21 AEUV an dieser Stelle genau abgegrenzt werden, wobei insbesondere die räumliche Komponente eine besondere Rolle im Kontext des Art. 21 AEUV spielen dürfte, denn das Recht auf allgemeine Freizügigkeit setzt begrifflich eine grenzüberschreitende Fortbewegung einer Person – mit der Berührung des Gemeinschaftsgebiets – voraus.

**a) Wegzug aus Deutschland.** Ist eine natürliche Person im Inland zunächst territorial ansässig und zieht sie aus dem Inland fort, kann Art. 21 AEUV zweifellos angesprochen werden. Allerdings müssen die zu prüfenden Fälle stets auf solche mit der Verlegung des Wohnsitzes innerhalb des Gemeinschaftsgebiets bzw. des Gebiets der Vertragsstaaten des EWR-Abkommens beschränkt werden. Ein Wegzug ins Drittland ist im Kontext des Art. 21 AEUV unerheblich.[690]

**b) Zuzug nach Deutschland.** Ebenfalls kann ein Zuzug nach Deutschland in den Anwendungsbereich des Art. 21 AEUV fallen. Die Frage, ob insoweit eine steuerliche Schlechterstellung eines Betroffenen im Zusammenhang mit einem derartigen Zuzug denkbar wäre, bleibt davon unberührt.[691]

**c) Umzug außerhalb Deutschlands.** Wenn die betroffene Person zu keinem Zeitpunkt in Deutschland (territorial) ansässig gewesen ist, kann der bloße Um-

---

687 Zum Schrankenvorbehalt siehe *Kluth, Winfried*, in: Calliess, Christian/Ruffert, Matthias (Hrsg.), EUV/EGV, Art. 18 EGV, Rz. 18 ff.; *Hatje, Armin*, in: Schwarze, Jürgen (Hrsg.), EU-Kommentar, Art. 18 EGV, Rz. 10 f.; *Magiera, Siegfried*, in: Streinz, Rudolf (Hrsg.), EUV/EGV, Art. 18 EGV, Rz. 18 ff.

688 Vgl. *Hatje, Armin*, in: Schwarze, Jürgen (Hrsg.), EU-Kommentar, Art. 18 EGV, Rz. 6; noch zweifelnd BFH, Beschluss vom 17.12.1997 I B 108/97, BStBl. II 1998, S. 558.

689 Zum persönlichen Anwendungsbereich des Art. 21 AEUV siehe § 10 (II. 1.1).

690 Zum räumlichen Anwendungsbereich des Art. 21 AEUV siehe § 10 (II. 1.2).

691 Siehe § 10 (II. 5.2.1).

zug im räumlichen Anwendungsbereich des Art. 21 AEUV im Normalfall keine Änderung im steuerlichen Status dieser Person im Inland auslösen.

**d) Subsidiarität des Art. 21 AEUV.** Die speziellen Diskriminierungsverbote des Gemeinschaftsrechts sind vorrangig zu berücksichtigen, wenn diese einschlägig sind.[692] Erst wenn die einzelnen Grundfreiheiten vom Sachverhalt nicht berührt werden (weil insbesondere der Erwerbszweck[693] im konkreten Fall fehlen sollte), entfaltet die allgemeine Freizügigkeit ihre unmittelbare Wirkung[694]. Die danach verbleibenden Konstellationen dürfen nun in die Konformitätsprüfung nachfolgend einbezogen werden.

## 4. Grundfreiheiten

| | |
|---|---|
| *4.1.* <br> *Warenverkehrs-freiheit, Art. 28 ff. AEUV* | Die Warenverkehrsfreiheit beinhaltet ein Verbot der Aufstellung unmittelbarer oder mittelbarer[695] Hindernisse für den freien Warenverkehr im Binnenmarkt (z. B. Einfuhrzölle, Art. 30 AEUV[696], oder mengenmäßige Einfuhrbeschränkungen, Art. 34 AEUV[697]).[698] In sachlicher Hinsicht erstreckt sich der Anwendungsbereich der Warenverkehrsfreiheit auf die *Ware*. Darunter |

692 Vgl. *Jorewitz, Gitta*, Die Prüfung der EG-Konformität des deutschen Ertragsteuerrechts, S. 125; *Magiera, Siegfried*, in: Streinz, Rudolf (Hrsg.), EUV/EGV, Art. 18 EGV, Rz. 7; *Haag, Marcel*, in: von der Groeben, Hans/Schwarze, Jürgen (Hrsg.), EUV/EGV, Art. 18 EG, Rz. 18; *Hatje, Armin*, in: Schwarze, Jürgen (Hrsg.), EU-Kommentar, Art. 18 EGV, Rz. 12; *Kluth, Winfried*, in: Calliess, Christian/Ruffert, Matthias (Hrsg.), EUV/EGV, Art. 18 EGV, Rz. 16.

693 Siehe § 10 (II. 1.2).

694 Im Ergebnis bejahend zur Notwendigkeit der Heranziehung des Art. 21 AEUV bei der europarechtlichen Konformitätsprüfung der Vorschriften auf dem Gebiet der direkten Steuern vgl. *Jorewitz, Gitta*, Die Prüfung der EG-Konformität des deutschen Ertragsteuerrechts, S. 128; noch zweifelnd zur Unmittelbarkeit der Wirkung und zur wesentlichen Relevanz des Art. 21 AEUV für den steuerlichen Bereich vgl. *Hahn, Hartmut*, Die Vereinbarkeit von Normen des deutschen internationalen Steuerrechts mit EG-Recht, S. 78 f.

695 Vgl. *Schroeder, Werner*, in: Streinz, Rudolf (Hrsg.), EUV/EGV, Art. 28 EGV, Rz. 40; EuGH, Urteil vom 23.10.1997 Rs. C-189/95 „Franzén", Slg. 1997, I-5909, Rn. 69.

696 Ex-Art. 25 EGV.

697 Ex-Art. 28 EGV.

698 Siehe EuGH, Urteil vom 11.07.1974 Rs. 8/74 „Dassonville", Slg. 1974, S. 837, Rn. 5; EuGH, Urteil vom 24.11.1993 Rs. C-268/91 und C-267/91 „Keck, Mithouard", Slg. 1993, I-6097, Rn. 14 f.; EuGH, Urteil vom 20.02.1979 Rs. 120/78 „Rewe-Zentral AG/Bundesmonopolverwaltung für Branntwein", Slg. 1979, S. 649; EuGH, Urteil vom 26.05.2005 Rs. C-20/03 „Burmanjer", Slg. 2005, I-4133, Rn. 23.

fallen nach ständiger EuGH-Rechtsprechung körperliche[699] Gegenstände, die einen Geldwert haben und folglich Gegenstände von Handelsgeschäften sein können.[700] Die Warenverkehrsfreiheit ist stets von den anderen Grundfreiheiten abzugrenzen[701], wie etwa von der Kapitalverkehrsfreiheit[702] oder der Dienstleistungsfreiheit[703], und vorrangig vor dem allgemeinen Diskriminierungsverbot des Art. 18 AEUV[704] anzuwenden. Aufgrund der besonderen – gegenständlichen – Anknüpfung der Warenverkehrsfreiheit dürfte dieser nur eine untergeordnete Bedeutung auf dem zu untersuchenden Gebiet der direkten Steuern zukommen. Es ist insbesondere nicht ersichtlich, inwieweit die unbeschränkte Steuerpflicht eine unmittelbare Auswirkung auf den freien Verkehr der Waren im Binnenmarkt haben sollte.[705] Auf die Einbeziehung der Warenverkehrsfreiheit in die nachfolgende Konformitätsprüfung wird daher verzichtet.

699 Zweifelnd zur Einschränkung des Begriffs auf körperliche Gegenstände *Müller-Graff, Peter-Christian*, in: von der Groeben, Hans/Schwarze, Jürgen (Hrsg.), EUV/EGV, Art. 28 EG, Rz. 269, 274 ff.

700 EuGH, Urteil vom 14.07.1977 Rs. 1/77 „Bosch", Slg. 1977, S. 1473, Rn. 4.

701 Vgl. *Hahn, Hartmut*, Die Vereinbarkeit von Normen des deutschen internationalen Steuerrechts mit EG-Recht, S. 70; EuGH, Urteil vom 23.11.1978 Rs. 7/78 „Thompson", Slg. 1978, S. 2247, Rn. 21/22.

702 Zum Verhältnis der Warenverkehrsfreiheit zur Kapitalverkehrsfreiheit vgl. z. B. *Schroeder, Werner*, in: Streinz, Rudolf (Hrsg.), EUV/EGV, Art. 28 EGV, Rz. 12; *Becker, Ulrich*, in: Schwarze, Jürgen (Hrsg.), EU-Kommentar, Art. 28 EGV, Rz. 25.

703 Siehe hierzu *Becker, Ulrich*, in: Schwarze, Jürgen (Hrsg.), EU-Kommentar, Art. 28 EGV, Rz. 23 f.; *Seyr, Sibylle*, in: Lenz, Carl Otto/Borchardt, Klaus-Dieter (Hrsg.), EU-Verträge, Art. 56, 57 AEUV, Rz. 8.

704 Zu Art. 34 AEUV vgl. *Schroeder, Werner*, in: Streinz, Rudolf (Hrsg.), EUV/EGV, Art. 28 EGV, Rz. 13; zu Art. 110 AEUV vgl. *Kamann, Hans-Georg*, in: Streinz, EUV/EGV, Art. 90 EGV, Rz. 29.

705 Eine *mittelbare* Auswirkung der Steuerbelastung eines unbeschränkt Steuerpflichtigen auf den Warenverkehr ist dagegen durchaus denkbar.

| 4.2. Dienstleistungsfreiheit, Art. 56 ff. AEUV | Gemäß Art. 56 AEUV[706] sind Beschränkungen des freien Dienstleistungsverkehrs – unbeschadet der im Übrigen vorgesehenen Schranken und Ausnahmen[707] – innerhalb des Gemeinschaftsgebiets verboten. Der Begriff der Dienstleistungen ist dem Art. 57 AEUV[708] zu entnehmen. Es handelt sich um die – in der Regel entgeltlichen – gewerblichen, kaufmännischen, handwerklichen, freiberuflichen und sonstigen Leistungen, die nicht den speziellen Vorschriften über die Waren-, Kapital- oder die Personenfreizügigkeit unterliegen.[709] Abhängig von dem konkreten Sachverhalt muss freilich auch auf eine strenge Abgrenzung des Geltungsbereichs des Art. 56 AEUV im Verhältnis zu Art. 18 bzw. zu Art. 21 AEUV geachtet werden. Liegt dem Kriterium des Grenzübertritts ein Merkmal des privaten Bereichs zugrunde, kann der Betroffene sich nicht auf die Dienstleistungsfreiheit, wohl aber auf die allgemeine Freizügigkeit oder unmittelbar auf das allgemeine Diskriminierungsverbot berufen. Der persönliche Anwendungsbereich der Dienstleistungsfreiheit ist auf die in einem der |
|---|---|

706 Ex-Art. 49 EGV.

707 Hierzu ausführlich siehe z. B *Müller-Graff, Peter-Christian*, in: Streinz, Rudolf (Hrsg.), EUV/EGV, Art. 49 EGV, Rz. 97 ff.

708 Ex-Art. 50 EGV.

709 Vgl. *Pache, Eckhard*, in: Ehlers, Dirk (Hrsg.), Europäische Grundrechte und Grundfreiheiten, § 11 „Dienstleistungsfreiheit", Rz. 5; zur daraus abgeleiteten geringen praktischen Bedeutung der Dienstleistungsfreiheit auf dem Gebiet der direkten Steuern vgl. *Hahn, Hartmut*, Die Vereinbarkeit von Normen des deutschen internationalen Steuerrechts mit EG-Recht, S. 40; ausführlich zur Abgrenzung der Dienstleistungsfreiheit gegenüber anderen Grundfreiheiten siehe *Müller-Graff, Peter-Christian*, in: Streinz, Rudolf (Hrsg.), EUV/EGV, Art. 49 EGV, Rz. 25 ff.; *Holoubek, Michael*, in: Schwarze, Jürgen (Hrsg.), EU-Kommentar, Art. 49 EGV, Rz. 11 f.; *Kluth, Winfried*, in: Calliess, Christian/Ruffert, Matthias (Hrsg.), EUV/EGV, Art. 50 EGV, Rz. 13 ff.; in Bezug auf Art. 18 AEUV hat die Dienstleistungsfreiheit einen Anwendungsvorrang, vgl. EuGH, Urteil vom 30.05.1989 Rs. 305/87 „Kommission/Griechenland", Slg. 1989, S. 1461, Rn. 13 f.

| | |
|---|---|
| | EU/EWR-Staaten ansässigen Personen beschränkt[710] (die Staatsangehörigkeits- und die Ansässigkeitsmerkmale können dabei in Bezug auf einen Mitgliedstaat erfüllt sein, sich gleichwohl aber auch auf die jeweils unterschiedlichen Staaten verteilen)[711]. Da der sachliche Anwendungsbereich des Art. 56 AEUV durch die Ein- oder Nichteinbeziehung eines grenzüberschreitend agierenden Dienstleisters in die unbeschränkte Steuerpflicht im Inland im Regelfall zumindest berührt sein kann, muss die Dienstleistungsfreiheit bei der europarechtlichen Konformitätsprüfung der hier zu untersuchenden Regelung berücksichtigt werden. |
| *4.3. Personenfreizügigkeit* <br><br> *4.3.1. Niederlassungsfreiheit, Art. 49 ff. AEUV* | Art. 49 AEUV verbietet Beschränkungen der freien Niederlassung[712] von Staatsangehörigen eines Mitgliedstaates im Hoheitsgebiet eines anderen Mitgliedstaates (primäre Niederlassungsfreiheit)[713] und Beschränkungen bei der Gründung von Agenturen, Zweigniederlassungen oder Tochtergesellschaften durch Angehörige eines Mitgliedstaates, die im Hoheitsgebiet eines Mitgliedstaates ansässig sind (sekundäre Niederlassungsfreiheit)[714].[715] Geschützt sind sowohl die Aufnahme und die Ausübung einer selbstständigen Tätigkeit mit Erwerbszweck als auch die Gründung und Leitung von Unternehmen, Art. |

710 Siehe den Wortlaut des Art. 56 Abs. 1 AEUV; im Schrifttum siehe z. B. *Holoubek, Michael*, in: Schwarze, Jürgen (Hrsg.), EU-Kommentar, Art. 49 EGV, Rz. 23.

711 Vgl. *Holoubek, Michael*, in: Schwarze, Jürgen (Hrsg.), EU-Kommentar, Art. 49 EGV, Rz. 24; *Müller-Graff, Peter-Christian*, in: Streinz, Rudolf (Hrsg.), EUV/EGV, Art. 49 EGV, Rz. 49.

712 *„[...] die tatsächliche Ausübung einer wirtschaftlichen Tätigkeit mittels einer festen Einrichtung in einem anderen Mitgliedstaat auf unbestimmte Zeit [...]"*, EuGH, Urteil vom 25.07.1991 Rs. C-221/89 „Factortame", Slg. 1991, I-3905, Rn. 20.

713 Vgl. *Müller-Graff, Peter-Christian*, in: Streinz, Rudolf (Hrsg.), EUV/EGV, Art. 43 EGV, Rz. 8; *Tietje, Christian*, in: Ehlers, Dirk (Hrsg.), Europäische Grundrechte und Grundfreiheiten, § 10 „Niederlassungsfreiheit", Rz. 34 f.

714 Ebenda.

715 Zu den immanenten Schranken und Ausnahmen siehe *Müller-Graff, Peter-Christian*, in: Streinz, Rudolf (Hrsg.), EUV/EGV, Art. 43 EGV, Rz. 70 ff.

49 Abs. 2 AEUV. Übt ein im übrigen EU/EWR-Gebiet ansässiger Staatsangehöriger der Bundesrepublik Deutschland seine selbstständige Tätigkeit im Sinne des Art. 49 AEUV im Gemeinschaftsgebiet aus, kann er sich auf Art. 49 AEUV grundsätzlich berufen. Die persönlichen, räumlichen und sachlichen Voraussetzungen dürften insoweit erfüllt sein. Im Verhältnis zu Art. 18 AEUV (allgemeines Diskriminierungsverbot) ist Art. 49 AEUV stets vorrangig anzuwenden.[716] Die Anwendungsbereiche des Art. 45 ff. AEUV (Arbeitnehmerfreizügigkeit) bzw. Art. 56 ff. AEUV (Dienstleistungsfreiheit) und des Art. 49 AEUV schließen sich gegenseitig begrifflich aus,[717] die Voraussetzungen des Art. 63 AEUV (Kapitalverkehrsfreiheit) können dagegen gleichzeitig mit jenen des Art. 49 AEUV vorliegen.[718]

716 EuGH, Urteil vom 21.06.1974 Rs. 2/74 „Reyners", Slg. 1974, S. 631, Rn. 15 ff.

717 Unterscheidungskriterien: „selbstständig" vs. „unselbstständig" für Art. 49 AEUV/Art. 45 ff. AEUV, „dauerhaft, mit einer festen Geschäftseinrichtung im Aufnahmestaat" vs. „vorübergehend, ohne Einschaltung einer festen Geschäftseinrichtung im Aufnahmestaat" für Art. 49 AEUV/Art. 56 ff. AEUV, ausführlich hierzu *Müller-Graff, Peter-Christian*, in: Streinz, Rudolf (Hrsg.), EUV/EGV, Art. 43 EGV, Rz. 11 ff. und 100 f. sowie *Tiedje, Jürgen/Troberg, Peter*, in: von der Groeben, Hans/Schwarze, Jürgen (Hrsg.), EUV/EGV, Art. 43 EG, Rz. 5 ff.

718 Vgl. *Hahn, Hartmut*, Die Vereinbarkeit von Normen des deutschen internationalen Steuerrechts mit EG-Recht, S. 87 ff.; *Tiedje, Jürgen/Troberg, Peter*, in: von der Groeben, Hans/Schwarze, Jürgen (Hrsg.), EUV/EGV, Art. 43 EG, Rz. 18; zu den erhöhten Anforderung an eine Beteiligung in Bezug auf Art. 49 AEUV vgl. *Müller-Graff, Peter-Christian*, in: Streinz, Rudolf (Hrsg.), EUV/EGV, Art. 43 EGV, Rz. 102 sowie Nachweise in der Fußnote 728; zum ausdrücklichen Anwendungsvorbehalt des Art. 63 AEUV siehe Art. 49 Satz 3 AEUV; zu den wechselseitigen Vorbehalten im Verhältnis zwischen der Niederlassungsfreiheit und der Kapitalverkehrsfreiheit siehe *Kiemel, Wolfgang*, in: von der Groeben, Hans/Schwarze, Jürgen (Hrsg.), EUV/EGV, Art. 56 EG, Rz. 20.

| | |
|---|---|
| *4.3.2.*<br><br>*Arbeitnehmer-freizügigkeit, Art. 45 ff. AEUV* | Die auf dem Kriterium der Staatsangehörigkeit beruhende Ungleichbehandlung von Arbeitnehmern der Mitgliedstaaten in Bezug auf Beschäftigung, Entlohnung und sonstige Arbeitsbedingungen ist verboten, Art. 45 Abs. 2 AEUV.[719] Der begünstigte Arbeitnehmer hat sowohl das Recht auf freie erwerbsbedingte Bewegung im Gemeinschaftsgebiet als auch das Recht auf Aufenthalt in jedem der Mitgliedstaaten zum Erwerbszweck, Art. 45 Abs. 3 AEUV. Der Schutzbereich des Art. 45 AEUV wird für die im übrigen Gemeinschaftsgebiet unselbstständig tätigen Staatsangehörigen Deutschlands in der Regel eröffnet sein.[720] Da Art. 45 AEUV Vorrang vor Art. 18 AEUV und Art. 21 AEUV hat,[721] muss vor allem das Ziel des Auslandsaufenthalts oder der grenzüberschreitenden Bewegung bei der Konformitätsprüfung festgestellt werden.[722] |

719 Zur Arbeitnehmereigenschaft siehe *Becker, Ulrich*, in: Ehlers, Dirk (Hrsg.), Europäische Grundrechte und Grundfreiheiten, § 9 „Arbeitnehmerfreizügigkeit", Rz. 5 ff.; EuGH, Urteil vom 23.03.1982 Rs. 53/81 „Levin", Slg. 1982, S. 1035; EuGH, Urteil vom 09.11.2000 Rs. C-357/98 „Yiadom", Slg. 2000, I-9265; gemäß Art. 45 Abs. 4 AEUV gilt Art. 45 AEUV nicht für die Beschäftigung in der öffentlichen Verwaltung.

720 Ausführlich zu den persönlichen, räumlichen und sachlichen Voraussetzungen der Anwendung der Grundfreiheiten siehe § 10 (II. 1.1, 1.2); zum ausreichenden Bezug zum Gemeinschaftgebiet aufgrund einer „engen Beziehung" siehe EuGH, Urteil vom 12.07.1984 Rs. 237/83 „Prodest", Slg. 1984, S. 3153, Rn. 6 sowie EuGH, Urteil vom 27.09.1989 Rs. 9/88 „Lopes da Veiga", Slg. 1989, S. 2989, Rn. 17.

721 Siehe Nachweise in den Fußnoten 674 und 692.

722 Der Erwerbszweck ist für Art. 45 ff. AEUV maßgebend, der Privatzweck wirkt sich im Ergebnis vor allem im Zusammenhang mit Art. 18 AEUV und Art. 21 AEUV aus, vgl. *Franzen, Martin*, in: Streinz, Rudolf (Hrsg.), EUV/EGV, Art. 39 EGV, Rz. 5 f.; *Brechmann, Winfried*, in: Calliess, Christian/Ruffert, Matthias (Hrsg.), EUV/EGV, Art. 39 EGV, Rz. 5.

### *4.4. Kapitalverkehrsfreiheit, Art. 63 ff. AEUV*

Das Verbot aller Beschränkungen des Kapitalverkehrs[723] zwischen den Mitgliedstaaten sowie zwischen den Mitgliedstaaten und Drittländern ist in Art. 63 Abs. 1 AEUV verankert. Die im Übrigen vorgesehenen Einschränkungen und Ausnahmen bleiben von diesem Verbot unberührt.[724] Im Gegensatz zu den anderen Grundfreiheiten[725] gilt die Kapitalverkehrsfreiheit auch für Drittstaaten.[726] Fällt ein Sachverhalt in den Schutzbereich des Art. 63 AEUV und einer anderen Grundfreiheit, darf der räumliche Anwendungsbereich des gemeinschaftsrechtlichen Schutzes dennoch nicht durch die Hintertür der Kapitalverkehrsfreiheit auf Sachverhalte mit Bezug zum Drittland beliebig ausgedehnt werden.[727]

---

723 Zum Begriff *Kapitalverkehr* siehe die Richtlinie 88/361/EWG des Rates vom 24.06.1988 zur Durchführung von Artikel 67 des Vertrages, ABl. 1988 Nr. L 178, S. 5; EuGH, Urteil vom 16.03.1999 Rs. C-222/97 „Trummer und Mayer", Slg. 1999, I-1661, Rn. 21; EuGH, Urteil vom 06.06.2000 Rs. C-35/98 „Verkooijen", Slg. 2000, I-4071, Rn. 27; EuGH, Urteil vom 11.01.2001 Rs. C-464/98 „Stefan", Slg. 2001, I-173, Rn. 5; EuGH, Urteil vom 12.02.2009 Rs. C-67/08 „Margarete Block", Slg. 2009, I-883, Rn. 19; es handelt sich allerdings um keine erschöpfende Definition, vgl. EuGH, Urteil vom 23.02.2006 Rs. C-513/03 „van Hilten-van der Heijden", Slg. 2006, I-1957, Rn. 39; im Schrifttum: *Schürmann, Thomas*, in: Lenz, Carl Otto/Borchardt, Klaus-Dieter (Hrsg.), EU-Verträge, Art. 63 AEUV, Rz. 3 f.; *Glaesner, Adrian*, in: Schwarze, Jürgen (Hrsg.), EU-Kommentar, Art. 56 EGV, Rz. 7; *von Wilmowsky, Peter*, in: Ehlers, Dirk (Hrsg.), Europäische Grundrechte und Grundfreiheiten, § 12 „Freiheit des Kapital- und Zahlungsverkehrs", Rz. 2; *Bröhmer, Jürgen*, in: Calliess, Christian/Ruffert, Matthias (Hrsg.), EUV/EGV, Art. 56 EGV, Rz. 8 ff.

724 Siehe z. B. Art. 64 und 65 AEUV (ex-Art. 57 und 58 EGV).

725 Siehe § 10 (II. 1.2).

726 Vgl. *Glaesner, Adrian*, in: Schwarze, Jürgen (Hrsg.), EU-Kommentar, Art. 56 EGV, Rz. 18; bedenkt man die Drittlandswirkung der Kapitalverkehrsfreiheit, so könnte auch die erweiterte unbeschränkte Steuerpflicht in Italien (die bei einem Wegzug in ein EU/EWR-Land nicht eintritt, vgl. *Marino, Giuseppe*, a. a. O., S. 355 [368]) unter Umständen gemeinschaftsrechtlich kritisch gesehen werden, siehe *Zimmermann, Heinz/Könemann, Ragnar W.*, in: Strunk/Kaminski/Köhler, AStG, § 2 AStG, Rz. 35.3 ff. (Stand: September 2009), dort zwar nur in Bezug auf § 2 AStG, die aufgeworfenen Gedanken können aber sinngemäß auch auf die anderen Arten der Steuerpflicht übertragen werden.

727 Vgl. *Wunderlich, Nina/Blaschke, Christoph*, Die Gewährleistung der Kapitalverkehrsfreiheit in Bezug auf Drittstaaten: neuere Entwicklungen in der Rechtsprechung des EuGH, IStR 2008, S. 754 (762); *Dürrschmidt, Daniel*, Grenzüberschreitende Unternehmensumstrukturierungen im nationalen und europäischen Steuerrecht, StuW 2010, S. 137 (149); EuGH, Urteil vom 12.09.2006 Rs. C-196/04 „Cadbury Schweppes", Slg. 2006, I-7995, Rn. 32 ff.; EuGH, Urteil

Dies ist insbesondere bei der Abgrenzung der Kapitalverkehrsfreiheit im Verhältnis zu der Niederlassungsfreiheit zu beachten.[728] Mit Blick auf die sich räumlich (nahezu) grenzenlos erstreckende Kapitalverkehrsfreiheit und die beispiellose Bescheidenheit der Letzteren in Bezug auf Anforderungen an den Personenkreis der Begünstigten müssen schwerpunktmäßig die sachlichen Voraussetzungen des Art. 63 ff. AEUV geprüft werden. Zum einen lässt sich in diesem Zusammenhang festhalten, dass die bloße Verlegung der (territorialen) Ansässigkeit einer natürlichen Person mangels Neuallokation des Kapitals und Auswirkung des Umzuges auf die Zusammensetzung des Vermögens des Betroffenen keine Kapitalbewegung für Zwecke des Art. 63 ff. AEUV darstellt.[729] Gleichwohl fällt sowohl der Bezug

---

vom 13.03.2007 Rs. C-524/04 „Test Claimants in the Thin Cap Group Litigation", Slg. 2007, I-2107, Rn. 34; EuGH, Urteil vom 26.03.2009 Rs. C-326/07 „Kommission/Italien", Slg. 2009, I-2291, Rn. 39; wohl a. A. *Mössner, Jörg Manfred/Kellersmann, Dietrich*, Freiheit des Kapitalverkehrs in der EU und das deutsche Körperschaftsteueranrechnungsverfahren, DStZ 1999, S. 505 (508 f.).

728 Zur grundsätzlichen Abgrenzung der Kapitalverkehrsfreiheit im Verhältnis zu den anderen Grundfreiheiten vgl. *Glaesner, Adrian*, in: Schwarze, Jürgen (Hrsg.), EU-Kommentar, Art. 56 EGV, Rz. 10 ff.; *Sedlaczek, Michael*, in: Streinz, Rudolf (Hrsg.), EUV/EGV, Art. 56 EGV, Rz. 10 ff.; *Bröhmer, Jürgen*, in: Calliess, Christian/Ruffert, Matthias (Hrsg.), EUV/EGV, Art. 56 EGV, Rz. 14 ff.; *Kiemel, Wolfgang*, in: von der Groeben, Hans/Schwarze, Jürgen (Hrsg.), EUV/EGV, Art. 56 EG, Rz. 16 ff.; zur Tendenz der EuGH-Rechtsprechung zur Bejahung eines Exklusivitätsverhältnisses der Grundfreiheiten vgl. EuGH, Urteil vom 24.05.2007 Rs. C-157/05 „Holböck", Slg. 2007, I-4051, Rn. 22 ff.; EuGH, Urteil vom 18.07.2007 Rs. C-231/05 „Oy AA", Slg. 2007, I-6373, Rn. 23 ff.; differenziert zum Verhältnis von Niederlassungs- und Kapitalverkehrsfreiheit je nach dem Telos der innerstaatlichen Norm siehe *Gosch, Dietmar*, Entwicklung und Rezeption der Rechtsprechung des EuGH aus Sicht des BFH, Ubg 2009, S. 73 (76); zu einer Übersicht der Meinungen im Schrifttum siehe ferner *Zorn, Nikolaus*, Nochmals: Kapitalverkehrsfreiheit für Drittstaatendividenden (eine Reaktion auf den Beitrag von Dietmar Völker in IStR 2009, 705 ff.), IStR 2010, S. 190 (191) m. w. N.

729 Vgl. *Hahn, Hartmut*, Die Vereinbarkeit von Normen des deutschen internationalen Steuerrechts mit EG-Recht, S. 73 f.; ausführlich zu einem Wegzugsfall siehe Rn. 48, 57 ff. sowie 68 der Schlussanträge des Generalanwalts *Philippe Léger* vom 30.06.2005 in der Rs. C-513/03 „van Hilten-van der Heijden", http://eur-lex.europa.eu/Notice.do?val=418322:cs&lang=de&list=418322:cs,&pos=1&page=1&nbl=1&pgs=10&hwords=513/03~&checktexte=checkbox&visu=#texte; a. A. *Dautzenberg, Norbert*, Anmerkung zu BFH, Beschluss vom 17.12.1997 I B 108/97, IStR 1998, S. 305 (306).

| | |
|---|---|
| | von laufenden Einkünften aus dem Kapitalvermögen als auch der Bezug von Gewinnen aus der Übertragung dieses Vermögens in den Anwendungsbereich der Kapitalverkehrsfreiheit. Voraussetzung ist jedoch, dass insoweit ein grenzüberschreitender Sachverhalt vorliegt und dieser einen Bezug zum Gemeinschaftsgebiet aufweist. |

## 5. Eingriff in den Schutzbereich

### *5.1. Vorwort*

Ein Diskriminierungs- bzw. Beschränkungsverbot[730] steht der *unterschiedlichen nachteiligen* Behandlung von vergleichbaren[731] Sachverhalten entgegen. In Bezug auf die Einbeziehung aller Staatsangehörigen Deutschlands in die unbeschränkte Steuerpflicht im Inland sind folgende Vergleichspaare zu untersuchen:

---

730 Im Allgemeinen zur Abgrenzung eines Diskriminierungs- und eines Beschränkungsverbots siehe pars pro toto *Weber-Grellet, Heinrich*, Neu-Justierung der EuGH-Rechtsprechung, DStR 2009, S. 1229 (1229); siehe ferner *Hahn, Hartmut*, Gemeinschaftsrecht und Recht der direkten Steuern – Teil I, DStZ 2005, S. 433 (440 f.); zu Art. 21 AEUV siehe *Kluth, Winfried*, in: Callies, Christian/Ruffert, Matthias (Hrsg.), EUV/EGV, Art. 18 EGV, Rz. 6; zu Art. 34 AEUV siehe *Schroeder, Werner*, in: Streinz, Rudolf (Hrsg.), EUV/EGV, Art. 28 EGV, Rz. 39 f.; zu Art. 45 AEUV siehe *Brechmann, Winfried*, in: Calliess, Christian/Ruffert, Matthias (Hrsg.), EUV/EGV, Art. 39 EGV, Rz. 52 ff.; *Franzen, Martin*, in: Streinz, Rudolf (Hrsg.), EUV/EGV, Art. 39 EGV, Rz. 88 mit dem Verweis u. a. auf EuGH, Urteil vom 15.12.1995 Rs. C-415/93 „Bosman“, Slg. 1995, I-4921, Rn. 96; siehe auch *Becker, Ulrich*, in: Ehlers, Dirk (Hrsg.), Europäische Grundrechte und Grundfreiheiten, § 9 „Arbeitnehmerfreizügigkeit“, Rz. 12; zu Art. 49 AEUV siehe *Dürrschmidt, Daniel*, Grenzüberschreitende Unternehmensumstrukturierungen im nationalen und europäischen Steuerrecht, StuW 2010, S. 137 (145 f.) m. w. N.; siehe ferner *Knobbe-Keuk, Brigitte*, Niederlassungsfreiheit: Diskriminierungs- oder Beschränkungsverbot?, DB 1990, S. 2573 (2573 ff.); *Schlag, Martin*, in: Schwarze, Jürgen (Hrsg.), EU-Kommentar, Art. 43 EGV, Rz. 3 und 45 ff.; zu Art. 56 AEUV siehe *Seyr, Sibylle*, in: Lenz, Carl Otto/Borchardt, Klaus-Dieter (Hrsg.), EU-Verträge, Art. 56, 57 AEUV, Rz. 20; *Hahn, Hartmut*, Die Vereinbarkeit von Normen des deutschen internationalen Steuerrechts mit EG-Recht, S. 40; *Holoubek, Michael*, in: Schwarze, Jürgen (Hrsg.), EU-Kommentar, Art. 49 EGV, Rz. 56 ff.; EuGH, Urteil vom 03.12.1974 Rs. 33/74 „van Binsbergen“, Slg. 1974, S. 1299, Rn. 7/9 ff.; zu Art. 63 AEUV siehe *Hahn, Hartmut*, Die Vereinbarkeit von Normen des deutschen internationalen Steuerrechts mit EG-Recht, S. 94 ff.; *Kiemel, Wolfgang*, in: von der Groeben, Hans/Schwarze, Jürgen (Hrsg.), EUV/EGV, Art. 56 EG, Rz. 27.

731 Zu dem Kriterium der Vergleichbarkeit siehe z. B. EuGH, Urteil vom 29.04.1999 Rs. C-311/97 „Royal Bank of Scotland“, Slg. 1999, I-2651, Rn. 26 ff.; EuGH, Urteil vom 19.01.2006 Rs. C-265/04 „Bouanich“, Slg. 2006, I-923, Rn. 39 ff.

- Staatsangehöriger Deutschlands im Ausland vs. ein im Inland territorial ansässiger Steuerpflichtiger,
- Unionsbürger ohne deutsche Staatsangehörigkeit im Ausland vs. Staatsangehöriger Deutschlands im Ausland,
- Staatsangehöriger eines Drittstaates ohne Unionsbürgerschaft im Ausland vs. Staatsangehöriger Deutschlands im Ausland.

### *5.2. Bildung der Vergleichsgruppen*

#### 5.2.1. Vergleichspaar „Staatsangehöriger Deutschlands im Ausland vs. ein im Inland territorial ansässiger Steuerpflichtiger" (vertikale Diskriminierung)

Vergleicht man die Behandlung eines im Ausland örtlich Ansässigen mit einem gemäß § 1 Abs. 1 Satz 1 EStG unbeschränkt steuerpflichtigen Staatsangehörigen Deutschlands, so lässt sich feststellen, dass die Einbeziehung dieser Personen in die unbeschränkte Steuerpflicht insoweit die formelle Gleichbehandlung gewährleisten würde. Beide Personengruppen unterlägen der unbeschränkten Steuerpflicht im Inland[732] mit den daraus abgeleiteten gleichen Besteuerungsfolgen, und zwar unabhängig davon, ob sie von den gemeinschaftsrechtlich gewährleisteten Freiheiten Gebrauch machen, ob sie sich in Deutschland oder im Ausland aufhalten und ob sie ihre Einkünfte aus einem Niedrig-, Hoch- oder Normalsteuerland beziehen.[733]

So verneinte der EuGH die Beschränkung der Grundfreiheiten im Falle der Erweiterung der unbeschränkten Erbschaftsteuerpflicht auf die wegziehenden Staatsangehörigen der Niederlande im Fall „van Hilten-van der Heijden", da der weggezogene Staatsangehörige weiterhin *„[...] so besteuert wird, als wäre dieser Staatsangehörige im selben Mitgliedstaat wohnen geblieben [...]"*[734]. Weder die im Inland Verbleibenden noch die Wegziehenden seien davon angehalten, *„[...] von einem anderen Mitgliedstaat aus Investitionen in dem betreffenden Mitgliedstaat [...], noch [...] von dem betreffenden Mitgliedstaat aus Investitio-*

732 Es wird unterstellt, dass mit der grundsätzlichen Einbeziehung der Staatsangehörigen Deutschlands in die unbeschränkte Steuerpflicht im Inland die speziell für die beschränkt Steuerpflichtigen geltenden Vorschriften insoweit nicht anzuwenden wären.

733 In diesem Sinne zu der erweiterten unbeschränkten Erbschaftsteuerpflicht siehe Rn. 74 der Schlussanträge des Generalanwalts *Philippe Léger* vom 30.06.2005 in der Rs. C-513/03 „van Hilten-van der Heijden", a. a. O.

734 EuGH, Urteil vom 23.02.2006 Rs. C-513/03 „van Hilten-van der Heijden", Slg. 2006, I-1957, Rn. 45.

*nen in einem anderen Mitgliedstaat zu tätigen [...]*"[735]. Der aus gemeinschaftsrechtlicher Sicht bereits öfter kritisierten Differenzierung zwischen beschränkt und unbeschränkt Steuerpflichtigen[736] wäre sogar (auf der Ebene der Aufteilung der Steuerhoheit) insoweit – und nur insoweit – eine Ungleichbehandlungsgrundlage vorab entzogen. Ein im Ausland wohnhafter Deutscher wäre in Deutschland steuerlich nicht höher belastet, als wenn er dort seinen Wohnsitz unterhielte. Eine eventuelle zusätzliche Besteuerung durch den Wohnsitzstaat steht diesem Fazit grundsätzlich nicht entgegen, denn die gemeinschaftswidrige Ungleichbehandlung muss durch den gleichen Hoheitsträger – nicht etwa durch zwei unterschiedliche Staaten – erfolgen.[737] Sollte das Innehaben eines Wohnsitzes im Gemeinschaftsgebiet zu einem Nachteil aus dem Zusammenwirken zweier Besteuerungssysteme führen, ist dieser Effekt durch die fehlende Harmonisierung der nationalen steuerlichen Vorschriften bedingt und ist daher gemeinschaftsrechtlich grundsätzlich unbedenklich.[738] Es müsste aber gleichwohl gewährleistet werden, dass die steuerliche Belastung eines aufgrund seiner Staatsangehörigkeit unbeschränkt Steuerpflichtigen in Deutschland insgesamt nicht höher als die eines im Inland territorial Ansässigen ausfällt.

Da die Schlechterstellung gleichwohl aber auch Fälle der undifferenzierten Behandlung von unterschiedlichen – nicht vergleichbaren – Sachverhalten umfassen kann,[739] muss auf die Frage eingegangen werden, ob die Lage eines im

---

735 Ebenda, Rn. 46.

736 Zu der Problematik im Allgemeinen siehe im Schrifttum: *Pannen, Volker*, Grundfragen zur Einkommensteuerpflicht: Markteinkommenstheorie kontra Wohnsitz- und Welteinkommensbesteuerung, S. 68 m. w. N.; *Knobbe-Keuk, Brigitte*, Das Urteil des EuGH im Falle Werner zur Besteuerung der Grenzgänger – ärgerlich, aber nicht das letzte Wort, DStR 1993, S. 425 (425 ff.); *Lüdicke, Jürgen*, Probleme der Besteuerung beschränkt Steuerpflichtiger im Inland, Beihefter zu DStR 2008, Heft 17, S. 25 (30 ff.); *Saß, Gert*, Zum Einfluss der Rechtsprechung des EuGH auf die beschränkte Einkommen- und Körperschaftsteuerpflicht, DB 1992, S. 857 (858 ff.); *Dautzenberg, Norbert*, Der Europäische Gerichtshof und die direkten Steuern, BB 1992, S. 2400 (2405) m. w. N.

737 Vgl. *Zuleeg, Manfred*, in: von der Groeben, Hans/Schwarze, Jürgen (Hrsg.), EUV/EGV, Art. 12 EG, Rz. 6; *von Bogdandy, Armin*, in: Grabitz, Eberhard/Hilf, Meinhard (Hrsg.), Das Recht der Europäischen Union, Band I, EUV/EGV, Art. 12 EGV, Rz. 9 (Stand: Juni 2005); *Epiney, Astrid*, in: Calliess, Christian/Ruffert, Matthias (Hrsg.), EUV/EGV, Art. 12 EGV, Rz. 9 m. w. N.; siehe ferner *Birk, Dieter*, Besteuerungsgleichheit in der Europäischen Union, in: Lehner, Moris (Hrsg.), Steuerrecht im Europäischen Binnenmarkt: Einfluss des EG-Rechts auf die nationalen Steuerrechtsordnungen, S. 63 (65).

738 Siehe Rn. 73 der Schlussanträge des Generalanwalts *Philippe Léger* vom 30.06.2005 in der Rs. C-513/03 „van Hilten-van der Heijden", a. a. O. und EuGH, Urteil vom 12.02.2009 Rs. C-67/08 „Margarete Block", Slg. 2009, I-883, Rn. 35.

739 Siehe z. B. EuGH, Urteil vom 14.02.1995 Rs. C-279/93 „Schumacker", Slg. 1995, I-225, Rn. 30.

Ausland gebietsansässigen Staatsangehörigen Deutschlands sich von jener eines im Inland territorial Ansässigen wesentlich unterscheidet, sodass eine Gleichbehandlung dieser Personengruppen im Ergebnis eine verdeckte Ungleichbehandlung darstellen könnte.

In der Rs. „Wallentin"[740] bringt der EuGH zum Ausdruck, dass sich Gebietsansässige und Gebietsfremde mit Hinblick auf den Umfang der im Quellenstaat bzw. Wohnsitzstaat steuerlich verstrickten Einkünfte (*Schwerpunkt der Einkünfte*)[741] in der Regel nicht in einer vergleichbaren Lage befänden.[742] In Bezug auf die inländischen Einkünfte eines Gebietsfremden und eines Inländers wurde die objektive Vergleichbarkeit der Verhältnisse in der ständigen EuGH-Rechtsprechung dagegen bejaht, wenn die gesamten Einkünfte des Steuerpflichtigen überwiegend im Inland und nicht in dem Ansässigkeitsstaat der Besteuerung unterliegen.[743] Umfasst die Steuerpflicht bei einem Gebietsfremden nun ebenfalls auch die nichtinländischen Einkünfte, dürfte die objektive Vergleichbarkeit der Lage auch insoweit gegeben sein, da die persönliche Steuerkraft dieses Gebietsfremden jener des Inländers angeglichen wäre.

Ist dagegen nur auf die Quelle des Entstehens der Einkünfte abzustellen, gelangt man zum Ergebnis, dass die Lage nicht vergleichbar ist. Es stellt sich sodann die Folgefrage, ob insoweit eine gemeinschaftsrechtlich zu beachtende Ungleichheit der Ausgangslage besteht. Die Antwort darauf hängt vor allem davon ab, ob die Einbeziehung der nichtinländischen Einkünfte in die Besteuerung eines im Inland territorial nicht ansässigen Steuerpflichtigen den allgemein anerkannten Kriterien der Aufteilung der Steuerhoheit entspricht. Lässt man die grundsätzliche Beurteilung der Maßstäbe der sachlichen Nähe in der Gestaltung der Anknüpfungsmomente außen vor,[744] sind keine wesentlichen Anhaltspunkte ersichtlich, typisiert eine Nichtvergleichbarkeit der Lage eines Deutschen (oder

740 EuGH, Urteil vom 01.07.2004 Rs. C-169/03 „Wallentin", Slg. 2004, I-6443.

741 EuGH, Urteil vom 14.02.1995 Rs. C-279/93 „Schumacker", Slg. 1995, I-225, Rn. 33.

742 EuGH, Urteil vom 01.07.2004 Rs. C-169/03 „Wallentin", Slg. 2004, I-6443, Rn. 15; ebenso EuGH, Urteil vom 14.09.1999 Rs. C-391/97 „Gschwind", Slg. 1999, I-5451, Rn. 22; EuGH, Urteil vom 14.02.1995 Rs. C-279/93 „Schumacker", Slg. 1995, I-225, Rn. 31.

743 Siehe EuGH, Urteil vom 14.02.1995 Rs. C-279/93 „Schumacker", Slg. 1995, I-225, Rn. 36; EuGH, Urteil vom 29.04.1999 Rs. C-311/97 „Royal Bank of Scotland", Slg. 1999, I-2651, Rn. 29; in der Sache „D" knüpft das Gericht jedoch nicht an die tatsächliche steuerliche Erfassung der (Vermögens-)Werte (wie – sinngemäß – im Falle „Wallentin", EuGH, Urteil vom 01.07.2004 Rs. C-169/03 „Wallentin", Slg. 2004, I-6443, Rn. 18), sondern an den Ort der Belegenheit des Vermögens an (EuGH, Urteil vom 05.07.2005 Rs. C-376/03 „D", Slg. 2005, I-5821, Rn. 41); siehe hierzu *Schuch, Josef*, Marktintegration durch Meistbegünstigung im EG-Steuerrecht, in: Cordewener, Axel/Enchelmaier, Stefan/Schindler, Philipp (Hrsg.), Meistbegünstigung im Steuerrecht der EU-Staaten, S. 151 (153).

744 Hierzu siehe § 7 (II.).

auch eines Ausländers) mit Wohnsitz im Inland im Vergleich mit einem im Ausland gebietsansässigen Deutschen anzunehmen.

### 5.2.2. Vergleichspaar „Unionsbürger ohne deutsche Staatsangehörigkeit im Ausland vs. Staatsangehöriger Deutschlands im Ausland“ (horizontale Diskriminierung)

#### A. Schlechterstellung eines Unionsbürgers ohne deutsche Staatsangehörigkeit

Die Unterschiede im steuerlichen Status eines Unionsbürgers ohne deutsche Staatsangehörigkeit im Vergleich zum steuerlichen Status eines Staatsangehörigen Deutschlands können als nachteilig qualifiziert werden, wenn entweder die Besteuerung nach dem Welteinkommensprinzip (als Ausdruck der unbeschränkten Steuerpflicht) an sich vorteilhafter als die Besteuerung nach dem – für beschränkt Steuerpflichtige einschlägigen – *steuerlichen Territorialitätsprinzip* wäre oder sich die für einen gebietsfremden Unionsbürger geltenden oder nichtgeltenden sonstigen Besonderheiten auf die steuerliche Belastung nachteiliger bzw. vorteilhafter auswirken würden. Denn ein solcher Unionsbürger kann entweder gemäß § 1 Abs. 1 Satz 1 EStG im Inland unbeschränkt steuerpflichtig (und insoweit *nicht anders* als ein im In- oder Ausland territorial ansässiger Deutscher) oder gemäß § 1 Abs. 4 i. V. m. § 49 EStG nur beschränkt steuerpflichtig (und insoweit *anders* als ein im Ausland territorial ansässiger Deutscher) behandelt werden. Ein im Inland weder beschränkt noch unbeschränkt steuerpflichtiger Unionsbürger kann sich dagegen nicht in einer diskriminierenden Lage im Vergleich zu einem im Inland Steuerpflichtigen befinden (es sei denn, eine weitere begünstigende Regelung würde wiederum an die Steuerpflicht im Inland anknüpfen).

Insoweit sind zwei gesonderte Bereiche vor Augen zu führen: einerseits die Anknüpfung an die Staatsangehörigkeit als eine *„zum Zwecke der Aufteilung der Steuerhoheit“*[745] getroffene Maßnahme und andererseits die Gestaltung von unterschiedlichen Besteuerungsfolgen bei einem beschränkt bzw. unbeschränkt Steuerpflichtigen als *„Ausübung der auf diese Weise aufgeteilten Steuerhoheit“*[746].

---

745 EuGH, Urteil vom 23.02.2006 Rs. C-513/03 „van Hilten-van der Heijden“, Slg. 2006, I-1957, Rn. 47.

746 Vgl. EuGH, Urteil vom 21.09.1999 Rs. C-307/97 „Saint-Gobain“, Slg. 1999, I-6161, Rn. 58; siehe ferner *Kofler, Georg*, Doppelbesteuerungsabkommen und Europäisches Gemeinschaftsrecht, Wien 2007, S. 548; so führen *Moris Lehner* und *Christian Waldhoff* in Bezug auf § 1 Abs. 3 EStG zutreffend aus, dass mit dieser Vorschrift keine unbeschränkte Steuerpflicht an sich begründet wird: die steuerliche Hoheit Deutschlands bleibe dem Grunde nach auf solche

Die aus der Aufteilung der Steuerhoheit resultierende Einbeziehung eines Steuerpflichtigen in die unbeschränkte Steuerpflicht – im Sinne der bloßen Erweiterung des sachlichen Umfangs der Steuerpflicht dieser Person auf die Welteinkünfte (hier als Gegenteil zu den mit einem Land örtlich verknüpften Einkünften)[747] – wird in der Regel keine Vorteile im Vergleich zu der territorial beschränkten Erfassung der Einkünfte mit sich bringen und insoweit gemeinschaftsrechtlich im Normalfall unbedenklich sein. Als vorteilhaft kann sich das Welteinkommensprinzip freilich dann auswirken, wenn ein im Inland nur beschränkt Steuerpflichtiger im Ausland per Saldo Verluste erleidet.[748] Ob es sich bei der Berücksichtigung der Verluste um eine Entscheidung auf der Ebene der *Aufteilung der Steuerhoheit*[749] (die steuerliche Einbeziehung der Verluste als Ausfluss des Welteinkommens- oder des Territorialitätsprinzips bzw. die Einbeziehung der Verluste als negativer Einkünfte)[750] oder der *Ausübung der Steuer-*

---

eines Quellenstaats begrenzt, vielmehr handele es sich um einen Rechtsfolgenverweis zur Umsetzung der Besteuerung der so zugewiesenen Einkommensmasse, vgl. *Lehner, Moris/Waldhoff, Christian*, in: Kirchhof/Söhn/Mellinghoff, EStG, § 1 EStG, Rz. D 2 und D 172 (Stand: November 2003); siehe auch *Ebling, Klaus*, in: Blümich, EStG, § 1 EStG, Rz. 276 f. (Stand: Februar 2008); *Heinicke, Wolfgang*, in: Schmidt, Ludwig, Einkommensteuergesetz: Kommentar, 29. Auflage, München 2010, § 1 EStG, Rz. 70; *Stapperfend, Thomas*, in: Herrmann/Heuer/Raupach, EStG, § 1 EStG, Rz. 297 (Stand: Oktober 2007).

747 Vgl. *Lehner, Moris/Waldhoff, Christian*, in: Kirchhof/Söhn/Mellinghoff, EStG, § 1 EStG, Rz. D 176 (Stand: November 2003): *„Sieht man im* ***territorialen Zuschnitt der Bemessungsgrundlage das entscheidende Kriterium*** *für die Wahl des richtigen Attributs der Steuerpflicht (‚unbeschränkt' oder ‚beschränkt'), so […]"*, Hervorhebung dort.

748 Zu den dadurch eventuell betroffenen Diskriminierungsverboten siehe § 10 (II. 5.3). Die Berücksichtigung von persönlichen Verhältnissen bei einem unbeschränkt Steuerpflichtigen gehört dagegen zu dem Bereich der Ausübung der Steuerhoheit und kann an sich nicht als Vorteil des Welteinkommensprinzips verstanden werden.

749 Tendenziell so wohl *Lehner, Moris/Waldhoff, Christian*, in: Kirchhof/Söhn/Mellinghoff, EStG, § 1 EStG, Rz. A 741 (Stand: November 2003): *„Durch die* ***Grundentscheidung für das Welteinkommensprinzip*** *werden Gewinne und Verluste aus Auslandstätigkeiten und Auslandsinvestitionen […] steuerlich grundsätzlich nicht anders behandelt als heimische Gewinne und Verluste"*, Hervorhebung dort; siehe auch *Englisch, Joachim* in der Diskussion zu *Cordewener, Axel*, Grenzüberschreitende Verlustberücksichtigung im Europäischen Recht, in: von Groll, Rüdiger (Hrsg.), Verluste im Steuerrecht, Köln 2005, S. 255 (317) mit Verweis auf die Fälle „Futura" und „Gilly"; *ders.*, Aufteilung der Besteuerungsbefugnisse – Ein Rechtfertigungsgrund für die Einschränkung von EG-Freiheiten?, S. 37, dort in Bezug auf das Territorialitätsprinzip im engeren Sinne; siehe ferner *Altvater, Christian*, Niederlassungsfreiheit vs. nationale Besteuerungsbefugnisse: Eine (Trend-)Analyse der aktuellen EuGH-Rechtsprechung, DB 2009, S. 1201 (1204).

750 Zu den Verlusten als negativen Einkünften siehe § 10d Abs. 2 EStG; siehe auch *Eckhoff, Rolf*, Verluste im Einkommensteuerrecht, in: von Groll, Rüdiger (Hrsg.), Verluste im Steuerrecht, S. 11 (19) m. w. N; *Prokisch, Rainer*, Grenzüberschreitende Verlustberücksichtigung, in: von Groll, Rüdiger (Hrsg.), Verluste im Steuerrecht, S. 229 (234 f.); *Schaumburg, Harald*, Besteue-

*hoheit*[751] (die steuerliche Einbeziehung der Verluste als Ausfluss des Leistungsfähigkeitsprinzips[752] bzw. der Symmetriethese[753] zur Sicherstellung der *Ausgewogenheit* der Aufteilung der Steuerhoheit) handelt, ist fraglich. Eine klare Antwort lässt sich auch der Rechtsprechung des EuGH nicht entnehmen.[754]

---

rung von Kapitalerträgen – Vollzugsdefizite und Vorgaben des Europäischen und Internationalen Steuerrechts, in: Ebling, Iris (Hrsg.), Besteuerung von Einkommen, S. 225 (242); BFH, Beschluss vom 11.03.1970 I B 50/68, I B 3/69, BStBl. II 1970, S. 569; BFH, Urteil vom 17.07.2008 I R 84/04, BStBl. II 2009, S. 630.

751 So wohl im Ergebnis *Arginelli, Paolo*, a. a. O., S. 82 (112): *„Thirdly, the analysis of the meaning attributable to the territoriality principle, on the basis of which the Futura case seems to have been decided, has shown that, where provisions of the national constitutions and Community law require the host state to take into account the foreign losses of a taxpayer, such a principle may not remove these obligations. It merely establishes the boundaries of the jurisdiction to tax and, in no event, forces the national legislator to follow certain paths when designing the domestic tax system"*; zur differenzierten Betrachtung der positiven und negativen Einkünfte im Rahmen des Art. 23A OECD-MA siehe *Wassermeyer, Franz*, in: Debatin/Wassermeyer, DBA, Art. 23A OECD-MA, Rz. 57 (Stand: Oktober 2002) sowie Nr. 44 OECD-MK 2010 zu Art. 23A/23B OECD-MA.

752 Siehe *Ruiz Almendral, Violeta*, An Ever Distant Union: The Cross-Border Loss Relief Conundrum in EU Law, Intertax 2010, S. 476 (479): *„[...] the ability-to-pay principle is just one side or aspect of tax justice and an obligation [...] that happens afterwards, that is, once we assume that [...] the States must participate in the economic success of their citizens (residents) by way of taxing them in order to finance public expenditures... However, territoriality, not ability to pay, is the basis of taxation and therefore comes first [...]"*; zur Berücksichtigung des Leistungsfähigkeitsprinzips im internationalen Überblick siehe *Arginelli, Paolo*, a. a. O., S. 82 (105).

753 Siehe hierzu *Kessler, Wolfgang*, Ausländische Betriebstättenverluste, in: Lehner, Moris (Hrsg.), Verluste im nationalen und Internationalen Steuerrecht, München 2004, S. 83 (86 ff.); *Bachmann, Carmen/Caro, Catharina*, Grenzüberschreitende Verlustverrechnung, IWB 2010, S. 379 (380).

754 EuGH, Urteil vom 15.05.1997 Rs. C 250/95 „Futura Participations SA und Singer", Slg. 1997, I-2471, Rn. 21 f.: *„Für die Berechnung der Bemessungsgrundlage der Steuer von Steuerausländern werden hingegen bei der Festsetzung der luxemburgischen Steuer nur die Gewinne und Verluste berücksichtigt, die aus ihren luxemburgischen Tätigkeiten stammen. [...] Diese Regelung, die dem steuerlichen Territorialitätsprinzip entspricht, enthält weder eine offene noch eine verdeckte Diskriminierung, wie sie der EG-Vertrag verbietet"*; EuGH, Urteil vom 13.12.2005 Rs. C-446/03 „Marks & Spencer", Slg. 2005, I-10837, Rn. 45: *„Es kann jedoch [...] zur Wahrung der Aufteilung der Besteuerungsbefugnis zwischen den Mitgliedstaaten erforderlich sein, auf die wirtschaftliche Tätigkeit der in einem dieser Staaten niedergelassenen Gesellschaften sowohl in Bezug auf Gewinne als auch auf Verluste nur dessen Steuerrecht anzuwenden"*; Rn. 51, 55 f. der Schlussanträge der Generalanwältin *Juliane Kokott* vom 12.09.2006 in der Rs. C-231/05 „Oy AA", http://eur-lex.europa.eu/Notice.do?val=432816:cs&lang=de&list=432816:cs,&pos=1&page=1&-nbl=1&pgs=10&hwords=231/05~&checktexte=checkbox&visu=#texte: *„Mit dem – im internationalen Steuerrecht geltenden und vom Gemeinschaftsrecht anerkannten – Territorialitätsprinzip steht es insbesondere im Einklang, wenn der Mitgliedstaat des Sitzes der Muttergesellschaft die gebietsansässigen Gesellschaften für ihren weltweit erwirtschafteten*

Tendenziell ist dem Bereich der Ausübung der Steuerhoheit der Vorzug zu geben. Denn die Ebene der Aufteilung der Steuerhoheit (*allocation of the power to impose taxes*) schreibt grundsätzlich keine genaue Bemessungsgrundlage vor.[755] Es ist vielmehr dem nationalen Gesetzgeber überlassen, zu entscheiden, inwieweit der völkerrechtlich zulässige Rahmen in Bezug auf das (positive) Besteuerungssubstrat ausgeschöpft wird. Die steuerliche Berücksichtigung von Verlusten fußt dagegen vor allem auf dem innerstaatlichen Prinzip der Leistungsfähigkeit[756] und berührt nicht die Frage des zulässigen völkerrechtlichen

---

*Gewinn und die gebietsfremden Gesellschaften ausschließlich für den Gewinn aus ihrer inländischen Tätigkeit besteuert. [...] Die Aufteilung der Besteuerungsbefugnis nach Gesichtspunkten der Territorialität (Sitz des Unternehmens oder Quelle der Einkünfte im Inland) dient dazu, einem Staat das vorrangige Besteuerungsrecht für bestimmte Einkünfte einzuräumen. Gemeinsam mit den Regeln zur Vermeidung der Doppelbesteuerung, besteht damit ein internationales Zuständigkeitssystem für die Besteuerung. Dieses – wenn auch im Einzelnen nicht lückenlose – System soll grundsätzlich gewährleisten, dass alle Einkünfte genau einmal besteuert werden. Könnten Verluste mehrfach mit Gewinnen verrechnet werden, blieben Gewinne völlig unversteuert, obwohl ihnen tatsächlich keine noch verrechenbaren Verluste gegenüberstehen. Dies verstieße gegen den Gedanken der Einmalbesteuerung, der der internationalen Aufteilung der Besteuerungsbefugnis zugrunde liegt"*; EuGH, Urteil vom 15.05.2008 Rs. C-414/06 „Lidl Belgium", Slg. 2008, I-3601, Rn. 31 und 33: *„Was den ersten angeführten Rechtfertigungsgrund angeht, ist daran zu erinnern, dass es zur Wahrung der Aufteilung der Besteuerungsbefugnis zwischen den Mitgliedstaaten erforderlich sein kann, auf die wirtschaftliche Tätigkeit der in einem dieser Staaten niedergelassenen Gesellschaften sowohl in Bezug auf Gewinne als auch auf Verluste nur dessen Steuerrecht anzuwenden [...]. Zur Erheblichkeit des ersten Rechtfertigungsgrunds ist angesichts der tatsächlichen Umstände des Ausgangsverfahrens zu bemerken, dass der Mitgliedstaat, in dem sich der Sitz der Gesellschaft befindet, der die Betriebsstätte gehört, ohne ein Doppelbesteuerungsabkommen das Recht hätte, die von dieser Einheit erwirtschafteten Gewinne zu besteuern. Folglich ist das Ziel, die Aufteilung der Besteuerungsbefugnis zwischen den betroffenen Mitgliedstaaten zu wahren, das sich in den Bestimmungen des Abkommens widerspiegelt, geeignet, die im Ausgangsverfahren fragliche Steuerregelung zu rechtfertigen, da sie die Symmetrie zwischen dem Recht zur Besteuerung der Gewinne und der Möglichkeit, Verluste in Abzug zu bringen, wahrt"*.

755 Siehe auch *Bühler, Ottmar*, Grenzen der Steuerhoheit: Unvereinbarkeit von § 15 II StAnpG mit der heutigen Auffassung von Steuersouveränität und völkerrechtlichem Territorialprinzip, DStR 1965, S. 398 (400) mit dem Verweis auf *M. Udina*.

756 Zu den innerstaatlichen Vorgaben der Verlustberücksichtigung im Kontext des (objektiven) Nettoprinzips vgl. *Lehner, Moris*, Verfassungsrechtliche Vorgaben für die Verlustberücksichtigung, in: Lehner, Moris (Hrsg.), Verluste im nationalen und Internationalen Steuerrecht, S. 1 (1 ff.) sowie *Schuch, Josef*, Europarechtliche und abkommensrechtliche Vorgaben für die Verlustbehandlung, ebenda, S. 63 (63) m. w. N.; ferner *Wendt, Michael*, Prinzipien der Verlustberücksichtigung, in: von Groll, Rudiger (Hrsg.), Verluste im Steuerrecht, S. 41 (49 ff.); *Schneider, Stefan*, Verfassungsrechtliche Grundlagen und Grenzen des objektiven Nettoprinzips, Beihefter zu DStR 2009, Heft 34, S. 87 (87 ff.) und *Englisch, Joachim*, Verfassungsrechtliche Grundlagen und Grenzen des objektiven Nettoprinzips, Beihefter zu DStR 2009, Heft 34, S. 92 (92 ff.); siehe auch *Tipke, Klaus*, Mehr oder weniger Entscheidungsspielraum für den Steuergesetzgeber?,

Rahmens des steuerlichen *Zugriffs* eines Staates im internationalen Kontext, sondern die Problematik seiner *Ausgewogenheit* (***balanced** allocation of the power to impose taxes*).

Die unterschiedliche Behandlung von positiven und negativen Ergebnissen ist dem Gesetzgeber und der Judikatur ohnehin nicht neu.[757] Dass eine bestimmte Behandlung ausländischer Verluste vom Territorialitätsprinzip nicht zwingend vorgegeben ist, hat der Bundesfinanzhof in dem Verfahren I R 107/09 bestätigt.[758] Eine differenzierte Betrachtung der Zuordnungsfrage für die unbeschränkte und beschränkte Steuerpflicht ist insoweit kaum möglich.

Die Ungleichbehandlung von beschränkt und unbeschränkt Steuerpflichtigen im Rahmen der Ausübung der Steuerhoheit ist dabei ein bereits jetzt bekanntes gemeinschaftsrechtliches Problem, auch ohne dass es auf die (direkte) Anknüpfung der Steuerpflicht an die Staatsangehörigkeit ankommt. Die europarechtlichen Diskriminierungsverbote erstrecken sich nicht nur auf die Fälle der offenen

---

JZ 2009, S. 533 (537 f.); *Lang, Joachim*, Prinzipien und Systeme der Besteuerung von Einkommen, in: Ebling, Iris (Hrsg.), Besteuerung von Einkommen, S. 49 (61) m. w. N.; zur grundsätzlichen Trennung des Welteinkommensprinzips und des Leistungsfähigkeitsprinzips *Vogel, Klaus*, Über „Besteuerungsrechte“ und über das Leistungsfähigkeitsprinzip im Internationalen Steuerrecht, in: Kirchhof, Paul/Offerhaus, Klaus/Schöberle, Horst (Hrsg.), Steuerrecht, Verfassungsrecht, Finanzpolitik: Festschrift für Franz Klein, Köln 1994, S. 361 (376): *„Es ist also nicht nur der Behauptung zu widersprechen, das Leistungsfähigkeitsprinzip müsse zwangsläufig zu einer Besteuerung des Welteinkommens der Inländer führen. Eine unter individuellen wie unter zwischenstaatlichen Gesichtspunkten gerecht ausgestaltete Besteuerung nach der Leistungsfähigkeit sollte sich im Gegenteil auf inländische Leistungsfähigkeit, d. h. auf im Inland erzieltes Einkommen beschränken“.*

757 Siehe z. B. § 2a EStG sowie BFH, Urteil vom 28.02.1990 I R 43/86, BStBl. II 1990, S. 615, dort zu § 6 AStG.

758 BFH, Urteil vom 09.06.2010 I R 107/09, BFHE 230, S. 35: *„Ziel ist es vielmehr allein, die Beschränkungen, welche mit den bilateral (über die ‚Symmetriethese‘) oder auch unilateral (vgl. § 2a EStG 1997) bedingten Aussparungen von Auslandseinkünften verbunden sind, ausnahmsweise und **unbeschadet des Territorialitätsprinzips** zu durchbrechen [...]“*, Hervorhebung nur hier; siehe ferner *Braunagel, Ralf*, Rechtsvergleichende Anmerkungen zum Thema „Betriebsstättenverluste“: Replik zum Beitrag von Hahn, IStR 2010, S. 163 (164); *ders.*, Verstößt die Nichtberücksichtigung ausländischer Betriebsstättenverluste im Rahmen der Gewerbesteuer gegen Gemeinschaftsrecht? Zugleich eine Besprechung der Urteile des FG Hamburg vom 18.11.2009 6 K 147/08 und des FG Düsseldorf vom 08.09.2009 6 K 308/04 K, IStR 2010, S. 313 (315 f.); *Cordewener, Axel*, Grenzüberschreitende Verlustberücksichtigung im Europäischen Recht, in: von Groll, Rüdiger (Hrsg.), Verluste im Steuerrecht, S. 255 (311 f.) zu gemeinschaftsrechtlichen Bedenken hierzu; ebenfalls kritisch wohl *Pohl, Carsten*, Anmerkungen zu den BFH-Urteilen vom 09.06.2010 I R 100/09 und I R 107/09: Berücksichtigung ausländischer Betriebsstättenverluste, IWB 2010, S. 626 (628); siehe auch *Kußmaul, Heinz/Delarber, Christian*, Zur aktuellen BFH-Rechtsprechung zu finalen ausländischen Betriebsstättenverlusten – Anmerkungen zu den BFH-Urteilen vom 09.06.2010, Ubg 2010, S. 900 (904).

(formellen)[759], sondern auch der versteckten (materiellen)[760] Diskriminierung.[761] Und streng betrachtet handelt es sich bereits bei der gegenwärtig praktizierten Anknüpfung der unbeschränkten Einkommensteuerpflicht an den inländischen Wohnsitz oder den gewöhnlichen Aufenthalt im Inland um eine verdeckte Differenzierung aufgrund der Staatsangehörigkeit.[762] Soweit ersichtlich, hat der EuGH

---

759 Es handelt sich um Diskriminierung aufgrund der ausdrücklichen Anknüpfung an die Staatsangehörigkeit, vgl. *Streinz, Rudolf*, in: Streinz, Rudolf (Hrsg.), EUV/EGV, Art. 12 EGV, Rz. 48; *Holoubek, Michael*, in: Schwarze, Jürgen (Hrsg.), EU-Kommentar, Art. 12 EGV, Rz. 45; *Ehlers, Dirk*, in: Ehlers, Dirk (Hrsg.), Europäische Grundrechte und Grundfreiheiten, § 7 „Allgemeine Lehren", Rz. 26.

760 Damit gemeint ist die Diskriminierung, die zwar durch die Anwendung anderer Anknüpfungsmerkmale bedingt ist, im Ergebnis aber mittelbar von der Staatsangehörigkeit bestimmt wird (ständige EuGH-Rechtsprechung, vgl. EuGH, Urteil vom 23.01.1997 Rs. C-29/95 „Pastoors", Slg. 1997, I-285, Rn. 16; EuGH, Urteil vom 19.03.2002 Rs. C-224/00 „Kommission/Italien", Slg. 2002, I-2965, Rn. 15; EuGH, Urteil vom 30.06.2005 Rs. C-28/04 „Tod's und Tod's France", Slg. 2005, I-5781, Rn. 19); EuGH, Urteil vom 25.01.2007 Rs. C-329/05 „Meindl", Slg. 2007, I-1107, Rn. 28; siehe im Schrifttum: *Bieg, Thorsten*, Der Gerichtshof der Europäischen Gemeinschaften und sein Einfluss auf das deutsche Steuerrecht, S. 90 f.; *Streinz, Rudolf*, in: Streinz, Rudolf (Hrsg.), EUV/EGV, Art. 12 EGV, Rz. 42 und 49 ff.; *Zuleeg, Manfred*, in: von der Groeben, Hans/Schwarze, Jürgen (Hrsg.), EUV/EGV, Art. 12 EG, Rz. 4; *Epiney, Astrid*, in: Calliess, Christian/Ruffert, Matthias (Hrsg.), EUV/EGV, Art. 12 EGV, Rz. 11 ff.; *Holoubek, Michael*, in: Schwarze, Jürgen (Hrsg.), EU-Kommentar, Art. 12 EGV, Rz. 39 ff. und 49 ff.; *Ehlers, Dirk*, in: Ehlers, Dirk (Hrsg.), Europäische Grundrechte und Grundfreiheiten, § 7 „Allgemeine Lehren", Rz. 26; zu den Unterschieden der Begriffe *direct (overt)* vs. *indirect (covert) discrimination* und *formal* vs. *substantive discrimination* siehe aber *Wouters, Jan*, The principle of non-discrimination in European Community Law, EC Tax Review 1999, S. 98 (103 ff.).

761 Zu Art. 45 AEUV vgl. *Wölker, Ulrich/Grill, Gerhard*, in: von der Groeben, Hans/Schwarze, Jürgen (Hrsg.), EUV/EGV, Art. 39 EG, Rz. 13; *Franzen, Martin*, in: Streinz, Rudolf (Hrsg.), EUV/EGV, Art. 39 EGV, Rz. 83 ff.; *Schneider, Hartmut/Wunderlich, Nina*, in: Schwarze, Jürgen (Hrsg.), EU-Kommentar, Art. 39 EGV, Rz. 35 ff.; *Brechmann, Winfried*, in: Calliess, Christian/Ruffert, Matthias (Hrsg.), EUV/EGV, Art. 39 EGV, Rz. 46 f.; zu Art. 49 AEUV vgl. *Bröhmer, Jürgen,* in: Calliess, Christian/Ruffert, Matthias (Hrsg.), EUV/EGV, Art. 43 EGV, Rz. 21; *Müller-Graff, Peter-Christian*, in: Streinz, Rudolf (Hrsg.), EUV/EGV, Art. 43 EGV, Rz. 43 ff.; *Schlag, Martin*, in: Schwarze, Jürgen (Hrsg.), EU-Kommentar, Art. 43 EGV, Rz. 35 ff.; zu Art. 56 AEUV vgl. *Kluth, Winfried*, in: Calliess, Christian/Ruffert, Matthias (Hrsg.), EUV/EGV, Art. 50 EGV, Rz. 51 ff.; *Müller-Graff, Peter-Christian*, in: Streinz, Rudolf (Hrsg.), EUV/EGV, Art. 49 EGV, Rz. 74 ff.; *Holoubek, Michael*, in: Schwarze, Jürgen (Hrsg.), EU-Kommentar, Art. 49 EGV, Rz. 63; zu den nichtdiskriminierenden Hindernissen siehe *Tiedje, Jürgen/Troberg, Peter*, in: von der Groeben, Hans/Schwarze, Jürgen (Hrsg.), EUV/EGV, Art. 49 EG, Rz. 62 ff.; zu Art. 63 AEUV vgl. *Kiemel, Wolfgang*, in: von der Groeben, Hans/Schwarze, Jürgen (Hrsg.), EUV/EGV, Art. 56 EG, Rz. 27.

762 Siehe hierzu EuGH, Urteil vom 25.01.2007 Rs. C-329/05 „Meindl", Slg. 2007, I-1107, Rn. 28; EuGH, Urteil vom 19.03.2002 Rs. C-224/00 „Kommission/Italien", Slg. 2002, I-2965, Rn. 15; EuGH, Urteil vom 30.06.2005 Rs. C-28/04 „Tod's und Tod's France", Slg. 2005, I-5781, Rn. 19; BFH, Urteil vom 20.04.1988 I R 219/82, BStBl. II 1990, S. 701; siehe auch *Streinz, Rudolf*, in: Streinz, Rudolf (Hrsg.), EUV/EGV, Art. 12 EGV, Rz. 51 sowie *Lenz, Carl Otto*, in: Lenz,

dennoch in keinem steuerrechtlichen Fall eine derartige Anknüpfung infrage gestellt. Vielmehr wurde stets nur die daraus folgende Anwendung bzw. Nichtanwendung spezieller Vorschriften für die beschränkt Steuerpflichtigen als gemeinschaftswidrig gerügt (abgesehen von den Fällen, in welchen die Ungleichbehandlung auf zulässige Weise ohnehin gerechtfertigt wurde). Die Anknüpfung der unbeschränkten Einkommensteuerpflicht an die Staatsangehörigkeit kann somit zwar neue Akzente in der Darlegung der Vergleichbarkeit der Situation eines beschränkt Steuerpflichtigen ohne deutsche Staatsangehörigkeit mit der Lage eines im Inland territorial nicht ansässigen Deutschen setzen. Die ohnehin bestehende Verpflichtung der Staaten zur gemeinschaftskonformen Ausübung der Steuerhoheit kann allerdings nicht als ein ausschlaggebendes Hindernis zur Anknüpfung an die Staatsangehörigkeit für Zwecke der Aufteilung der Steuerhoheit im Vergleich zu der Anknüpfung an die territorialen Merkmale qualifiziert werden (dies gilt im Übrigen auch für § 2 Abs. 1 Nr. 1 Satz 2 Buchst. b) ErbStG).

## B. Schlechterstellung eines Staatsangehörigen Deutschlands

Die Einschränkung der strittigen Regelung auf Staatsangehörige Deutschlands ist gemeinschaftsrechtlich als kritisch anzusehen, wenn sich die davon betroffenen Deutschen in einer vergleichbaren Situation mit einem gebietsfremden Ausländer befinden, z. B. wenn sie in einem anderen Mitgliedstaat der Europäischen Union territorial ansässig und wirtschaftlich aktiv sind und keine inländischen Einkünfte in Deutschland erzielen (horizontaler Vergleich). Ein Staatsangehöriger Deutschlands müsste – abgesehen von einschränkenden abkommensrechtlichen Vorschriften – sein Welteinkommen in Deutschland besteuern, während ein Unionsbürger ohne deutsche Staatsangehörigkeit im Inland steuerlich nicht erfasst wäre. Ein gebietsfremder Staatsangehöriger Deutschlands wäre insoweit im Vergleich zu einem anderen Gebietsfremden benachteiligt,[763] und zwar bereits auf der Ebene der Aufteilung der Steuerhoheit.

Carl Otto/Borchardt, Klaus-Dieter (Hrsg.), EU-Verträge, Art. 18 AEUV, Rz. 5 f. und Nachweise in der Fußnote 760.

763 In diesem Sinne in Bezug auf die erweiterte unbeschränkte Steuerpflicht der finnischen Staatsangehörigen auch *Helminen, Marjaana*, Branch Report: Finland, Cahiers de droit fiscal international 2002, Vol. 87b, S. 231 (244); siehe ferner *Wachter, Thomas*, Das Erbschaftsteuerrecht auf dem Prüfstand des Europäischen Gerichtshofs: zugleich Anmerkung zu EuGH, Urteil vom 11.12.2003, Rs. C-364/01, DStR 2004, S. 540 (543) in Bezug auf § 2 Abs. 1 Nr. 1 Satz 2 Buchst. b) ErbStG.

### 5.2.3. Vergleichspaar „Staatsangehöriger eines Drittstaates ohne Unionsbürgerschaft im Ausland vs. Staatsangehöriger Deutschlands im Ausland“ (horizontale Diskriminierung)

Im Hinblick auf die Einschränkungen des Personenkreises der gemeinschaftsrechtlich Berechtigten ist lediglich die Kapitalverkehrsfreiheit im Vergleichspaar „Staatsangehöriger eines Drittstaates ohne Unionsbürgerschaft vs. Staatsangehöriger Deutschlands im Ausland“ in die Konformitätsprüfung einzubeziehen. Die vorherigen Ausführungen zu einer eventuellen Ungleichbehandlung eines gebietsfremden Unionsbürgers im Vergleich zu einem gebietsfremden Deutschen gelten hier insoweit entsprechend.

### *5.3. Tabellarische Darstellung der gemeinschaftsrechtlichen Diskriminierungs-/ Beschränkungsverbote im Zusammenhang mit dem steuerlichen Status in Deutschland*

| **Territoriale Ansässigkeit in:** | **Einkünfte aus wirtschaftlicher Aktivität in:** | **Staatsangehörigkeit**[764] | | |
|---|---|---|---|---|
| | | A. Deutschland | B. Übriges EU/EWR-Gebiet | C. Drittland[765] |
| **Deutschland** | 1. Deutschland | Unbeschränkte Steuerpflicht in Deutschland (kein Schutz)[766] | Unbeschränkte Steuerpflicht in Deutschland (vorrangig: Grundfreiheiten) | Unbeschränkte Steuerpflicht in Deutschland (kein Schutz)[767] |
| | 2. Übriges EU/EWR-Gebiet | Unbeschränkte Steuerpflicht in Deutschland (vorrangig: Grundfreiheiten) | Unbeschränkte Steuerpflicht in Deutschland (vorrangig: Grundfreiheiten) | Unbeschränkte Steuerpflicht in Deutschland (nur Art. 63 AEUV)[768] |
| | 3. Drittland | Unbeschränkte Steuerpflicht in Deutschland (nur Art. 63 AEUV)[769] | Unbeschränkte Steuerpflicht in Deutschland (Art. 63 AEUV bzw. Art. 18, 21 AEUV)[770] | Unbeschränkte Steuerpflicht in Deutschland (nur Art. 63 AEUV)[771] |

---

764 Es wird von einem typisierten Staatsangehörigen ausgegangen, der die seiner wirtschaftlichen Tätigkeit zugrunde liegenden Qualifikationen in seinem Heimatland erworben hat.

765 Die Besonderheiten der speziellen Assoziierungs-/Kooperationsabkommen werden hier nicht berücksichtigt.

766 Siehe § 10 (II. 1.1) zur Inländerdiskriminierung.

767 Siehe § 10 (II. 1.1, 1.2).

768 Siehe § 10 (II. 1.1).

769 Siehe § 10 (II. 1.2).

770 Siehe § 10 (II. 1.2.).

771 Siehe § 10 (II. 1.1).

| **Territoriale Ansässigkeit in:** | **Einkünfte aus wirtschaftlicher Aktivität in:** | **Staatsangehörigkeit** | | |
|---|---|---|---|---|
| | | A. Deutschland | B. Übriges EU/EWR-Gebiet | C. Drittland |
| **Übriges EU/EWR-Gebiet** | 1. Deutschland | Unbeschränkte Steuerpflicht in Deutschland[772] (u. U. Art. 18, 21 AEUV, soweit nicht Art. 63 AEUV)[773] | Beschränkte Steuerpflicht in Deutschland (vorrangig: Grundfreiheiten) | Beschränkte Steuerpflicht in Deutschland (nur Art. 63 AEUV) |
| | 2. Übriges EU/EWR-Gebiet | Unbeschränkte Steuerpflicht in Deutschland[774] (vorrangig: Grundfreiheiten) | Keine Steuerpflicht in Deutschland (vorrangig: Grundfreiheiten) | Keine Steuerpflicht in Deutschland (nur Art. 63 AEUV) |
| | 3. Drittland | Unbeschränkte Steuerpflicht in Deutschland[775] (u. U. Art. 18, 21 AEUV, soweit nicht Art. 63 AEUV)[776] | Keine Steuerpflicht in Deutschland (Art. 63 AEUV bzw. Art. 18, 21 AEUV) | Keine Steuerpflicht in Deutschland (nur Art. 63 AEUV) |

772 Nur nach der hier zu untersuchenden Regelung, dagegen nicht gemäß § 1 Abs. 1 Satz 1 EStG.

773 Siehe § 10 (II. 1.2) sowie Fußnote 772.

774 Siehe § 10 (II. 1.2) sowie Fußnote 772.

775 Siehe § 10 (II. 1.2), dort zum sachlichen Anwendungsbereich, sowie Fußnote 772.

776 Siehe § 10 (II. 1.2), dort zum räumlichen Anwendungsbereich.

| **Territoriale Ansässigkeit in:** | **Einkünfte aus wirtschaftlicher Aktivität in:** | **Staatsangehörigkeit** | | |
|---|---|---|---|---|
| | | A. Deutschland | B. Übriges EU/EWR-Gebiet | C. Drittland |
| **Drittland** | 1. Deutschland | Unbeschränkte Steuerpflicht in Deutschland[777] (nur Art. 63 AEUV)[778] | Beschränkte Steuerpflicht in Deutschland (nur Art. 63 AEUV)[779] | Beschränkte Steuerpflicht in Deutschland (nur Art. 63 AEUV)[780] |
| | 2. Übriges EU/EWR-Gebiet | Unbeschränkte Steuerpflicht in Deutschland[781] (nur Art. 63 AEUV)[782] | Keine Steuerpflicht in Deutschland (nur Art. 63 AEUV)[783] | Keine Steuerpflicht in Deutschland (nur Art. 63 AEUV)[784] |
| | 3. Drittland | Unbeschränkte Steuerpflicht in Deutschland[785] (kein Schutz)[786] | Keine Steuerpflicht in Deutschland (kein Schutz)[787] | Keine Steuerpflicht in Deutschland (kein Schutz)[788] |

777 Siehe Fußnote 772.

778 Siehe § 10 (II. 1.2).

779 Siehe § 10 (II. 1.2); sollte der Betroffene nur seinen privaten Wohnsitz in einem Drittland unterhalten, den Sitz seiner Erwerbstätigkeit dagegen in Deutschland haben, so wäre auch ein durch die weiteren Grundfreiheiten geschützter Fall denkbar; zu den Komplikationen der Bestimmung eines hinreichenden Bezugs zum Gemeinschaftsrecht siehe *Hailbronner, Kay/Jochum, Georg*, Europarecht II: Binnenmarkt und Grundfreiheiten, Rz. 276 ff.

780 Siehe § 10 (II. 1.1).

781 Siehe Fußnote 772.

782 Siehe § 10 (II. 1.2).

783 Siehe § 10 (II. 1.2).

784 Siehe § 10 (II 1.1, 1.2).

785 Siehe Fußnote 772.

786 Siehe § 10 (II. 1.2).

787 Siehe § 10 (II. 1.2).

788 Siehe § 10 (II. 1.1, 1.2).

## 6. Rechtfertigungsgrund

Nicht jede Ungleichbehandlung einer berechtigten Person darf als nicht gemeinschaftskonform eingestuft werden. Eine Beeinträchtigung ist vielmehr europarechtlich grundsätzlich unbedenklich, wenn sie mit einem zulässigen Rechtfertigungsgrund[789] versehen wird[790] und dem Grundsatz der Verhältnismäßigkeit nicht widerspricht.[791]

Als zulässig gelten zum einen die in den jeweiligen Vorschriften des Gemeinschaftsrechts ausdrücklich aufgeführten Rechtfertigungsgründe, z. B. Gründe der öffentlichen Sittlichkeit, Ordnung, Sicherheit und Gesundheit (vertraglich vorgesehene Schranken).[792] Die besagten Kriterien sind allerdings für die direkten Steuern (allein) kaum einschlägig.[793] Zum anderen ist eine Reihe von *zulässigen* Rechtfertigungsgründen der EuGH-Rechtsprechung zu entnehmen (ungeschriebene Schranken), die ihren Ursprung im Prinzip der zwingenden Gründe des Allgemeininteresses haben.[794]

Auf dem Gebiet der direkten Steuern sind die folgenden Rechtfertigungsgründe vom EuGH bis jetzt anerkannt worden: die Kohärenz des nationalen Steuer-

---

789 Zur Frage, ob Art. 18 AEUV ein absolutes (also ein nicht rechtfertigungsfähiges) Diskriminierungsverbot darstellt, siehe nachfolgend.

790 Vgl. z. B. EuGH, Urteil vom 17.07.1997 Rs. C-354/95 „National Farmers' Union u. a.“, Slg. 1997, I-4559, Rn. 61; EuGH, Urteil vom 12.07.2005 Rs. C-403/03 „Schempp“, Slg. 2005, I-6421, Rn. 28.

791 Vgl. statt vieler EuGH, Urteil vom 13.12.2005 Rs. C-446/03 „Marks & Spencer“, Slg. 2005, I-10837, Rn. 53.

792 Siehe z. B. Art. 36, 45, 52 AEUV.

793 Siehe hierzu *Cordewener, Axel*, Europäische Grundfreiheiten und nationales Steuerrecht, S. 926; *Hahn, Hartmut*, Gemeinschaftsrecht und Recht der direkten Steuern – Teil III, DStZ 2005, S. 507 (507); *Schwenke, Michael*, Internationale Einkünfteabgrenzung und Europäisches Gemeinschaftsrecht: Steuerentstrickung, Einkünftekorrektur und Dokumentationspflichten im Lichte der Grundfreiheiten des EG-Vertrags, Frankfurt am Main 2006, S. 112; *Dürrschmidt, Daniel*, Grenzüberschreitende Unternehmensumstrukturierungen im nationalen und europäischen Steuerrecht, StuW 2010, S. 137 (150); *Häger, Jan*, Meistbegünstigung im Recht der Doppelbesteuerungsabkommen, S. 212 f.; wohl a. A. *Stewen, Tobias*, Der EuGH und die nationale Steuerhoheit – Spannungsverhältnis und Konfliktlösung, EuR 2008, S. 445 (453 ff.).

794 Vgl. *Bieg, Thorsten*, Der Gerichtshof der Europäischen Gemeinschaften und sein Einfluss auf das deutsche Steuerrecht, S. 96 ff.; EuGH, Urteil vom 20.02.1979 Rs. 120/78 „Rewe-Zentral AG/Bundesmonopolverwaltung für Branntwein“, Slg. 1979, S. 649 zur Warenverkehrsfreiheit; zur Geltung dieser Grundsätze auch für die anderen Grundfreiheiten vgl. *Hahn, Hartmut*, Gemeinschaftsrecht und Recht der direkten Steuern – Teil III, DStZ 2005, S. 507 (507); EuGH, Urteil vom 15.05.1997 Rs. C-250/95 „Futura Participations SA und Singer“, Slg. 1997, I-2471, Rn. 26; EuGH, Urteil vom 06.06.2000 Rs. C-35/98 „Verkooijen“, Slg. 2000, I-4071, Rn. 43 ff.; EuGH, Urteil vom 13.12.2005 Rs. C-446/03 „Marks & Spencer“, Slg. 2005, I-10837, Rn. 45; EuGH, Urteil vom 21.01.2010 Rs. C-311/08 „SGI“, IStR 2010, S. 144, Rn. 56.

systems,[795] die Aufteilung der Steuerhoheit,[796] die wirksame steuerliche Kontrolle[797] und die Verhinderung von Missbrauch, der Steuerflucht und Steuerumgehung[798]; dagegen nicht: der Finanzbedarf des Staates,[799] die fehlende Harmonisierung der nationalen Rechtsordnungen,[800] der Vorteilsausgleich,[801] die Beachtung eines Doppelbesteuerungsabkommens[802] oder Schwierigkeiten des Steuervollzugs[803]. Die Sonderstellung[804] der Kapitalverkehrsfreiheit bedingt dabei die Zulässigkeit weiterer Rechtfertigungsgründe.[805]

Lange strittig blieb die Frage, ob die Diskriminierung im Sinne des Art. 18 AEUV gerechtfertigt werden darf, da der Wortlaut der Vorschrift *jede Diskriminierung* untersagt.[806] Der EuGH hat die Annahme des absoluten Charakters des

---

795 Vgl. EuGH, Urteil vom 28.01.1992 Rs. C-204/90 „Bachmann", Slg. 1992, I-249, Rn. 28; EuGH, Urteil vom 23.10.2008 Rs. C-157/07 „Krankenheim Ruhesitz Wannsee", Slg. 2008, I-8061, Rn. 43; siehe ferner *Hahn, Hartmut*, Im Westen nichts Neues, Überlegungen zur Entscheidung des EuGH in der Rechtssache Papillon, IStR 2009, S. 198 (201); *Calliess, Christian*, in: Calliess, Christian/Ruffert, Matthias (Hrsg.), EUV/EGV, Art. 1 EUV, Rz. 54 f.

796 Siehe hierzu ausführlich *Englisch, Joachim*, Aufteilung der Besteuerungsbefugnisse – Ein Rechtfertigungsgrund für die Einschränkung von EG-Freiheiten?, S. 15 ff.; *Kokott, Juliane/Henze, Thomas*, Ist der EuGH – noch – ein Motor für die Konvergenz der Steuersysteme?, BB 2007, S. 913 (913 f.); EuGH, Urteil vom 13.12.2005 Rs. C-446/03 „Marks & Spencer", Slg. 2005, I-10837, Rn. 51.

797 Vgl. z. B EuGH, Urteil vom 20.02.1979 Rs. 120/78 „Rewe-Zentral AG/Bundesmonopolverwaltung für Branntwein", Slg. 1979, S. 649, Rn. 8; EuGH, Urteil vom 15.05.1997 Rs. C-250/95 „Futura Participations SA und Singer", Slg. 1997, I-2471, Rn. 27, 30.

798 Vgl. z. B. EuGH, Urteil vom 27.01.2009 Rs. C-318/07 „Persche", Slg. 2009, I-359, Rn. 52.

799 Vgl. z. B. EuGH, Urteil vom 08.03.2001 Rs. C-397/98 und C-410/98 „Metallgesellschaft u. a.", Slg. 2001, I-1727, Rn. 59; EuGH, Urteil vom 13.12.2005 Rs. C-446/03 „Marks & Spencer", Slg. 2005, I-10837, Rn. 44.

800 Vgl. z. B. EuGH, Urteil vom 28.01.1986 Rs. C-270/83 „Avoir fiscal", Slg. 1986, S. 273, Rn. 24.

801 Ebenda, Rn. 21.

802 Ebenda, Rn. 26.

803 Vgl. EuGH, Urteil vom 12.04.1994 Rs. C-1/93 „Halliburton Services", Slg. 1994, I-1137, Rn. 21 f.

804 Im Gegensatz zu den anderen Grundfreiheiten ist die Kapitalverkehrsfreiheit auch auf Sachverhalte mit Drittlandsbezug anzuwenden, vgl. Art. 63 AEUV sowie § 10 (II. 1.2).

805 Vgl. *Wunderlich, Nina/Blaschke, Christoph*, Die Gewährleistung der Kapitalverkehrsfreiheit in Bezug auf Drittstaaten: neuere Entwicklungen in der Rechtsprechung des EuGH, IStR 2008, S. 754 (761 f.); in diesem Sinne auch *Lang, Michael/Lüdicke, Jürgen/Reich, Markus*, Beteiligungen im Privatvermögen: Die Besteuerung des Wegzugs aus Österreich und Deutschland in die Schweiz – Teil II, IStR 2008, S. 709 (713); *Frotscher, Gerrit*, Internationales Steuerrecht, Rz. 83; EuGH, Urteil vom 12.12.2006 Rs. C-446/04 „Test Claimants in the FII Group Litigation", Slg. 2006, I-11753, Rn. 171; EuGH, Urteil vom 18.12.2007 Rs. C-101/05 „A", Slg. 2007, I-11531, Rn. 37.

806 Noch so *Feige, Konrad*, Der Gleichheitssatz im Recht der EWG, Tübingen 1973, S. 44 ff.; *Mohn, Astrid Sybille*, Der Gleichheitssatz im Gemeinschaftsrecht: Differenzierungen im europäischen Gemeinschaftsrecht und ihre Vereinbarkeit mit dem Gleichheitssatz, Kehl am Rhein

Verbotes durch die Prüfung von Rechtfertigungsgründen (auch) für Zwecke des Art. 18 AEUV konkludent verworfen.[807] Dies gilt gleichermaßen für die Fälle der unmittelbaren Diskriminierung.[808] Der Auffassung des EuGH ist zuzustimmen: Kann die mittelbare Ungleichbehandlung in Bezug auf die einzelnen Grundfreiheiten (die an sich das allgemeine Diskriminierungsverbot lediglich konkretisieren) gerechtfertigt werden, so ist nicht ersichtlich, weshalb die direkte Diskriminierung rechtfertigungsresistent sein muss.[809]

In Bezug auf den zu beurteilenden Fall kommen grundsätzlich die Aufteilung der Steuerhoheit und die Verhinderung der Steuerflucht als Rechtfertigungsgründe in Betracht (die Deckung des Finanzbedarfs des Staates wäre zwar als Rechtfertigung naheliegend, ist aber mangels Anerkennung durch den EuGH nicht zu berücksichtigen: *„Die Notwendigkeit, einen Steuerausfall zu vermeiden, gehört weder [...] noch zu den zwingenden Gründen des Allgemeininteresses, die eine Beschränkung einer vom Vertrag eingeräumten Freiheit rechtfertigen können“*[810]).

---

u. a. 1990, S. 10; zur Diskussion siehe: *Rossi, Matthias*, a. a. O., S. 197 (212 f.); *Kingreen, Thorsten*, in: Ehlers, Dirk (Hrsg.), Europäische Grundrechte und Grundfreiheiten, § 13 „Verbot der Diskriminierung wegen der Staatsangehörigkeit“, Rz. 24 f.; *Bungert, Hartwin*, Prozesskostensicherheitsleistung ausländischer Kapitalgesellschaften und die Diskriminierungsverbote des EWG-Vertrages, EWS 1993, S. 315 (325); *Bieg, Thorsten*, Der Gerichtshof der Europäischen Gemeinschaften und sein Einfluss auf das deutsche Steuerrecht, S. 91 m. w. N.; *Streinz, Rudolf*, in: Streinz, Rudolf (Hrsg.), EUV/EGV, Art. 12 EGV, Rz. 54 ff.; *Plötscher, Stefan*, Der Begriff der Diskriminierung im Europäischen Gemeinschaftsrecht, S. 130 ff.; *Epiney, Astrid*, in: Calliess, Christian/Ruffert, Matthias (Hrsg.), EUV/EGV, Art. 12 EGV, Rz. 39.

807 Vgl. EuGH, Urteil vom 24.11.1998 Rs. C-274/96 „Bickel“, Slg. 1998, I-7637, Rn. 26 ff.

808 So auch *von Bogdandy, Armin*, in: Grabitz, Eberhard/Hilf, Meinhard (Hrsg.), Das Recht der Europäischen Union, Band I, EUV/EGV, Art. 12 EGV, Rz. 22 f. (Stand: Juni 2005); siehe ferner EuGH, Urteil vom 02.10.1997 Rs. C-122/96 „Saldanha“, Slg. 1997, I-5325, Rn. 26 ff.; differenziert in Bezug auf die Rechtfertigung der materiellen und formellen Diskriminierung vgl. *Streinz, Rudolf*, in: Streinz, Rudolf (Hrsg.), EUV/EGV, Art. 12 EGV, Rz. 56; so wohl auch *Schön, Wolfgang*, Diskriminierung im Steuerrecht, in: Lang, Michael/Schuch, Josef/Staringer, Claus (Hrsg.), Die Diskriminierungsverbote im Recht der Doppelbesteuerungsabkommen, S. 13 (17).

809 Ebenso *Streinz, Rudolf*, in: Streinz, Rudolf (Hrsg.), EUV/EGV, Art. 12 EGV, Rz. 56; *Zuleeg, Manfred*, in: von der Groeben, Hans/Schwarze, Jürgen (Hrsg.), EUV/EGV, Art. 12 EG, Rz. 2 f.; *Epiney, Astrid*, in: Calliess, Christian/Ruffert, Matthias (Hrsg.), EUV/EGV, Art. 12 EGV, Rz. 40; a. A. *Holoubek, Michael*, in: Schwarze, Jürgen (Hrsg.), EU-Kommentar, Art. 12 EGV, Rz. 55 (absolutes Diskriminierungsverbot aus Gründen der Staatsangehörigkeit); im Ergebnis ebenfalls ablehnend *Weber, Dennis*, In Search of a (New) Equilibrium Between Tax Sovereignty and the Freedom of Movement Within the EC, Intertax 2006, S. 585 (609).

810 EuGH, Urteil vom 12.09.2006 Rs. C-196/04 „Cadbury Schweppes“, Slg. 2006, I-7995, Rn. 49 m. w. N.; ebenso EuGH, Urteil vom 13.12.2005 Rs. C-446/03 „Marks & Spencer“, Slg. 2005, I-10837, Rn. 44.

Die Verhinderung der Steuerflucht wird vom EuGH zwar als ein Rechtfertigungsgrund regelmäßig anerkannt: *„In diesem Kontext ist noch hinzuzufügen, dass es den Mitgliedstaaten freisteht, nationale Maßnahmen beizubehalten oder zu erlassen, die speziell bezwecken, nur zur Umgehung des nationalen Steuerrechts oder zur Steuerflucht geschaffene Sachverhalte von einem Steuervorteil auszuschließen"*[811]. Dabei muss sich die zu überprüfende innerstaatliche steuerliche Maßnahme in der Regel jedoch auf rein künstliche Konstruktionen (*wholly artificial arrangements*) ausrichten[812] (diese Anforderung wird nach der neueren EuGH-Rechtsprechung allerdings abgeschwächt, wenn das Ziel der strittigen Regelung z. B. in der Verhütung von Steuerumgehungen und zugleich in der Wahrung der Ausgewogenheit der Aufteilung der Besteuerungsbefugnisse liegt)[813]. Die maßgebende Frage ist daher, ob die Einbeziehung aller Staatsangehörigen eines Staates in die unbeschränkte Steuerpflicht vorrangig die Steuerflucht bekämpfen kann (wohl ja) und insbesondere ob sie *ipso facto* über das Erforderliche nicht hinausgeht.

Wenngleich man unterstellen kann, dass die steuerliche Belastung eines im Ausland wohnhaften Deutschen bei einer entsprechenden Ausgestaltung der inländischen Vorschriften lediglich/höchstens an die steuerliche Belastung eines im Inland territorial Ansässigen aufgestockt wäre[814] (ist der Steuerpflichtige in einem Niedrigsteuerland territorial ansässig, wird seine steuerliche Situation an jene eines Inländers angeglichen; hat er bereits in seinem Wohnsitzstaat eine vergleichbare steuerliche Belastung zu tragen, läuft die unbeschränkte Steuerpflicht ins Leere, wenn die ausländische Steuer im Rahmen der Anrechnung zur vollen Neutralisierung der inländischen Steuer führt). Und in Bezug auf die aus Deutschland wegziehenden Deutschen wird man dieses Erfordernis der Angleichung in bestimmten Fällen nachvollziehen können (die Frage der Verhältnismäßigkeit bleibt auch hier noch nicht beantwortet). Hinsichtlich derjenigen Staatsangehörigen Deutschlands, die sich nie im Inland aufgehalten haben oder sich aus nachweislich nicht steuerlichen Gründen ins Ausland begeben (und da-

---

811 EuGH, Urteil vom 13.12.2005 Rs. C-446/03 „Marks & Spencer", Slg. 2005, I-10837, Rn. 57, siehe auch Rn. 49 i. V. m. Rn. 51.

812 Ständige EuGH-Rechtsprechung, vgl. EuGH, Urteil vom 21.11.2002 Rs. C-436/00 „X und Y", Slg. 2002, I-10829, Rn. 61; EuGH, Urteil vom 12.09.2006 Rs. C-196/04 „Cadbury Schweppes", Slg. 2006, I-7995, Rn. 51; EuGH, Urteil vom 13.03.2007 Rs. C-524/04 „Test Claimants in the Thin Cap Group Litigation", Slg. 2007, I-2107, Rn. 72; EuGH, Urteil vom 17.01.2008 Rs. C-105/07 „Lammers & Van Cleeff NV", Slg. 2008, I-173, Rn. 26.

813 EuGH, Urteil vom 21.01.2010 Rs. C-311/08 „SGI", IStR 2010, S. 144, Rn. 66; siehe hierzu auch *Musil, Andreas/Fähling, Lars*, Neue Entwicklungen bei den europarechtlichen Rechtfertigungsgründen im Bereich des Ertragsteuerrechts, DStR 2010, S. 1501 (1504).

814 Dies setzt voraus, dass die ausländische Steuer im ausreichenden Umfang zur Anrechnung gebracht werden könnte.

bei insbesondere keine Rückkehrabsichten mutmaßen lassen), wird die Notwendigkeit der Verhinderung einer Steuerflucht mangels irgendeiner Flucht höchst zweifelhaft. Insoweit erscheint es nicht sachdienlich, diese Rechtfertigung dem Grunde nach an dieser Stelle zu akzeptieren, um sie sodann auf der Ebene der Verhältnismäßigkeit zwingend[815] abzulehnen.

Der verbleibende Rechtfertigungsgrund zur Anknüpfung an die Staatsangehörigkeit als Maßnahme zur Aufteilung der Steuerhoheit ist nach Auffassung des EuGH in der Rs. „van Hilten-van der Heijden" (dort in Bezug auf die Kapitalverkehrsfreiheit[816]) gleichwohl einschlägig:

> *„Was die Ungleichbehandlung von Gebietsansässigen mit der Staatsangehörigkeit des betreffenden Mitgliedstaats und solchen mit der Staatsangehörigkeit eines anderen Mitgliedstaats angeht, [...] können derartige, zum Zwecke der Aufteilung der Steuerhoheit getroffenen Unterscheidungen nicht als eine durch Artikel 73b EG-Vertrag verbotene unterschiedliche Behandlung angesehen werden. Sie ergeben sich nämlich in Ermangelung gemeinschaftsrechtlicher Vereinheitlichungs- oder Harmonisierungsmaßnahmen aus der Befugnis der Mitgliedstaaten, die Kriterien für die Aufteilung ihrer Steuerhoheit vertraglich oder einseitig festzulegen [...]"*[817].

Die bis dahin bestandenen Zweifel, ob die Grundsätze des Urteils in der Rs. „D" – das sich ausdrücklich (nur) auf die Inhalte eines bilateralen Abkommens bezogen hat – auch auf eine innerstaatliche Aufteilungsnorm übertragbar wären,[818]

---

815 Siehe z. B. EuGH, Urteil vom 11.03.2004 Rs. C-9/02 „Hughes de Lasteyrie du Saillant", Slg. 2004, I-2409, Rn. 50 ff.

816 Zur Ausdehnung dieser Argumentation auf die Niederlassungsfreiheit vgl. *Zimmermann, Heinz/Könemann, Ragnar W.*, in: Strunk/Kaminski/Köhler, AStG, § 2 AStG, Rz. 35.1 (Stand: September 2009) sowie auf die Niederlassungsfreiheit und die Arbeitnehmerfreizügigkeit vgl. *Jochum, Georg*, Anmerkung zu EuGH, Urteil vom 23.02.2006 Rs. C-513/03 „van Hilten-van der Heijden", ZEV 2006, S. 463 (463).

817 Ausdrücklich zur Staatsangehörigkeit und zur *einseitigen* Festlegung von Kriterien für die Aufteilung der Steuerhoheit für erbschaftsteuerliche Zwecke EuGH, Urteil vom 23.02.2006 Rs. C-513/03 „van Hilten-van der Heijden", Slg. 2006, I-1957, Rn. 47; siehe auch Rn. 76 ff. und 81 der Schlussanträge des Generalanwalts *Philippe Léger* vom 30.06.2005 in der Rs. C-513/03 „van Hilten-van der Heijden", a. a. O.; zur Zulässigkeit der *vertraglichen* bzw. *einseitigen* Festlegung von Kriterien für die Aufteilung der Steuerhoheit (*insbesondere* aber wohl nicht *ausschließlich* zur Beseitigung der Doppelbesteuerung) im Allgemeinen vgl. EuGH, Urteil vom 12.05.1998 Rs. C-336/96 „Gilly", Slg. 1998, I-2793, Rn. 30 ff.; EuGH, Urteil vom 21.09.1999 Rs. C-307/97 „Saint-Gobain", Slg. 1999, I-6161, Rn. 57; siehe auch *Weber, Dennis*, a. a. O., S. 585 (586); EuGH, Urteil vom 07.09.2006 Rs. C-470/04 „N", Slg. 2006, I-7409, Rn. 44; EuGH, Urteil vom 13.03.2007 Rs. C-524/04 „Test Claimants in the Thin Cap Group Litigation", Slg. 2007, I-2107, Rn. 49; EuGH, Urteil vom 18.07.2007 Rs. C-231/05 „Oy AA", Slg. 2007, I-6373, Rn. 52.

818 Vgl. *Dommes, Sabine/Metzler, Vanessa E.*, Das Staatsangehörigendiskriminierungsverbot bei natürlichen Personen, a. a. O., S. 93 (118).

dürfen damit ausgeräumt worden sein.[819] Ob dieses Ergebnis als befriedigend – vor allem im Kontext der Zielsetzung der Europäischen Union – angesehen werden kann, bleibt allerdings wohl noch offen.[820]

Je nach der Ausgestaltung des Einzelfalls und der Ausprägung des jeweiligen Rechtfertigungsgrundes verlangt der EuGH in der Regel das Vorliegen mehrerer (einander bedingender und ergänzender) Rechtfertigungsgründe bzw. -komponenten zur Verneinung eines Verstoßes gegen das Gemeinschaftsrecht.[821] Die grundsätzliche Forderung einer bestimmten festen Anzahl von Rechtfertigungsgründen ist damit freilich nicht verbunden.[822] So sieht der EuGH eine Maßnahme zur Aufteilung der Steuerhoheit gepaart mit einer solchen zur Vermeidung der Steuerflucht in der Sache „van Hilten-van der Heijden" als ausreichend an.[823] Es ist nicht auszuschließen, dass eine starke Ausprägung eines Rechtfertigungsgrundes im vorliegenden Fall die Hinzuziehung weiterer Merkmale in den Augen des EuGH entbehrlich machen könnte.[824] Zudem muss infrage gestellt wer-

---

819 Zu § 2 Abs. 1 Nr. 1 Satz 2 Buchst. b) ErbStG vgl. *Jüptner, Roland*, in: Fischer/Jüptner/Pahlke/Wachter, ErbStG, § 2 ErbStG, Rz. 35 (Stand: Mai 2010); siehe auch *Baßler, Johannes*, in: Flick/Wassermeyer/Baumhoff/Schönfeld, Außensteuerrecht, § 2 AStG, Rz. 23 (Stand: September 2010); *Heurung, Rainer/Engel, Benjamin*, Grenzüberschreitende Berücksichtigung von Betriebsstättenverlusten in der EU: Klärung weiterer Zweifelsfragen durch den BFH, GmbHR 2010, S. 1065 (1071); wohl a. A. *Weggenmann, Hans*, in: Haase, Florian (Hrsg.), Außensteuergesetz, Doppelbesteuerungsabkommen, § 2 AStG, Rz. 39.

820 Weiterhin kritisch z. B. *Wilms, Heinrich*, in: Wilms, Heinrich/Jochum, Georg (Hrsg.), Erbschaftsteuer- und Schenkungsteuergesetz mit Nebenbestimmungen, Kommentar, Loseblattwerk, Bonn 2000 ff., § 2 ErbStG, Rz. 17.18 ff. (Stand: April 2010); *Steierberg, Daniela*, in: Mössner, Jörg Manfred/Fuhrmann, Sven (Hrsg.), Außensteuergesetz, Kommentar, 2. Auflage, Herne 2011, § 2 AStG, Rz. 45.

821 Vgl. z. B. EuGH, Urteil vom 13.12.2005 Rs. C-446/03 „Marks & Spencer", Slg. 2005, I-10837, Rn. 51; EuGH, Urteil vom 18.07.2007 Rs. C-231/05 „Oy AA", Slg. 2007, I-6373, Rn. 60; EuGH, Urteil vom 07.09.2006 Rs. C-470/04 „N", Slg. 2006, I-7409, Rn. 41.

822 Vgl. EuGH, Urteil vom 15.05.2008 Rs. C-414/06 „Lidl Belgium", Slg. 2008, I-3601, Rn. 40; *Schwenke, Michael*, Grenzüberschreitender Verlusttransfer – EuGH-Rechtsprechung und Reaktionen des Gesetzgebers, Ubg 2010, S. 325 (326).

823 Vgl. EuGH, Urteil vom 23.02.2006 Rs. C-513/03 „van Hilten-van der Heijden", Slg. 2006, I-1957, Rn. 48; der Frage zur Vermeidung der Steuerflucht geht das Gericht dabei nur sehr flüchtig nach.

824 In Bezug auf die Aufteilung der Besteuerungshoheit vgl. *Seiler, Christian/Axer, Georg*, Die EuGH-Entscheidung im Fall „Lidl Belgium" als (Zwischen-)Schritt auf dem Weg zur Abstimmung von nationaler Steuerhoheit und europäischem Recht, IStR 2008, S. 838 (841); *Kube, Hanno*, Grenzüberschreitende Verlustverrechnung und die Zuordnung von Verantwortung, IStR 2008, S. 305 (307 f.); siehe auch *Musil, Andreas/Fähling, Lars*, Neue Entwicklungen bei den europarechtlichen Rechtfertigungsgründen im Bereich des Ertragsteuerrechts, DStR 2010, S. 1501 (1505); Rn. 60 der Schlussanträge der Generalanwältin *Juliane Kokott* vom 10.09.2009 in der Rs. C-311/08 „SGI", http://eur-lex.europa.eu/Notice.do?val=500618:cs&lang=de&list=500618:cs,&pos=1&page=1&nbl=1&pgs=10&hwords=311/08~&checktexte=checkbox&visu=

den, ob sich die zusätzlichen Rechtfertigungsgründe unmittelbar auf die Frage der Anknüpfung der steuerlichen Folgen an die Staatsangehörigkeit beziehen oder ob sie vielmehr zusätzliche Aspekte des Einzelfalls rechtlich abstecken (wie etwa Steuerumgehungsgedanken bzw. die Problematik der *Ausgewogenheit* der Aufteilung der Steuerhoheit als Rechtfertigungsgründe für die symmetrische Nichtberücksichtigung von Verlusten[825] oder für die zeitliche Beschränkung der nachgelagerten Steuerpflicht).

Im Übrigen ist es strittig, ob die Frage der Aufteilung der Steuerhoheit doch nicht der Rechtfertigungs-, sondern der Vergleichsebene zuzurechnen ist. So bricht der EuGH seine Konformitätsprüfung nach der Feststellung der Ungleichbehandlung infolge der Aufteilung der Steuerhoheit in der Rs. „van Hilten-van der Heijden" ab.[826] Diese Auffassung ist vor allem dann folgerichtig, wenn die *Aufteilung der Steuerhoheit* und die *Ausgewogenheit der Aufteilung der Steuerhoheit* als jeweils selbstständige Fragestellungen auseinanderzuhalten sind. In diesem Fall wären die Ausführungen zu der Rechtfertigungsproblematik in Bezug auf die *Aufteilung der Steuerhoheit* ohnehin hinfällig.

## 7. Verhältnismäßigkeit (Schranken-Schranke)

Die letzte Stufe der gemeinschaftsrechtlichen Konformitätsprüfung stellt die Beurteilung der getroffenen innerstaatlichen Regelung im Hinblick auf den Grund-

---

#texte; Rn. 70 f. der Schlussanträge der Generalanwältin *Juliane Kokott* vom 19.11.2009 in der Rs. C-337/08 „X Holding BV", http://eur-lex.europa.eu/No-tice.do?val=503973:cs&lang=de&list=503973:cs,&pos=1&page=1&nbl=1&pgs=10&hwords=337/08~&checktexte=checkbox&visu=#texte; kritisch hierzu *van Thiel, Servaas/Vascega, Marius*, X Holding: Why Ulysses Should Stop Listening to the Siren, ET 2010, S. 334 (338 f.).

825 Siehe hierzu *Rehfeld, Lars*, Aktivitätsvorbehalte in DBA-Methodenartikeln im Lichte der Niederlassungsfreiheit, DStR 2010, S. 1809 (1814 f.); EuGH, Urteil vom 21.01.2010 Rs. C-311/08 „SGI", IStR 2010, S. 144, Rn. 62 f.

826 Zu den grundsätzlichen Schwierigkeiten bei der Abgrenzung der Vergleichbarkeitsebene von der Rechtfertigungsebene im Allgemeinen siehe *Dommes, Sabine/Metzler, Vanessa E.*, Das Staatsangehörigendiskriminierungsverbot bei natürlichen Personen, a. a. O., S. 93 (126 f.) m. w. N.; für den *Rechtfertigungsgrund*: EuGH, Urteil vom 13.12.2005 Rs. C-446/03 „Marks & Spencer", Slg. 2005, I-10837, Rn. 43; EuGH, Urteil vom 07.09.2006 Rs. C-470/04 „N", Slg. 2006, I-7409, Rn. 41 ff.; siehe auch *Häger, Jan*, Meistbegünstigung im Recht der Doppelbesteuerungsabkommen, S. 237; für die *Nichtvergleichbarkeit der Verhältnisse*: *Loukota, Walter*, EG-Grundfreiheiten und beschränkte Steuerpflicht: dargestellt anhand der österreichischen Einkommen- und Körperschaftsteuerpflicht, unter Berücksichtigung der jüngsten Entwicklungen zu den Abzugssteuern in der EuGH-Rechtssache *Scorpio*, Wien 2006, S. 91; so wohl auch EuGH, Urteil vom 05.07.2005 Rs. C-376/03 „D", Slg. 2005, I-5821, Rn. 52; EuGH, Urteil vom 23.02.2006 Rs. C-513/03 „van Hilten-van der Heijden", Slg. 2006, I-1957, Rn. 47.

satz der Verhältnismäßigkeit dar.[827] Die streitige Vorschrift muss zur Erreichung des als Rechtfertigungsgrund angegebenen Ziels dem Grunde nach geeignet und erforderlich sein und darf ihrer Wirkung nach über das Erforderliche nicht hinausgehen.[828] In Bezug auf die Staatsangehörigkeit ist insbesondere die Frage der *Geeignetheit* der Staatsangehörigkeit als Anknüpfungsmoment für die Aufteilung der Steuerhoheit zu untersuchen. Die Anknüpfungsmomente der Besteuerungshoheit können dagegen kaum in den Kategorien der *Angemessenheit* und der *Erforderlichkeit* diskutiert werden.[829]

Der EuGH neigt tendenziell dazu, die Erfahrungswerte der völkerrechtlichen Praxis und die Grundsätze der OECD-Musterabkommen als Prüfmaßstab für die Frage der Anknüpfung der Steuerpflicht heranzuziehen[830] (die Anlehnung an eines der OECD-Musterabkommen stellt jedoch allein keinen selbstständigen Rechtfertigungsgrund dar)[831]. Die völkerrechtliche Eignung der Staatsangehörigkeit als Anknüpfungsmoment der Besteuerungshoheit wurde in § 7 grundsätzlich bejaht.[832] Auch der Generalanwalt Maduro spricht in der Rs. „Marks & Spencer" vom Erfordernis der Ausübung der steuerlichen Zuständigkeit *„[e]ntsprechend den Anforderungen des internationalen Rechts"* und benennt dabei *expressis*

827 Ausführlich zum Verhältnismäßigkeitsgrundsatz als Prinzip des Europarechts siehe *Cordewener, Axel*, Europäische Grundfreiheiten und nationales Steuerrecht, S. 70 ff.; *Ress, Georg*, Der Grundsatz der Verhältnismäßigkeit im deutschen Recht, in: Kutscher, Hans u. a. (Hrsg.), Der Grundsatz der Verhältnismäßigkeit in europäischen Rechtsordnungen: Europäische Gemeinschaft, Europäische Menschenrechtskonvention, Bundesrepublik Deutschland, Frankreich, Italien, Österreich, Heidelberg 1985, S. 5 (5 ff.); EuGH, Urteil vom 13.11.1990 Rs. C-331/88 „Fedesa", Slg. 1990, I-4023, Rn. 13.

828 Ständige EuGH-Rechtsprechung, vgl. EuGH, Urteil vom 11.05.1989 Rs. 25/88 „Wurmser", Slg. 1989, S. 1105, Rn. 13, EuGH, Urteil vom 13.12.2005 Rs. C-446/03 „Marks & Spencer", Slg. 2005, I-10837, Rn. 35; EuGH, Urteil vom 15.05.2008 Rs. C-414/06 „Lidl Belgium", Slg. 2008, I-3601, Rn. 44; EuGH, Urteil vom 17.01.2008 Rs. C-105/07 „Lammers & Van Cleeff NV", Slg. 2008, I-173, Rn. 25.

829 Siehe hierzu auch *Kube, Hanno*, a. a. O., S. 305 (308).

830 Vgl. z. B. EuGH, Urteil vom 23.02.2006 Rs. C-513/03 „van Hilten-van der Heijden", Slg. 2006, I-1957, Rn. 48; EuGH, Urteil vom 14.02.1995 Rs. C-279/93 „Schumacker", Slg. 1995, I-225, Rn. 32; EuGH, Urteil vom 14.09.1999 Rs. C-391/97 „Gschwind", Slg. 1999, I-5451, Rn. 24; EuGH, Urteil vom 12.05.1998 Rs. C-336/96 „Gilly", Slg. 1998, I-2793, Rn. 31; im Schrifttum siehe *Häger, Jan*, Meistbegünstigung im Recht der Doppelbesteuerungsabkommen, S. 217.

831 Vgl. *Häger, Jan*, Meistbegünstigung im Recht der Doppelbesteuerungsabkommen, S. 218; *Lang, Michael*, Die Bindung der Doppelbesteuerungsabkommen an die Grundfreiheiten des EU-Rechts, in: Gassner, Wolfgang/Lang, Michael/Lechner, Eduard (Hrsg.), Doppelbesteuerungsabkommen und EU-Recht: Auswirkungen auf die Abkommenspraxis, Wien 1996, S. 25 (35 f.).

832 Siehe hierzu § 7 (II.).

*verbis* die Staatsangehörigkeit des Steuerpflichtigen (und alternativ das Vorliegen inländischer Einkünfte) als ein solches Merkmal.[833]

Ob die Staatsangehörigkeit gleichermaßen zu den anerkannten Merkmalen im Sinne des Art. 4 Abs. 1 OECD-MA gehört, mag man unterschiedlich beurteilen.[834] Gleichwohl ist dem OECD-MA keine Aussage zu entnehmen, ob die Staatsangehörigkeit zu den *unzulässigen* Kriterien der unbeschränkten Einkommensteuerpflicht gehören sollte. Vielmehr überlässt es grundsätzlich dem jeweiligen Vertragsstaat, diese Anknüpfungsmomente selbst zu bestimmen, und beschränkt sodann nur den Kreis der für Zwecke des Art. 4 OECD-MA relevanten Ansässigkeitskriterien.

Wenngleich die Anknüpfung an die Staatsangehörigkeit in Deutschland (während andere Länder zugleich territoriale Momente der unbeschränkten Einkommensteuerpflicht zugrunde legen würden) in dieser Konstellation zur Erreichung der in Art. 293 zweiter Gedankenstrich EGV ausdrücklich verankerten Bestrebung der Mitgliedstaaten zur Beseitigung der Doppelbesteuerung im Binnenmarkt nicht beitragen dürfte,[835] so entfaltet(e) Art. 293 EGV jedoch keine unmittelbare Wirkung[836] und kann (konnte) insoweit keine unüberwindbare Schranke darstellen. Mit dem Vertrag von Lissabon[837] hat sich die Frage zum rechtlichen Charakter des Art. 293 EGV ohnehin weitestgehend erledigt[838] (auch Art. 4 Abs. 3 Satz 3 EUV ist zu allgemein formuliert, um dem nationalen Gesetzgeber insoweit genaue Schranken zu setzen).

---

833 Vgl. Rn. 60 der Schlussanträge des Generalanwalts *Poiares Maduro* vom 07.04.2005 in der Rs. C-446/03 „Marks & Spencer“, a. a. O.

834 Siehe hierzu § 9 (III. 1).

835 Siehe z. B. EuGH, Urteil vom 12.05.1998 Rs. C-336/96 „Gilly“, Slg. 1998, I-2793, Rn. 16 und 23.

836 So bereits *Ipsen, Hans Peter*, Europäisches Gemeinschaftsrecht, Tübingen 1972, S. 712; siehe auch *Leible, Stefan*, in: Streinz, Rudolf (Hrsg.), EUV/EGV, Art. 293 EGV, Rz. 2; EuGH, Urteil vom 12.05.1998 Rs. C-336/96 „Gilly“, Slg. 1998, I-2793, Rn. 24.

837 Vertrag von Lissabon zur Änderung des Vertrags über die Europäische Union und des Vertrags zur Gründung der Europäischen Gemeinschaft, unterzeichnet in Lissabon am 13.12.2007, ABl. 2007 Nr. C 306, S. 1.

838 Zur Auswirkung des Wegfalls von Art. 293 2. Gedankenstrich EGV siehe *Dürrschmidt, Daniel*, „Europäisches Steuerrecht“ nach Lissabon, NJW 2010, S. 2086 (2089).

## III. Anknüpfung an die Staatsangehörigkeit im deutschen Einkommensteuerrecht als Folge der Berücksichtigung gemeinschaftsrechtlicher Vorgaben

### 1. Fiktive unbeschränkte Einkommensteuerpflicht, § 1 Abs. 3 EStG

Natürliche Personen, die weder einen Wohnsitz noch ihren gewöhnlichen Aufenthalt im Inland haben, können gemäß § 1 Abs. 3 Satz 1 EStG[839] auf Antrag als unbeschränkt einkommensteuerpflichtig behandelt werden, wenn ihre Einkünfte[840] im Kalenderjahr mindestens zu 90 % der deutschen Einkommensteuer unterliegen oder die gesamten nicht der deutschen Einkommensteuer unterliegenden Einkünfte den (ggf. gekürzten) Grundfreibetrag nach § 32a Abs. 1 Satz 2 Nr. 1 EStG nicht übersteigen, § 1 Abs. 3 Satz 2 EStG.

Die fiktive unbeschränkte Einkommensteuerpflicht ermöglicht es Steuerpflichtigen, einerseits die personen- und familienbezogenen Vergünstigungen, wie etwa bei einer klassischen unbeschränkten Steuerpflicht nach § 1 Abs. 1 Satz 1 EStG, in Anspruch zu nehmen, erstreckt sich andererseits jedoch nur auf die inländischen Einkünfte im Sinne des § 49 EStG und unterscheidet sich dadurch von der unbeschränkten Steuerpflicht nach § 1 Abs. 1 Satz 1 EStG[841] (folglich kann die Einkommensteuerpflicht nach § 1 Abs. 3 EStG keine abkommensrechtliche Ansässigkeit im Sinne des Art. 4 Abs. 1 OECD-MA auslösen)[842].

Die derzeitige Fassung der Regelung enthält keine Einschränkungen bezüglich der Staatsangehörigkeit der berechtigten natürlichen Personen. § 1 Abs. 3 EStG in der Fassung des Jahressteuergesetzes 1996 (JStG 1996) vom 11. Okto-

---

839 Ausführlich zu § 1 Abs. 3 EStG in der Fassung des JStG 1996 siehe *Stapperfend, Thomas*, in: Herrmann/Heuer/Raupach, EStG, § 1 EStG, Rz. 230 ff. (Stand: Oktober 2007); *Frotscher, Gerrit*, in: Frotscher, Gerrit (Hrsg.), EStG, § 1 EStG, Rz. 38 ff. (Stand: März 2009); *Lehner, Moris/Waldhoff, Christian*, in: Kirchhof/Söhn/Mellinghoff, EStG, § 1 EStG, Rz. D 3 ff. (Stand: November 2003); *Hahn, Hartmut*, in: Lademann, Fritz, Kommentar zum Einkommensteuergesetz, Loseblattwerk, Stuttgart 1950 ff., § 1 EStG, Rz. 221 ff. (Stand: November 2010); *Michel, Knut*, in: Littmann, Eberhard/Bitz, Horst/Pust, Hartmut, Das Einkommensteuerrecht: Kommentar zum Einkommensteuergesetz, Loseblattwerk, Stuttgart 1988 ff., § 1 EStG, Rz. 118 ff. (Stand: August 2008); *Herlinghaus, Andreas*, in: Flick/Wassermeyer/Baumhoff/Schönfeld, Außensteuerrecht, § 1 EStG, Rz. 142 ff. (Stand: Juli 1999).

840 Zu der Ermittlung der nicht der deutschen Einkommensteuer unterliegenden Einkünfte siehe § 1 Abs. 3 Sätze 3 und 4 EStG.

841 Vgl. *Michel, Knut*, in: Littmann/Bitz/Pust, EStG, § 1 EStG, Rz. 127 (Stand: August 2008).

842 Vgl. *Lehner, Moris*, in: Vogel/Lehner, DBA, Art. 4 OECD-MA, Rz. 79; *Lehner, Moris/Waldhoff, Christian*, in: Kirchhof/Söhn/Mellinghoff, EStG, § 1 EStG, Rz. D 12 sowie D 202 (Stand: jeweils November 2003); siehe auch BMF-Schreiben betreffend Ansässigkeit nach Art. 4 DBA-Schweiz vom 25.01.2000 IV B 3 – S 1301 SCHZ – 1/00, IStR 2000, S. 188.

ber 1995[843] hat jedoch sein Entstehen grundsätzlich den Schranken der europäischen Grundfreiheiten zu verdanken.[844] Auf die Aufnahme einer bestimmten Staatsangehörigkeit als Anknüpfungsmoment der fiktiven unbeschränkten Steuerpflicht in § 1 Abs. 3 EStG haben die Verfasser des Gesetzes – wohl mit Blick auf Art. 3 Abs. 1 GG[845] – freilich verzichtet.[846] Sowohl Staatsangehörige eines EU- oder EWR-Landes als auch eines Drittstaates kommen somit in den Genuss der fiktiven unbeschränkten Steuerpflicht.[847]

## 2. Abgeltungswirkung des Steuerabzugs, § 50 Abs. 2 EStG

Die Vorschriften über die Veranlagung zur Einkommensteuer und über den Einkommensteuerabzug unterscheiden zwar zwischen beschränkt und unbeschränkt Steuerpflichtigen, dagegen nicht zwischen Staatsangehörigen Deutschlands und Ausländern. Die Einkommensteuererhebung ist sonach grundsätzlich staatsangehörigkeitsneutral. So hat ein im Inland unbeschränkt steuerpflichtiger Staatsangehöriger Deutschlands, eines EU/EWR-Staates bzw. eines Drittlandes den Steuerabzug nach §§ 38 ff. und § 43 EStG zu dulden oder aber auch die Veran-

843 BGBl. I 1995, S. 1250.

844 Siehe EuGH, Urteil vom 14.02.1995 Rs. C-279/93 „Schumacker“, Slg. 1995, I-225; *Ebling, Klaus*, in: Blümich, EStG, § 1 EStG, Rz. 275 (Stand: Februar 2008); *Lehner, Moris/Reimer, Ekkehart*, Generalthema I: Quelle versus Ansässigkeit – Wie sind die grundlegenden Verteilungsprinzipien des Internationalen Steuerrechts austariert, IStR 2005, S. 542 (545); siehe ferner *Müller, Thomas*, Das „Schumacker“-Urteil des EuGH und seine Auswirkungen auf die beschränkte Einkommensteuerpflicht, DStR 1995, S. 585 (588 f.); *Förster, Jutta*, Das Grenzpendlergesetz: Ein weiterer Versuch zur Lösung des Grenzgängerproblems?, DStR 1994, S. 1297 (1303); zuvor bereits *Knobbe-Keuk, Brigitte*, Das Urteil des EuGH im Falle Werner zur Besteuerung der Grenzgänger – ärgerlich, aber nicht das letzte Wort, DStR 1993, S. 425 (427 ff.); *Kaefer, Wolfgang*, Neuregelung der Besteuerung Nichtansässiger im Grenzpendlergesetz II: Umsetzung des EuGH-Urteils „Schumacker“ im Jahressteuergesetz 1996, BB 1995, S. 1615 (1616).

845 Vgl. *Cordewener, Axel*, EG-rechtliche Meistbegünstigungspflicht im Steuerrecht: Aktuelle und potenzielle Fallgestaltungen, in: Cordewener, Axel/Enchelmaier, Stefan/Schindler, Philipp (Hrsg.), Meistbegünstigung im Steuerrecht der EU-Staaten, S. 123 (127); *Heinicke, Wolfgang*, in: Schmidt, Ludwig, Einkommensteuergesetz: Kommentar, § 1 EStG, Rz. 51; *Lehner, Moris/Reimer, Ekkehart*, Generalthema I: Quelle versus Ansässigkeit – Wie sind die grundlegenden Verteilungsprinzipien des Internationalen Steuerrechts austariert, IStR 2005, S. 542 (544); siehe ferner BT-Drs. 12/6476, S. 9.

846 Zu den verfassungsrechtlichen Überlegungen im Hinblick auf § 1 Abs. 3 EStG siehe *Lehner, Moris/Waldhoff, Christian*, in: Kirchhof/Söhn/Mellinghoff, EStG, § 1 EStG, Rz. D 25a (Stand: November 2003).

847 Anders z. B. in Österreich, siehe § 1 Abs. 4 des österreichischen EStG, Ö-BGBl. Nr. 400/1988, zuletzt geändert durch Ö-BGBl. I Nr. 111/2010; hierzu *Schuchter, Yvonne/Schneider, Natascha*, Austria – International Taxation, Country Surveys, Tz. 6.3.1, IBFD (Stand: 14.12.2010).

lagung zur Einkommensteuer nach §§ 25 ff. EStG hinzunehmen, wenn die Voraussetzungen für die Durchführung des jeweiligen Steuererhebungsverfahrens vorliegen. Die Staatsangehörigkeit spielt in dem Vergleichspaar „ein im Inland unbeschränkt steuerpflichtiger Angehöriger des Staates A vs. ein im Inland unbeschränkt steuerpflichtiger Angehöriger des Staates B“ insoweit keine Rolle. Wenngleich sie – als Anknüpfungsmoment der unbeschränkten Steuerpflicht[848] – in Ausnahmefällen dem Steuerpflichtigen den Status eines Steuerinländers (eines unbeschränkt Steuerpflichtigen) verschaffen kann, so ist sie darüber hinaus in der Regel steuerlich nicht mehr beachtlich.

Eine im Inland beschränkt steuerpflichtige Person unterliegt – ebenfalls unabhängig von ihrer Staatsangehörigkeit – dem Steuerabzug nach §§ 38 ff., § 43 und § 50a EStG bzw. hat ihr Einkommen der Besteuerung im Rahmen der Veranlagung zu unterwerfen, soweit inländische Einkünfte im Sinne des § 49 EStG i. V. m. § 1 Abs. 4 EStG vorliegen. Die Staatsangehörigkeit hat auch bei dem Vergleichspaar „ein im Inland beschränkt steuerpflichtiger Angehöriger des Staates A vs. ein im Inland beschränkt steuerpflichtiger Angehöriger des Staates B“ zunächst keine sichtbare steuerliche Relevanz im Hinblick auf die Form der Erhebung der Steuer.

Bei der Gegenüberstellung der Vorschriften zum Steuererhebungsverfahren bei einem im Inland unbeschränkt im Vergleich zu einem im Inland nur beschränkt Steuerpflichtigen im Vergleichspaar „ein im Inland unbeschränkt steuerpflichtiger Angehöriger des Staates A vs. ein im Inland beschränkt steuerpflichtiger Angehöriger des Staates B“ wird man sogleich Folgendes feststellen können: Die in § 1 EStG festgelegte Aufteilung aller Steuerpflichtigen in Steuerinländer und Steuerausländer spiegelt sich freilich auch in der Erhebung der Einkommensteuer wieder. Sie bringt allerdings nur wenige – der Vereinfachung und der Sicherstellung der Besteuerung dienende – Besonderheiten bei der Steuererhebung mit sich, wie etwa die Erweiterung des Steuerabzugsverfahrens auf Einkünfte im Sinne des § 50a Abs. 1 EStG und die Statuierung der abgeltenden Wirkung des Steuerabzuges gemäß § 50 Abs. 2 EStG für Steuerausländer.

Es gehört jedoch zum guten Ton bei Steuerwissenschaftlern (und zugleich zu einer beliebten Werbemaßnahme bei Steuerpraktikern), Divergenzen in der Besteuerung von Personen, die einen Berührungspunkt mit der Europäischen Union aufweisen, auf die Vereinbarkeit mit den gemeinschaftsrechtlichen Grundfreiheiten zu überprüfen. Die Ergebnisse einer solchen Überprüfung fallen immer wieder nicht zu Gunsten des nationalen Gesetzgebers aus, der offenbar im Schritttempo der Globalisierung der EU-Welt nicht mithalten kann (oder nicht

848 Zu der Bedeutung der Staatsangehörigkeit für die Begründung der unbeschränkten Steuerpflicht siehe die Ausführungen in § 8 (IV.).

will). So wird auch die allgemeine Neutralität des Erhebungsverfahrens in Bezug auf die Staatsangehörigkeit des Steuerpflichtigen durch den Einfluss des Gemeinschaftsrechts punktuell durchbrochen. Die mögliche Diskriminierung eines im Inland beschränkt steuerpflichtigen Staatsangehörigen eines EU- bzw. EWR-Staates durch die Abgeltungswirkung des Steuerabzuges gemäß § 50 Abs. 2 Satz 1 EStG wurde nun – als Reaktion auf die EuGH-Rechtsprechung[849] – wie folgt beseitigt: Die Einkommensteuer für die dem Lohnsteuerabzug oder dem Steuerabzug aufgrund des § 50a Abs. 1 Nr. 1, 2 und 4 EStG unterliegenden Einkünfte gilt durch den Steuerabzug als nicht abgegolten, wenn der Steuerpflichtige einen Antrag auf Veranlagung zur Einkommensteuer stellt, § 50 Abs. 2 Satz 2 Nr. 4 Buchst. b) und Nr. 5 EStG.

Die Staatsangehörigkeit des Steuerausländers stellt dabei ein persönliches Anknüpfungsmoment dieser steuerlichen Vergünstigung dar. Das Antragsrecht steht ausschließlich den Staatsangehörigen eines Mitgliedstaates der Europäischen Union oder eines EWR-Staates zu.[850] Ferner müssen die begünstigten Steuerpflichtigen im Hoheitsgebiet eines EU- bzw. EWR-Staates ihren Wohnsitz oder gewöhnlichen Aufenthalt haben, § 50 Abs. 2 Satz 7 EStG. Nur die Unterhaltung eines Wohnsitzes oder des gewöhnlichen Aufenthalts in einem Mitgliedstaat der Europäischen Union oder eines Vertragsstaates des EWR-Abkommens, ohne dass der Steuerpflichtige auch die Staatsangehörigkeit dieses oder eines anderen EU- oder EWR-Staates vorweisen kann, reicht für die Inanspruchnahme des Antragsrechts jedoch nicht aus und kann das erforderliche Staatsangehörigkeitsmerkmal nicht ersetzen.

Die vorläufig festgestellte Gleichstellung im Vergleichspaar „ein im Inland beschränkt steuerpflichtiger Angehöriger des Staates A vs. ein im Inland beschränkt steuerpflichtiger Angehöriger des Staates B“ muss daher im Hinblick auf den steuerlichen Sonderstatus der Staatsangehörigen eines Staates, der ein Mitglied der Europäischen Union oder eines Vertragsstaates des EWR-Abkommens ist, modifiziert werden. Diejenigen beschränkt steuerpflichtigen Arbeitnehmer und Gläubiger einer Vergütung im Sinne des § 50a Abs. 1 Nr. 1, 2 und 4 EStG, welche die Staatsangehörigkeit Deutschlands, eines anderen EU-Staates oder eines EWR-Staates besitzen, können die Art der finalen Steuererhebung insoweit selbst bestimmen. Stellt ein solcher Steuerausländer einen Antrag auf Veranlagung zur Einkommensteuer, wird das Abzugsverfahren durch die

---

849 Siehe hierzu *Wied, Edgar*, in: Blümich, EStG, § 50 EStG, Rz. 21 ff. sowie Rz. 65 (Stand: April 2009); *Kaefer, Wolfgang*, Steuernachteile für beschränkt steuerpflichtige EG-Bürger nach Rechtsprechung des Europäischen Gerichtshofes verfassungswidrig: Anmerkungen zum Biehl-Urteil und anderen Entscheidungen des EuGH, DStR 1991, S. 671 (671 ff.).

850 Siehe hierzu z. B. *Frotscher, Gerrit*, in: Frotscher, Gerrit (Hrsg.), EStG, § 50 EStG, Rz. 39 (Stand: Januar 2008).

Veranlagung nach §§ 25 ff. EStG i. V. m. § 46 Abs. 2 Nr. 8 EStG ergänzt. Eventuelle Nachteile der Abzugsbesteuerung – wie etwa die nicht vollständige Berücksichtigung von Betriebsausgaben oder Werbungskosten – werden mithin ausgeglichen. Die durch den Steuerabzug erhobene Einkommensteuer wird auf die Einkommensteuer angerechnet, § 36 Abs. 2 Nr. 2 EStG. Entscheidet man sich gegen die Antragsveranlagung, ist die Einkommensteuer mit dem bereits erfolgten Steuerabzug abgegolten.

Staatsangehörige eines Drittlandes sind dagegen von der Antragsveranlagung nach § 50 Abs. 2 Satz 2 Nr. 4 Buchst. b) EStG ausdrücklich ausgeschlossen. Die Abgeltungswirkung des Lohnsteuerabzugs kann (auch) bei Staatsangehörigen eines Drittstaates unter den Voraussetzungen des § 50 Abs. 2 Satz 2 Nr. 4 Buchst. a) EStG i. V. m. § 39d Abs. 2 EStG in bestimmten Fällen zwar vermieden werden, wenn eine Eintragung auf der Bescheinigung im Sinne des § 39d Abs. 1 Satz 3 EStG erfolgt. Der Steuerabzug nach § 50a Abs. 1, 2 und 4 EStG bleibt dagegen definitiv.

## 3. Abzug von Betriebsausgaben oder Werbungskosten eines beschränkt Steuerpflichtigen, § 50a Abs. 3 EStG

Abweichend von §§ 25 ff. EStG wird die Einkommensteuer bei beschränkt Steuerpflichtigen im Wege des Steuerabzugs erhoben, wenn es sich um Einkünfte im Sinne des § 50a Abs. 1 EStG handelt. Die Staatsangehörigkeit eines beschränkt Steuerpflichtigen, der der Gläubiger der besagten Vergütungen ist, stellt kein Anknüpfungsmerkmal der in § 50a Abs. 5 Satz 2 EStG vorgesehenen Abzugsverpflichtung dar. Dem Steuerabzug unterliegen sonach die Einkünfte, die einer natürlichen Person zufließen, die die Staatsangehörigkeit Deutschlands, eines anderen Mitgliedstaates der Europäischen Union, eines EWR-Staates oder eines Drittstaates besitzt. Insoweit ergeben sich keine staatsangehörigkeitsbezogenen Besonderheiten.

Gemäß § 50a Abs. 2 Satz 1 EStG werden die gesamten Einnahmen des Steuerpflichtigen im Sinne des § 8 EStG vom Steuerabzug erfasst. Etwaige Betriebsausgaben und Werbungskosten im Sinne des § 4 Abs. 4 EStG und § 9 EStG, auch wenn diese im unmittelbaren wirtschaftlichen Zusammenhang mit den Einnahmen stehen, werden zunächst grundsätzlich nicht berücksichtigt. Lediglich die vom Vergütungsschuldner ersetzten oder übernommenen Reisekosten scheiden aus der Bemessungsgrundlage für die Einkommensteuer aus, soweit sie die in § 50a Abs. 2 Satz 2 EStG festgelegten Grenzen nicht überschreiten.[851]

---

851 § 50a Abs. 2 EStG in der Fassung des JStG 2009 gilt für Vergütungen, die dem Vergütungsgläubiger nach dem 31.12.2008 zufließen.

Diese Handhabung entspricht dem Willen des Gesetzgebers, auf die genaue Ermittlung der Steuerbemessungsgrundlage und des anzuwendenden Steuersatzes nach dem linear-progressiven Steuertarif – was zumeist in der Tat sehr zeit- und kostenaufwendig wäre – bei den Steuerausländern aus Vereinfachungsgründen zu verzichten. So wird die Ermittlung der wirtschaftlichen Leistungsfähigkeit des Vergütungsgläubigers im Rahmen einer echten Nettobesteuerung durch die Unterstellung einer pauschalierten wirtschaftlichen Leistungsfähigkeit des beschränkt Steuerpflichtigen ersetzt. Es erfolgt die Besteuerung der Bruttoeinnahmen mit 15 % bzw. 30 % gemäß § 50a Abs. 2 Satz 1 EStG. Das Ergebnis dieser – durch die Anwendung eines fixierten Steuersatzes – modifizierten Bruttobesteuerung soll dem pauschalierten Ergebnis einer gedachten Nettobesteuerung entsprechen. Wie jede Pauschalierung trägt auch diese Vorgehensweise die Gefahr in sich, beschränkt Steuerpflichtige im Vergleich zu unbeschränkt Steuerpflichtigen steuerlich effektiv ungleich zu belasten.

Europarechtliche Bedenken[852] zu dem stark ausgeprägten Bruttocharakter des Abzugsverfahrens haben den deutschen Gesetzgeber dazu bewogen, die Vorschriften des § 50a EStG in Einklang mit den Vorgaben der Europäischen Union zu bringen.[853] Seit 2009 darf der Schuldner einer Vergütung im Sinne des § 50a Abs. 1 Nr. 1, 2 und 4 EStG die mit den Einnahmen in unmittelbarem wirtschaftlichem Zusammenhang stehenden Betriebsausgaben oder Werbungskosten von der Bemessungsgrundlage für den Steuerabzug abziehen, § 50a Abs. 3 EStG.[854] Die Einkünfte im Sinne des § 50a Abs. 1 Nr. 3 EStG sind dagegen nicht begünstigt.

Wie bereits der EuGH selbst,[855] beschränkt auch § 50a Abs. 3 Satz 2 EStG die Notwendigkeit der Anwendung der Nettobesteuerung ausdrücklich auf die Staatsangehörigen eines EU/EWR-Staates. Es kann sich demnach um einen Staatsangehörigen Deutschlands, eines anderen EU-Staates oder eines EWR-Staates handeln. Die gesetzlich statuierte Anknüpfung der Nettobesteuerung an die Staatsangehörigkeit des beschränkt Steuerpflichtigen schließt den Abzug von Betriebsausgaben oder Werbungskosten für Staatsangehörige eines Drittstaates

---

852 Siehe EuGH, Urteil vom 03.10.2006 Rs. C-290/04 „FKP Scorpio Konzertproduktionen", Slg. 2006, I-9461; EuGH, Urteil vom 12.06.2003 Rs. C-234/01 „Gerritse", Slg. 2003, I-5933; *Wied, Edgar*, in: Blümich, EStG, § 50a EStG, Rz. 9 ff. (Stand: April 2009/September 2009).

853 Siehe JStG 2009 vom 19.12.2008, BGBl. I 2008, S. 2794; BT-Drs. 16/10189, S. 31, 61.

854 Für die Vergütungen, die bis zum 31.12.2008 zugeflossen sind, siehe BMF-Schreiben vom 16.02.2011 betreffend das BMF-Schreiben vom 05.04.2007 IV C 8 – S 2411/07/10002 (Dok. 2007/0137866) zu den Auswirkungen des EuGH-Urteils C-290/04, Rs Scorpio; Entscheidung des Bundesfinanzhofs vom 05.05.2010, I R 104/08; IV C 3 – S 2411/07/10002 – (2011/0076690), HaufeIndex 2635993.

855 Vgl. EuGH, Urteil vom 03.10.2006 Rs. C-290/04 „FKP Scorpio Konzertproduktionen", Slg. 2006, I-9461, Rn. 68.

sonach aus, wenn sie nicht gleichzeitig Staatsangehörige eines EU/EWR-Staates sind (die Mehrfachstaatsangehörigkeit ist unschädlich, solange die Staatsangehörigkeit mindestens eines Staates nachgewiesen wird, der ein Mitglied der Europäischen Union oder ein EWR-Staat ist).

Gemäß § 50a Abs. 3 Satz 2 EStG setzt die Vergünstigung des § 50a Abs. 3 Satz 1 EStG zudem voraus, dass die im Inland beschränkt steuerpflichtige natürliche Person einen Wohnsitz oder ihren gewöhnlichen Aufenthalt im Hoheitsgebiet eines EU/EWR-Staates unterhält. Die bloße Staatsangehörigkeit eines Staates, der ein Mitglied der Europäischen Union ist, oder eines Vertragsstaates des EWR-Abkommens reicht für die Anwendung der Nettobesteuerung nach § 50a Abs. 3 Satz 1 EStG nicht aus. Es handelt sich somit um kumulative Voraussetzungen.

Der steuerliche Vorteil der Nettobesteuerung der Staatsangehörigen eines EU/EWR-Staates im Vergleich zu dem Bruttosteuerabzug bei Staatsangehörigen von Drittländern wird durch die Verdoppelung des anzuwendenden Steuersatzes für natürliche Personen jedoch relativiert. Der Steuerabzug beträgt in diesen Fällen 30 % der Nettoeinnahmen im Sinne des § 50a Abs. 1 Nr. 1, 2 und 4 EStG statt 15 % der Bruttoeinnahmen, § 50a Abs. 3 Satz 4 EStG. Die absolute Gleichstellung eines beschränkt steuerpflichtigen Begünstigten mit einem unbeschränkt Steuerpflichtigen wird dabei kaum erreicht.

## 4. Fiktive unbeschränkte Einkommensteuerpflicht, § 1a EStG

Eine Erweiterung des Regelungsbereichs erfährt die fiktive unbeschränkte Steuerpflicht durch § 1a Abs. 1 EStG, der als zügige Antwort des deutschen Gesetzgebers auf die Rechtsprechung des EuGH in der Rs. „Schumacker“[856] durch das JStG 1996 eingeführt wurde.

§ 1a Abs. 1 EStG fingiert die unbeschränkte Steuerpflicht bestimmter Personen für Zwecke:

- der Anwendung des Realsplittings nach § 10 Abs. 1 Nr. 1 EStG,
- der Inanspruchnahme des Sonderausgabenabzuges nach § 10 Abs. 1 Nr. 1a und 1b[857] EStG sowie
- des Wahlrechts bezüglich der Veranlagungsart nach § 26 Abs. 1 Satz 1 EStG

und dient somit der Gleichstellung von nicht im Inland lebenden Ehegatten und Leistungsempfängern eines im Inland unbeschränkt (§ 1 Abs. 1 Satz 1 EStG)

856 EuGH, Urteil vom 14.02.1995 Rs. C-279/93 „Schumacker“, Slg. 1995, I-225.

857 Siehe § 1a Abs. 1 EStG in der Fassung des Jahressteuergesetzes 2010 (JStG 2010) vom 08.12.2010, BGBl. I 2010, S. 1768 sowie BT-Drs. 17/2249, S. 8.

oder fiktiv unbeschränkt (§ 1 Abs. 3 Satz 1 EStG) Steuerpflichtigen mit solchen Ehegatten und Leistungsempfängern, die im Inland unbeschränkt steuerpflichtig sind.[858] Der persönliche Anwendungsbereich des § 1a EStG wird dabei unter anderem durch die Staatsangehörigkeit des Steuerpflichtigen abgesteckt.[859]

## 5. Fälligkeit von Ansprüchen aus dem Einkommensteuerschuldverhältnis, § 6 Abs. 5 AStG

Die Aufgabe der territorialen Anknüpfungsmomente des § 1 Abs. 1 Satz 1 EStG bei einer natürlichen Person,[860] die im Inland insgesamt mindestens zehn Jahre nach § 1 Abs. 1 Satz 1 EStG unbeschränkt einkommensteuerpflichtig war und Anteile im Sinne des § 17 Abs. 1 Satz 1 EStG[861] besitzt, führt zur Aufdeckung und Besteuerung der in diesen Anteilen eventuell enthaltenen stillen Reserven gemäß § 6 Abs. 1 Satz 1 AStG. Die besagten Folgen treten grundsätzlich ohne Rücksicht auf die Staatsangehörigkeit des Wegziehenden ein.[862] Insoweit besteht ein wesentlicher Unterschied zwischen den Auswanderern im Sinne des § 6 AStG und dem durch § 2 AStG erfassten Personenkreis.

Besitzt der Betroffene allerdings die Staatsangehörigkeit eines Mitgliedstaates der Europäischen Union oder eines Vertragsstaates des EWR-Abkommens und unterliegt er nach dem Wegzug im Sinne des § 6 Abs. 1 Satz 1 AStG einer der deutschen unbeschränkten Einkommensteuerpflicht vergleichbaren Steuer-

858 Ausführlich zu § 1a EStG siehe *Stapperfend, Thomas*, in: Herrmann/Heuer/Raupach, EStG, § 1a EStG, Rz. 5 ff. (Stand: Oktober 2007); *Frotscher, Gerrit*, in: Frotscher, Gerrit (Hrsg.), EStG, § 1a EStG, Rz. 1 ff. (Stand: März 2009); *Hahn, Hartmut*, in: Lademann, Fritz, EStG, § 1a EStG, Rz. 2 ff. (Stand: November 2010); *Graf, Hannes*, in: Littmann/Bitz/Pust, EStG, § 1a EStG, Rz 10 ff. (Stand: Mai 2006); *Vogt, Gabriele*, in: Blümich, EStG, § 1a EStG, Rz. 10 ff. (Stand: Februar 2008); *Herlinghaus, Andreas*, in: Flick/Wassermeyer/Baumhoff/Schönfeld, Außensteuerrecht, § 1a EStG, Rz. 6 ff. (Stand: Juli 1999).

859 Siehe hierzu § 9 (VI. 4.2).

860 Zu den für Zwecke des § 6 AStG dem Wegzug gleichgestellten Alternativen siehe § 6 Abs. 1 Satz 2 AStG.

861 Mit dem Gesetz über steuerliche Begleitmaßnahmen zur Einführung der Europäischen Gesellschaft und zur Änderung weiterer steuerrechtlicher Vorschriften (SEStEG) vom 07.12.2006, BGBl. I 2006, S. 2782, berichtigt durch BGBl. I 2007, S. 68 ist die Beschränkung des § 6 Abs. 1 Satz 1 AStG auf Anteile an *inländischen* Gesellschaften entfallen.

862 Zu den von der Staatsangehörigkeit unabhängigen verfassungsrechtlichen Bedenken gegen § 6 AStG im Hinblick auf Art. 3 Abs. 1 GG siehe *Schaumburg, Harald*, Internationales Steuerrecht: Außensteuerrecht, Doppelbesteuerungsrecht, Rz. 5.359; *Strunk, Günther/Kaminski, Bert*, in: Strunk/Kaminski/Köhler, AStG, § 6 AStG, Rz. 31 ff. (Oktober 2009).

pflicht[863] in einem dieser Staaten, wird die nach § 6 Abs. 1 AStG ausgelöste Einkommensteuer zinslos und ohne Sicherheitsleistung gemäß § 6 Abs. 5 AStG i. V. m. § 222 Satz 1 AO gestundet[864] (weitere Voraussetzung ist jedoch, dass zwischen dem Ansässigkeitsstaat und der Bundesrepublik Deutschland Amtshilfe und gegenseitige Unterstützung bei der Steuerbeitreibung sicher sind, § 6 Abs. 5 Satz 2 AStG)[865].

Die Vorschrift dient der Sicherstellung des Besteuerungsrechts Deutschlands in Bezug auf den vor dem Wegzug – im deutschen Inland – generierten Wertzuwachs der Anteile,[866] das wegen eines bestehenden Doppelbesteuerungsabkommens[867] und ggf. mangels inländischer Anknüpfungspunkte für die Besteuerung des späteren Veräußerungsgewinns[868] ansonsten gefährdet sein könnte. Da die stillen Reserven in den Gesellschaftsanteilen und die Verbindung des Steuerpflichtigen zum Wirtschaftsleben in Deutschland unabhängig von der Staatsangehörigkeit des Anteilsinhabers entstehen dürften, ist die ursprüngliche Version des § 6 AStG grundsätzlich staatsangehörigkeitsneutral formuliert worden: Weder die deutsche Staatsangehörigkeit (wie etwa in dem im gleichen Gesetzgebungsverfahren entstandenen § 2 AStG) noch die Staatsangehörigkeit eines anderen Landes (wie etwa in der jetzigen Version des § 6 Abs. 5 AStG) waren als eine Bedingung oder Einschränkung der Geltung des § 6 AStG vorgesehen.[869] Im Gegensatz zu § 2 AStG darf die vorherige langjährige unbeschränkte Steuer-

---

863 Zu den Anhaltspunkten für die Auslegung des Begriffs „eine der deutschen unbeschränkten Einkommensteuerpflicht vergleichbare Steuerpflicht“ *Wassermeyer, Franz*, in: Flick/Wassermeyer/Baumhoff/Schönfeld, Außensteuerrecht, § 6 AStG, Rz. 211 (Stand: Juni 2007).

864 Zu den Besonderheiten der Stundungsvoraussetzungen bei den alternativen Tatbeständen des § 6 Abs. 1 Satz 2 AStG siehe § 6 Abs. 5 Satz 3 AStG.

865 Zum Widerruf der Stundung beim Fehlen einer Bestätigung im Sinne des § 6 Abs. 7 Satz 4 AStG siehe § 6 Abs. 7 Satz 5 AStG; zu den weiteren Gründen des Stundungswiderrufs siehe § 6 Abs. 5 Satz 4 AStG.

866 Siehe hierzu BT-Drs. IV/2883, Tz. 24 ff. und 77.

867 Zum ausschließlichen Recht des Ansässigkeitsstaats auf die Besteuerung des Veräußerungsgewinns siehe Art. 13 Abs. 5 OECD-MA (Auffangvorschrift), zu den Sonderregelungen siehe Art. 13 Abs. 1 bis 4 OECD-MA; zu den Besonderheiten einiger Doppelbesteuerungsabkommen der Bundesrepublik Deutschland siehe *Strunk, Günther/Kaminski, Bert*, in: Strunk/Kaminski/Köhler, AStG, § 6 AStG, Rz. 27 ff. (Stand: Oktober 2009).

868 Vgl. pars pro toto *Strunk, Günther/Kaminski, Bert*, in: Strunk/Kaminski/Köhler, AStG, § 6 AStG, Rz. 1 (Stand: Oktober 2009).

869 Siehe Tz. 6.1.1.1 des BMF-Schreibens betreffend Grundsätze zur Anwendung des Außensteuergesetzes vom 14.05.2004 IV B 4 – S 1340 – 11/04, a. a. O. (Tz. 6 ist gemäß BMF-Schreiben betreffend Vertragsverletzungsverfahren gegen die Bundesrepublik Deutschland (§ 6 AStG) vom 08.06.2005 IV B 5 – S 1348 – 35/05, BStBl. I 2005, S. 714 nicht mehr anzuwenden); auch *Wassermeyer, Franz*, in: Flick/Wassermeyer/Baumhoff/Schönfeld, Außensteuerrecht, § 6 AStG, Rz. 33, 36 (Stand: Juni 2007).

pflicht im Kontext des § 6 AStG nun nicht nur das Bestehen einer besonderen persönlichen und wirtschaftlichen Eingliederung eines Staatsangehörigen Deutschlands in die Volkswirtschaft der Bundesrepublik,[870] sondern eines jeden beliebigen Steuerpflichtigen begründen.[871] Die in § 2 AStG zumindest teilweise (in Bezug auf Ausländer) berücksichtigten Aspekte der Freizügigkeit fanden somit keinen Eingang in § 6 AStG. Erst nach der Einleitung eines Vertragsverletzungsverfahrens[872] durch die Kommission der Europäischen Gemeinschaften und unter Berücksichtigung der für den Gesetzgeber unerfreulichen (wohl aber erwarteten) Erkenntnisse aus dem EuGH-Urteil in der Rs. „Hughes de Lasteyrie du Saillant“[873] wurde die Vorschrift an die Vorgaben des europäischen Rechts in einigen Aspekten angepasst.[874] Ein Steuerpflichtiger, der die Staatsangehörigkeit eines Mitgliedstaates der Europäischen Union oder eines Vertragsstaates des EWR-Abkommens besitzt und die weiteren territorialen Merkmale vorweist, kann in den Genuss einer Stundung kommen.[875]

Eine mittelbare Auswirkung auf die Anwendung des § 6 AStG hat die Staatsangehörigkeit des Steuerpflichtigen auch insoweit, als sie zur Verwirklichung des Tatbestands des § 6 Abs. 1 Satz 2 Nr. 2 AStG beitragen kann. So wird die Begründung eines Wohnsitzes oder gewöhnlichen Aufenthalts oder die Erfüllung eines anderen ähnlichen Merkmals in einem ausländischen Staat der schädlichen Beendigung der unbeschränkten Steuerpflicht nach § 6 Abs. 1 Satz 1 AStG gleichgestellt, wenn der betroffene Steuerpflichtige aufgrund dieses Merkmals nach einem Doppelbesteuerungsabkommen als in diesem Staat ansässig angesehen wird. Die Staatsangehörigkeit könnte dabei entweder (ausnahmsweise) ein

870 Vgl. *Wassermeyer, Franz*, in: Flick/Wassermeyer/Baumhoff/Schönfeld, Außensteuerrecht, § 6 AStG, Rz. 34 (Stand: Juni 2007).

871 Siehe BT-Drs. IV/2883, Tz. 76.

872 Siehe hierzu BMF-Schreiben betreffend Vertragsverletzungsverfahren gegen die Bundesrepublik Deutschland (§ 6 AStG) vom 08.06.2005 IV B 5 – S 1348 – 35/05, a. a. O.

873 EuGH, Urteil vom 11.03.2004 Rs. C-9/02 „Hughes de Lasteyrie du Saillant“, Slg. 2004, I-2409; siehe hierzu statt vieler *Ismer, Roland/Reimer, Ekkehart/Rust, Alexander*, Ist § 6 AStG noch zu halten? – Die Wegzugsbesteuerung auf dem Prüfstand des Gemeinschaftsrechts nach der Entscheidung de Lasteyrie du Saillant, EWS 2004, S. 207 (207 ff.).

874 Siehe Art. 7 SEStEG.

875 Im Falle des § 6 Abs. 1 Satz 2 Nr. 1 AStG wird die Begünstigung unabhängig von der Staatsangehörigkeit des Rechtsnachfolgers gemäß § 6 Abs. 5 Satz 3 Nr. 1 AStG gewährt; auch für das Fortbestehen der Stundung im Kontext des § 6 Abs. 5 Satz 4 Nr. 2 AStG ist die Staatsangehörigkeit des Rechtsnachfolgers nicht erheblich (wie man dem Bericht des Finanzausschusses entnehmen kann [siehe BT-Drs. 16/3369, S. 15; zu der ursprünglichen Fassung des Gesetzentwurfes der Bundesregierung vom 25.09.2006 siehe BT-Drs. 16/2710, S. 22], handelt es sich um eine bewusste Entscheidung des Gesetzgebers, mithin nicht um ein Versehen, kritisch hierzu *Wassermeyer, Franz*, in: Flick/Wassermeyer/Baumhoff/Schönfeld, Außensteuerrecht, § 6 AStG, Rz. 240 [Stand: Juni 2007]).

derartiges Merkmal selbst darstellen[876] oder aber auch als *Tie-Breaker*-Regelung die Frage der Zuweisung der abkommensrechtlichen Ansässigkeit nicht zugunsten Deutschlands entscheiden.[877]

## 6. Einkommensteuervergütung, §§ 62 ff. EStG

### *6.1. Überblick über die Vorschrift*

Die steuerliche Freistellung eines Einkommensbetrags der Eltern für den Unterhalt eines Kindes wird durch die Gewährung der Freibeträge nach § 32 Abs. 6 EStG oder des Kindergeldes im Sinne der §§ 62 ff. EStG erreicht, § 31 Satz 1 EStG.

Unter dem Kindergeld ist seit 1996 eine staatliche Geldleistung zu verstehen, die monatlich für jedes berechtigte Kind im Sinne des § 63 EStG an einen Anspruchsberechtigten im Sinne des § 62 EStG in der nach § 66 EStG definierten Höhe als (Einkommen-)Steuervergütung gezahlt wird.

Die Höhe der endgültigen Verschonung des Existenzminimums eines Kindes wird im Rahmen der Veranlagung des Steuerpflichtigen zur Einkommensteuer durch die Günstigerprüfung festgelegt. Übersteigt die Steuerentlastung durch die Freibeträge die erhaltene Steuervergütung, wird die steuerliche Freistellung des Existenzminimums eines Kindes durch den Abzug der Freibeträge bewirkt. Die bis dahin gewährte Steuervergütung erhöht die ermittelte tarifliche Einkommensteuer gemäß § 31 Satz 4 EStG.

### *6.2. Bedeutung der Staatsangehörigkeit im Kontext der Vorschrift*

Die Anspruchsberechtigung nach § 32 Abs. 6 EStG richtet sich nach der unbeschränkten Steuerpflicht der Betroffenen und ist von deren Staatsangehörigkeit grundsätzlich unabhängig, § 32 Abs. 6 EStG i. V. m. § 50 Abs. 1 Satz 3 EStG. Die Gewährung der Steuervergütung nach §§ 62 ff. EStG unterscheidet dagegen zwischen Staatsangehörigen Deutschlands, freizügigkeitsberechtigten Ausländern (Staatsangehörige der Europäischen Union[878], des EWR[879], der Schweiz[880]

---

876 Kritisch *Wassermeyer, Franz*, in: Flick/Wassermeyer/Baumhoff/Schönfeld, Außensteuerrecht, § 6 AStG, Rz. 79 (Stand: Juni 2007); ausführlich hierzu siehe § 9 (III. 1).

877 Ausführlich zu dieser Problematik siehe § 9 (IV.).

878 Siehe Richtlinie 2004/38/EG des Europäischen Parlaments und des Rates vom 29.04.2004 über das Recht der Unionsbürger und ihrer Familienangehörigen, sich im Hoheitsgebiet der Mitgliedstaaten frei zu bewegen und aufzuhalten, zur Änderung der Verordnung (EWG) Nr. 1612/68 und zur Aufhebung der Richtlinien 64/221/EWG, 68/360/EWG, 72/194/EWG, 73/148/EWG, 75/34/EWG, 75/35/EWG, 90/364/EWG, 90/365/EWG und 93/96/EWG, ABl.

sowie ihre Familienangehörigen) und den nicht freizügigkeitsberechtigten Ausländern: Eine natürliche Person, die einen Wohnsitz oder ihren gewöhnlichen Aufenthalt im Inland hat und somit im Inland nach § 1 Abs. 1 Satz 1 EStG unbeschränkt steuerpflichtig ist, kann die Einkommensteuervergütung im Sinne der §§ 62 ff. EStG – unter Beachtung der übrigen Voraussetzungen – in Anspruch nehmen, wenn sie ein Staatsangehöriger Deutschlands ist (Differenzierung „Deutscher vs. Ausländer"). Die Umsetzung der grundsätzlichen europarechtlichen Vorgaben wurde durch die ausdrückliche Gleichstellung der freizügigkeitsberechtigten Ausländer mit den Staatsangehörigen Deutschlands erreicht (Differenzierung „freizügigkeitsberechtigter Ausländer vs. nicht freizügigkeitsberechtigter Ausländer").

Ein nicht freizügigkeitsberechtigter Ausländer (auch Staatenloser und Kontingentflüchtling)[881] muss hingegen zusätzlich die Dauerhaftigkeit seines Bezugs zum Inland nachweisen. Mangels selbstständiger Definition eines Ausländers in EStG oder AO richtet sich der Begriff *Ausländer* an die Legaldefinition in § 2 Abs. 1 des Aufenthaltsgesetzes[882]: Es handelt sich um jeden, der nicht Deutscher im Sinne des Art. 116 Abs. 1 GG ist.

Als typisierter Nachweis des dauerhaften Inlandsbezugs gelten nach § 62 Abs. 2 Nr. 1 bis 3 EStG das Innehaben einer Niederlassungserlaubnis oder einer Aufenthaltserlaubnis, die zur Ausübung einer Erwerbstätigkeit berechtigt oder berechtigt hat.[883] Die Anknüpfung der Kindergeldgewährung (ursprünglich als eine Sozialleistung und nicht als eine Steuervergütung gedacht) für ausländische Familien an die zu erwartende Dauerhaftigkeit des Aufenthalts im Inland erfolgte erstmalig durch das Zwölfte Gesetz zur Änderung des Bundeskindergeldgesetzes vom 30. Juni 1989[884] und wurde mit der Neuregelung des Kindergeldrechts in

2004 Nr. L 158, S. 77; § 2 Abs. 2 des Gesetzes über die allgemeine Freizügigkeit von Unionsbürgern (Freizügigkeitsgesetz/EU – FreizügG/EU) vom 30.07.2004, BGBl. I 2004, S. 1950, 1986, zuletzt geändert durch Art. 7 des Gesetzes vom 26.02.2008, BGBl. I 2008, S. 215; DA 62.4.3 Abs. 1 DA-FamEStG.

879 Siehe hierzu § 12 FreizügG/EU; DA 62.4.3 Abs. 1 DA-FamEStG.

880 Siehe Fußnote 636 sowie DA 62.4.3 Abs. 1 DA-FamEStG.

881 Vgl. DA 62.4.1 Abs. 1 DA-FamEStG.

882 Gesetz über den Aufenthalt, die Erwerbstätigkeit und die Integration von Ausländern im Bundesgebiet (Aufenthaltsgesetz – AufenthG) vom 30.07.2004 in der Fassung der Bekanntmachung vom 25.02.2008, BGBl. I 2008, S. 162, zuletzt geändert durch Art. 4 Abs. 5 des Gesetzes vom 30.07.2009, BGBl. I 2009, S. 2437; zum Ausländerbegriff im Kontext des § 62 EStG siehe ferner *Hildesheim, Carl-Ulrich*, Der Ausländerbegriff im Kindergeldrecht des EStG, DStZ 2000, S. 25 (26 ff.).

883 Zu den Einschränkungen im Einzelnen siehe § 62 Abs. 2 EStG und DA 62.4.1. Abs. 1 Satz 16 ff. DA-FamEStG.

884 BGBl. I 1989, S. 1294.

1995 durch das JStG 1996 beibehalten. § 62 Abs. 2 EStG gilt nicht für Arbeitnehmer, die die Staatsangehörigkeit Algeriens, Bosniens und Herzegowinas, des Kosovo, Marokkos, Serbiens, Montenegros, Tunesiens und der Türkei, die unabhängig vom Vorliegen einer Niederlassungs- oder Aufenthaltserlaubnis nach § 62 Abs. 2 EStG unter den Voraussetzungen des § 62 Abs. 1, §§ 63 ff. EStG und des jeweiligen zwischenstaatlichen Abkommens bzw. eines Assoziationsabkommens in den Genuss der Steuervergütung kommen (Differenzierung „nicht freizügigkeitsberechtigter Ausländer aus dem Land A vs. nicht freizügigkeitsberechtigter Ausländer aus dem Land B“).[885]

Das Kindergeld stellt eine Familienleistung im Sinne des Art. 1 Buchst. u) Nr. i) der Verordnung (EWG) Nr. 1408/71 vom 14. Juni 1971[886] dar und fällt daher in den Anwendungsbereich dieser Verordnung, Art. 4 Abs. 1 Buchst. h) der Verordnung (EWG) Nr. 1408/71. Freilich konnte die Staatsangehörigkeit eines EU-Staates, eines EWR-Staates oder der Schweiz oder der Status als Staatenloser oder Flüchtling – als persönliches Anknüpfungsmoment für die Anwendung dieser Verordnung – indirekt zu einer Einschränkung des Kindergeldanspruchs in Deutschland führen.[887] Durch die Verordnung (EG) Nr. 859/2003 vom 14. Mai 2003[888], die zu einer Gleichbehandlung im sozialen Bereich zwischen Staatsangehörigen der Gemeinschaft und Drittstaatsangehörigen beitragen sollte,[889] wurden die Bestimmungen dieser Verordnung auf Staatsangehörige von Drittstaaten mit Wirkung vom 1. Juni 2003 ausgedehnt, die ausschließlich aufgrund ihrer Staatsangehörigkeit nicht bereits unter diese Bestimmungen fallen, wenn sie ih-

885 Siehe DA 62.4.3 Abs. 2 und 3 DA-FamEStG.

886 Verordnung (EWG) Nr. 1408/71 des Rates vom 14.06.1971 über die Anwendung der Systeme der sozialen Sicherheit auf Arbeitnehmer und Selbständige sowie deren Familienangehörige, die innerhalb der Gemeinschaft zu- und abwandern, konsolidierte Fassung vom 30.01.1997, ABl. 1997 Nr. L 28, S. 1; die Durchführung der Verordnung ist in der Verordnung (EWG) Nr. 574/72 des Rates vom 21.03.1972 über die Durchführung der Verordnung (EWG) Nr. 1408/71 über die Anwendung der Systeme der sozialen Sicherheit auf Arbeitnehmer und Selbständige sowie deren Familienangehörige, die innerhalb der Gemeinschaft zu- und abwandern, geregelt, siehe die konsolidierte Fassung in ABl. 1997 Nr. L 28, S. 102.

887 Siehe z. B. zuletzt FG Münster, Urteil vom 01.02.2011 10 K 2378/08 Kg, http://www.justiz.nrw.de/nrwe/fgs/muenster/j2011/10_K_2378_08_Kgurteil20110201.html; zu der Bestimmung des anzuwendenden Rechts vgl. Art. 13 bis 17 der Verordnung (EWG) Nr. 1408/71, a. a. O.; siehe aber auch BFH, Beschluss vom 21.10.2010 III R 5/09, BFH/NV 2011, S. 360; BFH, Beschluss vom 21.10.2010 III R 35/10, BFH/NV 2011, S. 364 sowie EuGH, Urteil vom 20.05.2008 Rs. C-352/06 „Bosmann“, Slg. 2008, I-3827.

888 Verordnung (EG) Nr. 859/2003 des Rates vom 14.05.2003 zur Ausdehnung der Bestimmungen der Verordnung (EWG) Nr. 1408/71 und der Verordnung (EWG) Nr. 574/72 auf Drittstaatsangehörige, die ausschließlich aufgrund ihrer Staatsangehörigkeit nicht bereits unter diese Bestimmungen fallen, ABl. 2003 Nr. L 124, S. 1.

889 Nr. 3 der Präambel der Verordnung (EG) Nr. 859/2003, a. a. O.

ren rechtmäßigen Wohnsitz in einem Mitgliedstaat haben und ihre Situation mit einem Element über die Grenzen eines Mitgliedstaates hinausweist.[890] Eine volle Gleichstellung dieser Personengruppen wurde allerdings streng genommen nicht erreicht. Denn zum einen gilt die Verordnung (EG) Nr. 859/2003 nicht für den EWR, die Schweiz und Dänemark. Zum anderen wurden die Verordnungen (EWG) Nr. 1408/71 und Nr. 574/72 durch die Verordnungen (EG) Nr. 883/2004[891] und Nr. 987/2009[892] zum 1. Mai 2010 im Verhältnis zu den EU-Mitgliedstaaten abgelöst. Für die Staatsangehörigen der Schweiz, der EWR-Staaten sowie für die begünstigten Staatsangehörigen von Drittstaaten sind die Verordnungen (EWG) Nr. 1408/71 und Nr. 574/72 bis auf Weiteres einschlägig. An dem Beschäftigungslandprinzip halten die neuen Verordnungen zwar weiterhin fest,[893] es können sich dennoch einzelne Abweichungen zwischen dem Status eines EU-Staatsangehörigen und eines Drittstaatsangehörigen ergeben.

Bei den gemäß § 1 Abs. 2 EStG erweitert unbeschränkt[894] oder nach § 1 Abs. 3 EStG fiktiv unbeschränkt[895] Steuerpflichtigen gelten §§ 62 ff. EStG gemäß § 62 Abs. 1 Nr. 2 EStG entsprechend. Beschränkt Steuerpflichtige sind von der Regelung nicht erfasst.[896]

### *6.3. Verfassungsrechtliche und abkommensrechtliche Schranken*

Die Zweiteilung der nicht freizügigkeitsberechtigten Ausländer nach dem Kriterium des dauerhaften Aufenthaltstitels ist aus verfassungsrechtlicher Sicht unbedenklich.[897] Wenngleich die vom Gesetzgeber definierten Abgrenzungskriterien

---

890 Art. 1 der Verordnung (EG) Nr. 859/2003, a. a. O.

891 Verordnung (EG) Nr. 883/2004 des Europäischen Parlaments und des Rates vom 29.04.2004 zur Koordinierung der Systeme der sozialen Sicherheit, ABl. 2004 Nr. L 166, S. 1, zuletzt geändert durch die Verordnung (EU) Nr. 1244/2010 vom 09.12.2010, ABl. 2010 Nr. L 338, S. 35.

892 Verordnung (EG) Nr. 987/2009 des Europäischen Parlaments und des Rates vom 16.09.2009 zur Festlegung der Modalitäten für die Durchführung der Verordnung (EG) Nr. 883/2004 über die Koordinierung der Systeme der sozialen Sicherheit, ABl. 2009 Nr. L 284, S. 1.

893 Siehe Art. 68 der Verordnung (EG) Nr. 883/2004, a. a. O; zu der Bestimmung des anwendbaren Rechts vgl. Art. 11 bis 16 der Verordnung (EG) Nr. 883/2004, a. a. O.

894 Siehe § 8 (IV.).

895 Siehe § 10 (III. 1).

896 Zu den (Sozial-)Leistungen an natürliche Personen, die im Inland nicht nach § 1 Abs. 1 und 2 EStG unbeschränkt steuerpflichtig sind und die im Inland nicht nach § 1 Abs. 3 EStG als unbeschränkt steuerpflichtig behandelt werden, siehe das Bundeskindergeldgesetz (BKGG) vom 11.10.1995 in der Fassung der Bekanntmachung vom 28.01.2009, BGBl. I 2009, S. 142, 3177, zuletzt geändert durch Art. 5 des Gesetzes vom 24.03.2011, BGBl. I 2011, S. 453.

897 Vgl. *Dürr, Ulrich*, in: Frotscher, Gerrit (Hrsg.), EStG, § 62 EStG, Rz. 9 (Stand: März 2008); *Treiber, Andreas*, in: Blümich, EStG, § 62 EStG, Rz. 49 ff. (Stand: März 2007); BFH, Urteil

für den zu erwartenden Daueraufenthalt in einer korrespondierenden Regelung in § 1 Abs. 3 BKGG in der Fassung des Ersten Gesetzes zur Umsetzung des Spar-, Konsolidierungs- und Wachstumsprogramms (1. SKWPG) vom 21. Dezember 1993[898] für rechtlich ungeeignet erklärt worden sind, wurde die Zielsetzung des Gesetzgebers vom Bundesverfassungsgericht hingegen nicht in Frage gestellt.[899] Es ist also aus der Sicht des Bundesverfassungsgerichts zulässig, nur diejenigen Ausländer in den Kreis der Anspruchsberechtigten einzubeziehen, die voraussichtlich auf Dauer – wie etwa im Regelfall deutsche Staatsangehörige – in Deutschland bleiben werden und daher eine gewisse Verbundenheit zum deutschen Staat vorweisen. Die von der Staatsangehörigkeit unabhängige Steuerentlastung der im Inland unbeschränkt Steuerpflichtigen kann grundsätzlich durch die Gewährung der Freibeträge nach § 32 Abs. 6 EStG erfolgen. Bei Eltern ohne ausreichendes Einkommen rückt die sozialrechtliche Funktion des Kindergeldes in den Vordergrund. Insoweit hat der Gesetzgeber ohnehin eine tendenziell weitere Gestaltungsfreiheit bei der Festlegung von Anspruchskriterien.[900]

Aus diesen Gründen ist die Regelung des § 62 Abs. 2 EStG auch mit Blick auf das Diskriminierungsverbot des Art. 24 Abs. 1 bzw. 2 OECD-MA und des Art. 29 Abs. 1 des Übereinkommens über die Rechtsstellung der Staatenlosen sowie des Art. 29 Abs. 1 des Abkommens über die Rechtsstellung der Flüchtlinge vom 28. Juli 1951[901] nicht zu beanstanden. Eine Gleichstellung im Hinblick auf Sozialleistungen ist von Art. 24 Abs. 1 und 2 OECD-MA nicht geboten.[902]

## § 11 Zwischenfazit

Zu §§ 7, 8:

- Die Anknüpfung der Steuerpflicht an die Staatsangehörigkeit einer natürlichen Person ist völkerrechtlich grundsätzlich nicht zu beanstanden, solange es

vom 15.03.2007 III R 93/03, BStBl. II 2009, S. 905; BFH, Urteil vom 22.11.2007 III R 54/02, BStBl. II 2009, S. 913; siehe auch BT-Drs. 16/2940, S. 10.

898 BGBl. I 1993, S. 2353.

899 Siehe BVerfG, Beschluss vom 06.07.2004 1 BvL 4/97, 1 BvL 5/97, 1 BvL 6/97, BVerfGE 111, S. 160.

900 Siehe hierzu BVerfG, Beschluss vom 08.06.2004 2 BvL 5/00, BVerfGE 110, S. 412.

901 BGBl. II 1953, S. 559.

902 Zu der Rechtslage für Staatenlose vor dem und nach dem JStG 1996 siehe BFH, Beschluss vom 16.10.1998 VI B 192/98, BFH/NV 1999, S. 310 und BFH, Urteil vom 22.11.2007 III R 60/99, BStBl. II 2009, S. 910; siehe auch *Dürr, Ulrich*, in: Frotscher, Gerrit (Hrsg.), EStG, § 62 EStG, Rz. 12 (Stand: März 2008).

sich um *eigene* Staatsangehörige des besteuernden Staates handelt und somit das maßgebende *Genuine-Link*-Kriterium erfüllt ist.

- Das Bestehen eines völkerrechtlichen Diskriminierungsverbots, das einer steuerlichen Ungleichbehandlung von In- und Ausländern im Allgemeinen entgegenwirken könnte, wird verneint.
- In einigen Fällen ist es im Ergebnis sogar völkerrechtlich geboten, eigene Staatsangehörige und Staatsangehörige anderer Staaten steuerlich differenziert zu erfassen, wie etwa im Kontext des WÜD bzw. des WÜK.

Zu § 9:

- Das OECD-MA und die deutschen Doppelbesteuerungsabkommen knüpfen ihre steuerlichen Folgen an die Staatsangehörigkeit einer natürlichen Person sowohl im Kontext der Ansässigkeitsregelungen und der Diskriminierungsverbote als auch im Rahmen von Verteilungs- und *Saving*-Klauseln an.
- Einer effizienten Umsetzung des Nationalitätsprinzips im deutschen Steuerrecht stünden dabei vor allem die Standard-*Tie-Breaker*-Regeln des Art. 4 Abs. 2 OECD-MA und das Diskriminierungsverbot des Art. 24 Abs. 1 OECD-MA im Wege. Während die nachrangige Stellung der Staatsangehörigkeit in den *Tie-Breaker-Rules* lediglich die steuerliche Fruchtbarkeit des Anknüpfungsnovums in Abkommensfällen wesentlich einschränkt, birgt die staatsangehörigkeitsbedingte Ungleichbehandlung von In- und Ausländern die Gefahr eines eventuellen Verstoßes gegen Art. 24 Abs. 1 OECD-MA. So bietet bereits die gemeinschaftsrechtlich motivierte Anpassung des deutschen Steuerrechts mit der Schaffung von speziellen steuerlichen Tatbeständen für Staatsangehörige der Mitgliedstaaten der Europäischen Union oder der EWR-Vertragsstaaten eine breite Angriffsfläche für das Diskriminierungsverbot im Sinne des Art. 24 Abs. 1 OECD-MA.
- Insoweit kommt dem Verständnis der *Vergleichbarkeit* der rechtlichen und tatsächlichen Verhältnisse eines im Ausland ansässigen (im Inland unbeschränkt steuerpflichtigen) Deutschen und eines gebietsfremden Ausländers eine entscheidende Bedeutung hinzu. Ob die Rs. I R 63/10 vom Bundesfinanzhof zum Anlass genommen wird, sich ausführlich zur Frage der Vergleichbarkeit im Allgemeinen und einer solchen in Fällen mit der Berührung des Gemeinschaftsgebiets zu äußern, ist angesichts einiger Diskrepanzen bei der durch den Kläger vorgenommenen Vergleichspaarbildung noch offen. Wie allerdings die Höhe des Streitwerts verrät, geht es den Beteiligten dabei um eine Wissens-, dagegen nicht um eine Geldfrage. Sollte die begehrte Rechtsfindung aufgrund des Fehlens eines zutreffenden Vergleichspaars vorerst scheitern, so wird es gewiss nicht lange dauern, einen territorial *richtig*

ansässigen Benachteiligten für einen Gerichtsprozess zu begeistern. Sodann kann sich zugleich klären lassen, ob die Staatsangehörigkeit [eines EU/EWR-Staates] als ein Differenzierungsmerkmal auch dem verfassungsrechtlichen Diskriminierungsverbot des Art. 3 Abs. 1 GG standhält.

- Wie der Gesetzgeber mit einer eventuellen Feststellung der rechtlich unzulässigen Diskriminierung bei den staatsangehörigkeitsabhängigen Tatbeständen umgehen will, wird sich in der näheren Zukunft noch zeigen. Anzumerken ist jedoch, dass im Gesetzgebungsverfahren zu § 2 Abs. 3 ErbStG der Weg der *Ausdehnung* der Antragsregelung auf alle In- und Ausländer eingeschlagen wurde: Die im Referentenentwurf vorgesehene Beschränkung des persönlichen Anwendungsbereichs der Vorschrift auf die Staatsangehörigen der EU/EWR-Staaten ist im Regierungsentwurf nicht mehr enthalten.

Zu § 10:

- Die Einbeziehung von Staatsangehörigen Deutschlands in die inländische unbeschränkte Steuerpflicht, unabhängig vom Ort der territorialen Ansässigkeit der Steuerpflichtigen, führt vor allem dann zur Benachteiligung der von dieser Regelung nicht erfassten gebietsfremden Ausländer, wenn ihre negativen ausländischen Einkünfte weder bei der Berechnung der steuerlichen Bemessungsgrundlage noch des darauf anzuwendenden Steuersatzes im Inland berücksichtigt werden.
- Die Beantwortung der Frage, ob es sich dabei um eine gemeinschaftsrechtlich unzulässige staatsangehörigkeitsabhängige Diskriminierung handelt, hängt von der grundsätzlichen Zuordnung der Verlustabzugsregeln zu der Ebene der *Aufteilung* oder der *Ausübung* der Steuerhoheit ab.
- Ist der letzteren Ebene der Vorzug zu geben, so wird die europarechtlich bedenkliche Folge gleichfalls bei der *Aufteilung* der Steuerhoheit anhand der territorialen Merkmale des § 1 Abs. 1 Satz 1 EStG nicht weg zu denken sein: Eine entsprechende gesetzestechnische Lösung ist sodann korrespondierend auf der Ebene der *Ausübung* der Steuerhoheit anzusiedeln. Die staatsangehörigkeitsbezogene *Aufteilung* der Steuerhoheit bleibt davon grundsätzlich unberührt.
- In diesem Fall muss aber zugleich eine klare Trennung zwischen den Begriffen *die Wahrung der (ausgewogenen) Aufteilung der Steuerhoheit* – als ein denkbarer Rechtfertigungsgrund für einen Verstoß auf der Ebene der *Ausübung* der Steuerhoheit – und *die Aufteilung der Steuerhoheit* – als eine Vor-Ebene zur *Ausübung* der aufgeteilten Steuerhoheit – erreicht werden.
- Verbindet man die steuerliche Berücksichtigung von Verlusten dagegen unmittelbar mit der *Aufteilung* des Besteuerungssubstrats, stellt sich andererseits

die Frage, ob die einem Staat auch gemeinschaftsrechtlich zugestandene Berechtigung zur freien Wahl zwischen den mehreren völkerrechtlich zulässigen Prinzipien zur Festlegung von Anknüpfungsmomenten der Steuerpflicht die Nichtvergleichbarkeit der Lage von sodann Mit- und Nicht-Erfassten bedingt oder ob diese Berechtigung erst als Rechtfertigungsgrund bei einer an sich gegebenen Diskriminierung in den Vordergrund treten kann. Zwar führen beide Ansätze zu einer im Ergebnis gleichen Folge, also zur Verneinung einer gemeinschaftsrechtlich unzulässigen Diskriminierung. Die Anforderungen an die Qualität und die Tiefe der jeweils vorzubringenden Argumente sind jedoch unterschiedlich.

# Kapitel 3: Verfassungsrechtlicher Rahmen der Anknüpfung der unbeschränkten Einkommensteuerpflicht an die Staatsangehörigkeit

## § 12 Überblick

Bei der Bestimmung der steuerlichen Anknüpfungsmomente ist der Entscheidungsspielraum des Gesetzgebers anhand der verfassungsrechtlichen Maßstäbe abzustecken.[903] Dies gilt auch und vor allem dann, wenn solche sensiblen Merkmale wie die Staatsangehörigkeit und die Steuerpflicht in Zusammenhang miteinander gebracht werden. So wurde die Vereinbarkeit des staatsangehörigkeitsbezogenen § 2 AStG mit dem Grundgesetz bereits vor dem Abschluss des Gesetzgebungsverfahrens im Schrifttum in Frage gestellt.[904] Alsbald durfte sich auch das Bundesverfassungsgericht zu der Verfassungsmäßigkeit der tatbestandsmäßigen Ausgestaltung des Instituts der erweiterten beschränkten Steuerpflicht (allerdings eher nur *en passant*) äußern.[905] Wenngleich die Vorlage des Bundesfinanzhofes aus dem Jahr 1982 insoweit nur die *rückwirkende* Einführung des § 2 AStG betraf,[906] ist das Bundesverfassungsgericht der Frage der Verfassungsmäßigkeit des § 2 Abs. 1 AStG auch im Hinblick auf die Nationalität der Auswanderer über die verfassungsrechtlichen Zweifel des Bundesfinanzhofes hinaus nachgegangen. Dabei konzentriert es sich auf drei Grundbereiche:[907] den Verstoß gegen die Gleichbehandlung nach Art. 3 Abs. 1 GG im Vergleichspaar „ein weggezogener Deutscher vs. ein weggezogener Ausländer", gegen die Ausreisefreiheit nach § 2 Abs. 1 GG und gegen die Eigentumsgarantie des Art. 14 Abs. 1 GG. Die grundsätzlichen Aussagen dieser Entscheidung werden im Rahmen des vorliegenden Kapitels berücksichtigt.

903 Art. 1 Abs. 3 sowie Art. 20 Abs. 3 GG.

904 Siehe *Salditt, Franz*, a. a. O., S. 12 (16 ff.); *Lipps, Wolfgang*, Rechtliche Bedenken zum Außensteuergesetz und zum neuen Doppelbesteuerungsabkommen Bundesrepublik Deutschland/Schweiz, RIW/AWD 1972, S. 105 (107).

905 BVerfG, Beschluss vom 14.05.1986 2 BvL 2/83, BStBl. II 1986, S. 628.

906 Vgl. BFH, Beschluss vom 03.11.1982 I R 3/79, BStBl. II 1983, S. 259.

907 Zum eventuellen (vom Bundesverfassungsgericht in seinem Beschluss nicht behandelten und in seiner Wirkung von der Staatsangehörigkeit insoweit unabhängigen) Verstoß gegen den Bestimmtheitsgrundsatz (Art. 20 Abs. 3 GG) siehe *Zimmermann, Heinz/Könemann, Ragnar W.*, in: Strunk/Kaminski/Köhler, AStG, § 2 AStG, Rz. 34 (Stand: Juni 2008).

# § 13 Allgemeiner Gleichheitssatz und wirtschaftliche Leistungsfähigkeit, Art. 3 Abs. 1 GG

## I. Vorwort

Der allgemeine Gleichheitssatz des Art. 3 Abs. 1 GG – als ein subjektiv-öffentliches Recht auf Gleichbehandlung[908] – gebietet es dem Gesetzgeber, das wesentlich Gleiche *rechtlich* (Gleichheit der normativen Steuerpflicht) und *tatsächlich* (Gleichheit im Belastungserfolg) gleich zu belasten:[909] Steuerpflichtige mit gleicher wirtschaftlicher Leistungsfähigkeit sind der materiell-rechtlich gleichen Besteuerung zu unterwerfen[910] (horizontale Steuergerechtigkeit)[911], die *tatsächliche* Umsetzung der Besteuerung darf dabei die erreichte Gleichheit der normativen Steuerpflicht nicht aufheben.[912]

Ein Verstoß gegen Art. 3 Abs. 1 GG ist sonach zu bejahen, wenn eine Gruppe von Personen – Normadressaten oder Normbetroffenen – im Vergleich zu einer anderen Gruppe rechtlich oder tatsächlich unterschiedlich behandelt wird und

---

908 Vgl. *Kannengießer, Christoph*, in: Schmidt-Bleibtreu, Bruno/Hofmann, Hans/Hopfauf, Axel (Hrsg.), Grundgesetz, Kommentar, 11. Auflage, Köln u. a. 2008, Art. 3 GG, Rz. 14; ausführlich zur Struktur des allgemeinen Gleichheitssatzes siehe *Eckhoff, Rolf*, Rechtsanwendungsgleichheit im Steuerrecht: die Verantwortung des Gesetzgebers für einen gleichmäßigen Vollzug des Einkommensteuerrechts, Köln 1999, S. 67 ff.

909 Vgl. pars pro toto BVerfG, Urteil vom 27.06.1991 2 BvR 1493/89, BStBl. II 1991, S. 654; zu Art. 3 Abs. 1 GG im Allgemeinen vgl. *Ipsen, Jörn*, Staatsrecht II, Grundrechte, 9. Auflage, Neuwied 2006, Rz. 747 ff.; *Sachs, Michael*, Verfassungsrecht II, S. 213 ff.; *Alexy, Robert*, Theorie der Grundrechte, Baden-Baden 1985, S. 357 ff.; *Epping, Volker/Lenz, Sebastian/Leydecker, Philipp*, Grundrechte, 4. Auflage, Berlin u. a. 2010, S. 335 ff.; zum Gleichheitssatz des Art. 3 Abs. 1 GG in Bezug auf die Steuern siehe *Vogel, Klaus*, in: Isensee, Josef/Kirchhof, Paul (Hrsg.), Handbuch des Staatsrechts der Bundesrepublik Deutschland, Band IV: Finanzverfassung – Bundesstaatliche Ordnung, 2. Auflage, Heidelberg 1999, § 87 „Grundzüge des Finanzrechts des Grundgesetzes“, Rz. 90 ff.; *Kirchhof, Paul*, ebenda, § 88 „Staatliche Einnahmen“, Rz. 106 ff.; *Lang, Joachim*, Rechtsstaatliche Ordnung des Steuerrechts, in: Tipke, Klaus/Lang, Joachim, Steuerrecht, 20. Auflage, Köln 2010, § 4 Rz. 70 ff.

910 Vgl. statt vieler BVerfG, Urteil vom 17.01.1957 1 BvL 4/54, BStBl. I 1957, S. 193; siehe auch BT-Drs. 7/1470, S. 211 f.

911 Vgl. BVerfG, Beschluss vom 29.05.1990 1 BvL 20, 26/84 und 4/86, BStBl. II 1990, S. 653; BVerfG, Beschluss vom 04.12.2002 2 BvR 400/98, 2 BvR 1735/00, BStBl. II 2003, S. 534.

912 Vgl. BVerfG, Urteil vom 27.06.1991 2 BvR 1493/89, BStBl. II 1991, S. 654; siehe ferner *Eckhoff, Rolf*, Rechtsanwendungsgleichheit im Steuerrecht: die Verantwortung des Gesetzgebers für einen gleichmäßigen Vollzug des Einkommensteuerrechts, S. 520 ff.; ausführlich zum Leistungsfähigkeitsprinzip im Steuerrecht siehe *Birk, Dieter*, Das Leistungsfähigkeitsprinzip als Maßstab der Steuernormen: ein Beitrag zu den Grundfragen des Verhältnisses Steuerrecht und Verfassungsrecht, Köln 1983, S. 50 ff. sowie *Kirchhof, Paul*, Der verfassungsrechtliche Auftrag zur Besteuerung nach der finanziellen Leistungsfähigkeit, StuW 1985, S. 319 (319 ff.).

zwischen diesen beiden Gruppen keine Unterschiede von solcher Art und solchem Gewicht bestehen, dass sie eine unterschiedliche Behandlung rechtfertigen könnten.[913] Indessen ist der Gesetzgeber verfassungsrechtlich grundsätzlich nicht gehindert, zwischen dem wesentlich Ungleichen sachgerecht und unwillkürlich zu unterscheiden und insoweit die Besteuerungsfolgen zu differenzieren: Die Maßstäbe und Kriterien zur Beurteilung der Nichtvergleichbarkeit müssen jedoch in Bezug auf die jeweils betroffenen Sach- und Regelungsbereiche individuell definiert werden.[914]

Zur Prüfung der Verfassungsmäßigkeit der Anknüpfung der unbeschränkten Einkommensteuerpflicht an die deutsche Staatsangehörigkeit im Hinblick auf Art. 3 Abs. 1 GG werden folgende Vergleichspaare gebildet:

- Nicht-Deutscher im Ausland vs. Staatsangehöriger Deutschlands im Ausland und
- unbeschränkt Steuerpflichtiger[915] gemäß § 1 Abs. 1 Satz 1 EStG vs. Staatsangehöriger Deutschlands im Ausland.

## II. Betrachtung der Vergleichsgruppen

### 1. Vergleichspaar: „Nicht-Deutscher im Ausland vs. Staatsangehöriger Deutschlands im Ausland"

Ein in Deutschland territorial nicht ansässiger Ausländer kann im Regelfall[916] nur mit seinen inländischen Einkünften im Sinne des § 49 Abs. 1 EStG im Inland einkommensteuerpflichtig werden. Es handelt sich um eine (nur) beschränkte Steuerpflicht nach § 1 Abs. 4 EStG. Ein im Ausland territorial ansässiger Deutscher wäre dagegen *de lege ferenda* – unabhängig von dem Vorhandensein inländischer Einkunftsquellen – mit seinen gesamten Einkünften im Inland unbeschränkt steuerpflichtig. So wie sich der Bundesfinanzhof in einem Verfahren[917] *obiter dictum* die Frage stellte, ob die Fiktion eines inländischen Aufenthaltsortes

913 BVerfG, Beschluss vom 07.10.1980 1 BvL 50, 89/79, 1 BvR 240/79, BVerfGE 55, S. 72; BVerfG, Beschluss vom 31.01.1996 2 BvL 39, 40/93, BVerfGE 93, S. 386; BVerfG, Urteil vom 06.03.2002 2 BvL 17/99, BStBl. II 2002, S. 618.

914 BVerfG, Beschluss vom 08.10.1963 2 BvR 108/62, BVerfGE 17, S. 122; BVerfG, Beschluss vom 07.11.1995 2 BvR 413/88 und 2 BvR 1300/93, BVerfGE 93, S. 319 m. w. N.; BVerfG, Beschluss vom 12.05.2009 2 BvL 1/00, BStBl. II 2009, S. 685.

915 Sowohl Deutscher als auch Nicht-Deutscher.

916 Zu den Ausnahmen siehe z. B. § 10 (III. 1).

917 BFH, Urteil vom 18.12.1968 III 199/64, BStBl. II 1969, S. 355.

nach § 14 StAnpG[918] zu einer Ungleichbehandlung der entsandten (fiktiv unbeschränkt steuerpflichtigen) Bediensteten im Vergleich zu den entsandten (beschränkt steuerpflichtigen) Arbeitnehmern der privaten Unternehmen führen und somit gegen den Gleichheitsgrundsatz des Art. 3 Abs. 1 GG verstoßen könnte,[919] so ähnlich muss man auch an dieser Stelle die Verfassungsmäßigkeit der Ungleichbehandlung des im Ausland wohnhaften Ausländers im Vergleich zu einem ebenfalls dort territorial ansässigen Deutschen hinterfragen.[920]

Diese Ungleichbehandlung knüpft lediglich an das Vorliegen bzw. Fehlen der Staatsangehörigkeit der Bundesrepublik Deutschland an. Weitere Unterscheidungsmerkmale liegen offenbar nicht vor. Ob das Kriterium der Staatsangehörigkeit zu einer (wesentlichen) Ungleichheit der Lage eines Steuerpflichtigen im Vergleich zu solcher eines anderen Steuerpflichtigen führt, hat der Gesetzgeber grundsätzlich selbst zu entscheiden.[921] Solange ein sachgerechter und *„ [...] vernünftiger, sich aus der Natur der Sache ergebender oder sonstwie sachlich einleuchtender Grund [...]"*[922] die Wesentlichkeit dieser Ungleichheit belegen kann, ist die Verfassungswidrigkeit der Ungleichbehandlung zu verneinen. In einem Urteil vom 14. November 1969 führt der Bundesfinanzhof ausdrücklich aus, dass der Gleichheitssatz nicht verletzt wird, wenn *„die Steuerpflichtige als Ehefrau eines Offiziers der amerikanischen Streitkräfte steuerlich anders behandelt wird als Ehefrauen von Mitgliedern der Nato-Truppen, die nicht die deutsche Staatsangehörigkeit besitzen"*[923], denn die Staatsangehörigkeit sei ein *„[...] Ausdruck des besonderen Rechtsverhältnisses zwischen dem Staat und seinen Bürgern, das gegenseitige Rechte und Pflichten in sich birgt"*[924] und *„[...] ein Tatbestands-*

918 Siehe hierzu § 8 (IV. 2).

919 Diese Frage musste das Gericht allerdings im Ergebnis nicht beantworten und hat es auch *obiter dictum* nicht getan.

920 Zur Geltung des Gleichheitssatzes des Art. 3 Abs. 1 GG im Kontext der Besteuerung von beschränkt Steuerpflichtigen siehe BVerfG, Beschluss vom 12.10.1976 1 BvR 2328/73, BStBl. II 1977, S. 190; ebenso BFH, Urteil vom 16.08.1963 VI 96/62 U, BStBl. III 1963, S. 486; BFH, Urteil vom 10.10.1973 I R 162/71, BStBl. II 1974, S. 30; BFH, Urteil vom 04.02.1987 I R 252/83, BStBl. II 1987, S. 682.

921 Siehe im Allgemeinen BVerfG, Beschluss vom 21.02.1957 1 BvR 241/56, BStBl. I 1957, S. 208.

922 BVerfG, Urteil vom 23.10.1951 2 BvG 1/51, BVerfGE 1, S. 14; so auch BVerfG, Beschluss vom 16.05.1961 2 BvF 1/60, BStBl. I 1961, S. 432; siehe hierzu ferner *Krugmann, Michael*, Gleichheit, Willkür und Evidenz, JuS 1987, S. 7 (12 f.); *Sachs, Michael*, Die Maßstäbe des allgemeinen Gleichheitssatzes – Willkürverbot und sogenannte neue Formel, JuS 1997, S. 124 (124 ff.); *Arndt, Hans-Wolfgang*, Gleichheit im Steuerrecht, NVwZ 1988, S. 787 (788); zur Auslegung des Gleichheitssatzes als Willkürverbot siehe *Schmidt-Bleibtreu, Bruno*, Der allgemeine Gleichheitssatz im Steuerrecht, BB 1968, S. 677 (677).

923 BFH, Urteil vom 14.11.1969 III R 95/68, BStBl. II 1970, S. 153.

924 BFH, Urteil vom 14.11.1969 III R 95/68, BStBl. II 1970, S. 153.

*element des internationalen Steuerrechts, an das der Gesetzgeber bei einer am Gerechtigkeitsgedanken orientierten Betrachtungsweise jederzeit anknüpfen darf*“[925].

Die Auffassung des Bundesverfassungsgerichts zur Sachgerechtigkeit der Ungleichbehandlung im Vergleichspaar „Ausländer vs. Deutscher“ ist etwas zurückhaltender. So spricht sich das Gericht in dem Verfahren zum § 2 AStG ebenfalls für das Fehlen eines Verstoßes gegen Art. 3 Abs. 1 GG aus, belegt dies allerdings nicht mit dem Argument des Vorliegens besonderer Verhältnisse zwischen einem Deutschen und dem Staat, sondern mit dem Hinweis auf die Unzulässigkeit der Verhinderung der Rückwanderung eines Ausländers.[926] Insoweit sieht das Bundesverfassungsgericht einen wesentlichen Unterschied zwischen den Personengruppen „Deutsche“ und „Ausländer“. Während es sachgerecht, begründet und willkürfrei sei, die (lediglich) steuerlich motivierte Auswanderung eigener Staatsangehöriger zu erschweren, dürfe ein Staat Ausländer von der Rückwanderung in ihre Heimat grundsätzlich nicht abhalten und auch keinen Druck zur (Wieder-)Einwanderung auf sie ausüben.[927] Der besagte Unterschied sei von solcher Art und solchem Gewicht, dass er eine unterschiedliche Behandlung Deutscher und Nicht-Deutscher rechtfertige. Ein verfassungswidriger Verstoß gegen Art. 3 Abs. 1 GG liegt nach Auffassung des Gerichts im Falle des § 2 AStG daher nicht vor.[928]

Die Einbeziehung nur „Deutscher“ in die erweiterte beschränkte Steuerpflicht wird folglich nicht ausschließlich durch die Eigenschaft „Deutscher“ begründet. Vielmehr handelt es sich um eine Einschränkung des Geltungsbereichs des § 2 AStG als Folgewirkung der Unzulässigkeit der erweiterten Besteuerung der Ausländer. Die besondere Stellung eines Ausländers – dagegen nicht die rechtliche Zugehörigkeit eines deutschen Staatsangehörigen zum Inland – rechtfertigt die Ungleichbehandlung dieser Personen. Anders gewendet: Der Staat muss die beiden Gruppen gleich behandeln und daher beide Gruppen (soweit im Übrigen geboten und zulässig) der erweiterten beschränkten Steuerpflicht unterwerfen. Da es allerdings um eine Benachteiligung dieser Gruppen geht, ist die Möglichkeit dieser Schlechtbehandlung in Bezug auf jede Gruppe gesondert zu prüfen.

925 Ebenda.

926 Vgl. BVerfG, Beschluss vom 14.05.1986 2 BvL 2/83, BStBl. II 1986, S. 628.

927 Ebenda.

928 Zweifelnd zur verfassungsrechtlichen Schlüssigkeit dieser Argumentation im Kontext des Art. 3 GG siehe *Gosch, Dietmar*, Nur eingeschränkter Steuerzugriff auf Berufssportler bei Wegzug in eine Steueroase, Kommentar zum BFH-Urteil vom 19.12.2007 I R 16/06, BFH/PR 2008, S. 234, dort unter Nr. 5.

Ausländer werden aufgrund ihrer besonderen Beziehung zum Heimatland vor der Erweiterung der beschränkten Steuerpflicht geschützt.[929]

Mangels Schutzgründen bleiben Deutsche der Anwendung des § 2 AStG dagegen ausgesetzt. Das Gericht macht aber keine Aussage zu der Frage, ob die (deutsche) Staatsangehörigkeit an sich als Anknüpfungsmoment der Begründung oder der Erweiterung der Einkommensteuerpflicht aus dem verfassungsrechtlichen Blickwinkel geeignet (oder ungeeignet) ist.

In Bezug auf die unbeschränkte Steuerpflicht ist es nicht abwegig, vorzutragen, dass – während die steuerliche Erfassung eigener Bürger aus der Sicht des internationalen Rechts grundsätzlich unbedenklich wäre – die Besteuerung ausländischer Staatsangehöriger (ohne inländische Einkünfte) dagegen grundsätzlich nicht sachgerecht und willkürlich ist, denn insoweit gibt das internationale Recht keine Anknüpfungspunkte her. Da es völkerrechtlich zulässig ist, Deutsche – dagegen nicht solche Ausländer – zu besteuern, kommt man im Ergebnis zu der gleichen Folgerung wie vorgehend der Bundesfinanzhof und das Bundesverfassungsgericht: Art. 3 Abs. 1 GG steht der Anknüpfung der unbeschränkten Steuerpflicht an die Staatsangehörigkeit nicht entgegen. Und so fühlt man sich an den Wortlaut des Art. 134 der Weimarer Reichsverfassung[930] erinnert, der – als Konkretisierung des allgemeinen Gleichheitsgrundsatzes in Bezug auf die steuerlichen Verhältnisse – eben ausdrücklich besagte: *„Alle* ***Staatsbürger*** *ohne Unterschied tragen im Verhältnis ihrer Mittel zu allen öffentlichen Lasten nach Maßgabe der Gesetze bei“*[931].

---

929 Kritisch zur Ausdehnung dieser Argumentation auf die in ein Nicht-Heimatland auswandernden Ausländer siehe *Zimmermann, Heinz/Könemann, Ragnar W.*, in: Strunk/Kaminski/Köhler, AStG, § 2 AStG, Rz. 31 (Stand: September 2009). Ob eine solche Differenzierung (Heimatland/Nicht-Heimatland) allerdings geboten (und vom Gericht gewollt) war, ist nach der hier vertretenen Sichtweise fraglich: Nach dem Sinn der Gerichtsaussage soll die Auswanderung eines Ausländers wohl grundsätzlich nicht unnötig erschwert werden. Unterscheidet man dagegen nach dem geografischen Wegzugsziel des jeweils betroffenen Ausländers, so stellt sich zunächst die Frage, wie ein Heimatland zu definieren ist und inwieweit die so definierten Bindungen an das Zielland einer typisierten Unterstellung der steuerlichen Wegzugsmotive entgegenwirken können. Die Übertragbarkeit (bzw. die Notwendigkeit der Übertragung) der so bestimmten Maßstäbe auf die auswandernden Deutschen müsste anschließend geprüft werden. Zu den (fort-)bestehenden verfassungsrechtlichen Bedenken hinsichtlich des § 2 AStG siehe auch *Kraft, Gerhard*, in: Kraft, Gerhard (Hrsg.), Außensteuergesetz, § 2 AStG, Rz. 15 f.

930 Verfassung des Deutschen Reichs vom 11.08.1919, RGBl. 1919, S. 1383.

931 Hervorhebung nur hier; allerdings kritisch zur Verwendung des Begriffs „Staatsbürger“ im Kontext des Art. 134 der Weimarer Reichsverfassung vgl. *Kirchhof, Paul*, in: Isensee, Josef/Kirchhof, Paul (Hrsg.), Handbuch des Staatsrechts der Bundesrepublik Deutschland, Band IV: Finanzverfassung – Bundesstaatliche Ordnung, § 88 „Staatliche Einnahmen“, Rz. 135 m. w. N.

Es fragt sich aber, ob das Vorliegen einer bestimmten Staatsangehörigkeit *ipso facto* – ohne zusätzliche Argumente, wie etwa die Grundsätze des internationalen Rechts bezüglich der Behandlung ausländischer Streitkräfte – zu einer Rechtfertigung der Ungleichbehandlung ausreicht.[932] Eine objektive Antwort auf diese Frage kann sich wohl kaum geben lassen und ist im Ergebnis eine moralische *Geschmackssache* der mit einem ersten Streitfall befassten Richter.

Eine differenzierte Behandlung könnte indes ferner mit dem Lenkungszweck[933] der Erweiterung der unbeschränkten Steuerpflicht gerechtfertigt sein, wenn insoweit das wirtschaftliche oder sonstige Verhalten der Steuerpflichtigen aus Gründen des Gemeinwohls gelenkt werden könnte und der Gesetzgeber diese Zielsetzung bereits bei der Einführung der Vorschrift eindeutig zum Ausdruck bringen würde.[934] Die grundsätzliche Erweiterung der Anknüpfungsmomente der unbeschränkten Einkommensteuerpflicht lässt sich jedoch mit dem Lenkungscharakter der Regelung auf den ersten Blick kaum begründen. Es ist insbesondere nicht ersichtlich, inwieweit eine undifferenzierte Besteuerung aller Staatsangehörigen Deutschlands ein bestimmtes Verhalten des Steuerpflichtigen auslösen

---

932 Zweifelnd *Eckert, Ralf*, Die beschränkte Steuerpflicht: Rechtfertigung und Systematik, Bonn 1995, S. 86; in diesem Sinne auch *Schaumburg, Harald*, Besteuerung von Kapitalerträgen – Vollzugsdefizite und Vorgaben des Europäischen und Internationalen Steuerrechts, in: Ebling, Iris (Hrsg.), Besteuerung von Einkommen, S. 225 (260) sowie *Wassermeyer, Franz*, 25 Jahre Außensteuergesetz, in: Klein, Franz/Stihl, Hans Peter/Wassermeyer, Franz (Hrsg.), Unternehmen Steuern: Festschrift für Hans Flick zum 70. Geburtstag, Köln 1997, S. 1057 (1063); kritisch zum Kriterium der Staatsangehörigkeit im Kontext des § 1 Abs. 2 EStG im Hinblick auf Art. 3 Abs. 1 GG *Mössner, Jörg Manfred*, Diskriminierung beschränkt Steuerpflichtiger, in: Haarmann, Wilhelm (Hrsg.), Die beschränkte Steuerpflicht: aktuelle Schwerpunkte in der Diskussion: Betriebsstätte, grenzüberschreitende Betriebsaufspaltung, Diskriminierung, Treaty-Shopping, Künstler und Sportler, Zinsabschlagsteuer, Verfahrensprobleme, Köln 1993, S. 110 (125 f.); siehe auch *Schröder, Karl Wilhelm*, Die unbeschränkte und beschränkte Steuerpflicht im Einkommensteuerrecht (Teil I), StuSt 1986, S. 45 (48).

933 Zur Wirtschaftslenkung im Allgemeinen siehe *Kannengießer, Christoph*, in: Schmidt-Bleibtreu, Bruno/Hofmann, Hans/Hopfauf, Axel (Hrsg.), Grundgesetz, Art. 3 GG, Rz. 26; zu den verfassungsrechtlichen Anforderungen an die Lenkungsnormen siehe *Osterloh, Lerke*, Lenkungsnormen im Einkommensteuerrecht, in: Ebling, Iris (Hrsg.), Besteuerung von Einkommen, S. 383 (395 ff.).

934 Ständige Rechtsprechung, vgl. BVerfG, Beschluss vom 22.06.1995 2 BvL 37/91, BStBl. II 1995, S. 655; BVerfG, Beschluss vom 07.11.2006 1 BvL 10/02, BStBl. II 2007, S. 192; BVerfG, Beschluss vom 24.03.2010 1 BvR 2130/09, DStR 2010, S. 8; in Bezug auf den Lenkungszweck des § 2 AStG siehe „Wahrung der steuerlichen Gleichmäßigkeit bei Auslandsbeziehungen und Verbesserung der steuerlichen Wettbewerbslage bei Auslandsinvestitionen: Gesetzesleitsätze mit Gesetzesbegründung“, DB 1971, 16 ff.; *Kreile, Reinhold*, Zum Außensteuergesetz, BB 1972, S. 929 (930 f.); in Bezug auf das Gesetzgebungsverfahren zu § 2 AStG insoweit kritisch *Zimmermann, Heinz/Könemann, Ragnar W.*, in: Strunk/Kaminski/Köhler, AStG, § 2 AStG, Rz. 32 f. (Stand: September 2009).

sollte: Wird doch sein Welteinkommen in beiden Fällen steuerlich in Deutschland grundsätzlich erfasst. Bedenkt man allerdings die Tatsache, dass gerade für einen steuerlich motivierten Wegzug die ausschlaggebenden Beweggründe wegfallen würden, kann die Lenkungswirkung der Anknüpfung der unbeschränkten Steuerpflicht an die Staatsangehörigkeit insoweit nicht ausgeschlossen werden. Da mit der Auferlegung der Einkommensteuerpflicht vor allem die (Weiter-)Erzielung des Steueraufkommens bezweckt wird, mutiert die Einkommensteuer dabei jedoch nicht zu einer bloßen Lenkungsabgabe im eigentlichen Sinne.[935]

Hinsichtlich der Zusammenveranlagung von Ehegatten gemäß § 26 Abs. 1 i. V. m. § 26b EStG (als eine der möglichen Rechtsfolgen der unbeschränkten Einkommensteuerpflicht) ist anzumerken, dass die Ungleichbehandlung von im Ausland lebenden Ehegatten mit deutscher Staatsangehörigkeit im Vergleich zu einem Ehepaar, das aus einem Deutschen und einem Ausländer besteht, aus verfassungsrechtlicher und gemeinschaftsrechtlicher Sicht kritisch ist.[936] Insbesondere bei fehlenden oder nur geringen Einkünften des Ausländers und seines Vergleichspendants des deutschen Ehepaars ist zweifelhalft, dass die Versagung der Zusammenveranlagung sachgerecht begründet werden kann (eine vergleichbare Problematik besteht bereits im Kontext des § 1a EStG in Bezug auf die Staatsangehörigen von Drittstaaten)[937]. Die Einbeziehung von EU-/EWR-Staatsangehörigen-Ehegatten eines im Ausland örtlich ansässigen Staatsangehörigen Deutschlands in das Veranlagungswahlrecht über die Erweiterung der Regelung des § 1a EStG kann zwar zumindest die gemeinschaftsrechtlichen Bedenken weitgehend ausräumen. Verfassungsrechtlich bleibt das Problem jedoch weiterhin bestehen. Im Gegensatz zu den Beweggründen des § 1a EStG nimmt eine solche Abgrenzung ihren Ursprung in der grundsätzlichen Unterscheidung zwischen Deutschen

935 Zum Begriff der Lenkungsabgabe siehe *Vogel, Klaus*, in: Isensee, Josef/Kirchhof, Paul (Hrsg.), Handbuch des Staatsrechts der Bundesrepublik Deutschland, Band IV: Finanzverfassung – Bundesstaatliche Ordnung, § 87 „Grundzüge des Finanzrechts des Grundgesetzes", Rz. 50 ff.; zur immanenten Lenkungswirkung der Steuern siehe *Kirchhof, Ferdinand*, Die Tauglichkeit von Abgaben zur Lenkung des Verhaltens, DVBl. 2000, S. 1166 (1167).

936 Für eine umfangreiche Untersuchung des verfassungsrechtlichen Rahmens der Anknüpfung des Ehegattensplittings an die unbeschränkte Einkommensteuerpflicht siehe *Hölzer, Volkmar-Alexander*, Die Anknüpfung von Abzügen, der Einkünfte- und der Vermögenszurechnung an die unbeschränkte Steuerpflicht, Köln 1988, S. 10 ff.; siehe auch die Ausführungen des FG Köln zu der Beschränkung des § 1 Abs. 2 EStG in der Fassung vor dem Steuerbereinigungsgesetz 1986 auf die Angehörigen, jene die deutsche Staatsangehörigkeit besitzen, FG Köln, Beschluss vom 31.03.1981 I (VII) 194/79 E, EFG 1981, S. 400 (rkr.).

937 Vgl. *Schaumburg, Harald*, Internationales Steuerrecht: Außensteuerrecht, Doppelbesteuerungsrecht, Rz. 4.13 und 5.51.

und Ausländern. Der für § 1a EStG zutreffende[938] Gedanke der Entwicklung des Binnenmarkts Europas verliert hier an seiner rechtfertigenden Bedeutung.

### 2. Vergleichspaar: „unbeschränkt Steuerpflichtiger gemäß § 1 Abs. 1 Satz 1 EStG vs. Staatsangehöriger Deutschlands im Ausland"

Die grundsätzliche *Anknüpfung* einer Folge an einen bestimmten Tatbestand ist nicht mit der erstmaligen *Erweiterung* der Anknüpfungstatbestände dieser Folge gleichzustellen. Dies gilt vor allem dann, wenn der Gesetzgeber und die Rechtsprechung die bisherige Rechtslage wiederholt als sachgerecht empfunden haben. Der Gesetzgeber darf nämlich nicht die von ihm festgelegten *Ordnungsprinzipien* ohne Weiteres verwerfen.[939] Tut er dies doch, gerät der Verdacht der Willkürlichkeit der Anknüpfungsbestimmung in den Vordergrund.

Wiederholt hat der Bundesfinanzhof das Bestehen wesentlicher Unterschiede zwischen den unbeschränkt und den beschränkt Steuerpflichtigen in seiner Rechtsprechung bestätigt.[940] Im Regelfall begründet er diese Unterschiede mit der Tatsache, dass bei einem beschränkt Steuerpflichtigen nicht seine gesamten Einkünfte im Inland steuerlich erfasst werden.[941] Ferner trägt er vor, dass die Durchführung der Besteuerung bei einem im Inland nicht territorial Ansässigen naturgemäß Besonderheiten erfordere[942] (insoweit handelt es sich allerdings um eine Folgefrage auf der Ebene der Ausübung der Steuerhoheit). Schließlich sei die fehlende persönliche Bindung des beschränkt Steuerpflichtigen an das Inland zu beachten.[943] In einem weiteren Verfahren ergänzt das Bundesverfassungsgericht diese Rechtfertigungsliste mit dem Hinweis auf die besondere räumliche Beziehung eines unbeschränkt Steuerpflichtigen zum Inland und führt ausdrück-

---

938 Siehe *Stapperfend, Thomas*, in: Herrmann/Heuer/Raupach, EStG, Vor §§ 1, 1a EStG, Rz. 32 (Stand: Oktober 2007) sowie *Gosch, Dietmar*, in: Kirchhof, Paul (Hrsg.), EStG, § 1a EStG, Rz. 3; kritisch zur staatsangehörigkeitsabhängigen Differenzierung in § 1a EStG *Maßbaum, Michael*, Verfassungsmäßigkeit der Besteuerung Nichtansässiger nach dem Jahressteuergesetz 1996, IWB Fach 3, Gruppe 3, S. 1139 (1150).

939 Vgl. BVerfG, Beschluss vom 22.02.1984 1 BvL 10/80, BStBl. II 1984, S. 357.

940 Vgl. z. B. BFH, Urteil vom 16.08.1963 VI 96/62 U, BStBl. III 1963, S. 486; BFH, Urteil vom 10.10.1973 I R 162/71, BStBl. II 1974, S. 30; siehe ferner *Engelschalk, Michael*, Die Besteuerung von Steuerausländern auf Bruttobasis: Bestandsaufnahme, rechtliche Grenzen, Alternativen, Heidelberg 1988, S. 75 ff.

941 Vgl. BVerfG, Beschluss vom 12.10.1976 1 BvR 2328/73, BStBl. II 1977, S. 190; BFH, Urteil vom 16.08.1963 VI 96/62 U, BStBl. III 1963, S. 486; BFH, Urteil vom 10.10.1973 I R 162/71, BStBl. II 1974, S. 30; BFH, Urteil vom 14.02.1975 VI R 210/72, BStBl. II 1975, S. 497; BFH, Urteil vom 20.04.1988 I R 219/82, BStBl. II 1990, S. 701 m. w. N.

942 Vgl. z. B. BFH, Urteil vom 16.08.1963 VI 96/62 U, BStBl. III 1963, S. 486; BFH, Urteil vom 10.10.1973 I R 162/71, BStBl. II 1974, 30.

943 Ebenda.

lich aus: *„Der Beschwerdeführer ist zwar deutscher Staatsangehöriger, als beschränkt Steuerpflichtiger steht er aber ausländischen Anteilseignern gleich, soweit diese nicht unbeschränkt steuerpflichtig sind“*[944].

Während das erste Argument mit der Ausdehnung des sachlichen Umfangs der Besteuerung eines im Ausland territorial ansässigen Deutschen auf das Vergleichspaar „beschränkt steuerpflichtiger Ausländer vs. unbeschränkt steuerpflichtiger Staatsangehöriger Deutschlands“ übertragbar wäre und somit die Ungleichbehandlung insoweit rechtfertigen könnte, erscheint es fraglich, wie der Gesetzgeber das (Fort-)Bestehen der besonderen *persönlichen Bindung* und *räumlichen Beziehung* an das bzw. zum Inland bei einem im Inland territorial nicht ansässigen Deutschen darlegen sollte. Verzichtet er auf diese Unterscheidungskriterien gänzlich, wird er dem Vorwurf der Willkürlichkeit[945] seiner bisherigen Argumentation ausgesetzt: *„Normen, die das Steuersubjekt [...] differenzieren, qualifizieren, aufheben, erweitern, einschränken oder aushöhlen, durchbrechen das Prinzip, auf dem der Tatbestand basiert und verletzen damit indiziell den Gleichheitssatz, sind folglich auf ihre Rechtfertigung durch ein anderes folgerichtig durchgeführtes Prinzip zu prüfen“*[946].

Unterstellt der Gesetzgeber eine immanente persönliche Verbindung eines Staatsangehörigen zu seinem Heimatland,[947] wird er zugleich erklären müssen, wieso das besagte Phänomen bis jetzt bei der verfassungsrechtlichen Gleichheitsprüfung bei der beschränkten Steuerpflicht nicht berücksichtigt wurde.[948]

---

944 BVerfG, Beschluss vom 24.02.1989 1 BvR 519/87, HaufeIndex 1552239.

945 Sei es im Rahmen der *alten Formel*, des *Rechtsstaatsprinzips* im Allgemeinen oder im Kontext der *Folgerichtigkeit*; zu diesen Begriffen im Allgemeinen siehe BVerfG, Beschluss vom 21.06.2006 2 BvL 2/99, BVerfGE 116, S. 164 sowie BVerfG, Beschluss vom 07.11.2006 1 BvL 10/02, BStBl. II 2007, S. 192; zum Gebot der Folgerichtigkeit im Steuerrecht siehe auch *Kirchhof, Paul*, Die freiheitsrechtliche Struktur der Steuerrechtsordnung: ein Verfassungstest für Steuerreformen, StuW 2006, S. 3 (14 f.); *Lang, Joachim*, Rechtsstaatliche Ordnung des Steuerrechts, in: Tipke, Klaus/Lang, Joachim, Steuerrecht, § 4 Rz. 75 ff. sowie *Tipke, Klaus*, Steuergerechtigkeit unter besonderer Berücksichtigung des Folgerichtigkeitsgebots, StuW 2007, S. 201 (205 ff.).

946 *Tipke, Klaus*, Anwendung des Gleichheitssatzes im Steuerrecht – Methode oder irrationale Spekulation: zugleich Besprechung des BFH-Urteils vom 25.4.1972 zur Erhebung der Schaumweinsteuer, BB 1973, S. 157 (158).

947 Wie hier: *„[...] weil bei genereller Betrachtung die Staatsangehörigkeit ihre fortdauernde persönliche Verbundenheit mit diesem Staat dokumentiere [...]“*, BVerfG, Beschluss vom 04.05.1971 1 BvR 636/68, BVerfGE 31, S. 58; oder: *„[...] nationality is a legal bond having as its basis a social fact of attachment, a genuine connection of existence, interests and sentiments, together with the existence of reciprocal rights and duties“*, IGH, Urteil vom 06.04.1955 „Nottebohm“, ICJ Rep. 1955, S. 4 (23).

948 Nicht ernsthaft in Erwägung gezogen wird freilich die Sichtweise, dass die bisherige Meinung der Rechtsprechung nicht zwingend die Anschauung des Gesetzgebers wiederspiegeln müsste.

Die Entscheidung zur Erweiterung der bisherigen Anknüpfungsmomente um die Staatsangehörigkeit ist daher mit der Notwendigkeit einer systematischen Umstellung und der Neuausrichtung des Verständnisses der Institute der unbeschränkten und beschränkten Steuerpflicht verbunden. Obwohl der Gesetzgeber über Argumente verfügt, warum ein unbeschränkt Steuerpflichtiger im Sinne des § 1 Abs. 1 Satz 1 EStG steuerlich einem im Ausland territorial ansässigen Deutschen gleichzustellen wäre (der Gesetzgeber ist weitestgehend frei, zu bestimmen, welche *Intensität* der Bindung einer natürlichen Person an den Staat für die Begründung der unbeschränkten Steuerpflicht ausreicht)[949], so muss er zugleich begründen können, aus welchen Gründen diese Tatsache bis dahin als stets bedeutungslos im Vergleichspaar „unbeschränkt und beschränkt Steuerpflichtiger“ behandelt wurde.

Die verfassungswidrige Ungleichbehandlung im Sinne des Art. 3 Abs. 1 GG erschöpft sich zudem nicht in einer Konstellation, in welcher ein Steuerpflichtiger im Vergleich zu einem anderen Steuerpflichtigen mit der gleichen wirtschaftlichen Leistungsfähigkeit materiell-rechtlich eine höhere steuerliche Belastung im In- und Ausland zu tragen hat.[950] Vielmehr können auch Vollzugsmängel bei der Steuererhebung zur tatsächlichen Ungleichbehandlung in Bezug auf die steuerliche Erfassung im Inland führen, wenn die Erhebungsdefizite so *wesentlich* und die Erhebungsmängel so *gravierend* sind, dass die Nichterhebung der Steuer sich zu einem Regelfall entwickelt.[951] Diese – durch die fehlerhafte Ausgestaltung der Gesetznorm verursachte – Ungleichheit im Belastungserfolg muss sich dem Gesetzgeber zudem aufdrängen.[952]

Wie soeben ausgeführt, erkennt die Rechtsprechung das Erfordernis der Durchführung einer besonderen Besteuerung von territorial nicht im Inland ansässigen Steuerpflichtigen an.[953] Dieses Erfordernis ist vor allem durch die eingeschränkten Durchsetzungsmöglichkeiten des Besteuerungsanspruchs des Fiskus bedingt. Würde der Gesetzgeber von der Abzugsverpflichtung bei den beschränkt Steuerpflichtigen ohne greifbare inländische Anknüpfungsmomente – wie etwa ein Grundstück oder eine Betriebsstätte – absehen, wäre die steuerliche

949 BFH, Urteil vom 24.01.2001 I R 100/99, BFH/NV 2001, S. 1402.

950 Hier wäre jedoch zunächst zu prüfen, welcher Staat – Wohnsitz- oder Staatsangehörigkeitsstaat – die gebotene Entlastung gewähren muss, vgl. pars pro toto BFH, Urteil vom 04.02.1987 I R 252/83, BStBl. II 1987, S. 682.

951 Vgl. statt vieler BFH, Beschluss vom 01.07.2010 V B 62/09, BFH/NV 2010, S. 2136 m. w. N.

952 Vgl. BVerfG, Urteil vom 27.06.1991 2 BvR 1493/89, BStBl. II 1991, S. 654; ausführlich hierzu *Rodi, Michael*, Verfassungskonforme Besteuerung von Kapitalerträgen, NJW 1991, S. 2865 (2866 f.).

953 In Bezug auf die beschränkt Steuerpflichtigen im Sinne des § 1 Abs. 4 EStG vgl. z. B. BFH, Urteil vom 16.08.1963 VI 96/62 U, BStBl. III 1963, S. 486; BFH, Urteil vom 10.10.1973 I R 162/71, BStBl. II 1974, S. 30.

Belastung dieser Steuerpflichtigen stark von deren Erklärungsbereitschaft abhängig. Nimmt der Gesetzgeber diese Lage bewusst hin, handelt es sich um eine verfassungswidrige Ausgestaltung des Besteuerungsverfahrens: *„Eine Steuerbelastung, die nahezu allein auf der Erklärungsbereitschaft des Steuerpflichtigen beruht, weil die Erhebungsregelungen Kontrollen der Steuererklärungen weitgehend ausschließen, trifft nicht mehr alle und verfehlt damit die steuerliche Lastengleichheit"*[954]. Diese Grundsätze sind bei der Besteuerung der im Ausland territorial ansässigen unbeschränkt steuerpflichtigen Staatsangehörigen stets zu beachten. Verzichtet der Gesetzgeber beispielsweise auf den Steuerabzug bei den (nur) aufgrund der Staatsangehörigkeit unbeschränkt steuerpflichtig gewordenen Deutschen, müssen alternative Lösungen zur Kontrolle der Ordnungsmäßigkeit der Erfüllung der Erklärungspflichten bedacht werden. Zu dem bereits Ausgeführten kommt freilich hinzu, dass im Rahmen der unbeschränkten Steuerpflicht nicht nur inländische Einkünfte im Sinne des § 49 Abs. 1 EStG – deren steuerliche Erfassung der Kontrolle im Inland im Regelfall unterzogen werden kann – zu berücksichtigen wären, sondern die gesamten Einkünfte des Steuerpflichtigen, auch diejenigen, die keinerlei Bezug zum Inland aufweisen. Insoweit stellt sich die naheliegende Frage, welche *hinreichende[n], die steuerliche Belastungsgleichheit gewährleistende[n] Kontrollmöglichkeiten*[955] dem Gesetzgeber in diesem Zusammenhang zur Verfügung stehen können und inwieweit das Deklarationsprinzip durch das Verifikationsprinzip[956] in diesem Zusammenhang tatsächlich ergänzt werden kann. Auf die Ausführungen in § 19 (II.) wird an dieser Stelle verwiesen.

## § 14 Eigentumsgarantie, Art. 14 Abs. 1 GG

Die Eigentumsgarantie des Art. 14 Abs. 1 GG[957] steht der Auferlegung von Geldleistungspflichten grundsätzlich nicht entgegen.[958] Wird eine natürliche Per-

---

954 BVerfG, Urteil vom 27.06.1991 2 BvR 1493/89, BStBl. II 1991, S. 654.

955 Ebenda.

956 Vgl. ebenda.

957 Ausführlich zur Eigentumsgarantie vgl. *Dietlein, Johannes*, in: Stern, Klaus (Hrsg.), Das Staatsrecht der Bundesrepublik Deutschland, Band IV/1: Die einzelnen Grundrechte, München 2006, § 113 „Die Eigentumsfreiheit und das Erbrecht", S. 2126 ff.; *Hofmann, Hans*, in: Schmidt-Bleibtreu, Bruno/Hofmann, Hans/Hopfauf, Axel (Hrsg.), Grundgesetz, Art. 14 GG, Rz. 2 ff.; *Epping, Volker/Lenz, Sebastian/Leydecker, Philipp*, Grundrechte, S. 178 ff.; *Sachs, Michael*, Verfassungsrecht II, S. 433 ff.; *Ipsen, Jörn*, Staatsrecht II, Rz. 674 ff.; zu Art. 14 GG bezogen auf die Steuern siehe auch *Kirchhof, Paul*, in: Isensee, Josef/Kirchhof, Paul (Hrsg.), Handbuch des Staatsrechts der Bundesrepublik Deutschland, Band IV: Finanzverfassung – Bundesstaatliche Ordnung, § 88 „Staatliche Einnahmen", Rz. 86 ff.

son durch die Einbeziehung in die Steuerpflicht dagegen *übermäßig belastet* oder werden die Vermögensverhältnisse dieser Person dadurch *maßlos beeinträchtigt*, kann insoweit ein Verstoß gegen Art. 14 Abs. 1 GG hervorgerufen werden.[959] Da ein im Ausland wohnender Deutscher in der Regel auch in seinem (territorialen) Ansässigkeitsstaat der Besteuerung unterliegen würde, könnte das Niveau der Gesamtsteuer die Grenzen einer derartigen Übermäßigkeit tatsächlich erreichen. Insoweit muss die Erweiterung der Anknüpfungsmomente der unbeschränkten Steuerpflicht zwingend mit der Gewährleistung ausreichender (uni-, bi- oder gar multilateraler) Maßnahmen zur Vermeidung der Doppelbesteuerung verbunden werden. So wurde eine verfassungswidrige erdrosselnde Wirkung des § 2 AStG auf die von der erweiterten beschränkten Einkommensteuerpflicht erfassten Einkünfte im Falle des § 2 Abs. 1 AStG vom Bundesverfassungsgericht deswegen verneint, weil die steuerliche Belastung der Höhe nach gemäß § 2 Abs. 6 AStG jedenfalls nicht über die Steuerlast eines im Inland unbeschränkt Steuerpflichtigen hinausgehe.[960]

Die grundsätzliche Freistellung der nicht inländischen Einkünfte von der Besteuerung im Inland als unilaterale Methode zur Vermeidung der Doppelbesteuerung würde dabei zur offenbaren Zwecklosigkeit der Neuregelung der Anknüpfungsmomente führen. Diese wäre nur für Wohnsitzstaaten mit einer dem deutschen Niveau entsprechenden oder dieses Niveau übersteigenden Steuerbelastung sinnvoll.[961] Belaufen sich die ausländischen Steuern mindestens auf die Höhe der inländischen Steuern, muss die unbeschränkte Steuerpflicht im Inland ohnehin effektiv ins Leere laufen, um die neue Regelung nicht dem Vorwurf der Überbesteuerung (oder aber der Ungleichbehandlung) aussetzen zu lassen. Die Freistellungsmethode würde dieses Ziel nicht verfehlen.

Liegt die ausländische Steuer dagegen unter dem deutschen Niveau, müsste die Anrechnungsmethode die steuerliche Gesamtbelastung maximal auf solche eines im Inland Ansässigen bringen. Eventuelle weitreichendere bi- oder multilaterale Maßnahmen zur Vermeidung der Doppelbesteuerung können dabei einerseits zur weiteren Sicherstellung der steuerlichen Nichtüberbelastung beitragen und andererseits die Erweiterung der unbeschränkten Steuerpflicht auf die

958 Ständige Rechtsprechung, vgl. BVerfG, Urteil vom 24.07.1962 2 BvL 15/61, 2 BvL 16/61, BVerfGE 14, S. 221 m. w. N.; siehe auch *Hofmann, Hans*, in: Schmidt-Bleibtreu, Bruno/Hofmann, Hans/Hopfauf, Axel (Hrsg.), Grundgesetz, Art. 14 GG, Rz. 30 f.

959 Vgl. BVerfG, Beschluss vom 22.03.1983 2 BvR 457/78, BVerfGE 63, S. 343 m. w. N.; siehe ferner *Weber-Fas, Rudolf*, Grundrechte und Steuerpflicht, Jura 1980, S. 337 (343 ff.).

960 Vgl. BVerfG, Beschluss vom 14.05.1986 2 BvL 2/83, BStBl. II 1986, S. 628.

961 Zur Übersicht der Spitzensteuersätze im Ausland (jeweils mit Angabe der hierfür erforderlichen Einkommenshöhe) für 2010 siehe: Die wichtigsten Steuern im internationalen Vergleich 2010, Beitrag des Bundesministeriums der Finanzen, Berlin 2011, S. 35 ff.

im Ausland territorial ansässigen Deutschen – soweit rechtspolitisch oder wirtschaftlich gewünscht – bewusst punktuell im Ergebnis neutralisieren.

## § 15 Ausreisefreiheit als Ausfluss der allgemeinen Handlungsfreiheit, Art. 2 Abs. 1 GG

Klarstellend bringt das Bundesverfassungsgericht in seinem Beschluss vom 14. Mai 1986 2 BvL 2/83 zum Ausdruck, dass die Wohnsitzverlegung eines Deutschen ins Ausland nicht unter dem Schutz des Art. 11 GG steht.[962] Sie kann allerdings in den Schutzbereich der Ausreisefreiheit nach Art. 2 Abs. 1 GG fallen.[963]

Die Grundsätze dieser zu § 2 AStG ergangenen Entscheidung sind auf die Erweiterung der unbeschränkten Steuerpflicht grundsätzlich übertragbar. Eine typische Ausreise liegt in den von § 2 AStG erfassten Fällen allerdings in der Regel gerade nicht vor. Kennzeichnend für eine Ausreise ist die Beendigung aller wesentlichen wirtschaftlichen Bindungen zum Wohnsitzstaat. Die Aufgabe derartiger Bindungen und § 2 Abs. 3 AStG schließen sich dagegen im Normalfall gegenseitig aus. Je umfassender die fortbestehende Beteiligung des Auswanderers am Wirtschaftsleben in Deutschland sei (unter gleichzeitiger Ausnutzung der steuerlichen Vorteile im Wegzugsstaat), desto weniger gehe es dem vormals unbeschränkt Einkommensteuerpflichtigen um die Verwirklichung der durch Art. 2 Abs. 1 GG geschützten Ausreisefreiheit.[964] Vielmehr könne – nach der typisie-

---

962 BVerfG, Beschluss vom 14.05.1986 2 BvL 2/83, BStBl. II 1986, S. 628; mit Art. 11 GG wird die Ausreisefreiheit grundsätzlich nicht erfasst, vgl. BVerfG, Urteil vom 16.01.1957 1 BvR 253/56, BVerfGE 6, S. 32; siehe auch *Hailbronner, Kay*, in: Isensee, Josef/Kirchhof, Paul (Hrsg.), Handbuch des Staatsrechts der Bundesrepublik Deutschland, Band VII: Freiheitsrechte, 3. Auflage, Heidelberg 2009, § 152 „Freizügigkeit", Rz. 109 ff.; ausführlich zum Grundrecht der Freizügigkeit nach Art. 11 GG siehe *ders.*, ebenda, § 152 „Freizügigkeit", Rz. 32 ff.; *Sachs, Michael*, Verfassungsrecht II, S. 392 ff.; *Hofmann, Hans*, in: Schmidt-Bleibtreu, Bruno/Hofmann, Hans/Hopfauf, Axel (Hrsg.), Grundgesetz, Art. 11 GG, Rz. 2 ff.; *Ipsen, Jörn*, Staatsrecht II, Rz. 572 ff.

963 Ausführlich zu Art. 2 Abs. 1 GG siehe *Cornils, Matthias*, in: Isensee, Josef/Kirchhof, Paul (Hrsg.), Handbuch des Staatsrechts der Bundesrepublik Deutschland, Band VII: Freiheitsrechte, § 168 „Allgemeine Handlungsfreiheit", Rz. 1 ff.; *Sachs, Michael*, Verfassungsrecht II, S. 178 ff.; *Hofmann, Hans*, in: Schmidt-Bleibtreu, Bruno/Hofmann, Hans/Hopfauf, Axel (Hrsg.), Grundgesetz, Art. 2 GG, Rz. 3 ff.; *Alexy, Robert*, Theorie der Grundrechte, S. 309 ff.; *Epping, Volker/Lenz, Sebastian/Leydecker, Philipp*, Grundrechte, S. 236 ff.; *Ipsen, Jörn*, Staatsrecht II, Rz. 718 ff.; *Stern, Klaus*, in: Stern, Klaus (Hrsg.), Das Staatsrecht der Bundesrepublik Deutschland, Band IV/1: Die einzelnen Grundrechte, § 104 „Die allgemeine Handlungsfreiheit", S. 876 ff.

964 Vgl. BVerfG, Beschluss vom 14.05.1986 2 BvL 2/83, BStBl. II 1986, S. 628.

renden Betrachtungsweise – bei der Auswanderung in ein Niedrigsteuerland unterstellt werden, dass ein wegziehender Deutscher, der seine wesentlichen wirtschaftlichen Interessen (nicht aber seine steuerliche Ansässigkeit) im Inland beibehält, die Vorzüge des wirtschaftlichen Standorts Deutschland und gleichzeitig die steuerlichen Vorteile seines neuen Ansässigkeitsstaates genießen möchte, ohne (umfangreiche) steuerliche Pflichten in einem der beiden Länder tragen zu müssen[965]. Mithilfe des § 2 AStG reduziere der Gesetzgeber in solchen Fällen (lediglich) den Anreiz für eine (nur) steuerlich motivierte Auswanderung zur Aufrechterhaltung gerechter Besteuerungsverhältnisse. Die Entscheidung für einen Wegzug aus nicht steuerlicher Veranlassung sei dadurch nicht unverhältnismäßig beeinflusst.[966] Insoweit könne kein verfassungswidriger Verstoß gegen Art. 2 Abs. 1 GG festgestellt werden. Auch die zeitliche Begrenzung der erweiterten beschränkten Steuerpflicht wird dabei als eine verfahrensrechtlich unbedenkliche Konkretisierung des Grundsatzes der Verhältnismäßigkeit[967] angesehen. Die aufgeführte Argumentation gilt grundsätzlich unabhängig von der Staatsangehörigkeit des wegziehenden Steuerpflichtigen[968]. Im Falle eines Ausländers liegen allerdings die Anforderungen an die Widerlegung der Vermutung einer *echten* Ausreise (subjektiv) eher höher als bei einem Staatsangehörigen Deutschlands.

Die im Kontext der Eigentumsgarantie bereits ausgeführte Bedingung der Aufstockung der gesamten steuerlichen Belastung eines im Ausland wohnhaften unbeschränkt steuerpflichtigen Deutschen maximal an solche eines im Inland territorial Ansässigen gewährleistet jedoch grundsätzlich die steuerliche Neutralität der Entscheidung eines Staatsangehörigen hinsichtlich der Wahl seines Wohnsitzes und beeinträchtigt seine Ausreisefreiheit nicht. Eine gewisse Einschränkung erfährt diese Aussage in dem Falle, wenn die mit der unbeschränkten Steuerpflicht verbundenen Erklärungs- oder Auskunftspflichten einen Wegzug ins Ausland unverhältnismäßig erschweren würden. Die Notwendigkeit der Sicherstellung ausreichender Kontrollmöglichkeiten in Bezug auf die ausländischen Einkünfte kollidiert an dieser Stelle mit der verfassungsrechtlichen Garantie der Ausreisefreiheit. Eine punktuelle Abhilfe könnte gleichwohl die grundsätzliche Reduzierung der Erklärungspflichten für diejenigen Steuerpflichtigen schaffen, die ihren Wohnsitz in einem der Staaten begründen, welche Auskünfte auf dem

965 Ebenda.

966 Ebenda.

967 Zum Grundsatz der Verhältnismäßigkeit als Ausfluss des Rechtsstaatsprinzips der Art. 20 und 28 Abs. 1 Satz 1 GG, vgl. *Sachs, Michael*, Verfassungsrecht II, S. 147.

968 Zur Grundrechtsberechtigung eines Ausländers im Kontext des Art. 2 Abs. 1 GG siehe pars pro toto *ders.*, ebenda, S. 183.

Gebiet des Steuerrechts aufgrund einer uni-, bi- oder multilateralen Rechtsgrundlage erteilen müssen.

## § 16 Besonderer Schutz von Ehe und Familie, Art. 6 Abs. 1 GG

Gemäß Art. 6 Abs. 1 GG stehen Ehe und Familie unter dem besonderen Schutz des Grundgesetzes.[969] Dieses schützt die Ehe als rechtliches Institut und verbietet es dem Gesetzgeber, Verheiratete im Vergleich zu Ledigen steuerlich ungünstiger zu behandeln.[970] Die vom Familienstand des Steuerpflichtigen unabhängige Anknüpfung der unbeschränkten Steuerpflicht an die Staatsangehörigkeit ist in Bezug auf das Prinzip des Familienschutzes des Art. 6 GG verfassungsrechtlich unbedenklich, denn das Vorliegen der Voraussetzungen der unbeschränkten Steuerpflicht muss grundsätzlich für jeden Steuerpflichtigen gesondert geprüft werden: Eine Differenzierung zwischen verheirateten und ledigen Personen erfolgt insoweit nicht.[971] Ebenfalls keinen Verstoß gegen Art. 6 Abs. 1 GG stellt die Nichteinbeziehung von im Ausland örtlich ansässigen ausländischen Ehegatten eines im Ausland territorial ansässigen, im Inland unbeschränkt einkommensteuerpflichtigen Staatsangehörigen Deutschlands in die Zusammenveranlagung dar. Die unterschiedliche Behandlung eines Ehegatten mit deutscher Staatsangehörigkeit und eines ausländischen Ehegatten fußt vor allem auf dem (Nicht-)Vorliegen der inländischen unbeschränkten Einkommensteuerpflicht bei dem Letzteren. Auf den Ehestand kommt es dabei nicht an.[972]

---

969 Hierzu ausführlich *Ipsen, Jörn*, Staatsrecht II, Rz. 308 ff.; *ders.*, in: Isensee, Josef/Kirchhof, Paul (Hrsg.), Handbuch des Staatsrechts der Bundesrepublik Deutschland, Band VII: Freiheitsrechte, § 154 „Ehe und Familie", Rz. 6 ff.; *Hofmann, Hans*, in: Schmidt-Bleibtreu, Bruno/Hofmann, Hans/Hopfauf, Axel (Hrsg.), Grundgesetz, Art. 6 GG, Rz. 1 ff.; *Epping, Volker/Lenz, Sebastian/Leydecker, Philipp*, Grundrechte, S. 219 ff.; *Sachs, Michael*, Verfassungsrecht II, S. 325 ff.; *Stern, Klaus*, in: Stern, Klaus (Hrsg.), Das Staatsrecht der Bundesrepublik Deutschland, Band IV/1: Die einzelnen Grundrechte, § 100 „Der Schutz von Ehe, Familie und Eltern/Kind-Beziehung", S. 330 ff.

970 Siehe BVerfG, Beschluss vom 14.04.1959 1 BvL 23/57 und 1 BvL 34/57, BStBl. I 1959, S. 204.

971 Zu der grundsätzlichen Grundrechtsberechtigung von Ausländern im Kontext des Art. 6 Abs. 1 GG siehe *Sachs, Michael*, Verfassungsrecht II, S. 328.

972 So in Bezug auf die grundsätzliche Unterscheidung zwischen unbeschränkt und beschränkt steuerpflichtigen Ehegatten BFH, Urteil vom 20.04.1988 I R 219/82, BStBl. II 1990, S. 701; zum eventuellen Verstoß gegen Art. 3 Abs. 1 GG siehe § 13 (II. 1).

## § 17 Zwischenfazit

- Die verfassungsrechtliche Unbedenklichkeit der Anknüpfung von steuerlichen Pflichten an die Staatsangehörigkeit einer natürlichen Person im Kontext des Art. 3 Abs. 1 GG hängt vorwiegend mit der grundsätzlichen Frage zusammen, wie ein Staat die Auferlegung steuerlicher Lasten zu rechtfertigen pflegt und ob er die rechtlichen sowie persönlichen Unterschiede zwischen eigenen Staatsangehörigen und Ausländern aus dem Blickwinkel seiner rechtswissenschaftlichen Lehre als wesentlich betrachtet.
- Aufgrund der geringen Anzahl von steuerlichen Normen, deren Tatbestand an die Staatsangehörigkeit anknüpft, und der von diesen Normen betroffenen Steuerpflichtigen, hatte die deutsche Rechtsprechung bis jetzt nur wenige Anlässe zu einer tieferen Auseinandersetzung mit den verfassungsrechtlichen Aspekten der staatsangehörigkeitsbezogenen Besteuerung. Die wenigen Rechtsverfahren, die diese Problematik zum Sachverhalt hatten, bieten kaum Anhaltspunkte zu möglichen Lösungsansätzen für das Nationalitätsprinzip im Allgemeinen. Insoweit besteht ein gewisser Spielraum für diejenigen Richter, die sich mit dieser Materie erstmalig befassen müssen.
- Der verfassungsrechtliche Rahmen des Art. 14 Abs. 1 GG erfordert zwingend den Einsatz von wirksamen Mechanismen zur Vermeidung einer übermäßigen Besteuerung von im Ausland territorial ansässigen (und somit im Regelfall dort auch unbeschränkt steuerpflichtigen) Staatsangehörigen Deutschlands, die infolge der Einführung des Nationalitätsprinzips ansonsten entstehen könnte. Die bereits vorhandenen rechtlichen Instrumente zur Vermeidung der Doppelbesteuerung können als Ausgangsbasis – nach einer entsprechenden Modifizierung – verwendet werden.
- Die Neutralität der Besteuerung im Hinblick auf die territoriale Ansässigkeit der Staatsangehörigen Deutschlands schließt im Normallfall einen Verstoß gegen Art. 2 Abs. 1 GG aus.
- Aufgrund der fehlenden Anknüpfung der Steuerpflicht an den Familienstand der Steuerpflichtigen fällt die staatsangehörigkeitsabhängige Besteuerung nicht in den Schutzbereich des Art. 6 Abs. 1 GG.

# Kapitel 4: Drei Thesen von Schanz

## § 18 Überblick

In einer umfangreichen Untersuchung aus dem 19. Jahrhundert hat *Georg von Schanz* die wesentlichen Charakteristiken der Anknüpfungsmomente der Steuerhoheit analysiert.[973] In Bezug auf die Staatsangehörigkeit kam er zum Schluss, dass diese als Kriterium der Anknüpfung der Steuerpflicht im Hinblick auf die steigende Mobilität der Bevölkerung nicht mehr zeitgemäß sei. Denn zum einen fehle es an ausreichenden persönlichen und wirtschaftlichen Verbindungen des Auswanderers zu seinem Heimatstaat[974] (These 1). Andererseits seien die wegziehenden Staatsangehörigen im Ausland *„schwer zu fassen und zu kontrollieren"*[975] (These 2). Zudem führe der Zuzug von Ausländern ins Inland zu einer unter den Rechtfertigungsaspekten der Besteuerung nicht haltbaren Vermischung von unbeschränkt steuerpflichtigen eigenen Staatsangehörigen mit nicht unbeschränkt steuerpflichtigen Ausländern[976] (These 3).[977] Es fragt sich, ob diese Thesen ihre Aktualität auch in der heutigen Zeit behalten haben.

## § 19 Aktualität der Thesen von Schanz?

### I. These 1: Persönliche und wirtschaftliche Bindung an das Heimatland und Mobilität der Bevölkerung

Zutreffend führt *von Schanz* aus, dass die Entwicklung der Mobilität der Bevölkerung eine wesentliche Verzerrung der geografischen Grenzen der Verbreitung der Bevölkerung eines Staates zur Folge hatte. Staatsangehörige eines Staates

973 Vgl. *Schanz, Georg*, a. a. O., S. 1 ff.

974 In diesem Sinne ebenda, S. 1 (7).

975 Ebenda, S. 1 (6).

976 Siehe etwa ebenda, S. 1 (6, 29 f., 44).

977 Einige Jahrzehnte später hat *Armin Spitaler* diese Reihe von Argumenten mit einem konkretisierten Hinweis auf die zudem drohende Doppelbesteuerung als Folge der Anwendung unterschiedlicher Anknüpfungskriterien im In- und Ausland ergänzt, vgl. *Spitaler, Armin*, Das Doppelbesteuerungsproblem bei den direkten Steuern, 2. Auflage, Köln 1967, S. 433; noch zu allgemein *Schanz, Georg*, a. a. O., S. 1 (35, 44).

waren in einer beachtlichen Zahl von Fällen nicht zwingend zugleich Bewohner dieses Staates. Die Mobilität eines Bürgers war jedoch nach wie vor insoweit stark eingeschränkt, als mit seinem Wegzug im Normalfall auch eine tatsächliche Aufgabe seiner persönlichen und wirtschaftlichen Verbindungen zum Inland verbunden und eine regelmäßige Rückkehr ins Inland kaum denkbar war (Mobilität der ersten Ebene). Auch die Möglichkeiten des jeweiligen Staates zur Ausübung seiner Schutzfunktion im Zuzugsstaat waren eher mangelhaft. Die starre Verknüpfung der Steuerpflicht mit der Staatsangehörigkeit stand unter diesen Umständen in einem auffälligen Widerspruch zu den faktischen Gegebenheiten, da der Steuerpflichtige kaum Verbindungen zu seinem Herkunftsland unterhalten konnte.

Mit der weiter steigenden friedlichen Mobilität, der Öffnung der Staatsgrenzen und der Globalisierung wurde eine Auslandsreise mit einer kurzfristigen Rückkehr(-möglichkeit) zu einer Selbstverständlichkeit. Ein Wegzug ins Ausland ist bei weitem nicht mehr mit der Aufgabe der inländischen Verbindungen zu assoziieren;[978] ferner stehen den Steuerpflichtigen auch zahlreiche Kommunikationswege zur Verfügung, welche die Anforderungen an die territoriale Präsenz und die persönlichen sowie wirtschaftlichen Verknüpfungen noch weiter voneinander abkoppeln (Mobilität der zweiten Ebene). Überdies sind auch die Leistungen der Staatsvertretungen für die eigenen Staatsangehörigen im Ausland stets gewachsen.

Während die Anknüpfung an die Staatsangehörigkeit in den 19. und 20. Jahrhunderten als zu starr einzustufen war, wirkt ein territoriales Anknüpfungs-

978 So trägt z. B. ein nach Belgien weggezogener Kläger in der Rs. I R 219/82 (BFH, Urteil vom 20.04.1988 I R 219/82, BStBl. II 1990, S. 701, dort unter dem Tatbestand) vor dem BFH Folgendes vor: *„Nach dem Gesamtbild der Umstände lägen seine geschäftlichen, persönlichen und familiären Beziehungen ausschließlich bzw. überwiegend im Inland* [hier: Deutschland]. *Sein Sohn besuche die Schule in der Bundesrepublik Deutschland (Bundesrepublik). Seine Töchter hätten hier studiert und gingen hier jetzt ihrer Berufstätigkeit nach. [...] Seine gesamte Verwandtschaft und die seiner Ehefrau sowie ihr Freundeskreis wohnten in Y* [hier: eine Stadt in Deutschland] *bzw. in Deutschland. Er, der Kläger, sei langjähriges Mitglied zahlreicher Vereine in Y, an deren Veranstaltungen er regelmäßig teilnehme. [...] Seine Familie und er selbst gingen nur in Y zum Arzt. In Y besuchten sie auch die Kirche und den Friedhof. [...] Der Mittelpunkt seiner persönlichen Lebensinteressen liege eindeutig im Inland“.* Auch wenn der Vortrag des Klägers im Hinblick auf sein besonderes Interesse an der Streitsache mit Vorsicht zur Kenntnis genommen werden muss, kann ein solcher Sachverhalt heutzutage nicht als völlig realitätsfremd eingestuft werden. Der Aussage von *Helmut Debatin*, dass ein (aufgrund seiner territorialen Merkmale) im Inland unbeschränkt Steuerpflichtiger den Schwerpunkt seiner Lebensführung im Inland habe, kann daher heutzutage nicht mehr uneingeschränkt gefolgt werden, siehe *Debatin, Helmut*, Die beschränkte Steuerpflicht bei der Einkommen- und Körperschaftsteuer, BB 1960, S. 1015 (1015).

merkmal heutzutage wiederum zu plastisch.[979] Die Staatsangehörigkeit bleibt indessen tendenziell eine dauernde Verknüpfung einer natürlichen Person mit einem Staat. Im Gegensatz zu den subjektiven Kriterien eines Wohnsitzes und vor allem eines *domicile* ist die Staatsangehörigkeit als ein rechtlich qualifizierter Zustand zudem – zumindest im Regelfall[980] – objektiv feststellbar, nachweisbar und kann (bzw. sollte)[981] nur – objektiv und subjektiv – eingeschränkt manipuliert werden[982] (mit Blick auf diese Charakteristiken muss der Begriff der Staatsangehörigkeit im steuerlichen Kontext demjenigen des Staatsangehörigkeitsgesetzes jedoch angeglichen werden bzw. diesem voll entsprechen)[983].

## II. These 2: Steuerliche(r) Kontrolle, Vollzug, Compliance

Zu einer der entscheidenden Fragen der Anknüpfung der unbeschränkten Einkommensteuerpflicht an die Staatsangehörigkeit gehört das Problem der praktischen Erfassung der Steuerpflichtigen im Ausland[984] einerseits und der Erfüllbarkeit sowie Angemessenheit der Erklärungs- und Mitwirkungspflichten dieser Steuerpflichtigen andererseits.

In einem Urteil aus dem Jahre 1888 führt das Reichsgericht aus: *„Als der richtige rechtliche Gesichtspunkt für den Umfang, in welchem wir eine Steuerhoheit des fremden Staates in zur hiesigen Entscheidung stehenden Privatrechtsstreitigkeiten anzuerkennen haben, kann nur erachtet werden, daß nur insoweit der Staat jemandem wirksam eine Steuer auferlegen kann, als er auch die*

---

979 Siehe auch *Schön, Wolfgang*, Besteuerung im Binnenmarkt – die Rechtsprechung des EuGH zu den direkten Steuern, IStR 2004, S. 289 (290).

980 Zu einem auffälligen Problemfall aus der aktuellen Gerichtspraxis siehe z. B. VG Lüneburg, Beschluss vom 22.10.2008 1 B 55/05, http://www.dbovg.niedersachsen.de/Entscheidung.asp?Ind=0550020050000551%20B (*„Eine Staatsangehörigkeit lässt sich nicht anhand von Kopfform und Sprache feststellen“*, klarstellend, aus den Leitsätzen der Entscheidung).

981 Siehe auch *Wilms, Heinrich*, in: Wilms, Heinrich/Jochum, Georg (Hrsg.), Erbschaftsteuer- und Schenkungsteuergesetz mit Nebenbestimmungen, § 2 ErbStG, Rz. 66 (Stand: April 2010).

982 *„In der Rechtspraxis ist die Planung durch Wechsel der Staatsangehörigkeit relativ selten anzutreffen, weil man die Staatsangehörigkeit zum einen gewöhnlich aus Gründen der Mentalität nicht ‚wie ein Hemd wechselt‘ und das auch verwaltungsmäßig nicht immer einfach ist, häufig auch recht zeitaufwendig“*, *Piltz, Detlev*, Internationale Erbfälle, in: Birk, Dieter (Hrsg.), Steuern auf Erbschaft und Vermögen, Köln 1999, S. 275 (285).

983 Hierzu aus dem Blickfeld der Rechtfertigung der Steuer *Kirsch, Michael S.*, The Tax Code as Nationality Law, Harvard Journal on Legislation 2006, S. 375 (400): *„[...] a country cannot merely label a person as a national (or citizen) for purposes of a narrow context, such as taxation, and thereby subject her to the duties that arise“*.

984 Vgl. hierzu *Kirsch, Michael S.*, Taxing Citizens in a Global Economy, New York University Law Review 2007, S. 443 (496) m. w. N.

*Machtmittel besitzt, sie von ihm einzuziehen"*[985]. Diesem ist grundsätzlich zuzustimmen. Wenngleich *jurisdiction to prescribe* (hierher gehört die Frage der staatlichen Hoheit zur Auferlegung von steuerlichen Pflichten) und *jurisdiction to enforce* auseinandergehalten werden sollten, so handelt es sich *de facto* um eine *lex imperfecta*, wenn der Gesetzgeber den Normadressaten steuerliche Pflichten aufbürdet und dabei die tatsächliche Einhaltung diese Pflichten nicht zu kontrollieren pflegt.[986] Erstrecken sich die Pflichten außerhalb der territorialen Hoheit eines Staates, wird die Problematik der *jurisdiction to enforce* akuter.[987] Die fehlenden wirksamen und effektiven Kontroll- und Vollzugsmöglichkeiten gefährden sodann nicht nur die praktische Umsetzung des Willens des Gesetzgebers an sich, sondern können auch berechtigte Zweifel an der Verfassungsmäßigkeit einer solchen *disposition ineffective* herbeiführen.[988]

In „Studies in International Law" skizziert *Frederick Alexander Mann* zwei bilderreiche Sachverhalte zu dieser Thematik. Zum einen handelt es sich um einen Mitarbeiter der *US Internal Revenue* Behörde, *„[...] who undertook to proceed to France to make an investigation [...]"* und *„[...] was turned back at the port of entry by Governmental authority and refused admittance [...]"*[989]. Zum anderen sind es drei Agenten des niederländischen Finanzministeriums, die im Jahre 1949 in Luzern einen niederländischen Staatsangehörigen zu seinen steuerlichen Schulden befragt haben sollen. Da sie sich bereits auf dem Territorium der Schweiz befanden, wurden sie verhaftet und erst nach der Einschaltung der Niederlande freigelassen.[990] Wenngleich man derartige Fälle als Routine bezeichnen mag, wie von einem US-Kommentator berichtet wird,[991] so dienen diese Maßnahmen weder dem effektiven Aufrechterhalten der unbeschränkten Steuerpflicht für die im Ausland territorial Ansässigen noch fördern sie – mit Blick auf das *formelle Territorialprinzip* – die interstaatlichen Beziehungen mit

985 RGH, Urteil vom 21.06.1888, zitiert in: *Künkele, Karl-Otto*, a. a. O., S. 89.

986 Zum Verhältnis der *jurisdiction to prescribe* und der *jurisdiction to enforce* im Allgemeinen siehe *Ziegenhain, Hans-Jörg*, Exterritoriale Rechtsanwendung und die Bedeutung des Genuine-Link-Erfordernisses: eine Darstellung der deutschen und amerikanischen Staatenpraxis, S. 17 ff.

987 Zu den völkerrechtlichen Hindernissen siehe *Reuß, Andreas*, Grenzen steuerlicher Mitwirkungspflichten: dargestellt am Beispiel der erhöhten Mitwirkungspflicht der Steuerpflichtigen bei Auslandsbeziehungen, München 1979, S. 21 ff.

988 Hierzu siehe § 13 (II. 2).

989 Angell, 36 Col. L. R. (1936) 908, 910, zitiert in: *Mann, Frederick A.*, Studies in International Law, S. 122.

990 Vgl. Jones, 62 Yale L. F. (1953), 519, 520, zitiert in: *Mann, Frederick A.*, Studies in International Law, S. 122.

991 Ebenda.

dem Zuzugsstaat.[992] *De fait* konnte die These 2 daher als eines der größeren Hindernisse zur Erweiterung der unbeschränkten Steuerpflicht auf Personen, die sich außerhalb der Gebietshoheit eines Staates befinden, angesehen werden.[993]

In diesem Zusammenhang darf jedoch eine wesentliche Tendenz auf dem Gebiet des Steuerrechts nicht verkannt werden. Zu nennen ist einerseits der stetig wachsende zwischenstaatliche Informationsaustausch in Steuersachen, der als ein Instrument zur Kontrolle von ausländischen Sachverhalten weiterhin stark an Bedeutung gewinnen wird:[994] Zum 1. Januar 2010 waren neun deutsche Auskunftsabkommen abgeschlossen,[995] im Laufe des Jahres 2010 kamen zahlreiche neue Auskunftsabkommen hinzu.[996] In 2011 wurde dieser Trend fortgesetzt. Außerdem enthalten auch viele Doppelbesteuerungsabkommen eine Auskunftsklausel, die den steuerlichen Informationsaustausch rechtlich bereits ermöglicht.[997] Im innerstaatlichen Recht einiger Staaten sind darüber hinaus eine *vertragslose* Rechtshilfe auf dem Gebiet des Steuerrechts[998] sowie (erhöhte) Mitwirkungs-

---

992 Zu den völkerrechtlichen Schranken von hoheitlichen Handlungen außerhalb des Staatsterritoriums siehe *Seer, Roman*, in: Tipke, Klaus/Kruse, Heinrich Wilhelm (Hrsg.), Abgabenordnung, Finanzgerichtsordnung, § 117 AO, Rz. 2 (Stand: Juli 2008); *Hendricks, Michael*, Internationale Informationshilfe im Steuerverfahren: Grundlagen, Systematik und Grenzen der informationellen zwischenstaatlichen Rechts- und Amtshilfe, Köln 2004, S. 175 f.; *Rudolf, Walter*, in: Rudolf, Walter/Habscheid, Walther, Territoriale Grenzen der staatlichen Rechtsetzung, 1. Referat, S. 33 ff.; BVerfG, Beschluss vom 22.03.1983 2 BvR 457/78, BVerfGE 63, S. 343; BFH, Urteil vom 31.05.2006 II R 66/04, BStBl. II 2007, S. 49; zuletzt FG Baden-Württemberg, Urteil vom 23.06.2010 1 K 4176/09, EFG 2010, S. 1668 (rkr.).

993 Zum Stand der Hilfeleistung ausländischer Behörden auf dem Gebiet des Steuerrechts vor 1940 siehe *Dessauer, Joseph Philipp*, a. a. O., S. 129 ff. (es werden insgesamt sieben zwischenstaatliche Rechtshilfeabkommen aufgeführt).

994 Mit Blick auf die Entwicklung der Informationstechnologien und den Ausbau der Informationsverpflichtungen der Abkommensländer wird sogar die Angleichung der Besteuerungsgrundsätze für die (territorial) Ansässigen und Nicht-Ansässigen im Schrifttum als *„nicht völlig utopisch“* bezeichnet, vgl. *Zuber, Barbara*, a. a. O., S. 97; zu der Anzahl der deutschen Auskunftsersuchen für die Jahre 2007 bis 2009 siehe Antwort der Bundesregierung „Wirksamkeit der Maßnahmen gegen Steuerflucht und Steueroasen“, BT-Drs. 17/2743, S. 9.

995 Siehe Nachweis in der Fußnote 447.

996 Siehe Antwort der Bundesregierung „Wirksamkeit der Maßnahmen gegen Steuerflucht und Steueroasen“, BT-Drs. 17/2743, S. 12 (Anlage 1) sowie Anlage zum BMF-Schreiben betreffend den Stand der Doppelbesteuerungsabkommen und der Doppelbesteuerungsverhandlungen am 01.01.2011 vom 12.01.2011 IV B 2 – S 1301/07/10017-02, a. a. O.

997 Zur Übersicht vgl. *Engelschalk, Michael*, in Vogel/Lehner, DBA, Art. 26 OECD-MA, Rz. 58 (Stand: 01.02.2008); ausführlich zur Informationshilfe nach Art. 26 OECD-MA siehe *Hendricks, Michael*, Internationale Informationshilfe im Steuerverfahren: Grundlagen, Systematik und Grenzen der informationellen zwischenstaatlichen Rechts- und Amtshilfe, S. 130 ff.

998 Siehe hierzu *Carl, Dieter/Klos, Joachim*, Leitfaden zur internationalen Amts- und Rechtshilfe in Steuersachen, Herne/Berlin 1995, S. 253; ausführlich zu § 117 AO siehe *Hendricks, Michael*, Internationale Informationshilfe im Steuerverfahren: Grundlagen, Systematik und Grenzen der

pflichten der Steuerpflichtigen bei Sachverhalten mit Auslandsbezug[999] vorgesehen. Im EU-Kontext ist ferner die EU-Amtshilferichtlinie[1000] zu beachten.

Insoweit wäre eine steuerliche Überwachung der ausländischen Einkünfte eines im Ausland territorial ansässigen Staatsangehörigen Deutschlands im Vergleich zu der von *Georg von Schanz* analysierten Lage wesentlich erleichtert.[1001] Zwingend zu differenzieren ist jedoch zwischen den *clause générale*, die den Informationsaustausch sowohl zur Durchführung des jeweiligen Abkommens als auch zur Anwendung, Verwaltung oder Durchsetzung des innerstaatlichen Rechts betreffend Steuern jeder Art und Bezeichnung (bzw. die im Abkommen definierten Steuern)[1002] lancieren[1003] (große Auskunftsklauseln), und solchen,

---

informationellen zwischenstaatlichen Rechts- und Amtshilfe, S. 12 ff., 322 ff.; *Söhn, Hartmut*, in: Hübschmann, Walter/Hepp, Ernst/Spitaler, Armin (Hrsg.), Abgabenordnung, Finanzgerichtsordnung, § 117 AO, Rz. 2 ff. (Stand: November 2005/Juni 2009); *Seer, Roman*, in: Tipke, Klaus/Kruse, Heinrich Wilhelm (Hrsg.), Abgabenordnung, Finanzgerichtsordnung, § 117 AO, Rz. 1 ff. (Stand: Juli 2008); *Wolffgang, Hans-Michael/Hendricks, Michael*, in: Beermann, Albert/Gosch, Dietmar (Hrsg.), Abgabenordnung, Finanzgerichtsordnung, § 117 AO, Rz. 9 ff. (Stand: Mai 1998/November 1999/November 2003).

999 Zur Begründung erhöhter Mitwirkungspflichten bei Auslandsbeziehungen siehe *Flick, Hans*, Besondere Mitwirkungspflichten der Steuerpflichtigen bei Auslandsbeziehungen, DStR 1964, S. 479 (479); siehe ferner *Reuß, Andreas*, Grenzen steuerlicher Mitwirkungspflichten, S. 30 ff.

1000 Richtlinie 77/799/EWG des Rates vom 19.12.1977 über die gegenseitige Amtshilfe zwischen den zuständigen Behörden der Mitgliedstaaten im Bereich der direkten Steuern und der Steuern auf Versicherungsprämien, ABl. 1977 Nr. L 336, S. 15, zuletzt geändert durch die Richtlinie 2011/16/EU vom 15.02.2011, ABl. 2011 Nr. L 64, S. 1; hierzu siehe auch die Antwort der Bundesregierung „Wirksamkeit der Maßnahmen gegen Steuerflucht und Steueroasen", BT-Drs. 17/2743, S. 5 und 7; ausführlich zur Informationshilfe nach der EU-Amtshilferichtlinie und dem EG-Amtshilfegesetz siehe *Hendricks, Michael*, Internationale Informationshilfe im Steuerverfahren: Grundlagen, Systematik und Grenzen der informationellen zwischenstaatlichen Rechts- und Amtshilfe, S. 182 ff.; *Brock, Rüdiger*, Der zwischenstaatliche Auskunftsverkehr innerhalb der Europäischen Union auf der Grundlage des EG-Amtshilfe-Gesetzes bei den direkten und indirekten Steuern, Frankfurt am Main 1999, S. 31 ff.; *Carl, Dieter/Klos, Joachim*, Leitfaden zur internationalen Amts- und Rechtshilfe in Steuersachen, S. 178 ff.; *Wolffgang, Hans-Michael*, in: Birk, Dieter (Hrsg.), Handbuch des Europäischen Steuer- und Abgabenrechts, § 32 „Steuerliche Amtshilfe innerhalb der EG", S. 995 ff.

1001 Zu den aktuellen Problemen der zwischenstaatlichen Informationshilfe auf dem Gebiet des Steuerrechts siehe *Schmehl, Arndt*, Tendenzen und Probleme der internationalen Zusammenarbeit im Steuerverfahren, in: Lüdicke, Jürgen (Hrsg.), Brennpunkte im deutschen Internationalen Steuerrecht, Köln 2010, S. 45 (46 ff.) sowie die nachfolgende Podiumsdiskussion, ebenda, S. 75 ff.; zu einem länderbezogenen Überblick über Erfahrungen auf dem Gebiet des Informationsaustauschs siehe *Gangemi, Bruno*, Internationale Amtshilfe durch Informationsaustausch: Generalbericht, Cahiers de droit fiscal international 1990, Vol. 75b, S. 99 (106 ff.).

1002 Siehe Art. 1 und 3 INF-OECD-MA sowie Art. 26 Abs. 1 OECD-MA.

1003 Wie etwa Art. 26 Abs. 1 DBA-Albanien 2010, Art. 26 Abs. 1 DBA-Belgien 1967/2002/2010, Art. 25 Abs. 1 DBA-Bulgarien 2010, Art. 30 DBA-Dänemark 1995, Art. 27 Abs. 1 DBA-Großbritannien 2010, Art. 23 Abs. 1 DBA-Luxemburg 1958/1973/2009, Art. 26 Abs. 1 DBA-

welche ihren Regelungsbereich lediglich auf abkommensbezogene Sachverhalte beschränken[1004] (kleine Auskunftsklauseln).[1005] Denn es ist höchst zweifelhaft, ob ein Ersuchen in Bezug auf die Einkünfte, die nach den Verteilungsartikeln nicht in Deutschland besteuert werden können (vor allem solche im Sinne des Art. 21 OECD-MA) und deren Bezifferung wohl nur für die Anwendung des Progressionsvorbehalts in Deutschland von Relevanz wäre, *zur Durchführung des Doppelbesteuerungsabkommens* erfolgen kann. Die Bundesregierung arbeitet gleichwohl derzeit gezielt daran, die bestehenden Abkommen, die – wohl auf Wunsch der Bundesrepublik Deutschland[1006] – nur kleine Auskunftsklauseln enthalten, insoweit anzupassen bzw. zu ersetzen (z. B. Ägypten, China, Israel, Mauritius, Südafrika, Tunesien, Uruguay)[1007].

In Bezug auf den Vollzug können die bereits abgeschlossenen zwischenstaatlichen Abkommen – sowohl die Spezialabkommen auf dem Gebiet der Rechts- und Amtshilfe[1008] als auch die Amtshilfeklauseln in den allgemeinen Doppelbesteuerungsabkommen nach dem Vorbild des Art. 27 OECD-MA – und die EU-

---

Malaysia 2010, Art. 26 Abs. 1 DBA-Malta 2001/2010, Art. 25 Abs. 1 DBA-Syrien 2010; zur Übersicht siehe Antwort der Bundesregierung „Wirksamkeit der Maßnahmen gegen Steuerflucht und Steueroasen", BT-Drs. 17/2743, S. 13 ff. (Anlage 2).

1004 Z. B. Art. 26 Abs. 1 DBA-Mongolei 1994, Art. 25 Abs. 1 DBA-Pakistan 1994, Art. 26 Abs. 1 DBA-Simbabwe 1988, Art. 21 Abs. 1 DBA-Südafrika 1973 (dagegen nicht Art. 25 Abs. 1 DBA-Südafrika 2008).

1005 Zur Differenzierung zwischen den großen und kleinen Auskunftsklauseln siehe *Hendricks, Michael*, Internationale Informationshilfe im Steuerverfahren: Grundlagen, Systematik und Grenzen der informationellen zwischenstaatlichen Rechts- und Amtshilfe, S. 64 f. m. w. N. sowie *Tegtmeyer, Sonja*, Zwischenstaatliche informationelle Unterstützung in Steuersachen mit Nicht-EU-Staaten, Baden-Baden 2007, S. 151 ff. m. w. N.; Tz. 1.5.1.1 f. des BMF-Merkblattes zur zwischenstaatlichen Amtshilfe durch Auskunftsaustausch in Steuersachen vom 25.01.2006 IV B 1 – S 1320 – 11/06, BStBl. I 2006, S. 26; zu den Grenzfällen siehe *Seer, Roman*, in: Tipke, Klaus/Kruse, Heinrich Wilhelm (Hrsg.), Abgabenordnung, Finanzgerichtsordnung, § 117 AO, Rz. 21 (Stand: Juli 2008); zu Beispielen der Auskunftsersuchen in Fällen der Abkommensanwendung siehe Nr. 7 OECD-MK 2010 zu Art. 26 OECD-MA; zu den darüber hinausgehenden Auskünften siehe *Söhn, Hartmut*, in: Hübschmann, Walter/Hepp, Ernst/Spitaler, Armin (Hrsg.), Abgabenordnung, Finanzgerichtsordnung, § 117 AO, Rz. 48 (Stand: November 2005) sowie Nr. 8 OECD-MK 2010 zu Art. 26 OECD-MA.

1006 Vgl. hierzu *Manke, Klaus*, Unterzeichnung des deutsch-chinesischen Doppelbesteuerungsabkommens, DStZ 1985, S. 263 (264).

1007 Vgl. Antwort der Bundesregierung „Wirksamkeit der Maßnahmen gegen Steuerflucht und Steueroasen", BT-Drs. 17/2743, S. 5.

1008 Zur Übersicht der derzeit geltenden Abkommen siehe den Nachweis in der Fußnote 447.

Beitreibungsrichtlinie[1009] die notwendige Hilfe leisten.[1010] Zudem stehen die Länder der Europäischen Union ohnehin vor der Herausforderung, eine gemeinschaftsrechtlich tragbare Lösung zur Angleichung der Besteuerung der unbeschränkt und der beschränkt Steuerpflichtigen zu entwickeln. Die dabei ins Gespräch gebrachte Alternative zur Anwendung des allgemeinen Progressionsvorbehalts für beschränkt Steuerpflichtige[1011] und vor allem die Mechanismen zur Umsetzung dieses Vorhabens könnten zugleich einen Ausgangspunkt zur Lösung der praktischen Probleme bei der Besteuerung von im Ausland territorial ansässigen deutschen Staatsangehörigen schaffen.

Es stellt sich allerdings die Frage, ob die spezifischen Klauseln der einzelnen Abkommen eine Schranke zur effektiven Kontrolle und Vollstreckung darstellen könnten. So spricht Art. 11 Abs. 3 Buchst. e) des Amtshilfeabkommens mit dem Königreich der Niederlande 1999[1012] von der Unzulässigkeit der Diskriminierung eines Staatsangehörigen des ersuchenden Staates (hier also Deutschlands) gegenüber einem Staatsangehörigen des ersuchten Staates (hier: der Niederlande). Während gewöhnliche Auskunftsabkommen regelmäßig die gegenläufige Diskriminierung untersagen[1013] (oder die einzelnen Vorschriften der Doppelbesteuerungsabkommen die Vollstreckung von Steueransprüchen in Bezug auf die eige-

---

1009 Richtlinie 2008/55/EG des Rates vom 26.05.2008 über die gegenseitige Unterstützung bei der Beitreibung von Forderungen in Bezug auf bestimmte Abgaben, Zölle, Steuern und sonstige Maßnahmen, ABl. 2008 Nr. L 150, S. 28, ersetzt durch die Richtlinie 2010/24/EU des Rates vom 16.03.2010 über die Amtshilfe bei der Beitreibung von Forderungen in Bezug auf bestimmte Steuern, Abgaben und sonstige Maßnahmen (Beitreibungsrichtlinie), ABl. 2010 Nr. L 84, S. 1 (siehe hierzu BR-Drs. 253/11 zum Gesetz zur Umsetzung der Beitreibungsrichtlinie sowie zur Änderung steuerlicher Vorschriften); zu allgemeinen statistischen Angaben und aktuellen Problemen der Beitreibungshilfe siehe Report from the Commission to the Council and the European Parliament on the use of the provisions on mutual assistance for the recovery of claims relating to certain levies, duties, taxes and other measures in 2005-2008, http://ec.europa.eu/taxation_customs/resources/documents/common/whats_new/com(2009)451_en.pdf.

1010 Siehe eine Übersicht von *Engelschalk, Michael*, in: Vogel/Lehner, DBA, Art. 27 OECD-MA, Rz. 11.

1011 Siehe hierzu pars pro toto *Kofler, Georg*, Doppelbesteuerungsabkommen und Europäisches Gemeinschaftsrecht, S. 666 ff. und 1071 sowie *Schnitger, Arne*, Die Rechtsprechung des EuGH zur Berücksichtigung der persönlichen Verhältnisse, eine Sackgasse?, IStR 2002, S. 478 (480); zur Anwendung des Progressionsvorbehalts bei beschränkt Steuerpflichtigen unabhängig von gemeinschaftsrechtlichen Aspekten siehe *Debatin, Helmut*, Konzeptionen zur Steuerpflicht, FR 1969, S. 277 (283).

1012 Abkommen zwischen der Bundesrepublik Deutschland und dem Königreich der Niederlande über die gegenseitige Amtshilfe bei der Beitreibung von Steueransprüchen und der Bekanntgabe von Schriftstücken vom 21.05.1999, BGBl. II 2001, S. 3.

1013 Vgl. Art. 7 Abs. 6 INF-OECD-MA.

nen Staatsangehörigen sogar ausschließen)[1014] und somit einem Ersuchen in Bezug auf die Staatsangehörigen des ersuchenden Staates insoweit nicht entgegenstehen, stellt sich im vorliegenden Fall die Frage, ob die in den Niederlanden territorial ansässigen Steuerpflichtigen, die die deutsche Staatsangehörigkeit besitzen und somit in Deutschland unbeschränkt steuerpflichtig wären, betreffendes Ersuchen für diese diskriminierend ist, da eine derartige Anfrage in Bezug auf die in den Niederlanden örtlich ansässigen Staatsangehörigen der Niederlande nicht zulässig wäre.[1015] Mangels vergleichbarer steuerlicher Verhältnisse dieser Personen wäre jedoch der Anwendungsbereich dieser Auskunftsbegrenzungsklausel nach der hier vertretenen Auffassung nicht eröffnet.

Ferner kann der ersuchte Staat ein Ersuchen grundsätzlich zurückweisen, wenn die Besteuerung im ersuchenden Staat (hier: Deutschland) im Widerspruch zu allgemein geltenden Besteuerungsgrundsätzen stünde:[1016] Unabhängig von der Frage, ob die Existenz von allgemein anerkannten Besteuerungsgrundsätzen zu bejahen ist, dürfte das Nationalitätsprinzip insoweit jedoch weniger problematisch sein.[1017]

*„Jede Steuer sollte zu einer Zeit oder auf eine Art und Weise erhoben werden, daß die Zahlung der Abgabe dem Pflichtigen am leichtesten fällt"*[1018], – bekun-

---

1014 Siehe z. B. Art. XXVIA Abs. 8 DBA-Kanada/USA 1980/1983/1984/1995/1997/2007: *„No assistance shall be provided under this Article for a revenue claim in respect of a taxpayer to the extent that the taxpayer can demonstrate that: [...] Where the taxpayer is an individual, the revenue claim relates either to a taxable period in which the taxpayer was a citizen of the requested State or, [...]"*.

1015 Siehe auch Art. 27 Abs. 2 Buchst. e) DBA-Polen 2003 (*„[...] Absatz 1 ist nicht so auszulegen, als verpflichte er einen Vertragsstaat, [...] Informationen zu erteilen, wenn dies dazu führen würde, dass ein Staatsangehöriger des ersuchten Staates und Staatsangehörige des ersuchenden Staates unter den gleichen Verhältnissen nicht gleichbehandelt würden"*); diese Frage stellt sich auch für weitere Abkommen, bei denen Auskünfte im Hinblick auf *ordre public* verweigert werden dürfen, wenn man die Ablehnung der Ausländerdiskriminierung unter die öffentliche Ordnung subsumiert, wie z. B. *Seer, Roman*, in: Tipke, Klaus/Kruse, Heinrich Wilhelm (Hrsg.), Abgabenordnung, Finanzgerichtsordnung, § 117 AO, Rz. 58 (Stand: Juli 2008); zum *ordre public* als Auskunftsschranke siehe auch Nr. 19.5 OECD-MK 2010 zu Art. 26 OECD-MA.

1016 Art. 11 Abs. 3 Buchst. d) Amtshilfeabkommen-Niederlande 1999; siehe auch Art. 27 Abs. 2 Buchst. d) DBA-Polen 2003; zur grundsätzlichen Berücksichtigung der anerkannten Grundsätze des Internationalen Steuerrechts im Kontext der *Ordre-public*-Schranke vgl. *Seer, Roman*, in: Tipke, Klaus/Kruse, Heinrich Wilhelm (Hrsg.), Abgabenordnung, Finanzgerichtsordnung, § 117 AO, Rz. 58 (Stand: Juli 2008) m. w. N.; *Söhn, Hartmut*, in: Hübschmann, Walter/Hepp, Ernst/Spitaler, Armin (Hrsg.), Abgabenordnung, Finanzgerichtsordnung, § 117 AO, Rz. 132 (Stand: November 2005) m. w. N.

1017 Siehe § 7 (II.).

1018 *Smith, Adam*, Der Wohlstand der Nationen: eine Untersuchung seiner Natur und seiner Ursachen, 6. Auflage, München 1993, S. 704.

dete Adam Smith im 5. Buch des „Wealth Nations“. Die fortbestehende Aktualität dieses Besteuerungsprinzips und des Bestrebens der Staaten zu seiner Verwirklichung wird nicht bezweifelt.[1019] Obwohl die weitgehende Bequemlichkeit der eigentlichen Steuerzahlung im Laufe der Zeit auch bei den Auslandssachverhalten erreicht wurde, so lässt die Bequemlichkeit der Erklärung des der Ermittlung des zu zahlenden Steuerbetrages zugrundeliegenden Einkommens bei dem Wegzug ins Ausland nach. Während sich ein im Inland Gebietsansässiger im Zweifelsfall jedoch eine zeitnahe Auskunft eines Sachbearbeiters des zuständigen Finanzamtes oder aber auch den alsbaldigen Rat eines steuerlichen Beraters bezüglich seiner Erklärungspflichten ohne erhebliche Hürden erhoffen kann, wird dies für einen im Ausland wohnhaften Steuerpflichtigen um einiges erschwert.

Damit die Erfüllung von Compliance-Pflichten für Staatsangehörige im Ausland erleichtert wird, kann insbesondere auf den Ausbau von Internetangeboten mit steuerlichen Informationen, Formularen und Kontaktdaten von Beratungsstellen sowie auf On-line-Plattformen für die Abgabe von elektronischen Erklärungen zurückgegriffen werden.[1020] Die steuerliche Kontrolle, der Vollzug und die Compliance-Erleichterungen lassen sich zudem mit der Ausübung der Schutzfunktion des Staatsangehörigkeitslandes in den Händen der Auslandsvertretungen verbinden, wie etwa bei der Beitreibung von Steuern durch die Botschaften und Konsulaten von Eritrea[1021], bei dem Verzicht der deutschen Botschaften in San José (Costa Rica) und Windhuk (Namibia) zur Ausstellung eines neuen Reisepasses für die jeweils dort lebenden Deutschen aufgrund ihrer noch offenen (erheblichen) steuerlichen Schulden in Deutschland[1022] oder bei Beratungsleistungen der steuerlichen Service-Stellen der Botschaften bzw. Konsulate

---

1019 Im Allgemeinen zu den Besteuerungsprinzipien von *Adam Smith* vgl. *Neumark, Fritz*, Grundsätze der Besteuerung in Vergangenheit und Gegenwart, Wiesbaden 1965, S. 9.

1020 In diesem Zusammenhang wird auf das aktuelle Programm der USA zur Verbesserung der Compliance-Kultur der im Ausland wohnhaften unbeschränkt Steuerpflichtigen verwiesen, siehe http://www.irs.gov/businesses/article/0,,id=205889,00.html; wie der Name des Programms jedoch erraten lässt, haben auch die USA noch keine universelle Lösung für die geschilderte Problemstellung ergründet.

1021 Vgl. Tax on Eritreans employed abroad, IBFD/TNS Online 14.03.1995.

1022 Siehe hierzu VG Berlin, Beschluss vom 09.03.2010 VG 23 L 328.09 und Beschluss vom 11.03.2010 VG 23 L 332.09, Pressemitteilung Nr. 13/2010, http://www.berlin.de/sen/justiz/gerichte/vg/presse/archiv/20100323.1525.159684.html sowie § 7 Abs. 1 Nr. 4 des Paßgesetzes (PaßG) vom 19.04.1986, BGBl. I 1986, S. 537, zuletzt geändert durch Art. 4 Abs. 2 des Gesetzes vom 30.07.2009, BGBl. I 2009, S. 2437; verfassungsrechtlich dürfte diese Handhabung unproblematisch sein, vgl. allerdings zum Übermaßverbot *Hailbronner, Kay*, in: Isensee, Josef/Kirchhof, Paul (Hrsg.), Handbuch des Staatsrechts der Bundesrepublik Deutschland, Band VII: Freiheitsrechte, § 152 „Freizügigkeit“, Rz. 115 ff.

der Vereinigten Staaten in Beijing, Frankfurt am Main, London und Paris[1023]. Als Beispiel der deutschen abkommensrechtlichen Klausel für staatliche Hilfeleistung in steuerlichen Fragen kann in diesem Zusammenhang Art. 25 Abs. 5 Satz 1 DBA-Türkei 1985 genannt werden:

> *„Die Staatsangehörigen eines Vertragsstaats, die im anderen Vertragsstaat eine unselbständige Tätigkeit ausüben, können bei der Regelung ihrer Steuerangelegenheiten die Hilfe von Beamten in Anspruch nehmen, die von einer dazu befugten Behörde ihres Heimatstaats in den anderen Vertragsstaat entsandt werden; die Befugnisse und Aufgaben dieser Behörden und Beamten bestimmen sich nach den Rechtsvorschriften des anderen Vertragsstaats".*[1024]

Die im jeweiligen Auslandsstaat eventuell bestehenden berufsrechtlichen Vorschriften für Hilfeleistungen in steuerlichen Angelegenheiten müssen dabei zwingend beachtet werden.[1025]

## III. These 3: Steueraufkommen und Grundsatz der alternativen Anknüpfung

Entscheidet man sich für die Anknüpfung der unbeschränkten Einkommensteuerpflicht an die Staatsangehörigkeit, so ist grundsätzlich dem Konzept der alternativen Anknüpfung zu folgen.[1026] Bedenkt man doch die Anzahl von ausländischen Staatsangehörigen, die in der Bundesrepublik Deutschland derzeit territorial ansässig und hier somit unbeschränkt steuerpflichtig sind:[1027] Ein Verzicht auf die steuerliche Erfassung der im Inland territorial ansässigen Ausländer ist aus Haushaltsgründen, die heute wohl maßgebend für die Verknüpfung der Staatsangehörigkeit und der Steuerpflicht wären, und im Hinblick auf die Theo-

---

1023 Siehe hierzu http://www.irs.gov/publications/p54/ch07.html.

1024 Hervorhebung nur hier; detailliert hierzu Notenwechsel vom 06.07.1989 zum DBA-Türkei 1985, BGBl. II 1989, S. 885.

1025 Für Deutschland siehe insbesondere Steuerberatungsgesetz (StBerG) vom 16.08.1961 in der Fassung der Bekanntmachung vom 04.11.1975, BGBl. I 1975, S. 2735, zuletzt geändert durch Art. 5 des Gesetzes vom 22.12.2010, BGBl. I 2010, S. 2248.

1026 So bereits EStG 1920, siehe hierzu *Strutz, Georg*, a. a. O., S. 374.

1027 Die Anzahl der in Deutschland territorial ansässigen Ausländer wird auf etwa 7,18 Mio. in 2008 bzw. auf 7,14 Mio. in 2009 (entspricht etwa 8,8 % der Gesamtbevölkerung) geschätzt, vgl. *Vasileva, Katya*, Population and social conditions: Foreigners living in the EU are diverse and largely younger than the nationals of the EU Member States, eurostat, Statistics in focus 45/2010, S. 2 sowie Achter Bericht über die Lage der Ausländerinnen und Ausländer in Deutschland, BT-Drs. 17/2400, S. 278; weniger als 2 % der Ausländer haben eine Aufenthaltsdauer in Deutschland von noch unter 1 Jahr, vgl. Achter Bericht über die Lage der Ausländerinnen und Ausländer in Deutschland, BT-Drs. 17/2400, S. 284.

rien der Rechtfertigung der Steuern im Allgemeinen[1028] nicht haltbar. Im Gegenzug bedeutet es aber auch, dass die effektive Auswirkung des zündenden Gedankens der Erweiterung von Anknüpfungsmomenten der unbeschränkten Einkommensteuerpflicht sich lediglich auf die im Ausland wohnhaften Staatsangehörigen Deutschlands beschränken würde, die zudem keinen inländischen Wohnsitz (was öfter der Fall ist) und ihren gewöhnlichen Aufenthalt nicht im Inland haben (denn diese Personengruppe wäre bereits aufgrund der territorialen Anknüpfungsmerkmale im Sinne des § 1 Abs. 1 Satz 1 EStG im Inland unbeschränkt steuerpflichtig).

Im Hinblick auf diesen sehr eingeschränkten Kreis von potentiellen Zusatz-Steuerpflichtigen steht die rechtliche Entscheidung zur Erweiterung der Anknüpfungsmomente in signifikanter Abhängigkeit von den Ergebnissen einer statistischen Untersuchung zu der Anzahl von im Ausland ansässigen Staatsangehörigen Deutschlands, den Tendenzen ihrer Vermögenslage und ihrer geografischen Verteilung. In einer offiziellen Antwort auf die Kleine Anfrage der Abgeordneten des Bundestages[1029] teilt die Bundesregierung mit, dass derzeit keine statistischen Daten zu der Zahl der im Ausland lebenden Deutschen zur Verfügung stehen.[1030] Auch die Daten des elektronischen Systems ELEFAND (**el**ektronische **E**r**f**assung von **A**usla**nd**s**d**eutschen), das für eine freiwillige Erfassung für Zwe-

1028 Zu dem nutzenorientierten Ansatz siehe *Isay, Ernst*, Internationales Finanzrecht, S. 47 ff.; *Vogel, Klaus*, Rechtfertigung der Steuern: Eine vergessene Vorfrage, Der Staat 1986, S. 481 (516 ff.); *Friedrich, Kurt*, Gibt es eine völkerrechtliche Grenze für die Höhe der Besteuerung?, S. 33 ff.; *Schön, Wolfgang*, Besteuerung im Binnenmarkt – die Rechtsprechung des EuGH zu den direkten Steuern, IStR 2004, S. 289 (291); siehe auch BVerfG, Beschluss vom 22.07.1991 1 BvR 829/89, HFR 1992, S. 424; zur äquivalenztechnischen Steuerrechtfertigung im Zusammenhang mit dem Demokratieprinzip (insbesondere im Kontext der Beschränkung bestimmter Wahlrechte auf die Staatsangehörigen eines Staats) siehe *Lehner, Moris/Waldhoff, Christian*, in: Kirchhof/Söhn/Mellinghoff, EStG, § 1 EStG, Rz. A 175 (Stand: September 2000); zu dem Nutzen der Staatsangehörigkeit siehe ferner die Ausführungen von *Kirsch, Michael S.*, Taxing Citizens in a Global Economy, New York University Law Review 2007, S. 443 (470 ff.) sowie eine Gegendarstellung von *Avi-Yonah, Reuven S.*, The Case against Taxing Citizens, Public Law and Legal Theory Working Paper Series, Working Paper No. 190, University of Michigan Law School 2010, S. 6 ff. (http://www.law.umich.edu/centersandprograms/elsc/abstracts/pages/papers.aspx); zur *benefit theory* als Rechtfertigung der Einbeziehung aller Staatsangehörigen der USA in die unbeschränkte Steuerpflicht siehe *Schulze-Brachmann, Arno*, a. a. O., S. 589 (595) m. w. N.; ausführlich zur Rechtfertigung der Steuern im Allgemeinen siehe *Klein, Alexander*, Steuermoral und Steuerrecht: Akzeptanz als Element einer steuerlichen Rechtfertigungslehre, Frankfurt am Main u. a. 1997, S. 16 ff.; zur grundsätzlichen Trennung der Rechtfertigungsproblematik in Bezug auf die Legitimität der Steuererhebung und die Steuerlastverteilung siehe *Rodi, Michael*, Die Rechtfertigung von Steuern als Verfassungsproblem: dargestellt am Beispiel der Gewerbesteuer, München 1994, S. 12 ff.

1029 Siehe BT-Drs. 17/1692, S. 1.

1030 Vgl. BT-Drs. 17/1883, S. 1.

cke der Krisenvorsorge seit November 2008 zur Verfügung steht, können kaum eine Vollständigkeit der Angaben zu Auslandsdeutschen gewährleisten. Schätzungsweise sind in den Jahren 2006 bis 2008 pro Jahr mehr als 150.000 Deutsche ausgewandert[1031] (diesen Fortzügen standen mehr als 100.000 Zuzüge Deutscher pro Jahr entgegen)[1032]. In Bezug auf die Vereinigten Staaten wird die Anzahl derartiger Steuerpflichtiger auf etwa sieben Millionen geschätzt.[1033] Auch bei dieser – wohl beachtlichen – Zahl werden die Zweckmäßigkeit und die Fruchtbarkeit der steuerlichen Erfassung von Staatsangehörigen im Ausland allerdings infrage gestellt.[1034]

## § 20 Zwischenfazit

Während die qualitative Steigerung der Mobilität der Bevölkerung das Aufrechterhalten von persönlichen und wirtschaftlichen Verbindungen zum Heimatstaat auf eine neue Weise ermöglicht (Mobilität der zweiten Ebene) und somit die Akzente in der Rechtfertigung der Einbeziehung von Auslandsdeutschen in die unbeschränkte Steuerpflicht im Inland neu definiert,[1035] bleiben die Kontroll- und Vollzugsmöglichkeiten eines Staates in Bezug auf seine im Ausland territorial ansässigen Steuerpflichtigen weiterhin beschränkt. Auch wenn sich die rechtliche Komponente der Aufsicht mit der Zeit zu einer soliden Basis im Allgemeinen entwickeln mag, stellt sich die berechtigte Frage, inwieweit die *in concreto* erforderliche Mühe des Staates zur Durchsetzung seines Steueranspruchs bei ei-

---

1031 Achter Bericht über die Lage der Ausländerinnen und Ausländer in Deutschland, BT-Drs. 17/2400, S. 282.

1032 Ebenda.

1033 Vgl. http://www.irs.gov/businesses/article/0,,id=205889,00.html.

1034 Vgl. *Avi-Yonah, Reuven S.*, a. a. O., S. 1 ff. m. w. N.; siehe auch *Vacovec, Kenneth J./Beutler, Todd M.*, a. a. O., S. 597 (609 ff.).

1035 Folgt man dem nutzenorientierten Ansatz bei der Bestimmung der Anknüpfungsmomente der unbeschränkten Einkommensteuerpflicht, so kommt folgender Kompromiss infrage: Wenn der Nutzen eines im Ausland territorial ansässigen Deutschen, den er aus seiner Zugehörigkeit zum Inland erzielen kann, nicht das Niveau jenes Nutzens eines im Inland wohnhaften Deutschen erreicht, andererseits aber das Niveau des Nutzens eines im Ausland örtlich ansässigen Ausländers übersteigt, muss steuerrechtlich zwischen einem im Inland und im Ausland territorial ansässigen Deutschen differenziert werden. Dies kann durch die Bestimmung der Reichweite des Besteuerungszugriffs dem Grunde nach (wie bereits jetzt: Welteinkommensprinzip vs. Quellenprinzip) oder aber der Höhe nach – durch einen differenzierten Steuersatz – umgesetzt werden. Als Orientierung kann insoweit die derzeitige Diskussion zum Ersetzen der Gewerbesteuer durch einen Anteil an der Einkommensteuer dienen; zur Differenzierung in Bezug auf die Natur der Zugehörigkeit zu einem Staat und einer Gemeinde siehe auch *Schanz, Georg*, a. a. O., S. 1 (29).

ner unklaren Anzahl von Auslandsdeutschen und einer unvorhersehbaren Höhe des durch Doppelbesteuerungsabkommen nicht abgeschirmten zusätzlichen Steuersubstrats noch im wirtschaftlich tragbaren Verhältnis zu dem zu erzielenden Steuermehraufkommen steht.

# Kapitel 5: Zusammenfassung der Ergebnisse

Beschäftigten sich noch die Rechtswissenschaftler des 20. Jahrhunderts mit der grundsätzlichen Frage, ob die Einkommensbesteuerung nach dem Staatsangehörigkeits- bzw. Nationalitätsprinzip sachgerecht und zeitgemäß sei, hat sich die wissenschaftliche Gesellschaft des 21. Jahrhunderts im Ergebnis der verneinenden Auffassung ihrer Vorgänger – oftmals *a limine* – überwiegend angeschlossen und den Schwerpunkt der steuerlichen Diskussionen auf das äußerst fruchtbare Gebiet des europäischen Gemeinschaftsrechts verlagert. Ungeachtet dieses rechtsphilosophischen Exils genießt die Staatsangehörigkeit dennoch weiterhin ihr *Contra-omnes*-Schattendasein im Steuerrecht: sei es – *locus classicus* – als Anknüpfungsmoment der unbeschränkten Einkommensteuerpflicht in den USA[1036], als persönliche Tatbestandsvoraussetzung der erweiterten unbeschränkten Einkommensteuerpflicht in Italien[1037], als ein subjektbezogenes Merkmal der verlängerten beschränkten Einkommensteuerpflicht in Japan[1038] oder der erweiterten beschränkten Einkommensteuerpflicht bzw. der erweiterten unbeschränkten Erbschaftsteuerpflicht in Deutschland[1039].

Zu Recht betrachtet man die Anknüpfung der steuerlichen Folgen an die Staatsangehörigkeit aus dem Blickwinkel des Gemeinschaftsrechts mit gehöriger Skepsis. Gleichwohl muss die hier zu beurteilende Fragestellung stets differenziert angegangen werden: Die staatsangehörigkeitsbezogenen Anknüpfungsmerkmale im Kontext der *Ausübung der Steuerhoheit* sind europarechtlich tatsächlich bedenklich, sobald sich durch ein hypothetisches Vergleichspaar eine nicht gerechtfertigte Ungleichbehandlung zweierlei Staatsangehöriger der EU/EWR-Staaten feststellen lässt. Diese – die besagte Diskriminierung bekämpfende – Schranke führt jedoch effektiv zur konsequenten Verlagerung, dagegen nicht zur Vermeidung der Ungleichbehandlung der Steuerpflichtigen, die nun auf

1036 Vgl. *Kirsch, Michael S.*, The Tax Code as Nationality Law, Harvard Journal on Legislation 2006, S. 375 (377); *Kußmaul, Heinz/Ruiner, Christoph*, Verfassungsrechtliche Grundlagen, Anknüpfungsmerkmale und Reichweite der Steuerpflicht bei natürlichen Personen in der Bundesrepublik Deutschland und den Vereinigten Staaten von Amerika: ein Vergleich, StuW 2009, S. 80 (81 f.); siehe ferner die Nachweise in der Fußnote 124.

1037 Vgl. die Nachweise in der Fußnote 144.

1038 Vgl. die Nachweise in der Fußnote 137.

1039 Siehe hierzu § 2 AStG, § 2 Abs. 1 Nr. 1 Satz 2 Buchst. b) ErbStG sowie § 5 (II. 4.2) und § 5 (II. 4.1).

Staatsangehörige von Drittstaaten abzielt. Dies verdeutlicht zum einen, dass jedes Diskriminierungsverbot, das sich an persönlichen Merkmalen wie etwa der Staatsangehörigkeit orientiert, *per se* zur Diskriminierung der sodann nicht Begünstigten führt (wohlgemerkt: die Mehrzahl der staatsangehörigkeitsabhängigen – und vorwiegend Staatsangehörige von Drittstaaten *anders* behandelnden – Normen des deutschen Steuerrechts ist als mehr oder weniger gelungene Reaktion des nationalen Gesetzgebers auf europarechtliche Vorgaben ins Leben gerufen worden)[1040], zwingt den Rechtsanwender andererseits, sich bei der Auslegung des Art. 18 AEUV nicht überstürzt emotional von dem rechtsphilosophischen Gedanken *„Liberté, égalité, fraternité"* führen zu lassen: Dieser mag höchstens die rechtliche Form des allgemeinen Diskriminierungsverbots darstellen, muss aber stets mit dem Inhalt des wirtschaftlichen Nutzens des Gemeinschaftsmarkts konkretisiert und daran gemessen werden.

Bei der *Aufteilung der Steuerhoheit* auf dem Gebiet der direkten Steuern wird der Europäischen Union ein Harmonisierungsauftrag ohnehin abgesprochen, sodass die Anknüpfung an die (eigene) Staatsangehörigkeit zum rechtlichen Abstecken der Besteuerungshoheit insoweit kaum zu beanstanden ist, auch wenn eine solche fiskalische Blickverengung dem Empfinden nach rechtlich unbefriedigend erscheinen mag.

Da das Völkerrecht im Allgemeinen dem nationalen Gesetzgeber keine weitergehenden rechtlichen Schranken auferlegt, bleiben die grundsätzlichen Fragen der Zuordnung von Verlusten zu der Ebene der Aufteilung (oder doch der Ausübung) der Steuerhoheit sowie der folgerichtigen nichtdiskriminierenden Ausübung der sonach aufgeteilten Steuerhoheit die wesentlichen gemeinschaftsrechtlich gelegten Stolpersteine auf dem Weg zu einer solchen Anknüpfung. Auch abkommensrechtlich ist es den Vertragsstaaten keinesfalls verwehrt, die gebotenen – und teilweise als starr angesehenen – Anknüpfungskriterien der Ansässigkeit nach Art. 4 OECD-MA entsprechend den Bedürfnissen der innerstaatlichen Steuerrechtsordnungen im gegenseitigen Einvernehmen bewusst elastischer zu gestalten.

Als Dreh- und Angelpunkt der besagten Anknüpfung steht jedoch zum einen die verfassungsrechtliche Problematik der staatsangehörigkeitsabhängigen Differenzierung der steuerlichen Sachverhalte im Raum, die gewisse Argumentations- oder gar Überzeugungsarbeit sondergleichen (sowohl des Gesetzgebers als auch der sich später mit dieser Rechtsmaterie befassten Richter) zur schlüssigen

1040 Als aktuelles Beispiel ist § 2 Abs. 3 ErbStG in der Fassung des Referentenentwurfs zum BeitrRLUmsG zu nennen. Im Regierungsentwurf (BR-Drs. 253/11) ist die Anknüpfung des Antragswahlrechts an die Staatsangehörigkeit der Beteiligten des Vermögensanfalls allerdings nicht mehr enthalten.

Überwindung der nahezu alleinigen Herrschaft des *Ratione-loci*-Ansatzes im deutschen Steuerrecht erfordert.

Zugleich ist es aber auch höchst fraglich, ob die derzeit dem Staat zur Verfügung stehenden Kontrollmöglichkeiten eine effektive praktische Umsetzung der Erweiterung der steuerlichen Anknüpfungsmomente gewährleisten können. So wird die regelmäßige Anknüpfung der unbeschränkten Steuerpflicht an die Staatsangehörigkeit (die das Fortbestehen des steuerfluchtbekämpfenden § 2 AStG entbehrlich machen würde) mangels ausreichender Vollzugskontrolle die absolute Anzahl von erfolgreichen Steuerumgehungsfällen wohl im Ergebnis doch nicht verringern und die Entstehung von Mehreinnahmen für den Staat als *nudum jus* kaum herbeiführen können.

# Literaturverzeichnis

*Adonnino, Pietro*, Non-discrimination rules in international taxation: General Report, Cahiers de droit fiscal international 1993, Vol. 78b, S. 131 ff.

*Akehurst, Michael*, A Modern Introduction to International Law, 5. Auflage, London 1984.

*Alexy, Robert*, Theorie der Grundrechte, Baden-Baden 1985.

*Altvater, Christian*, Niederlassungsfreiheit vs. nationale Besteuerungsbefugnisse: Eine (Trend-)Analyse der aktuellen EuGH-Rechtsprechung, DB 2009, S. 1201 ff.

*Angermann, Franz/Anger, Christiane*, Der neue Erlass zum Außensteuergesetz – Erweitert beschränkte Steuerpflicht bei Wohnsitz in Großbritannien?, IStR 2005, S. 439 ff.

*Annacondia, Fabiola/Meloni, Eduardo O.*, Argentina – Individual Taxation, Country Surveys, IBFD (Stand: 15.01.2011).

*Antal, Gábor/Kinstellar, Andrékó*, Hungary – Individual Taxation, Country Surveys, IBFD (Stand: 01.01.2011).

*Apel, Wolfgang/Oltmanns, Martin*, Diskriminiert das deutsche Steuerrecht den Zu- und Wegzug?, DB 1998, S. 2560 ff.

*Arginelli, Paolo*, The Discriminatory Taxation of Permanent Establishments by the Host State in the European Union: a Too Much Separate Entity Approach, Intertax 2007, S. 82 ff.

*Arias, Eunice*, Dominican Republic – Individual Taxation, IBFD (Stand: 19.01.2011).

*Arndt, Hans-Wolfgang*, Gleichheit im Steuerrecht, NVwZ 1988, S. 787 ff.

*Avery Jones, John F.*, Understanding the OECD Model Tax Convention: The Lessons of History, Florida Tax Review 2009, S. 1 ff.

*Avery Jones, John F. u. a.*, The Non-discrimination Article in Tax Treaties, ET 1991, S. 310 ff.

*Avi-Yonah, Reuven S.*, The Case against Taxing Citizens, Public Law and Legal Theory Working Paper Series, Working Paper No. 190, University of Michigan Law School 2010, http://www.law.umich.edu/centersandprograms/elsc/abstracts/pages/papers.aspx.

*Bachmann, Carmen/Caro, Catharina*, Grenzüberschreitende Verlustverrechnung, IWB 2010, S. 379 ff.

*Bachmayr, Karl E.*, Rechtsanspruch auf Schutz gegen internationale Doppelbesteuerung, StuW 1964, S. 885 ff.

*Baetz, Carl*, Die Steuerpflicht der Auslandsdeutschen, Marburg i. H. 1923.

*Baranowski, Karl-Heinz*, Besteuerung von Auslandsbeziehungen, 2. Auflage, Herne/Berlin 1996.

*Baßler, Johannes*, in: Flick, Hans/Wassermeyer, Franz/Baumhoff, Hubertus/Schönfeld, Jens, Außensteuerrecht, Kommentar, Loseblattwerk, Köln 1999 ff., § 2 AStG (Stand: September 2010).

*Bayona Giménez, Juan J./Navarro Faure, Amparo*, Branch Report: Spain, Cahiers de droit fiscal international 2002, Vol. 87b, S. 483 ff.

*Bazó, Andrés E.*, A Proposal for the Taxation of Athletes, Tax Notes International 2009, Vol. 56, No. 1, http://ssrn.com/abstract=1483114.

*Becker, Ulrich*, in: Ehlers, Dirk (Hrsg.), Europäische Grundrechte und Grundfreiheiten, 3. Auflage, Berlin 2009, § 9 „Arbeitnehmerfreizügigkeit“.

*Becker, Ulrich*, in: Schwarze, Jürgen (Hrsg.), EU-Kommentar, Baden-Baden 2000, Art. 28 EGV.

*Beckmann, Thomas*, in: Debatin, Helmut/Wassermeyer, Franz (Hrsg.), Doppelbesteuerung: Kommentar zu allen deutschen Doppelbesteuerungsabkommen, Band 3: Länderteil von Großbritannien bis Liberia, Loseblattwerk, München 1977 ff., DBA-Großbritannien (Stand: Oktober 2007).

*Benz, Sebastian*, Die beschränkte Steuerpflicht im Licht der EG-Freizügigkeit: eine Untersuchung de lege lata und de lege ferenda, Bonn 1996.

*Berber, Friedrich*, Lehrbuch des Völkerrechts, Band I: Allgemeines Friedensrecht, Berlin 1960.

*Bernardo, Maria Rosario L./Mijares, Martin Ignacio D.*, Philippines – Individual Taxation, Country Surveys, IBFD (Stand: 01.01.2011).

*Betten, Rijkele*, Branch Report: Netherlands, Cahiers de droit fiscal international 2002, Vol. 87b, S. 407 ff.

*Bieg, Thorsten*, Der Gerichtshof der Europäischen Gemeinschaften und sein Einfluss auf das deutsche Steuerrecht: dogmatische Grundlagen, verallgemeinerungsfähige Prinzipien und Auswirkungen der Rechtsprechung des EuGH zu den direkten Steuern, Frankfurt am Main 1997.

*Birk, Dieter*, in: Hübschmann, Walter/Hepp, Ernst/Spitaler, Armin (Hrsg.), Abgabenordnung, Finanzgerichtsordnung, Kommentar, Loseblattwerk, Köln 1951 ff., § 2 AO (Stand: Juni 2008).

*Birk, Dieter*, Besteuerungsgleichheit in der Europäischen Union, in: Lehner, Moris (Hrsg.), Steuerrecht im Europäischen Binnenmarkt: Einfluss des EG-Rechts auf die nationalen Steuerrechtsordnungen, Köln 1996, S. 63 ff.

*Birk, Dieter*, Das Leistungsfähigkeitsprinzip als Maßstab der Steuernormen: ein Beitrag zu den Grundfragen des Verhältnisses Steuerrecht und Verfassungsrecht, Köln 1983.

*Bleckmann, Albert*, Die umgekehrte Diskriminierung (discrimination à rebours) im EWG-Vertrag, RIW 1985, S. 917 ff.

*Blischtschenko, I. P./Durdenewski, W. N.*, Das Diplomaten- und Konsularrecht, Berlin 1966.

*BMF*, Die wichtigsten Steuern im internationalen Vergleich 2010, Beitrag des Bundesministeriums der Finanzen, Berlin 2011.

*BMF*, Bericht der Steuerreformkommission zum Außensteuerrecht, Schriftenreihe BMF, Band 16, Bonn 1970.

*Bogdandy, Armin von*, in: Grabitz, Eberhard/Hilf, Meinhard (Hrsg.), Das Recht der Europäischen Union, Band I, EUV/EGV, Loseblattwerk, München 1999 ff., Art. 12 EGV (Stand: Juni 2005).

*Bohnert, Benoît*, Branch Report: France, Cahiers de droit fiscal international 2008, Vol. 93a, S. 267 ff.

*Borchard, E. M.*, The Diplomatic Protection of Citizens Abroad or the Law of International Claims, New York 1922.

*Borrego, Félix A. V.*, Limitation on Benefits Clauses in Double Taxation Conventions, Haag 2006.

*Bosniak, Linda*, Citizenship Denationalized, Indiana Journal of Global Law Studies 2000, S. 447 ff.

*Braunagel, Ralf*, Verstößt die Nichtberücksichtigung ausländischer Betriebsstättenverluste im Rahmen der Gewerbesteuer gegen Gemeinschaftsrecht? Zugleich eine Besprechung der Urteile des FG Hamburg vom 18.11.2009 6 K 147/08 und des FG Düsseldorf vom 08.09.2009 6 K 308/04 K, IStR 2010, S. 313 ff.

*Braunagel, Ralf*, Rechtsvergleichende Anmerkungen zum Thema „Betriebsstättenverluste“: Replik zum Beitrag von Hahn, IStR 2010, S. 163 ff.

*Brechmann, Winfried*, in: Calliess, Christian/Ruffert, Matthias (Hrsg.), EUV/EGV, Das Verfassungsrecht der Europäischen Union mit Europäischer Grundrechtecharta, Kommentar, 3. Auflage, München 2007, Art. 39 EGV.

*Brock, Rüdiger*, Der zwischenstaatliche Auskunftsverkehr innerhalb der Europäischen Union auf der Grundlage des EG-Amtshilfe-Gesetzes bei den direkten und indirekten Steuern, Frankfurt am Main 1999.

*Bron, Jan F.*, Das van Hilten-Urteil des EuGH und die (Un-)Anwendbarkeit der Wegzugsbesteuerung im Verhältnis zu Drittstaaten, IStR 2006, S. 296 ff.

*Bron, Jan F./Seidel, Karsten*, Mögliche Inlandsbesteuerung aufgrund der Abschaffung der Besteuerung nach dem Aufwand (Pauschalbesteuerung) in der

Schweiz: zugleich Überlegungen zum Verhältnis der Nebentatbestände zum Grundtatbestand des § 6 AStG, IStR 2009, S. 312 ff.
*Bröhmer, Jürgen*, in: Calliess, Christian/Ruffert, Matthias (Hrsg.), EUV/EGV, Das Verfassungsrecht der Europäischen Union mit Europäischer Grundrechtecharta, Kommentar, 3. Auflage, München 2007, Art. 43, 56 EGV.
*Bruns, Silke*, Branch Report: Germany, Cahiers de droit fiscal international 2008, Vol. 93a, S. 291 ff.
*Bruns, Silke*, Taxation and Non-Discrimination: Clarification and Reconsideration by the OECD, ET 2008, S. 484 ff.
*Buciek, Klaus*, in: Beermann, Albert/Gosch, Dietmar (Hrsg.), Abgabenordnung, Finanzgerichtsordnung, Kommentar, Loseblattwerk, Bonn 1995 ff., §§ 8, 9 AO (Stand: August 2003).
*Bühler, Ottmar*, Grenzen der Steuerhoheit: Unvereinbarkeit von § 15 II StAnpG mit der heutigen Auffassung von Steuersouveränität und völkerrechtlichem Territorialprinzip, DStR 1965, S. 398 ff.
*Bühler, Ottmar*, Prinzipien des Internationalen Steuerrechts: IStR, ein systematischer Versuch, Amsterdam 1964.
*Bühring, H.*, Grundsätze der deutschen Doppelbesteuerungsabkommen, StuW 1954, S. 313 ff.
*Bungert, Hartwin*, Prozesskostensicherheitsleistung ausländischer Kapitalgesellschaften und die Diskriminierungsverbote des EWG-Vertrages, EWS 1993, S. 315 ff.
*Burmester, Gabriele*, Grundlagen internationaler Regelungskumulation und -kollision, unter besonderer Berücksichtigung des Steuerrechts, Baden-Baden 1993.
*Burmester, Gabriele*, Zur Jurisdiktionshoheit der Staaten im Steuerrecht, JZ 1993, S. 698 ff.
*Calliess, Christian*, in: Calliess, Christian/Ruffert, Matthias (Hrsg.), EUV/EGV, Das Verfassungsrecht der Europäischen Union mit Europäischer Grundrechtecharta, Kommentar, 3. Auflage, München 2007, Art. 1 EUV.
*Carl, Dieter/Klos, Joachim*, Leitfaden zur internationalen Amts- und Rechtshilfe in Steuersachen, Herne/Berlin 1995.
*Cassese, Antonio*, International Law in a Divided World, Oxford 1986.
*Chung, Chi*, Branch Report: Chinese Taipei, Cahiers de droit fiscal international 2010, Vol. 95b, S. 217 ff.
*Csikós, Katalin/Löcsei, Tamás*, Branch Report: Hungary, Cahiers de droit fiscal international 2010, Vol. 95b, S. 427 ff.
*Cordewener, Axel*, EG-rechtliche Meistbegünstigungspflicht im Steuerrecht: Aktuelle und potenzielle Fallgestaltungen, in: Cordewener, Axel/Enchelmaier,

Stefan/Schindler, Philipp (Hrsg.), Meistbegünstigung im Steuerrecht der EU-Staaten, München 2006, S. 123 ff.

*Cordewener, Axel*, Grenzüberschreitende Verlustberücksichtigung im Europäischen Recht, in: von Groll, Rüdiger (Hrsg.), Verluste im Steuerrecht, Köln 2005, S. 255 ff.

*Cordewener, Axel*, Europäische Grundfreiheiten und nationales Steuerrecht: „Konvergenz“ des Gemeinschaftsrechts und „Kohärenz“ der direkten Steuern in der Rechtsprechung des EuGH, Köln 2002.

*Cornils, Matthias*, in: Isensee, Josef/Kirchhof, Paul (Hrsg.), Handbuch des Staatsrechts der Bundesrepublik Deutschland, Band VII: Freiheitsrechte, 3. Auflage, Heidelberg 2009, § 168 „Allgemeine Handlungsfreiheit“.

*Crasemann, Dagmar*, Besteuerung von im Ausland lebenden Angehörigen des deutschen öffentlichen Dienstes, StW 1997, S. 59 ff.

*Croxatto, Giancarlo*, Die Begrenzung der staatlichen Steuerhoheit durch internationales Gewohnheitsrecht, StuW 1964, S. 879 ff.

*Dautzenberg, Norbert*, Anmerkung zu BFH, Beschluss vom 17.12.1997 I B 108/97, IStR 1998, S. 305 ff.

*Dautzenberg, Norbert*, Die Bedeutung des EG-Vertrages für die Erbschaftsteuer, EWS 1998, S. 86 ff.

*Dautzenberg, Norbert*, Die erweiterte beschränkte Steuerpflicht des AStG und der EG-Vertrag, IStR 1997, S. 39 ff.

*Dautzenberg, Norbert*, Vereinbarkeit von Doppelbesteuerungsabkommen und EG-Vertrag am Beispiel der Besteuerung der Arbeitnehmereinkünfte, DB 1997, S. 1354 ff.

*Dautzenberg, Norbert*, Reformbedarf bei der beschränkten Steuerpflicht nach dem EuGH-Urteil in der Rechtssache Asscher, DB 1996, S. 2248 ff.

*Dautzenberg, Norbert*, Anmerkung zu EuGH, Urteil vom 26.01.1993 Rs. C-112/91 „Werner“, FR 1993, S. 370 ff.

*Dautzenberg, Norbert*, Der Vertrag von Maastricht, das neue Grundrecht auf allgemeine Freizügigkeit und die beschränkte Steuerpflicht der natürlichen Personen, BB 1993, S. 1563 ff.

*Dautzenberg, Norbert*, Der Europäische Gerichtshof und die direkten Steuern, BB 1992, S. 2400 ff.

*Dautzenberg, Norbert/Brüggemann, Alexander*, EG-Vertrag und deutsche Erbschaftsteuer, BB 1997, S. 123 ff.

*De Broe, Luc*, The tax treatment of transfer of residence by individuals: General Report, Cahiers de droit fiscal international 2002, Vol. 87b, S. 19 ff.

*De la Cueva González-Cotera, Alvaro/Deltell, Maria Teresa*, Spain – Individual Taxation, Country Surveys, IBFD (Stand: 31.01.2011).

*Debatin, Helmut*, Außensteuerreformgesetz, DStZ/A 1972, S. 265 ff.

*Debatin, Helmut*, Der deutsch-schweizerische Steuervertrag (I), DB 1972, S. 1939 ff.

*Debatin, Helmut*, Der deutsch-schweizerische Steuervertrag (II), DB 1972, S. 1983 ff.

*Debatin, Helmut*, Leitsätze für ein Gesetz zur Wahrung der steuerlichen Gleichmäßigkeit bei Auslandsbeziehungen und zur Verbesserung der steuerlichen Wettbewerbslage bei Auslandsinvestitionen, DStZ/A 1971, S. 89 ff.

*Debatin, Helmut*, Das Verbot steuerlicher Diskriminierung, DStZ/A 1970, S. 129 ff.

*Debatin, Helmut*, Steuerbelastungsangleichung als Neuorientierung des internationalen Steuerkollisionsrechts: Neugestaltung der deutsch-französischen Steuerbeziehungen, DStZ/A 1969, S. 305 ff.

*Debatin, Helmut*, Konzeptionen zur Steuerpflicht, FR 1969, S. 277 ff.

*Debatin, Helmut*, Die beschränkte Steuerpflicht bei der Einkommen- und Körperschaftsteuer, BB 1960, S. 1015 ff.

*Degesys, Robertas*, Lithuania – Individual Taxation, Country Surveys, IBFD (Stand: 28.09.2010).

*Demirović, Dragan/Popović, Tomislav*, Branch Report: Serbia, Cahiers de droit fiscal international 2008, Vol. 93a, S. 519 ff.

*Dessauer, Joseph Philipp*, Einige Grundfragen des deutschen internationalen Steuerrechts: staatliche Zuständigkeit, Anknüpfung, Qualifikation und Rechtshilfe, München 1940.

*Di Lucente, Nicolas Alfredo/Evans, Ronald E.*, Branch Report: Venezuela, Cahiers de droit fiscal international 2010, Vol. 95b, S. 871 ff.

*Dietlein, Johannes*, in: Stern, Klaus (Hrsg.), Das Staatsrecht der Bundesrepublik Deutschland, Band IV/1: Die einzelnen Grundrechte, München 2006, § 113 „Die Eigentumsfreiheit und das Erbrecht".

*Dodds, James/Murata, Miyuki*, Japan – Indvidual Taxation, Country Surveys, IBFD (Stand: 01.10.2010).

*Doehring, Karl*, Völkerrecht, 2. Auflage, Heidelberg 2004.

*Doehring, Karl*, Die Pflicht des Staates zur Gewährung diplomatischen Schutzes: deutsches Recht und Rechtsvergleichung, Köln/ Berlin 1959.

*Dommes, Sabine/Metzler, Vanessa E.*, Das Staatsangehörigendiskriminierungsverbot bei natürlichen Personen, in: Lang, Michael/Schuch, Josef/Staringer, Claus (Hrsg.), Die Diskriminierungsverbote im Recht der Doppelbesteuerungsabkommen, Wien 2006, S. 93 ff.

*Dorn, Herbert*, Der deutsch-italienische Doppelbesteuerungsvertrag: eine Übersicht, StuW 1926, S. 97 ff.

*Dorn, Herbert*, Die internationale Doppelbesteuerung und ihre Milderung durch die Nachkriegsabkommen Deutschlands, StuW 1925, S. 1037 ff.

*Drathen, Klaus*, Deutschengrundrechte im Lichte des Gemeinschaftsrechts: Grundrechtsgewährleistungen für natürliche und juristische Personen der EU-Mitgliedstaaten im Bereich der Bürgerrechte und des Art. 19 Abs. 3 GG, Bonn 1994.

*Drüen, Klaus-Dieter*, in: Tipke, Klaus/Kruse, Heinrich Wilhelm (Hrsg.), Abgabenordnung, Finanzgerichtsordnung, Kommentar, Loseblattwerk, Köln 1961 ff., § 2 AO (Stand: Januar 2010).

*Dürr, Ulrich*, in: Frotscher, Gerrit (Hrsg.), Einkommensteuergesetz: (EStG); Kommentar, Loseblattwerk, Freiburg im Breisgau 1981 ff., § 62 EStG (Stand: März 2008).

*Dürrschmidt, Daniel*, „Europäisches Steuerrecht" nach Lissabon, NJW 2010, S. 2086 ff.

*Dürrschmidt, Daniel*, Grenzüberschreitende Unternehmensumstrukturierungen im nationalen und europäischen Steuerrecht, StuW 2010, S. 137 ff.

*Ebling, Klaus*, in: Blümich, Walter, Einkommensteuergesetz, Körperschaftsteuergesetz, Gewerbesteuergesetz, Kommentar, Loseblattwerk, München 1989 ff., § 1 EStG (Stand: Februar 2008).

*Eckert, Jean-Blaise*, Branch Report: Switzerland, Cahiers de droit fiscal international 2010, Vol. 95b, S. 747 ff.

*Eckert, Ralf*, Die beschränkte Steuerpflicht: Rechtfertigung und Systematik, Bonn 1995.

*Eckhoff, Rolf*, Verluste im Einkommensteuerrecht, in: von Groll, Rüdiger (Hrsg.), Verluste im Steuerrecht, Köln 2005, S. 11 ff.

*Eckhoff, Rolf*, Rechtsanwendungsgleichheit im Steuerrecht: die Verantwortung des Gesetzgebers für einen gleichmäßigen Vollzug des Einkommensteuerrechts, Köln 1999.

*Eckhoff, Rolf*, in: Birk, Dieter (Hrsg.), Handbuch des Europäischen Steuer- und Abgabenrechts, Herne/Berlin 1995, § 17 „Diskriminierung im Bereich der Besteuerung des Einkommens und des Vermögens".

*Ehlers, Dirk*, in: Ehlers, Dirk (Hrsg.), Europäische Grundrechte und Grundfreiheiten, 3. Auflage, Berlin 2009, § 7 „Allgemeine Lehren".

*Engelschalk, Michael*, in: Vogel, Klaus/Lehner, Moris, Doppelbesteuerungsabkommen der Bundesrepublik Deutschland auf dem Gebiet der Steuern vom Einkommen und Vermögen: Kommentar auf der Grundlage der Musterabkommen, 5. Auflage, München 2008, Art. 26, 27, 28 OECD-MA.

*Engelschalk, Michael*, Die Besteuerung von Steuerausländern auf Bruttobasis: Bestandsaufnahme, rechtliche Grenzen, Alternativen, Heidelberg 1988.

*Englisch, Joachim*, Verfassungsrechtliche Grundlagen und Grenzen des objektiven Nettoprinzips, Beihefter zu DStR 2009, Heft 34, S. 92 ff.

*Englisch, Joachim*, Aufteilung der Besteuerungsbefugnisse – Ein Rechtfertigungsgrund für die Einschränkung von EG-Freiheiten?, IFSt-Schrift Nr. 449, Bonn 2008.

*Epiney, Astrid*, in: Calliess, Christian/Ruffert, Matthias (Hrsg.), EUV/EGV, Das Verfassungsrecht der Europäischen Union mit Europäischer Grundrechtecharta, Kommentar, 3. Auflage, München 2007, Art. 12 EGV.

*Epiney, Astrid*, Umgekehrte Diskriminierungen: Zulässigkeit und Grenzen der discrimination à rebours nach europäischem Gemeinschaftsrecht und nationalem Verfassungsrecht, Köln u. a. 1995.

*Epping, Volker/Lenz, Sebastian/Leydecker, Philipp*, Grundrechte, 4. Auflage, Berlin u. a. 2010.

*Ernst & Young,* Survey of the implementation of Council Directive 90/434/EEC (The Merger Directive, as amended), http://ec.europa.eu/taxation_customs/resources/documents/taxation/company_tax/mergers_directive/study_impl_direct.pdf (Stand: 22.01.2009).

*Ettehadieh, Mehdi/Behzadi, Khodayar*, Iran – Individual Taxation, Country Surveys, IBFD (Stand: 01.01.2011).

*EuGH,* Pressemitteilung des EuGH vom 20.01.2011 Nr. 1/11 zum EuGH-Urteil vom 20.01.2011 Rs. C-155/09 „Kommission/Griechenland“, http://curia.europa.eu/jcms/upload/docs/application/pdf/2011-01/cp110001de.pdf.

*Europäische Kommission*, Commission's Consultation on Double Taxation Conventions and the Internal Market: Factual Examples of Double Taxation Cases, Summary Report of the Responses Received, January 2011, S. 36, http://ec.europa.eu/taxation_customs/resources/documents/common/consultations/tax/summary_report_consultation_double_tax_conventions_en.pdf.

*Europäische Kommission*, Report from the Commission to the Council and the European Parliament on the use of the provisions on mutual assistance for the recovery of claims relating to certain levies, duties, taxes and other measures in 2005-2008, http://ec.europa.eu/taxation_customs/resources/documents/common/whats_new/com(2009)451_en.pdf.

*Fähnrich, Alexander*, Doppelbesteuerung im Allgemeinen und ihre Beseitigung durch die Gesetzgebung im deutschen Staatsgebiet von der Reichsgründung bis zur Gegenwart, Borna-Leipzig 1928.

*Fastenrath, Ulrich*, Inländerdiskriminierung, JZ 1987, S. 170 ff.

*Feige, Konrad*, Der Gleichheitssatz im Recht der EWG, Tübingen 1973.

*Fekar, Pavel/Schnitger, Arne*, Art. 24 Abs. 1 OECD-MA als Eintrittsklausel zur mittelbaren und unmittelbaren Anwendung der Grundfreiheiten des EG-Vertrages für Drittstaatler, SWI 2002, S. 76 ff.

*Ferreira, Vanessa A.*, Portugal – Individual Taxation, Country Surveys, IBFD (Stand: 31.01.2011).

*Ferreira, Vanessa A.*, Angola – Individual Taxation, Country Surveys, IBFD (Stand: 15.05.2010).

*Feuerstein, Peter*, Einkommensteuerpflicht bei NATO-Beschäftigungsverhältnissen, DB 1993, S. 1211 ff.

*Fischer, Julius*, Die Doppelbesteuerung in Staat und Gemeinde: eine Untersuchung über die Besteuerung der Bundesverwandten und Ausländer, sowie der Forensen, nach den direkten Staats- und Gemeindesteuergesetzen Deutschlands und der Schweiz, Berlin 1909.

*Fischer-Zernin, Justus*, in: Gosch, Dietmar/Kroppen, Heinz-Klaus/Grotherr, Siegfried (Hrsg.), DBA-Kommentar, Loseblattwerk, Herne u. a. 1997 ff., Art. 24 OECD-MA (Stand: Grundwerk).

*Fischer-Zernin, Justus*, Doppelbesteuerungsabkommen als Instrument des Völkerrechts und des innerstaatlichen Rechts, RIW 1987, S. 785 ff.

*Fissenewert, Hans-Ulrich*, in: Frotscher, Gerrit (Hrsg.), Einkommensteuergesetz: (EStG); Kommentar, Loseblattwerk, Freiburg im Breisgau 1981 ff., § 3 Nr. 29 EStG (Stand: Januar 2010).

*Flick, Hans*, Das deutsche Außensteuergesetz und ergänzende Rechtsvorschriften im Überblick, in: Vogel, Klaus (Hrsg.), Steueroasen und Außensteuergesetze: Die Bedeutung der Steueroasen heute und die gesetzlichen Maßnahmen zu ihrer Bekämpfung, München 1981, S. 29 ff.

*Flick, Hans*, Besondere Mitwirkungspflichten der Steuerpflichtigen bei Auslandsbeziehungen, DStR 1964, S. 479 ff.

*Flick, Heinz*, Vereinbarkeit des Steuerfluchtgesetzes mit Doppelbesteuerungsabkommen, BB 1971, S. 250 f.

*Flynn, Michael/Stewart, Miranda*, Branch Report: Australia, Cahiers de droit fiscal international 2010, Vol. 95b, S. 97 ff.

*Folliet, Pierre*, Les lieux d'imposition des personnes physiques en matière d'impôts directs: Rapport général, Cahiers de droit fiscal international 1951, Vol. 17, S. 7 ff.

*Förster, Jutta*, Das Grenzpendlergesetz: Ein weiterer Versuch zur Lösung des Grenzgängerproblems?, DStR 1994, S. 1297 ff.

*Fraberger, Friedrich/Stangl, Christian*, Branch Report: Austria, Cahiers de droit fiscal international 2010, Vol. 95b, S. 121 ff.

*Franzen, Martin*, in: Streinz, Rudolf (Hrsg.), EUV/EGV: Vertrag über die Europäische Union und Vertrag zur Gründung der Europäischen Gemeinschaft, München 2003, Art. 39 EGV.

*Friedrich, Kurt*, Gibt es eine völkerrechtliche Grenze für die Höhe der Besteuerung?, Köln 1972.

*Frotscher, Gerrit*, Internationales Steuerrecht, 3. Auflage, München 2009.

*Frotscher, Gerrit*, in: Frotscher, Gerrit (Hrsg.), Einkommensteuergesetz: (EStG); Kommentar, Loseblattwerk, Freiburg im Breisgau 1981 ff., §§ 1, 1a, 50, 50a EStG (Stand: Januar 2008 bis März 2009).

*Furuseth, Eivind*, Norway – Individual Taxation, Country Surveys, IBFD (Stand: 31.01.2011).

*Gangemi, Bruno*, Internationale Amtshilfe durch Informationsaustausch: Generalbericht, Cahiers de droit fiscal international 1990, Vol. 75b, S. 99 ff.

*Garcia, Marcela Fonseca/Tiburcio, Arturo*, Branch Report: Mexico, Cahiers de droit fiscal international 2010, Vol. 95b, S. 545 ff.

*Gebel, Dieter*, in: Troll, Max/Gebel, Dieter/Jülicher, Marc, Erbschaftsteuer- und Schenkungsteuergesetz: Kommentar, Loseblattwerk, München 1981 ff., Einführung (Stand: Februar 2001).

*Geiger, Rudolf*, Grundgesetz und Völkerrecht mit Europarecht, 4. Auflage, München 2009.

*Gison, C. C.*, Comprehensive tax reform in effect, TNS-423, 431 (1997); AP, Blue pages, TNS Online, IBFD (Stand: 23.04.1998).

*Glaesner, Adrian*, in: Schwarze, Jürgen (Hrsg.), EU-Kommentar, Baden-Baden 2000, Art. 56 EGV.

*Goebel, Alain/Schaffner, Jean*, Branch Report: Luxembourg, Cahiers de droit fiscal international 2010, Vol. 95b, S. 525 ff.

*Goodman, Wolfe D.*, Internationale Doppelbesteuerung bei Erbschaften und Schenkungen: Generalbericht, Cahiers de droit fiscal international 1985, Vol. 70b, S. 115 ff.

*Gorbanovskaya, Olga*, Branch Report: Ukraine, Cahiers de droit fiscal international 2010, Vol. 95b, S. 777 ff.

*Gosch, Dietmar*, in: Kirchhof, Paul (Hrsg.), Einkommensteuergesetz: Kommentar, 10. Auflage, Köln 2011, §§ 1, 1a, 50 EStG.

*Gosch, Dietmar*, Entwicklung und Rezeption der Rechtsprechung des EuGH aus Sicht des BFH, Ubg 2009, S. 73 ff.

*Gosch, Dietmar*, Über das Treaty Overriding: Bestandsaufnahme – Verfassungsrecht – Europarecht, IStR 2008, S. 413 ff.

*Gosch, Dietmar*, Nur eingeschränkter Steuerzugriff auf Berufssportler bei Wegzug in eine Steueroase, Kommentar zum BFH-Urteil vom 19.12.2007 I R 16/06, BFH/PR 2008, S. 234.

*Gosch, Dietmar*, Vielerlei Gleichheiten – Das Steuerrecht im Spannungsfeld von bilateralen, supranationalen und verfassungsrechtlichen Anforderungen, DStR 2007, S. 1553 ff.

*Graf, Hannes*, in: Littmann, Eberhard/Bitz, Horst/Pust, Hartmut, Das Einkommensteuerrecht: Kommentar zum Einkommensteuergesetz, Loseblattwerk, Stuttgart 1988 ff., § 1a EStG (Stand: Mai 2006).

*Graf zu Ortenburg, Joachim*, Abgrenzungsfragen bei der erweiterten beschränkten Einkommensteuerpflicht, DStR 1975, S. 483 ff.

*Grasmann, Günther*, Der Entwurf des deutschen Gesetzes zur Wahrung der steuerlichen Gleichmäßigkeit bei Auslandsbeziehungen und zur Verbesserung der steuerlichen Wettbewerbslage bei Auslandsinvestitionen, Teil I, Europäische Steuerzeitung 1971, S. 77 ff.

*Grawert, Rolf*, Staat und Staatsangehörigkeit: verfassungsgeschichtliche Untersuchung zur Entstehung der Staatsangehörigkeit, Berlin 1973.

*Greco, Laura*, Italy – Individual Taxation, Country Surveys, IBFD (Stand: 28.02.2011).

*Greig, D. W.*, International Law, London 1970.

*Gross, Ekkehard*, in: Wöhrle, Winfried/Schelle, Diether/Gross, Ekkehard (Hrsg.), Außensteuergesetz, Kommentar, Loseblattwerk, Stuttgart 1984 ff., § 2 AStG (Stand: Dezember 2002).

*Grund, Walter*, Grundprobleme der Steuerharmonisierung und des internationalen Steuerrechts, StuW 1965, S. 393 ff.

*Gutiérrez, Fabio L./Rodríguez, Eleonora L.*, Branch Report: Colombia, Cahiers de droit fiscal international 2010, Vol. 95b, S. 235 ff.

*Haag, Marcel*, in: von der Groeben, Hans/Schwarze, Jürgen (Hrsg.), Kommentar zum Vertrag über die Europäische Union und zur Gründung der Europäischen Gemeinschaft (EUV/EGV), 6. Auflage, Baden-Baden 2003, Art. 18 EG.

*Haase, Florian*, Erweiterte beschränkte Steuerpflicht nach § 2 AStG und Abgeltungsteuer, BB 2008, S. 2555 ff.

*Hackemann, Tim/Pfaar, Michael*, in: Debatin, Helmut/Wassermeyer, Franz (Hrsg.), Doppelbesteuerung: Kommentar zu allen deutschen Doppelbesteuerungsabkommen, Band 2: Länderteil von Ägypten bis Griechenland, Loseblattwerk, München 1977 ff., DBA-China (Stand: Mai 2005).

*Häger, Jan*, Meistbegünstigung im Recht der Doppelbesteuerungsabkommen: eine Untersuchung vor dem Hintergrund des Welthandelsrechts und des primären Gemeinschaftsrechts, Baden-Baden 2008.

*Hahn, Hartmut*, in: Lademann, Fritz, Kommentar zum Einkommensteuergesetz, Loseblattwerk, Stuttgart 1950 ff., §§ 1, 1a EStG (Stand: November 2010).

*Hahn, Hartmut*, Im Westen nichts Neues, Überlegungen zur Entscheidung des EuGH in der Rechtssache Papillon, IStR 2009, S. 198 ff.

*Hahn, Hartmut*, in: Debatin, Helmut/Wassermeyer, Franz (Hrsg.), Doppelbesteuerung: Kommentar zu allen deutschen Doppelbesteuerungsabkommen, Band 2: Länderteil von Ägypten bis Griechenland, Loseblattwerk, München 1977 ff., ErbSt-DBA-Frankreich (Stand: Oktober 2008).

*Hahn, Hartmut*, Gemeinschaftsrecht und Recht der direkten Steuern – Teil I, DStZ 2005, S. 433 ff.

*Hahn, Hartmut*, Gemeinschaftsrecht und Recht der direkten Steuern – Teil III, DStZ 2005, S. 507 ff.

*Hahn, Hartmut*, Die Vereinbarkeit von Normen des deutschen internationalen Steuerrechts mit EG-Recht, Bonn 1999.

*Hailbronner, Kay*, in: Hailbronner, Kay/Renner, Günter/Maaßen, Hans-Georg, Staatsangehörigkeitsrecht, 5. Auflage, München 2010, Teile: I C, I D, I E, II A.

*Hailbronner, Kay*, in: Isensee, Josef/Kirchhof, Paul (Hrsg.), Handbuch des Staatsrechts der Bundesrepublik Deutschland, Band VII: Freiheitsrechte, 3. Auflage, Heidelberg 2009, § 152 „Freizügigkeit".

*Hailbronner, Kay/Jochum, Georg*, Europarecht II: Binnenmarkt und Grundfreiheiten, Stuttgart 2006.

*Hamminger, Alexander*, in: Debatin, Helmut/Wassermeyer, Franz (Hrsg.), Doppelbesteuerung: Kommentar zu allen deutschen Doppelbesteuerungsabkommen, Band 3: Länderteil von Großbritannien bis Liberia, Loseblattwerk, München 1977 ff., DBA-Israel (Stand: September 2000).

*Hardt, Christoph*, in: Debatin, Helmut/Wassermeyer, Franz (Hrsg.), Doppelbesteuerung: Kommentar zu allen deutschen Doppelbesteuerungsabkommen, Band 5: Länderteil von Pakistan bis Spanien, Loseblattwerk, München 1977 ff., DBA-Schweiz (Stand: Januar 2004).

*Harris, Leon/Tsachor, Eitan*, Branch Report: Israel, Cahiers de droit fiscal international 2010, Vol. 95b, S. 451 ff.

*Hatje, Armin*, in: Schwarze, Jürgen (Hrsg.), EU-Kommentar, Baden-Baden 2000, Art. 18 EGV.

*Heinicke, Wolfgang*, in: Schmidt, Ludwig, Einkommensteuergesetz: Kommentar, 29. Auflage, München 2010, § 1 EStG.

*Heinicke, Wolfgang*, Diskriminierung im Ertragsteuerrecht der EG- und EWR-Staaten nach der Rechtsprechung des EuGH, DStR 1998, S. 1332 ff.

*Heldrich, Andreas*, in: Palandt, Bürgerliches Gesetzbuch, 67. Auflage, München 2008, Einl. vor Art. 3 EGBGB, Art. 3 EGBGB.

*Hellwig, Peter*, Ausgewählte Fragen zur erweiterten beschränkten Steuerpflicht, DStZ/A 1974, S. 4 ff.

*Hellwig, Peter*, Das Außensteuergesetz, eine Problembereicherung für die Steuerfachwelt: kleine Auslese, DStZ/A 1973, S. 13 ff.

*Helminen, Marjaana*, Finnish International Taxation, 2. Auflage, Vantaa 2005.

*Helminen, Marjaana*, Branch Report: Finland, Cahiers de droit fiscal international 2002, Vol. 87b, S. 231 ff.

*Hendricks, Michael*, Internationale Informationshilfe im Steuerverfahren: Grundlagen, Systematik und Grenzen der informationellen zwischenstaatlichen Rechts- und Amtshilfe, Köln 2004.

*Hensel, Albert*, Steuerrecht, 3. Auflage, Berlin 1933.

*Hensel, Christian*, Ertragsteuerliche Behandlung von Bediensteten an ausländischen Vertretungen im Inland, RIW 1999, S. 659 ff.

*Herlinghaus, Andreas*, in: Flick, Hans/Wassermeyer, Franz/Baumhoff, Hubertus/Schönfeld, Jens, Außensteuerrecht, Kommentar, Loseblattwerk, Köln 1999 ff., §§ 1, 1a EStG (Stand: Juli 1999).

*Herzig, Norbert/Dautzenberg, Norbert*, Die Einwirkungen des EG-Rechts auf das deutsche Unternehmenssteuerrecht, DB 1997, S. 8 ff.

*Herzig, Norbert/Dautzenberg, Norbert*, Der EWG-Vertrag und die Doppelbesteuerungsabkommen: Rechtsfragen im Verhältnis zwischen Doppelbesteuerungsabkommen und den Diskriminierungsverboten des EWGV, DB 1992, S. 2519 ff.

*Heßdörfer, Ludwig*, Die Reichsfluchtsteuer, StuW 1947, S. 745 ff.

*Heurung, Rainer/Engel, Benjamin*, Grenzüberschreitende Berücksichtigung von Betriebsstättenverlusten in der EU: Klärung weiterer Zweifelsfragen durch den BFH, GmbHR 2010, S. 1065 ff.

*Hildesheim, Carl-Ulrich*, Der Ausländerbegriff im Kindergeldrecht des EStG, DStZ 2000, S. 25 ff.

*Hinnekens, Luc/Hinnekens, Philippe*, Non-discrimination at the crossroads of international taxation: General Report, Cahiers de droit fiscal international 2008, Vol. 93a, S. 15 ff.

*Hinnekens, Luc*, When business grows global, taxes cannot remain local: Quo vadis fiscal principle of territoriality?, in: van Arendonk, Henk/Engelen, Frank/Jansen, Sjaak (ed.), A Tax Globalist: The Search for the Borders of International Taxation, Essays in honour of Maarten J. Ellis, Amsterdam 2005, S. 282 ff.

*Hofbauer, Ines*, Das Prinzip der Meistbegünstigung im grenzüberschreitenden Ertragsteuerrecht: eine Betrachtung anhand des Internationalen Wirtschaftsrechts und des Rechts der Doppelbesteuerungsabkommen, Wien 2005.

*Hofmann, Hans*, in: Schmidt-Bleibtreu, Bruno/Hofmann, Hans/Hopfauf, Axel (Hrsg.), Grundgesetz, Kommentar, 11. Auflage, Köln u. a. 2008, Art. 2, 6, 11, 14 GG.

*Hohenwarter, Daniela/Weninger, Patrick*, DBA-Diskriminierungsverbote: Auswahl der Vergleichsobjekte, Rechtfertigungsgründe und Verhältnismäßigkeitsgrundsatz, in: Lang, Michael/Schuch, Josef/Staringer, Claus (Hrsg.), Die Diskriminierungsverbote im Recht der Doppelbesteuerungsabkommen, Wien 2006, S. 231 ff.

*Holmgren, Mikael/Benjaminsson, Kristina*, Branch Report: Sweden, Cahiers de droit fiscal international 2002, Vol. 87b, S. 509 ff.

*Holoubek, Michael*, in: Schwarze, Jürgen (Hrsg.), EU-Kommentar, Baden-Baden 2000, Art. 12, 49 EGV.

*Hölzer, Volkmar-Alexander*, Die Anknüpfung von Abzügen, der Einkünfte- und der Vermögenszurechnung an die unbeschränkte Steuerpflicht, Köln 1988.

*Hull, Howard R.*, United Arab Emirates: Tax Treaty Relief on International Investment, Bulletin for International Taxation 2009, S. 52 ff.

*Hundt, Florenz*, in: Debatin, Helmut/Wassermeyer, Franz (Hrsg.), Doppelbesteuerung: Kommentar zu allen deutschen Doppelbesteuerungsabkommen, Band 3: Länderteil von Großbritannien bis Liberia, Loseblattwerk, München 1977 ff., DBA-Kuwait (Stand: Oktober 2009).

*Hurtado, Hugo/Valdés, Carola*, Branch Report: Chile, Cahiers de droit fiscal international 2010, Vol. 95b, S. 197 ff.

*Ipsen, Hans Peter*, Europäisches Gemeinschaftsrecht, Tübingen 1972.

*Ipsen, Jörn*, in: Isensee, Josef/Kirchhof, Paul (Hrsg.), Handbuch des Staatsrechts der Bundesrepublik Deutschland, Band VII: Freiheitsrechte, 3. Auflage, Heidelberg 2009, § 154 „Ehe und Familie".

*Ipsen, Jörn*, Staatsrecht II, Grundrechte, 9. Auflage, Neuwied 2006.

*Ipsen, Knut*, Völkerrecht, 5. Auflage, München 2004.

*Isay, Ernst*, Internationales Finanzrecht: eine Untersuchung über die äußeren Grenzen der staatlichen Finanzgewalt, Stuttgart/Berlin 1934.

*Ismer, Roland/Reimer, Ekkehart/Rust, Alexander*, Ist § 6 AStG noch zu halten? – Die Wegzugsbesteuerung auf dem Prüfstand des Gemeinschaftsrechts nach der Entscheidung de Lasteyrie du Saillant, EWS 2004, S. 207 ff.

*Jacob, Friedhelm*, in: Endres, Dieter/Jacob, Friedhelm/Gohr, Marion/Klein, Martin (Hrsg.), DBA Deutschland/USA, Doppelbesteuerungsabkommen, München 2009, Art. 4.

*Jakobs, Horst Heinrich*, § 15 Abs. 2 StAnpG und die international-steuerrechtliche Anknüpfung der Körperschaftsteuerpflicht, StuW 1970, S. 587 ff.

*Jacobs, Otto H.* (Hrsg.), Internationale Unternehmensbesteuerung, Deutsche Investitionen im Ausland, Ausländische Investitionen im Inland, 6. Auflage, München 2007.

*Jeffery, Ramon J.*, The Impact of State Sovereignty on Global Trade and International Taxation, London u. a. 1999.

*Jochum, Georg*, Anmerkung zu EuGH, Urteil vom 23.02.2006 Rs. C-513/03 „van Hilten-van der Heijden", ZEV 2006, S. 463 f.

*Jochum, Georg*, Die Folgen doppelter Staatsangehörigkeit für die Erbschaftsteuer am Beispiel deutsch-türkischer Doppelstaatler: doppelte Rechte und doppelte Pflichten?, UVR 2000, S. 415 ff.

*Jorewitz, Gitta*, Die Prüfung der EG-Konformität des deutschen Ertragsteuerrechts, Herne/Berlin 2004.

*Jülicher, Marc*, in: Troll, Max/Gebel, Dieter/Jülicher, Marc, Erbschaftsteuer- und Schenkungsteuergesetz: Kommentar, Loseblattwerk, München 1981 ff., §§ 2, 21 ErbStG (Stand: Oktober 2010).

*Jülicher, Marc*, in: Debatin, Helmut/Wassermeyer, Franz (Hrsg.), Doppelbesteuerung: Kommentar zu allen deutschen Doppelbesteuerungsabkommen, Band 1: Systematik und Kommentierung des OECD-MA, Loseblattwerk, München 1977 ff., ErbSt-OECD-MA (Stand: Januar 2010).

*Jüptner, Roland*, in: Fischer, Michael/Jüptner, Roland/Pahlke, Armin/Wachter, Thomas (Hrsg.), Erbschaftsteuergesetz (ErbStG), Kommentar, Haufe: Online-Version, § 2 ErbStG (Stand: Mai 2010).

*Jütte, Werner*, Anmerkung zum Erlass der Senatsverwaltung für Finanzen Berlin vom 08.11.1994 III C 2 - S 1310 - 1/92, IStR 1995, S. 85 f.

*Kaefer, Wolfgang*, Neuregelung der Besteuerung Nichtansässiger im Grenzpendlergesetz II: Umsetzung des EuGH-Urteils „Schumacker" im Jahressteuergesetz 1996, BB 1995, S. 1615 ff.

*Kaefer, Wolfgang*, Gedanken zur Grenzpendlerbesteuerung nach dem EuGH-Urteil in der Rechtssache Werner, IStR 1993, S. 145 ff.

*Kaefer, Wolfgang*, Steuernachteile für beschränkt steuerpflichtige EG-Bürger nach Rechtsprechung des Europäischen Gerichtshofes verfassungswidrig: Anmerkungen zum Biehl-Urteil und anderen Entscheidungen des EuGH, DStR 1991, S. 671 ff.

*Kaligin, Thomas*, Zum Progressionsvorbehalt in § 32b EStG und § 2 Abs. 5 AStG, RIW/AWD 1982, S. 32 ff.

*Kamann, Hans-Georg*, in: Streinz, Rudolf (Hrsg.), EUV/EGV: Vertrag über die Europäische Union und Vertrag zur Gründung der Europäischen Gemeinschaft, München 2003, Art. 25, 90 EGV.

*Kaminski, Bert*, Die persönliche Einkommensteuerpflicht: unter besonderer Berücksichtigung der Neuerungen durch das Jahressteuergesetz 1996, StuSt 1996, S. 398 ff.

*Kannengießer, Christoph*, in: Schmidt-Bleibtreu, Bruno/Hofmann, Hans/Hopfauf, Axel (Hrsg.), Grundgesetz, Kommentar, 11. Auflage, Köln u. a. 2008, Art. 3 GG.

*Kardach, Tomasz/Olesińska, Agnieszka*, Branch Report: Poland, Cahiers de droit fiscal international 2010, Vol. 95b, S. 621 ff.

*Kaufmann-Bühler, Werner*, in: Lenz, Carl Otto/Borchardt, Klaus-Dieter (Hrsg.), EU-Verträge, Kommentar nach dem Vertrag von Lissabon, 5. Auflage, Köln 2010, Art. 20 AEUV.

*Kaur, Daljit*, Expanded Senior Citizens Act of 2010 implementing regulations, TNS:2010-02-18:PH-1; AP:PH, IBFD (Stand: 02.08.2010).

*Kegel, Gerhard/Schurig, Klaus*, Internationales Privatrecht, 9. Auflage, München 2004.

*Keller, Fritz von/Trautmann, Paul*, Kommentar zum Reichs- und Staatsangehörigkeitsgesetz vom 22. Juli 1913, München 1914.

*Kessler, Wolfgang*, Ausländische Betriebstättenverluste, in: Lehner, Moris (Hrsg.), Verluste im nationalen und Internationalen Steuerrecht, München 2004, S. 83 ff.

*Kiemel, Wolfgang*, in: von der Groeben, Hans/Schwarze, Jürgen (Hrsg.), Kommentar zum Vertrag über die Europäische Union und zur Gründung der Europäischen Gemeinschaft (EUV/EGV), 6. Auflage, Baden-Baden 2003, Art. 56 EG.

*Kingreen, Thorsten*, in: Ehlers, Dirk (Hrsg.), Europäische Grundrechte und Grundfreiheiten, 3. Auflage, Berlin 2009, § 13 „Verbot der Diskriminierung wegen der Staatsangehörigkeit".

*Kingreen, Thorsten*, Die Struktur der Grundfreiheiten des Europäischen Gemeinschaftsrechts, Berlin 1999.

*Kirchhof, Ferdinand*, Die Tauglichkeit von Abgaben zur Lenkung des Verhaltens, DVBl. 2000, S. 1166 ff.

*Kirchhof, Paul*, Die freiheitsrechtliche Struktur der Steuerrechtsordnung: ein Verfassungstest für Steuerreformen, StuW 2006, S. 3 ff.

*Kirchhof, Paul*, in: Isensee, Josef/Kirchhof, Paul (Hrsg.), Handbuch des Staatsrechts der Bundesrepublik Deutschland, Band IV: Finanzverfassung – Bundesstaatliche Ordnung, 2. Auflage, Heidelberg 1999, § 88 „Staatliche Einnahmen".

*Kirchhof, Paul*, Der verfassungsrechtliche Auftrag zur Besteuerung nach der finanziellen Leistungsfähigkeit, StuW 1985, S. 319 ff.

*Kirsch, Michael S.*, Taxing Citizens in a Global Economy, New York University Law Review 2007, S. 443 ff.

*Kirsch, Michael S.*, The Tax Code as Nationality Law, Harvard Journal on Legislation 2006, S. 375 ff.

*Klein, Alexander*, Steuermoral und Steuerrecht: Akzeptanz als Element einer steuerlichen Rechtfertigungslehre, Frankfurt am Main u. a. 1997.

*Kluge, Volker*, Außensteuergesetz und Doppelbesteuerungsabkommen, AWD BB 1972, S. 411 ff.

*Kluth, Winfried*, in: Calliess, Christian/Ruffert, Matthias (Hrsg.), EUV/EGV, Das Verfassungsrecht der Europäischen Union mit Europäischer Grundrechtecharta, Kommentar, 3. Auflage, München 2007, Art. 18, 50 EGV.

*Knobbe-Keuk, Brigitte*, Das Urteil des EuGH im Falle Werner zur Besteuerung der Grenzgänger – ärgerlich, aber nicht das letzte Wort, DStR 1993, S. 425 ff.

*Knobbe-Keuk, Brigitte*, Niederlassungsfreiheit: Diskriminierungs- oder Beschränkungsverbot?, DB 1990, S. 2573 ff.

*Knöller, Claus-Peter*, Die Bedeutung bilateraler Investitionsabkommen für das Recht der direkten Steuern, IStR 2008, S. 453 ff.

*Koblenzer, Thomas*, Die Besteuerung Nichtansässiger – ein historischer Rückblick, IStR 1997, S. 97 ff.

*Koblenzer, Thomas*, Grundlagen der „beschränkten Steuerpflicht", BB 1996, S. 933 ff.

*Kofler, Georg*, Doppelbesteuerungsabkommen und Europäisches Gemeinschaftsrecht, Wien 2007.

*Kokott, Juliane*, Zum Spannungsverhältnis zwischen nationality rule und Menschenrechtsschutz bei der Ausübung diplomatischer Protektion, in: Ress, Georg/Stein, Torsten (Hrsg.), Der diplomatische Schutz im Völker- und Europarecht, Baden-Baden 1996.

*Kokott, Juliane/Doehring, Karl/Buergenthal, Thomas*, Grundzüge des Völkerrechts, 3. Auflage, Heidelberg 2003.

*Kokott, Juliane/Henze, Thomas*, Ist der EuGH – noch – ein Motor für die Konvergenz der Steuersysteme?, BB 2007, S. 913 ff.

*Krabbe, Helmut*, in: Debatin, Helmut/Wassermeyer, Franz (Hrsg.), Doppelbesteuerung: Kommentar zu allen deutschen Doppelbesteuerungsabkommen, Band 2: Länderteil von Ägypten bis Griechenland, Loseblattwerk, München 1977 ff., DBA-Dänemark (Stand: Januar 2007).

*Krabbe, Helmut*, in: Debatin, Helmut/Wassermeyer, Franz (Hrsg.), Doppelbesteuerung: Kommentar zu allen deutschen Doppelbesteuerungsabkommen, Band 2: Länderteil von Ägypten bis Griechenland, Loseblattwerk, München 1977 ff., DBA-Griechenland (Stand: September 2000).

*Kraft, Gerhard*, in: Kraft, Gerhard (Hrsg.), Außensteuergesetz: AStG, Kommentar, München 2009, §§ 2, 5 AStG.

*Kramer, Bernhard*, Die Besteuerung der Bediensteten Internationaler Organisationen unter besonderer Berücksichtigung der Rechtslage in der Bundesrepublik Deutschland, Bonn 1977.

*Kreile, Reinhold*, Zum Außensteuergesetz, BB 1972, S. 929 ff.

*Kristoffersson, Eleonor*, Branch Report: Sweden, Cahiers de droit fiscal international 2010, Vol. 95b, S. 727 ff.

*Krugmann, Michael*, Gleichheit, Willkür und Evidenz, JuS 1987, S. 7 ff.

*Kruse, Heinrich Wilhelm*, in: Tipke, Klaus/Kruse, Heinrich Wilhelm (Hrsg.), Abgabenordnung, Finanzgerichtsordnung, Kommentar, Loseblattwerk, Köln 1961 ff., §§ 8, 9 AO (Stand: Oktober 2008).

*Kube, Hanno*, Grenzüberschreitende Verlustverrechnung und die Zuordnung von Verantwortung, IStR 2008, S. 305 ff.

*Kumpf, Wolfgang/Roth, Andreas*, Wahlbesteuerung für beschränkt Einkommensteuerpflichtige? Zur Besteuerung von nicht im Inland ansässigen natürlichen Personen im System der Einkommensteuer, StuW 1996, S. 259 ff.

*Kußmaul, Heinz/Cloß, Christine*, Der persönliche Anwendungsbereich des § 2 AStG, StuB 2010, S. 264 ff.

*Kußmaul, Heinz/Delarber, Christian*, Zur aktuellen BFH-Rechtsprechung zu finalen ausländischen Betriebsstättenverlusten – Anmerkungen zu den BFH-Urteilen vom 09.06.2010, Ubg 2010, S. 900 ff.

*Kußmaul, Heinz/Ruiner, Christoph*, Verfassungsrechtliche Grundlagen, Anknüpfungsmerkmale und Reichweite der Steuerpflicht bei natürlichen Personen in der Bundesrepublik Deutschland und den Vereinigten Staaten von Amerika: ein Vergleich, StuW 2009, S. 80 ff.

*Künkele, Karl-Otto*, Völkerrechtliche Schranken für die Besteuerung fremdstaatlicher Tätigkeiten nach dem deutschen Körperschaftsteuerrecht, Augsburg 1976.

*Lang, Joachim*, Rechtsstaatliche Ordnung des Steuerrechts, in: Tipke, Klaus/Lang, Joachim, Steuerrecht, 20. Auflage, Köln 2010, § 4.

*Lang, Joachim*, Prinzipien und Systeme der Besteuerung von Einkommen, in: Ebling, Iris (Hrsg.), Besteuerung von Einkommen, Köln 2001, S. 49 ff.

*Lang, Joachim*, Grundsätzliches zur Interpretation völkerrechtlicher Abkommen im Steuerrecht, dargestellt an dem Beispiel der Frage, ob der Diplomat einer ausländischen Mission beschränkt einkommensteuerpflichtig ist, StuW 1975, S. 285 ff.

*Lang, Michael*, Die Arbeiten der OEEC und der OECD zur Schaffung der Diskriminierungsverbote, in: Lang, Michael/Schuch, Josef/Staringer, Claus (Hrsg.), Die Diskriminierungsverbote im Recht der Doppelbesteuerungsabkommen, Wien 2006, S. 31 ff.

*Lang, Michael*, Die Bindung der Doppelbesteuerungsabkommen an die Grundfreiheiten des EU-Rechts, in: Gassner, Wolfgang/Lang, Michael/Lechner, Eduard (Hrsg.), Doppelbesteuerungsabkommen und EU-Recht: Auswirkungen auf die Abkommenspraxis, Wien 1996, S. 25 ff.

*Lang, Michael/Lüdicke, Jürgen/Reich, Markus*, Beteiligungen im Privatvermögen: Die Besteuerung des Wegzugs aus Österreich und Deutschland in die Schweiz – Teil II, IStR 2008, S. 709 ff.

*Laube, Jacques*, Wohnsitz und Staatsangehörigkeit als Anknüpfungsbegriffe im Internationalen Privatrecht, Wandel in ihrem gegenseitigen Verhältnis, Zürich 1961.

*Lederer, Lothar Walter*, Doppelter Wohnsitz natürlicher Personen im internationalen Steuerrecht: zur Auslegung und Anwendung von Art. 4 Abs. 2 der

OECD-Musterabkommen zur Vermeidung der Doppelbesteuerung 1966 und 1977, RIW/AWD 1981, S. 463 ff.

*Lehner, Moris*, in: Vogel, Klaus/Lehner, Moris, Doppelbesteuerungsabkommen der Bundesrepublik Deutschland auf dem Gebiet der Steuern vom Einkommen und Vermögen: Kommentar auf der Grundlage der Musterabkommen, 5. Auflage, München 2008, Art. 4 und 25 OECD-MA.

*Lehner, Moris*, Verfassungsrechtliche Vorgaben für die Verlustberücksichtigung, in: Lehner, Moris (Hrsg.), Verluste im nationalen und Internationalen Steuerrecht, München 2004, S. 1 ff.

*Lehner, Moris*, Der Einfluss des Europarechts auf die Doppelbesteuerungsabkommen, IStR 2001, S. 329 ff.

*Lehner, Moris/Reimer, Ekkehart*, Generalthema I: Quelle versus Ansässigkeit – Wie sind die grundlegenden Verteilungsprinzipien des Internationalen Steuerrechts austariert, IStR 2005, S. 542 ff.

*Lehner, Moris/Waldhoff, Christian*, in: Kirchhof, Paul/Söhn, Hartmut/Mellinghoff, Rudolf (Hrsg.), Einkommensteuergesetz: Kommentar, Loseblattwerk, Heidelberg 1986 ff., § 1 EStG (Stand: Juli 2000 bis November 2003).

*Leible, Stefan*, in: Streinz, Rudolf (Hrsg.), EUV/EGV: Vertrag über die Europäische Union und Vertrag zur Gründung der Europäischen Gemeinschaft, München 2003, Art. 293 EGV.

*Lempenau, Gerhard*, in: Brezing, Klaus/Krabbe, Helmut/Lempenau, Gerhard/ Mössner, Jörg/Runge, Berndt, Außensteuerrecht, Kommentar, Herne/Berlin 1991, Vor §§ 2 – 5, §§ 2, 5 AStG.

*Lenz, Carl Otto*, in: Lenz, Carl Otto/Borchardt, Klaus-Dieter (Hrsg.), EU-Verträge, Kommentar nach dem Vertrag von Lissabon, 5. Auflage, Köln 2010, Art. 18 AEUV.

*Liebing, Patric*, Beschränkte Einkommensteuerpflicht in der Europäischen Union, Berlin 2004.

*Lipps, Wolfgang*, Rechtliche Bedenken zum Außensteuergesetz und zum neuen Doppelbesteuerungsabkommen Bundesrepublik Deutschland/Schweiz, RIW/ AWD 1972, S. 105 ff.

*Logunova, Yulia*, Ukraine – Individual Taxation, Country Surveys, IBFD (Stand: 15.11.2010).

*Loukota, Helmut*, Das DBA-Diskriminierungsverbot – Eine Bestandsaufnahme der Verwaltungspraxis, SWI 2005, S. 56 ff.

*Loukota, Walter*, EG-Grundfreiheiten und beschränkte Steuerpflicht: dargestellt anhand der österreichischen Einkommen- und Körperschaftsteuerpflicht, unter Berücksichtigung der jüngsten Entwicklungen zu den Abzugssteuern in der EuGH-Rechtssache *Scorpio*, Wien 2006.

*Lüdicke, Jürgen*, Verlustverrechnung bei erweitert beschränkter Steuerpflicht (§ 2 AStG), in: Lüdicke, Jürgen/Kempf, Andreas/Brink, Thomas (Hrsg.), Verluste im Steuerrecht, Baden-Baden 2010, S. 269 ff.

*Lüdicke, Jürgen*, Überlegungen zur deutschen DBA-Politik, Baden-Baden 2008.

*Lüdicke, Jürgen*, Probleme der Besteuerung beschränkt Steuerpflichtiger im Inland, Beihefter zu DStR 2008, Heft 17, S. 25 ff.

*Lüdicke, Jürgen*, in: Debatin, Helmut/Wassermeyer, Franz (Hrsg.), Doppelbesteuerung: Kommentar zu allen deutschen Doppelbesteuerungsabkommen, Band 5: Länderteil von Pakistan bis Spanien, Loseblattwerk, München 1977 ff., DBA-Schweden (Stand: Oktober 2001).

*Lüdicke, Jürgen*, Die Besteuerung Nichtansässiger im Spannungsverhältnis zwischen Gemeinschaftsrecht und Doppelbesteuerungsabkommen, in: Schön, Wolfgang (Hrsg.), Gedächtnisschrift für Brigitte Knobbe-Keuk, Köln 1997, S. 647 ff.

*Lüdicke, Jürgen/Hummel, Lars*, Zum Primat des primären Gemeinschaftsrechts, IStR 2006, S. 694 ff.

*Ma, Shiqi*, Several individual income tax issues clarified, CHI:CN; ITS:CN, TNS Online, IBFD (Stand: 02.09.2009).

*Magiera, Siegfried*, in: Streinz, Rudolf (Hrsg.), EUV/EGV: Vertrag über die Europäische Union und Vertrag zur Gründung der Europäischen Gemeinschaft, München 2003, Art. 18 EGV.

*Maienfisch, Andreas*, Die Staatsangehörigkeit der juristischen Personen, Wertheim am Main 1933.

*Makarov, A. N.*, Allgemeine Lehren des Staatsangehörigkeitsrechts, Stuttgart 1947.

*Malmer, Kerstin*, Emigration taxes and EC law, Cahiers de droit fiscal international 2002, Vol. 87b, S. 79 ff.

*Manke, Klaus*, Unterzeichnung des deutsch-chinesischen Doppelbesteuerungsabkommens, DStZ 1985, S. 263 ff.

*Manke, Klaus*, Deutsch-sowjetisches Doppelbesteuerungsabkommen unterzeichnet, DStZ 1982, S. 91 ff.

*Mann, Frederick A.*, Further Studies in International Law, Oxford 1990.

*Mann, Frederick A.*, Beiträge zum Internationalen Privatrecht, Berlin 1976.

*Mann, Frederick A.*, Studies in International Law, Oxford 1973.

*Manninen, Petri/Kyläkallio, Kalle/Rytöhonka, Risto*, Business Operations in Finland, Tax Management, 960-3rd 2007/2009.

*Marino, Giuseppe*, Branch Report: Italy, Cahiers de droit fiscal international 2002, Vol. 87b, S. 355 ff.

*Maßbaum, Michael*, Verfassungsmäßigkeit der Besteuerung Nichtansässiger nach dem Jahressteuergesetz 1996, IWB Fach 3, Gruppe 3, S. 1139 ff.

*Matchekhin, Victor/Rousakova, Irina*, Branch Report: Russia, Cahiers de droit fiscal international 2010, Vol. 95b, S. 665 ff.

*Meincke, Jens Peter*, Ist das deutsche Erbschaftsteuerrecht EU-konform?, ZEV 2004, S. 353 ff.

*Menck, Thomas*, Ein Jahrhundert Vermeidung der Doppelbesteuerung: vom Gesetz gegen die Doppelbesteuerung von 1870 zum modernen Vertragssystem, DStZ/A 1970, S. 263 ff.

*Menck, Thomas*, Die Eindämmung der Steuerflucht im „Steueroasenbericht“ der Bundesregierung, DStR 1964, S. 483 ff.

*Mersmann, Wolfgang*, Zur neueren Rechtsprechung des BFH auf dem Gebiete des zwischenstaatlichen Ertragsteuerrechts, StuW 1964, S. 511 ff.

*Michel, Knut*, in: Littmann, Eberhard/Bitz, Horst/Pust, Hartmut, Das Einkommensteuerrecht: Kommentar zum Einkommensteuergesetz, Loseblattwerk, Stuttgart 1988 ff., § 1 EStG (Stand: August 2008).

*Mick, Marcus*, in: Debatin, Helmut/Wassermeyer, Franz (Hrsg.), Doppelbesteuerung: Kommentar zu allen deutschen Doppelbesteuerungsabkommen, Band 4: Länderteil von Litauen bis Österreich, Loseblattwerk, München 1977 ff., DBA-Niederlande (Stand: Juli 2009).

*Miyamoto, Toshiko*, Branch Report: Japan, Cahiers de droit fiscal international 2010, Vol. 95b, S. 489 ff.

*Mohn, Astrid Sybille*, Der Gleichheitssatz im Gemeinschaftsrecht: Differenzierungen im europäischen Gemeinschaftsrecht und ihre Vereinbarkeit mit dem Gleichheitssatz, Kehl am Rhein u. a. 1990.

*Möhr, Marco*, Die Bedeutung der Staatsangehörigkeit der natürlichen Personen im schweizerischen Steuerrecht, Chur 2002.

*Mosler, Hermann*, Das Völkerrecht in der Praxis der deutschen Gerichte: Vortrag, gehalten vor der Juristischen Studiengesellschaft in Karlsruhe am 8. März 1957, Karlsruhe 1957.

*Mössner, Jörg Manfred*, in: Mössner, Jörg Manfred u. a., Steuerrecht international tätiger Unternehmen: Handbuch der Besteuerung von Auslandsaktivitäten inländischer Unternehmen und von Inlandsaktivitäten ausländischer Unternehmen, 3. Auflage, Köln 2005.

*Mössner, Jörg Manfred*, Diskriminierung beschränkt Steuerpflichtiger, in: Haarmann, Wilhelm (Hrsg.), Die beschränkte Steuerpflicht: aktuelle Schwerpunkte in der Diskussion: Betriebsstätte, grenzüberschreitende Betriebsaufspaltung, Diskriminierung, Treaty-Shopping, Künstler und Sportler, Zinsabschlagsteuer, Verfahrensprobleme, Köln 1993, S. 110 ff.

*Mössner, Jörg Manfred*, Die internationale Steuerflucht, in: Hansmeyer, Karl-Heinrich (Hrsg.), Staatsfinanzierung im Wandel, Berlin 1983, S. 817 ff.

*Mössner, Jörg Manfred/Kellersmann, Dietrich*, Freiheit des Kapitalverkehrs in der EU und das deutsche Körperschaftsteueranrechnungsverfahren, DStZ 1999, S. 505 ff.

*Müller, Klaus-Dieter*, in: Debatin, Helmut/Wassermeyer, Franz (Hrsg.), Doppelbesteuerung: Kommentar zu allen deutschen Doppelbesteuerungsabkommen, Band 3: Länderteil von Großbritannien bis Liberia, Loseblattwerk, München 1977 ff., DBA-Liberia (Stand: Mai 2010).

*Müller, Klaus-Dieter*, in Debatin, Helmut/Wassermeyer, Franz (Hrsg.), Doppelbesteuerung: Kommentar zu allen deutschen Doppelbesteuerungsabkommen, Band 5: Länderteil von Pakistan bis Spanien, Loseblattwerk, München 1977 ff., DBA-Sambia (Stand: Juni 2001).

*Müller, Peter*, Deutsche Steuerhoheit über ausländische Tochtergesellschaften: Eine völkerrechtliche Untersuchung zu § 15 Abs. II StAnpG, Herne/Berlin 1970.

*Müller, Thomas*, Das „Schumacker"-Urteil des EuGH und seine Auswirkungen auf die beschränkte Einkommensteuerpflicht, DStR 1995, S. 585 ff.

*Müller-Etienne, Daniel*, Die Europarechtswidrigkeit des Erbschaftsteuerrechts, Baden-Baden 2003.

*Müller-Graff, Peter-Christian*, in: Streinz, Rudolf (Hrsg.), EUV/EGV: Vertrag über die Europäische Union und Vertrag zur Gründung der Europäischen Gemeinschaft, München 2003, Art. 43, 49 EGV.

*Müller-Graff, Peter-Christian*, in: von der Groeben, Hans/Schwarze, Jürgen (Hrsg.), Kommentar zum Vertrag über die Europäische Union und zur Gründung der Europäischen Gemeinschaft (EUV/EGV), 6. Auflage, Baden-Baden 2003, Art. 28 EG.

*Muñoz, María*, Cuba – Individual Taxation, Country Surveys, IBFD (Stand: 15.06.2010).

*Musil, Andreas*, in: Hübschmann, Walter/Hepp, Ernst/Spitaler, Armin (Hrsg.), Abgabenordnung, Finanzgerichtsordnung, Kommentar, Loseblattwerk, Köln 1951 ff., §§ 8, 9 AO (Stand: November 2010).

*Musil, Andreas/Fähling, Lars*, Neue Entwicklungen bei den europarechtlichen Rechtfertigungsgründen im Bereich des Ertragsteuerrechts, DStR 2010, S. 1501 ff.

*Mußgnug, Dorothee*, Die Reichsfluchtsteuer 1931-1953, Berlin 1993.

*Mussgnug, Reinhard*, Die Staatsangehörigkeit des Kulturguts, in: Bröhmer, Jürgen (Hrsg.), Internationale Gemeinschaft und Menschenrechte: Festschrift für Georg Ress zum 70. Geburtstag am 21. Januar 2005, Köln u. a. 2005, S. 1531 ff.

*Neumark, Fritz*, Grundsätze der Besteuerung in Vergangenheit und Gegenwart, Wiesbaden 1965.

*Nouel, Luis*, Venezuela – Individual Taxation, Country Surveys, IBFD (Stand: 07.01.2011).

*Nykänen, Pekka/Räbinä, Timo*, Branch Report: Finland, Cahiers de droit fiscal international 2010, Vol. 95b, S. 333 ff.

*o. A.*, Study on Inheritance Taxes in EU Member States and Possible Mechanisms to Resolve Problems of Double Inheritance Taxation in the EU, August 2010, Copenhagen Economics, S. 9 und 21, http://ec.europa.eu/taxation_customs/resources/documents/common/consulta-tions/tax/2010/08/inheritance_taxes_report_2010_08_26_en.pdf.

*o. A.*, Tax on Eritreans employed abroad, IBFD/TNS Online 14.03.1995.

*o. A.*, Wahrung der steuerlichen Gleichmäßigkeit bei Auslandsbeziehungen und Verbesserung der steuerlichen Wettbewerbslage bei Auslandsinvestitionen: Gesetzesleitsätze mit Gesetzesbegründung, DB 1971, S. 16 ff.

*Oberascher, Friederike*, Das Staatsangehörigendiskriminierungsverbot des Art. 24 OECD-MA in einer historischen Längsschnittanalyse, in: Lang, Michael/Schuch, Josef/Staringer, Claus (Hrsg.), Die Diskriminierungsverbote im Recht der Doppelbesteuerungsabkommen, Wien 2006, S. 49 ff.

*Obuoforibo, Belema*, Guernsey – Individual Taxation, Country Surveys, IBFD (Stand: 01.12.2010).

*Oermann*, Gewöhnlicher Aufenthalt: Grundgedanken zu § 14 Abs. 1 und 2 des Steueranpassungsgesetzes, DStZ 1937, S. 253 ff.

*Offerhaus, Klaus*, Einige Schwerpunktfragen des Entwurfs eines Steueroasengesetzes, FR 1971, S. 425 ff.

*Offermanns, René*, Belgium – Individual Taxation, Country Surveys, IBFD (Stand: 01.12.2010).

*Oien, Mette/Hveding, Sverre*, Branch Report: Norway, Cahiers de droit fiscal international 2002, Vol. 87b, S. 459 ff.

*Osterloh, Lerke*, Lenkungsnormen im Einkommensteuerrecht, in: Ebling, Iris (Hrsg.), Besteuerung von Einkommen, Köln 2001, S. 383 ff.

*Ostwal, T. P./Devaraj, D.*, Branch Report: India, Cahiers de droit fiscal international 2002, Vol. 87b, S. 305 ff.

*Pache, Eckhard*, in: Ehlers, Dirk (Hrsg.), Europäische Grundrechte und Grundfreiheiten, 3. Auflage, Berlin 2009, § 11 „Dienstleistungsfreiheit".

*Pakarinen, Laura*, Sweden – Individual Taxation, Country Surveys, IBFD (Stand: 13.01.2011).

*Pakarinen, Laura*, Finland – Individual Taxation, Country Surveys, IBFD (Stand: 06.01.2011).

*Pannen, Volker*, Grundfragen zur Einkommensteuerpflicht: Markteinkommenstheorie kontra Wohnsitz- und Welteinkommensbesteuerung, Frankfurt am Main 2005.

*Parillo, Kristen A.*, U. K. Conservative Donor Gives Up Non-Dom Status to Remain in House of Lords, taxanalysts: Doc 2010-15098 (Stand: 08.07.2010).

*Peitz-Ziemann, Petra/Portner, Rosemarie*, in: Endres, Dieter/Schreiber, Christoph (Hrsg.), Investitions- und Steuerstandort USA, München 2008, H: Besteuerung natürlicher Personen.

*Perelli, Eduardo L.*, Branch Report: Argentina, Cahiers de droit fiscal international 2002, Vol. 87b, S. 97 ff.

*Philipp, Alfred/Loukota, Helmut/Jirousek, Heinz* (Hrsg.), Internationales Steuerrecht, 2. Auflage, Loseblattwerk, Wien 1976 ff. (Stand: September 2009).

*Piltz, Detlev*, Internationale Erbfälle, in: Birk, Dieter (Hrsg.), Steuern auf Erbschaft und Vermögen, Köln 1999, S. 275 ff.

*Plötscher, Stefan*, Der Begriff der Diskriminierung im Europäischen Gemeinschaftsrecht: zugleich ein Beitrag zur einheitlichen Dogmatik der Grundfreiheiten des EG-Vertrages, Berlin 2003.

*Pohl, Carsten*, Anmerkungen zu den BFH-Urteilen vom 09.06.2010 I R 100/09 und I R 107/09: Berücksichtigung ausländischer Betriebsstättenverluste, IWB 2010, S. 626 ff.

*Prokisch, Rainer*, in: Vogel, Klaus/Lehner, Moris, Doppelbesteuerungsabkommen der Bundesrepublik Deutschland auf dem Gebiet der Steuern vom Einkommen und Vermögen: Kommentar auf der Grundlage der Musterabkommen, 5. Auflage, München 2008, Art. 1 OECD-MA.

*Prokisch, Rainer*, Grenzüberschreitende Verlustberücksichtigung, in: von Groll, Rüdiger (Hrsg.), Verluste im Steuerrecht, Köln 2005, S. 229 ff.

*Rainer, Anno*, Anmerkung zu EuGH, Urteil vom 16.06.1994 Rs. C-132/93 „Volker Steen/Deutsche Bundespost", EWS 1994, S. 271 ff.

*Raupach, Arndt*, Neuere deutsche Rechtsprechung zu zwischenstaatlichen Steuerfällen, Nach einem Vortrag auf der Münchner Steuerfachtagung am 26. März 1969, DStZ/A 1969, S. 219 ff.

*Rehfeld, Lars*, Aktivitätsvorbehalte in DBA-Methodenartikeln im Lichte der Niederlassungsfreiheit, DStR 2010, S. 1809 ff.

*Reimer, Ekkehart*, Die abkommensrechtliche Ansässigkeit aus gemeinschaftsrechtlichem Blickwinkel, in: Lang, Michael/Schuch, Josef/Staringer, Claus, Die Ansässigkeit im Recht der Doppelbesteuerungsabkommen, Wien 2008, S. 16 ff.

*Reimer, Ekkehart*, Steuerrechtliche Bezüge der völkerrechtlichen Meistbegünstigungspflichten, in: Cordewener, Axel/Enchelmaier, Stefan/Schindler, Philipp (Hrsg.), Meistbegünstigung im Steuerrecht der EU-Staaten, München 2006, S. 41 ff.

*Reising, Klaus*, Besteuerung in der Bundesrepublik Deutschland (BRD) einer in der Schweiz ansässigen natürlichen Person nach dem Entwurf eines Gesetzes zur „Wahrung der steuerlichen Gleichmäßigkeit bei Auslandsbeziehungen und zur Verbesserung der steuerlichen Wettbewerbslage bei Auslandsinvestitionen“, DStR 1971, S. 205 ff.

*Reith, Thomas*, in: Debatin, Helmut/Wassermeyer, Franz (Hrsg.), Doppelbesteuerung: Kommentar zu allen deutschen Doppelbesteuerungsabkommen, Band 6: Länderteil von Sri Lanka bis Zypern, Loseblattwerk, München 1977 ff., DBA-Ungarn (Stand: September 2000).

*Renner, Günter*, in: Hailbronner, Kay/Renner, Günter, Staatsangehörigkeitsrecht, 4. Auflage, München 2005, Teil I A.

*Renner, Günter/Maaßen, Hans-Georg*, in: Hailbronner, Kay/Renner, Günter/ Maaßen, Hans-Georg, Staatsangehörigkeitsrecht, 5. Auflage, München 2010, Teil II A.

*Ress, Georg*, Der Grundsatz der Verhältnismäßigkeit im deutschen Recht, in: Kutscher, Hans u. a. (Hrsg.), Der Grundsatz der Verhältnismäßigkeit in europäischen Rechtsordnungen: Europäische Gemeinschaft, Europäische Menschenrechtskonvention, Bundesrepublik Deutschland, Frankreich, Italien, Österreich, Heidelberg 1985, S. 5 ff.

*Reuß, Andreas*, Grenzen steuerlicher Mitwirkungspflichten: dargestellt am Beispiel der erhöhten Mitwirkungspflicht der Steuerpflichtigen bei Auslandsbeziehungen, München 1979.

*Richelle, Frederique M./Sonneveldt, Frans*, Branch Report: Netherlands, Cahiers de droit fiscal international 2010, Vol. 95b, S. 557 ff.

*Richter, Heinz*, Zur Fristenberechnung bei der erweitert beschränkten Steuerpflicht des Außensteuergesetzes, AWD BB 1974, S. 349 f.

*Richter, Heinz*, Auswirkung von negativen Einkünften bei erweitert beschränkter Steuerpflicht i. S. des Außensteuergesetzes, AWD BB 1974, S. 208 f.

*Riehemann, Josef*, Die internationale Doppelbesteuerung unter Berücksichtigung der geschichtlichen Entwicklung und des jetzigen Standes der ihre Beseitigung und Vermeidung bezweckenden Lösungsversuche, Göttingen 1927.

*Riikjärv, Mait/Vanasaun, Ivo*, Branch Report: Estonia, Cahiers de droit fiscal international 2010, Vol. 95b, S. 319 ff.

*Ritter, Wolfgang*, Perspektiven für die Fortentwicklung des deutschen internationalen Steuerrechts, IStR 2001, S. 430 ff.

*Ritter, Wolfgang*, Brauchen wir ein neues Steuerfluchtgesetz?, IIFS-Hefte zur Internationalen Besteuerung, Hamburg 1987.

*Ritter, Wolfgang*, Das Prinzip Rücksicht: zu den internationalen Grenzen der Steuerhoheit, BB 1984, S. 1109 ff.

*Rivier, Jean-Marc*, The fiscal residence of companies: General Report, Cahiers de droit fiscal international 1987, Vol. 72a, S. 77 ff.

*Rodi, Michael*, Die Rechtfertigung von Steuern als Verfassungsproblem: dargestellt am Beispiel der Gewerbesteuer, München 1994.

*Rodi, Michael*, Das Kassenstaatsprinzip im nationalen und internationalen Steuerrecht, RIW 1992, S. 484 ff.

*Rodi, Michael*, Verfassungskonforme Besteuerung von Kapitalerträgen, NJW 1991, S. 2865 ff.

*Romulo, Ricardo J./Valer, Priscilla B./Fernandez, Jayson L.*, Business Operations in the Philippines, Tax Management, 978-4th 2010.

*Rosenthal, Michael*, in: Debatin, Helmut/Wassermeyer, Franz (Hrsg.), Doppelbesteuerung: Kommentar zu allen deutschen Doppelbesteuerungsabkommen, Band 3: Länderteil von Großbritannien bis Liberia, Loseblattwerk, München 1977 ff., DBA-Irland (Stand: Mai 2007).

*Rossi, Matthias*, Das Diskriminierungsverbot nach Art. 12 EGV, EuR 2000, S. 197 ff.

*Röthel, Anne*, Inländerprivilegien und Grundrechtsschutz der Transsexualität: Gleichwertigkeit von Staatsangehörigkeits- und Aufenthaltsanknüpfung, IPRax 2007, S. 204 ff.

*Rothstein, Jean*, Die Bedeutung der Staatsangehörigkeit im Steuerrecht Frankreichs, StuW 1964, S. 565 ff.

*Rudolf, Walter*, Über territoriale Grenzen der Steuergesetze, in: Lutter, Marcus/Kollhosser, Helmut/Trusen, Winfried (Hrsg.), Recht und Wirtschaft in Geschichte und Gegenwart: Festschrift für Johannes Bärmann zum 70. Geburtstag, München 1975, S. 769 ff.

*Rudolf, Walter/Habscheid, Walther*, Territoriale Grenzen der staatlichen Rechtsetzung, Karlsruhe 1973.

*Ruiz Almendral, Violeta*, An Ever Distant Union: The Cross-Border Loss Relief Conundrum in EU Law, Intertax 2010, S. 476 ff.

*Rundshagen, Helmut*, in: Strunk, Günther/Kaminski, Bert/Köhler, Stefan (Hrsg.), Außensteuergesetz, Doppelbesteuerungsabkommen: Kommentar, Loseblattwerk, Köln u. a. 2004 ff., § 5 AStG (Stand: Juni 2008).

*Ruppe, Hans Georg*, in: Herrmann, Carl/Heuer, Gerhard/Raupach, Arndt (Hrsg.), Einkommensteuer- und Körperschaftsteuergesetz: Kommentar, Loseblattwerk, Köln 1979 ff., Einf. ESt (Stand: Februar 1990).

*Rust, Alexander*, in: Vogel, Klaus/Lehner, Moris, Doppelbesteuerungsabkommen der Bundesrepublik Deutschland auf dem Gebiet der Steuern vom Einkommen und Vermögen: Kommentar auf der Grundlage der Musterabkommen, 5. Auflage, München 2008, Art. 24 OECD-MA.

*Rust, Alexander*, Meistbegünstigungsklauseln in den Doppelbesteuerungsabkommen, in: Cordewener, Axel/Enchelmaier, Stefan/Schindler, Philipp (Hrsg.), Meistbegünstigung im Steuerrecht der EU-Staaten, München 2006, S. 77 ff.

*Rust, Alexander*, in: Vogel, Klaus/Lehner, Moris, Doppelbesteuerungsabkommen der Bundesrepublik Deutschland auf dem Gebiet der Steuern vom Einkommen und Vermögen: Kommentar auf der Grundlage der Musterabkommen, 4. Auflage, München 2003, Art. 24 OECD-MA.

*Rust, Alexander/Sailer, Norbert*, in: Kommentar zu Art. 24 OECD-MA des Vereins für Internationale Steuern und Finanzen, LEXInform, Dokument-Nr. 0401241 (Stand: 31.12.2009).

*Rutsel S., Martha*, The Jurisdiction to Tax in International Law: Theory and Practice of Legislative Fiscal Jurisdiction, Deventer/Boston 1989.

*Sachs, Michael*, Verfassungsrecht II, Grundrechte, 2. Auflage, Berlin u. a. 2003.

*Sachs, Michael*, Die Maßstäbe des allgemeinen Gleichheitssatzes – Willkürverbot und sogenannte neue Formel, JuS 1997, S. 124 ff.

*Safarik, Frantisek*, in: Debatin, Helmut/Wassermeyer, Franz (Hrsg.), Doppelbesteuerung: Kommentar zu allen deutschen Doppelbesteuerungsabkommen, Band 5: Länderteil von Simbabwe bis Zypern, Loseblattwerk, München 1977 ff., DBA-Tschechien (Stand: März 1998).

*Salditt, Franz*, Steuerlast und Wanderlust: Grundsatzprobleme der Wegzugsbesteuerung nach dem Entwurf eines Außensteuergesetzes und nach dem revidierten Abkommen mit der Schweiz, StuW 1972, S. 12 ff.

*Santacruz, Ricardo León/Morett, Mariana Eguiarte*, Mexico – Individual Taxation, Country Surveys, IBFD (Stand: 03.01.2011).

*Saß, Gert*, Zum Einfluss der Rechtsprechung des EuGH auf die beschränkte Einkommen- und Körperschaftsteuerpflicht, DB 1992, S. 857 ff.

*Sasseville, Jacques*, Temporal Aspects of Tax Treaties, in: Baker, Philip/ Bobbett, Catherine (ed.), Tax polymath: a life in international taxation, essays in honour of John F. Avery Jones, Amsterdam 2010, S. 37 ff.

*Schanz, Georg*, Zur Frage der Steuerpflicht, Finanzarchiv 1892, Band 9 II, S. 1 ff.

*Schaumburg, Harald*, Internationales Steuerrecht: Außensteuerrecht, Doppelbesteuerungsrecht, 3. Auflage, Köln 2011.

*Schaumburg, Harald*, Besteuerung von Kapitalerträgen – Vollzugsdefizite und Vorgaben des Europäischen und Internationalen Steuerrechts, in: Ebling, Iris (Hrsg.), Besteuerung von Einkommen, Köln 2001, S. 225 ff.

*Schaumburg, Harald*, Problemfelder im Internationalen Erbschaftsteuerrecht, RIW 2001, S. 161 ff.

*Schätzel, Walter*, Internationales Recht: Gesammelte Schriften und Vorlesungen, Band III: Internationales Staatsangehörigkeitsrecht, Bonn 1962.

*Schilling, Theodor*, Gleichheitssatz und Inländerdiskriminierung, JZ 1994, S. 8 ff.

*Schlag, Martin*, in: Schwarze, Jürgen (Hrsg.), EU-Kommentar, Baden-Baden 2000, Art. 43 EGV.

*Schmehl, Arndt*, Tendenzen und Probleme der internationalen Zusammenarbeit im Steuerverfahren, in: Lüdicke, Jürgen (Hrsg.), Brennpunkte im deutschen Internationalen Steuerrecht, Köln 2010, S. 45 ff.

*Schmid, Alfons*, Die internationale Steuerflucht: Möglichkeiten und Bekämpfungsmethoden, Winterthur 1961.

*Schmidt, Lutz/Heinz, Carsten*, Neues zur Betriebsstättenbesteuerung im Jahressteuergesetz 2009 – Unstimmigkeiten und Empfehlungen, IStR 2009, S. 43 ff.

*Schmidt-Bleibtreu, Bruno*, Der allgemeine Gleichheitssatz im Steuerrecht, BB 1968, S. 677 ff.

*Schneider, Hartmut/Wunderlich, Nina*, in: Schwarze, Jürgen (Hrsg.), EU-Kommentar, Baden-Baden 2000, Art. 39 EGV.

*Schneider, Stefan*, Verfassungsrechtliche Grundlagen und Grenzen des objektiven Nettoprinzips, Beihefter zu DStR 2009, Heft 34, S. 87 ff.

*Schnitger, Arne*, Die Kapitalverkehrsfreiheit im Verhältnis zu Drittstaaten – Vorabentscheidungsersuchen in den Rs. van Hilten, Fidium Finanz AG und Lasertec, IStR 2005, S. 493 ff.

*Schnitger, Arne*, Geltung der Grundfreiheiten des EG-Vertrages im deutschen internationalen Erbschaftsteuerrecht: Auswirkungen des EuGH-Urteils in der Rs. Erben von Barbier, FR 2004, S. 185 ff.

*Schnitger, Arne*, Das Ende der Bruttobesteuerung beschränkt Steuerpflichtiger – Die Lehren der Rs. Gerritse, FR 2003, S. 745 ff.

*Schnitger, Arne*, Die Rechtsprechung des EuGH zur Berücksichtigung der persönlichen Verhältnisse, eine Sackgasse?, IStR 2002, S. 478 ff.

*Schön, Wolfgang*, Diskriminierung im Steuerrecht, in: Lang, Michael/Schuch, Josef/Staringer, Claus (Hrsg.), Die Diskriminierungsverbote im Recht der Doppelbesteuerungsabkommen, Wien 2006, S. 13 ff.

*Schön, Wolfgang*, Besteuerung im Binnenmarkt – die Rechtsprechung des EuGH zu den direkten Steuern, IStR 2004, S. 289 ff.

*Schönfeld, Jens*, in: Flick, Hans/Wassermeyer, Franz/Baumhoff, Hubertus/Schönfeld, Jens, Außensteuerrecht, Kommentar, Loseblattwerk, Köln 1999 ff., § 6 AStG (Stand: Juni 2007).

*Schönfeld, Jens*, Hinzurechnungsbesteuerung und europäisches Gemeinschaftsrecht, Köln 2005.

*Schroeder, Werner*, in: Streinz, Rudolf (Hrsg.), EUV/EGV: Vertrag über die Europäische Union und Vertrag zur Gründung der Europäischen Gemeinschaft, München 2003, Art. 28 EGV.

*Schröder, Karl-Wilhelm*, Die unbeschränkte und beschränkte Steuerpflicht im Einkommensteuerrecht (Teil I), StuSt 1986, S. 45 ff.

*Schuch, Josef*, Marktintegration durch Meistbegünstigung im EG-Steuerrecht, in: Cordewener, Axel/Enchelmaier, Stefan/Schindler, Philipp (Hrsg.), Meistbegünstigung im Steuerrecht der EU-Staaten, München 2006, S. 151 ff.

*Schuch, Josef*, Europarechtliche und abkommensrechtliche Vorgaben für die Verlustbehandlung, in: Lehner, Moris (Hrsg.), Verluste im nationalen und Internationalen Steuerrecht, München 2004, S. 63 ff.

*Schuchter, Yvonne/Schneider, Natascha*, Austria – International Taxation, Country Surveys, IBFD (Stand: 14.12.2010).

*Schulze-Brachmann, Arno*, Totalitäts- oder Territorialitätsprinzip?, StuW 1964, S. 589 ff.

*Schürmann, Thomas*, in: Lenz, Carl Otto/Borchardt, Klaus-Dieter (Hrsg.), EU-Verträge, Kommentar nach dem Vertrag von Lissabon, 5. Auflage, Köln 2010, Art. 63 AEUV.

*Schwenke, Michael*, Grenzüberschreitender Verlusttransfer – EuGH-Rechtsprechung und Reaktionen des Gesetzgebers, Ubg 2010, S. 325 ff.

*Schwenke, Michael*, Internationale Einkünfteabgrenzung und Europäisches Gemeinschaftsrecht: Steuerentstrickung, Einkünftekorrektur und Dokumentationspflichten im Lichte der Grundfreiheiten des EG-Vertrags, Frankfurt am Main 2006.

*Sedlaczek, Michael*, in: Streinz, Rudolf (Hrsg.), EUV/EGV: Vertrag über die Europäische Union und Vertrag zur Gründung der Europäischen Gemeinschaft, München 2003, Art. 56 EGV.

*Seer, Roman*, in: Tipke, Klaus/Kruse, Heinrich Wilhelm (Hrsg.), Abgabenordnung, Finanzgerichtsordnung, Kommentar, Loseblattwerk, Köln 1961 ff., § 117 AO (Stand: Juli 2008).

*Seiler, Christian/Axer, Georg*, Die EuGH-Entscheidung im Fall „Lidl Belgium“ als (Zwischen-)Schritt auf dem Weg zur Abstimmung von nationaler Steuerhoheit und europäischem Recht, IStR 2008, S. 838 ff.

*Seligman, Edwin R. A.*, The Income Tax: A Study of the History, Theory, and Practice of Income Taxation at Home and Abroad, 2. Auflage, New York 1921, S. 675 ff.

*Sendak, Maurice, Higgelti Piggelti Pop!: Oder Es muss im Leben mehr als alles geben*, 3. Auflage, Zürich 1993.

*Seuffert, Walter*, Steuerhoheit im Bundesstaat und materielles Steuersystem, StuW 1947, S. 431 ff.

*Seuffert, Walter*, Die Staatsangehörigkeit in den Doppelbesteuerungsverträgen, StuW 1938, S. 203 ff.

*Seweloh*, Die Reichsfluchtsteuer, StuW 1934, Teil I, S. 953 ff.

*Seyr, Sibylle*, in: Lenz, Carl Otto/Borchardt, Klaus-Dieter (Hrsg.), EU-Verträge, Kommentar nach dem Vertrag von Lissabon, 5. Auflage, Köln 2010, Art. 56, 57 AEUV.

*Shachar, Ayelet/Hirschl, Ran*, Citizenship as Inherited Property, Political Theory 2007, S. 253 ff.

*Shannon, Harry A.*, The general definition of residence under United States income tax treaties, Intertax 1988, S. 204 ff.

*Shannon, Harry A.*, Das OECD-Musterabkommen zur Vermeidung der Doppelbesteuerung im Vergleich mit dem US-Musterabkommen, RIW 1986, S. 271 ff.

*Shaw, M. N.*, International Law, 6. Auflage, Cambridge 2008.

*Siegers, Dirk*, in: Debatin, Helmut/Wassermeyer, Franz (Hrsg.), Doppelbesteuerung: Kommentar zu allen deutschen Doppelbesteuerungsabkommen, Band 4: Länderteil von Litauen bis Österreich, Loseblattwerk, München 1977 ff., DBA-Luxemburg (Stand: Mai 2004).

*Sloane, Robert D.*, Breaking the Genuine Link: The Contemporary International Legal Regulation of Nationality, Harvard International Law Journal 2009, S. 1 ff.

*Smith, Adam*, Der Wohlstand der Nationen: eine Untersuchung seiner Natur und seiner Ursachen, 6. Auflage, München 1993.

*Söffing, Andreas/Bron, Jan F.*, Die Wegzugsbesteuerung im Verhältnis zur Schweiz unter Berücksichtigung des Freizügigkeitsabkommens, RIW 2009, S. 358 ff.

*Söhn, Hartmut*, in: Hübschmann, Walter/Hepp, Ernst/Spitaler, Armin (Hrsg.), Abgabenordnung, Finanzgerichtsordnung, Kommentar, Loseblattwerk, Köln 1951 ff., § 117 AO (Stand: November 2005/Juni 2009).

*SPD*, Pressemitteilung Nr. 23 der SPD-Bundestagsfraktion vom 14.01.2004 bezüglich der Diskussion über die Anknüpfung der Steuerpflicht an die Staatsangehörigkeit mit Blick auf den Fall „Müller-Milch".

*Spitaler, Armin*, Das Doppelbesteuerungsproblem bei den direkten Steuern, 2. Auflage, Köln 1967.

*Spitaler, Armin*, Die Fortschritte der internationalen Ausgleichung der Systeme der direkten Steuern seit 1939, StuW 1948, S. 7 ff.

*Stapperfend, Thomas*, in: Herrmann, Carl/Heuer, Gerhard/Raupach, Arndt (Hrsg.), Einkommensteuer- und Körperschaftsteuergesetz: Kommentar, Loseblattwerk, Köln 1979 ff., Vor §§ 1, 1a EStG sowie §§ 1, 1a EStG (Stand: Oktober 2007).

*Staringer, Claus*, Die Ansässigkeit aufgrund des Wohnsitzes, des ständigen Aufenthalts, des Ortes der Geschäftsleitung oder eines anderen ähnlichen Merkmals nach Art. 4 Abs. 1 OECD-MA, in: Lang, Michael/Schuch, Josef/Staringer, Claus, Die Ansässigkeit im Recht der Doppelbesteuerungsabkommen, Wien 2008, S. 67 ff.

*Steierberg, Daniela*, in: Mössner, Jörg Manfred/Fuhrmann, Sven (Hrsg.), Außensteuergesetz, Kommentar, 2. Auflage, Herne 2011, § 2 AStG.

*Stein, Torsten*, Völkerrecht und nationales Steuerrecht im Widerstreit?, IStR 2006, S. 505 ff.

*Stern, Claudia*, Das Staatsangehörigkeitsprinzip in Europa: Die Vereinbarkeit der kollisionsrechtlichen Staatsangehörigkeitsanknüpfung mit dem gemeinschaftsrechtlichen Diskriminierungsverbot, Baden-Baden 2008.

*Stern, Klaus*, in: Stern, Klaus (Hrsg.), Das Staatsrecht der Bundesrepublik Deutschland, Band IV/1: Die einzelnen Grundrechte, München 2006, § 100 „Der Schutz von Ehe, Familie und Eltern/Kind-Beziehung“ sowie § 104 „Die allgemeine Handlungsfreiheit“.

*Stewen, Tobias*, Der EuGH und die nationale Steuerhoheit – Spannungsverhältnis und Konfliktlösung, EuR 2008, S. 445 ff.

*Stober, Rolf*, Allgemeines Wirtschaftsverwaltungsrecht: Grundlagen des Wirtschaftsverfassungs- und Wirtschaftsverwaltungsrechts, des Weltwirtschafts- und Binnenmarktrechts, 16. Auflage, Stuttgart 2008.

*Streck, Michael*, Steuerpflicht der Diplomaten: methodische Probleme beim Zusammentreffen von Steuerrecht und Völkerrecht, FR 1975, S. 261 ff.

*Streck, Michael*, Steuerpflicht und Steuerbefreiungen von Diplomaten, Konsuln, NATO-Truppenmitgliedern und ihnen gleichgestellten Personen, StuW 1973, S. 119 ff.

*Streinz, Rudolf*, Europarecht, 8. Auflage, Heidelberg 2008.

*Streinz, Rudolf*, in: Streinz, Rudolf (Hrsg.), EUV/EGV: Vertrag über die Europäische Union und Vertrag zur Gründung der Europäischen Gemeinschaft, München 2003, Art. 12 EGV.

*Strunk, Günther/Kaminski, Bert*, in: Strunk, Günther/Kaminski, Bert/Köhler, Stefan (Hrsg.), Außensteuergesetz, Doppelbesteuerungsabkommen: Kommentar, Loseblattwerk, Köln u. a. 2004 ff., § 6 AStG (Stand: Oktober 2009).

*Strutz, Georg*, Kommentar zum Einkommensteuergesetz vom 10. August 1925 nebst den Ausführungsbestimmungen, Band I: Einleitung, §§ 1-18, Berlin 1927.

*Susarla, Kamesh*, India – Individual Taxation, Country Surveys, IBFD (Stand: 01.01.2011).

*Tegtmeyer, Sonja*, Zwischenstaatliche informationelle Unterstützung in Steuersachen mit Nicht-EU-Staaten, Baden-Baden 2007.

*Telkamp, Heinz-Jürgen*, Der Außensteuergesetz-Entwurf: Kritische Stellungnahme zum Gesetzentwurf der Bundesregierung über die Besteuerung bei Auslandsbeziehungen (Außensteuergesetz), StuW 1972, S. 97 ff.

*Teppert, Friederich*, Die Rechtstellung der „Deutschen ohne die deutsche Staatsangehörigkeit“ im Sinne des Artikels 116 Abs. 1 des Grundgesetzes, München 1969.

*Thibaut, Matthias*, London knüpft sich Akademiker vor: Sondersteuer soll klammen Universitäten zugutekommen. Der Widerstand schmilzt, Handelsblatt vom 10.08.2010, S. 14.

*Thömmes, Otmar*, Seminar D: Abkommensberechtigung und „Limitation on Benefits“ (LOB)-Klauseln, IStR 2007, S. 577 ff.

*Thömmes, Otmar*, Verbote der Diskriminierung von Steuerausländern und Steuerinländern, in: Lehner, Moris (Hrsg.), Steuerrecht im Europäischen Binnenmarkt: Einfluss des EG-Rechts auf die nationalen Steuerrechtsordnungen, Köln 1996, S. 81 ff.

*Thonemann, Susanne*, Ist das deutsche Erbschaftsteuerrecht EU-konform?, ErbStB 2005, S. 220 ff.

*Tiedje, Jürgen/Troberg, Peter*, in: von der Groeben, Hans/Schwarze, Jürgen (Hrsg.), Kommentar zum Vertrag über die Europäische Union und zur Gründung der Europäischen Gemeinschaft (EUV/EGV), 6. Auflage, Baden-Baden 2003, Art. 43, 49 EG.

*Tiedtke, Klaus/Langheim, Hagen*, Die Voraussetzungen und Rechtsfolgen der beschränkten und der (fiktiven) unbeschränkten Steuerpflicht, DStZ 2003, S. 10 ff.

*Tietje, Christian*, in: Ehlers, Dirk (Hrsg.), Europäische Grundrechte und Grundfreiheiten, 3. Auflage, Berlin 2009, § 10 „Niederlassungsfreiheit“.

*Tipke, Klaus*, Mehr oder weniger Entscheidungsspielraum für den Steuergesetzgeber?, JZ 2009, S. 533 ff.

*Tipke, Klaus*, Steuergerechtigkeit unter besonderer Berücksichtigung des Folgerichtigkeitsgebots, StuW 2007, S. 201 ff.

*Tipke, Klaus*, Anwendung des Gleichheitssatzes im Steuerrecht – Methode oder irrationale Spekulation: zugleich Besprechung des BFH-Urteils vom 25.4.1972 zur Erhebung der Schaumweinsteuer, BB 1973, S. 157 ff.

*Trappmann, Helmut J.*, Die erweiterte beschränkte Steuerpflicht im Sinne von § 2 des Außensteuergesetzes (AStG), Bochum 1981.

*Treiber, Andreas*, in: Blümich, Walter, Einkommensteuergesetz, Körperschaftsteuergesetz, Gewerbesteuergesetz, Kommentar, Loseblattwerk, München 1989 ff., § 62 EStG (Stand: März 2007).

*Troll, Max*, Was bringt das neue Erbschaftsteuergesetz für Ausländer?, BB 1973, S. 1572 ff.

*Tsouroufiis, Andreas*, Branch Report: Greece, Cahiers de droit fiscal international 2010, Vol. 95b, S. 403 ff.

*Tumpel, Michael/Stangl, Christian*, Das Betriebsstättendiskriminierungsverbot, in: Lang, Michael/Schuch, Josef/Staringer, Claus (Hrsg.), Die Diskriminierungsverbote im Recht der Doppelbesteuerungsabkommen, Wien 2006, S. 69 ff.

*Vacovec, Kenneth J./Beutler, Todd M.*, Branch Report: Unites States, Cahiers de droit fiscal international 2002, Vol. 87b, S. 597 ff.

*Van Raad, Kees*, 1992 Additions to Articles 3(2) (Interpretation) and 24 (Non-Discrimination) of the 1992 OECD Model and Commentary, Intertax 1992, S. 671 ff.

*Van Raad, Kees*, Nondiscrimination in International Tax Law, Deventer u. a. 1986.

*Van Raad, Kees*, Netherlands Withholding Tax on Dividends Paid to Foreign Parent Companies and Nondiscrimination Clauses?, Intertax 1982, S. 183 ff.

*Van Thiel, Servaas/Vascega, Marius*, X Holding: Why Ulysses Should Stop Listening to the Siren, ET 2010, S. 334 ff.

*Vasileva, Katya*, Population and social conditions: Foreigners living in the EU are diverse and largely younger than the nationals of the EU Member States, eurostat, Statistics in focus 45/2010.

*Veiel, O.*, Nationales und internationales Steuerrecht bei Diplomaten und Auslandsbeamten, StuW 1942, S. 551 ff.

*Verdross, Alfred*, Völkerrecht, 5. Auflage, Wien 1964.

*VG Berlin*, Pressemitteilung Nr. 13/2010 zum Beschluss vom 09.03.2010 VG 23 L 328.09 und zum Beschluss vom 11.03.2010 VG 23 L 332.09, http://www.berlin.de/sen/justiz/gerichte/vg/presse/archiv/20100323.1525.159684.html.

*Vitzthum, Wolfgang*, in: Graf Vitzthum, Wolfgang (Hrsg.), Völkerrecht, 4. Auflage, Berlin 2007.

*Vogel, Horst*, Schwerpunkte des Außensteuerreformgesetzes in Verbindung mit dem neuen deutsch-schweizerischen Doppelbesteuerungsabkommen, DB 1972, S. 1402 ff.

*Vogel, Horst*, Aktuelle Fragen des Außensteuerrechts, insbesondere des „Steueroasengesetzes“ unter Berücksichtigung des neuen Doppelbesteuerungsabkommens mit der Schweiz, BB 1971, S. 1185 ff.

*Vogel, Klaus*, in: Vogel, Klaus/Lehner, Moris, Doppelbesteuerungsabkommen der Bundesrepublik Deutschland auf dem Gebiet der Steuern vom Einkommen und Vermögen: Kommentar auf der Grundlage der Musterabkommen, 5. Auflage, München 2008, Einl., Art. 3 und 23 OECD-MA.

*Vogel, Klaus*, in: Isensee, Josef/Kirchhof, Paul (Hrsg.), Handbuch des Staatsrechts der Bundesrepublik Deutschland, Band IV: Finanzverfassung – Bundesstaatliche Ordnung, 2. Auflage, Heidelberg 1999, § 87 „Grundzüge des Finanzrechts des Grundgesetzes“.

*Vogel, Klaus*, Internationales Steuerrecht, DStZ 1997, S. 269 ff.

*Vogel, Klaus*, Über „Besteuerungsrechte“ und über das Leistungsfähigkeitsprinzip im Internationalen Steuerrecht, in: Kirchhof, Paul/Offerhaus, Klaus/Schöberle, Horst (Hrsg.), Steuerrecht, Verfassungsrecht, Finanzpolitik: Festschrift für Franz Klein, Köln 1994, S. 361 ff.

*Vogel, Klaus*, Rechtfertigung der Steuern: eine vergessene Vorfrage, Der Staat 1986, S. 481 ff.

*Vogel, Klaus*, Theorie und Praxis im Internationalen Steuerrecht, DStR 1968, S. 427 ff.

*Vogel, Klaus*, Der räumliche Anwendungsbereich der Verwaltungsrechtsnorm: eine Untersuchung über die Grundfragen des sog. Internationalen Verwaltungs- und Steuerrechts, Frankfurt am Main/Berlin 1965.

*Vogt, Gabriele*, in: Blümich, Walter, Einkommensteuergesetz, Körperschaftsteuergesetz, Gewerbesteuergesetz, Kommentar, Loseblattwerk, München 1989 ff., § 1a EStG (Stand: Februar 2008).

*Wachter, Thomas*, Erweitert unbeschränkte Erbschaftsteuerpflicht und Europarecht, FR 2005, S. 1068 ff.

*Wachter, Thomas*, Das Erbschaftsteuerrecht auf dem Prüfstand des Europäischen Gerichtshofs: zugleich Anmerkung zu EuGH, Urteil vom 11.12.2003, Rs. C-364/01, DStR 2004, S. 540 ff.

*Walby, Lars H.*, Branch Report: Norway, Cahiers de droit fiscal international 2010, Vol. 95b, S. 593 ff.

*Waldhoff, Christian*, in: Vogel, Klaus/Lehner, Moris, Doppelbesteuerungsabkommen der Bundesrepublik Deutschland auf dem Gebiet der Steuern vom Einkommen und Vermögen: Kommentar auf der Grundlage der Musterabkommen, 5. Auflage, München 2008, Art. 19 OECD-MA.

*Waldhoff, Christian*, in: Calliess, Christian/Ruffert, Matthias (Hrsg.), EUV/EGV, Das Verfassungsrecht der Europäischen Union mit Europäischer Grundrechtecharta, Kommentar, 3. Auflage, München 2007, Art. 25 EGV.

*Wassermeyer, Franz*, in: Debatin, Helmut/Wassermeyer, Franz (Hrsg.), Doppelbesteuerung: Kommentar zu allen deutschen Doppelbesteuerungsabkommen, Band 1: Systematik und Kommentierung des OECD-MA, Loseblattwerk, München 1977 ff., Vor Art. 1, Art. 1, 4, 19, 23A, 24, 28 OECD-MA (Stand: März 2001 bis Oktober 2010).

*Wassermeyer, Franz*, in: Flick, Hans/Wassermeyer, Franz/Baumhoff, Hubertus/Schönfeld, Jens, Außensteuerrecht, Kommentar, Loseblattwerk, Köln 1999 ff., §§ 2-6 AStG (Stand: März 1986 bis September 2009).

*Wassermeyer, Franz*, Merkwürdigkeiten bei der Wegzugsbesteuerung, IStR 2007, S. 833 ff.

*Wassermeyer, Franz*, Die Fortentwicklung der Besteuerung von Auslandsbeziehungen: Anmerkungen zu den derzeitigen Überlegungen zur Reform des Außensteuerrechts, IStR 2001, S. 113 ff.

*Wassermeyer, Franz*, in: Flick, Hans/Wassermeyer, Franz/Kempermann, Michael (Hrsg.), Doppelbesteuerungsabkommen Deutschland-Schweiz: Steuern vom Einkommen und Vermögen, Nachlass- und Erbschaftsteuern, Kommentar, Loseblattwerk, Köln 1981 ff., Art. 4 DBA-Schweiz (Stand: Juli 2000).

*Wassermeyer, Franz*, 25 Jahre Außensteuergesetz, in: Klein, Franz/Stihl, Hans Peter/Wassermeyer, Franz (Hrsg.), Unternehmen Steuern: Festschrift für Hans Flick zum 70. Geburtstag, Köln 1997, S. 1057 ff.

*Wassermeyer, Franz*, 15 Jahre Außensteuergesetz, DStR 1987, S. 635 ff.

*Wassermeyer, Franz*, Die beschränkte Steuerpflicht, in: Vogel, Klaus (Hrsg.), Grundfragen des Internationalen Steuerrechts, Köln 1985, S. 49 ff.

*Wassermeyer, Franz*, Noch einmal verschärftes Steuerfluchtgesetz, DStR 1972, S. 519 ff.

*Watrin, Christoph/Kappenberg, Christoph*, Generalthema II: Internationale Besteuerung von Erbfällen, IStR 2010, S. 546 ff.

*Weber, Dennis*, In Search of a (New) Equilibrium Between Tax Sovereignty and the Freedom of Movement Within the EC, Intertax 2006, S. 585 ff.

*Weber-Fas, Rudolf*, Staatsverträge im Internationalen Steuerrecht: zur Rechtsnatur, Geschichte und Funktion der deutschen Doppelbesteuerungsabkommen, Tübingen 1982.

*Weber-Fas, Rudolf*, Grundrechte und Steuerpflicht, Jura 1980, S. 337 ff.

*Weber-Fas, Rudolf*, Völkerrecht und Steuerhoheit, RIW/AWD 1979, S. 585 ff.

*Weber-Grellet, Heinrich*, Neu-Justierung der EuGH-Rechtsprechung, DStR 2009, S. 1229 ff.

*Weber-Grellet, Heinrich*, Europäisches Steuerrecht, München 2005.

*Weggenmann, Hans*, in: Haase, Florian (Hrsg.), Außensteuergesetz, Doppelbesteuerungsabkommen, Heidelberg 2009, § 2 AStG.

*Weigell, Jörg*, Geltung der Niederlassungsfreiheit auch im Verhältnis zur Schweiz, IStR 2006, S. 190 ff.

*Wellmann, Richard*, Russland: Jüngste Entwicklungen, IStR 2010, Länderbericht, S. 86 ff.

*Wendt, Michael*, Prinzipien der Verlustberücksichtigung, in: von Groll, Rudiger (Hrsg.), Verluste im Steuerrecht, Köln 2005, S. 41 ff.

*Wengler, Wilhelm*, in: Mitglieder des Bundesgerichtshofes (Hrsg.), Das Bürgerliche Gesetzbuch mit besonderer Berücksichtigung der Rechtsprechung des Reichsgerichts und des Bundesgerichtshofes, Kommentar, Band VI: Internationales Privatrecht, 1. Teilband, 12. Auflage, Berlin u. a. 1981.

*Wengler, Wilhelm*, in: Mitglieder des Bundesgerichtshofes (Hrsg.), Das Bürgerliche Gesetzbuch mit besonderer Berücksichtigung der Rechtsprechung des Reichsgerichts und des Bundesgerichtshofes, Kommentar, Band VI: Internationales Privatrecht, 2. Teilband, 12. Auflage, Berlin u. a. 1981.

*Wied, Edgar*, in: Blümich, Walter, Einkommensteuergesetz, Körperschaftsteuergesetz, Gewerbesteuergesetz, Kommentar, Loseblattwerk, München 1989 ff., §§ 50, 50a EStG (Stand: April 2009/September 2009).

*Wiessner, Siegfried*, Die Funktion der Staatsangehörigkeit: eine historisch-rechtsvergleichende Analyse unter besonderer Berücksichtigung der Rechtsordnungen der USA, der UdSSR und der Bundesrepublik Deutschland, Tübingen 1989.

*Wilke, Kay-Michael*, in: Gosch, Dietmar/Kroppen, Heinz-Klaus/Grotherr, Siegfried (Hrsg.), DBA-Kommentar, Loseblattwerk, Herne u. a. 1997 ff., Art. 3, 4 OECD-MA, DBA-China, DBA-Irland (Stand: jeweils Grundwerk), DBA-Niederlande (Stand: Februar 2005), DBA-Griechenland (Stand: November 2007), DBA-Großbritannien (Stand: April 2008).

*Wilkinson, Tony*, Branch Report: New Zealand, Cahiers de droit fiscal international 2010, Vol. 95b, S. 577 ff.

*Wilmowsky, Peter von*, in: Ehlers, Dirk (Hrsg.), Europäische Grundrechte und Grundfreiheiten, 3. Auflage, Berlin 2009, § 12 „Freiheit des Kapital- und Zahlungsverkehrs".

*Wilms, Heinrich*, in: Wilms, Heinrich/Jochum, Georg (Hrsg.), Erbschaftsteuer- und Schenkungsteuergesetz mit Nebenbestimmungen, Kommentar, Loseblattwerk, Bonn 2000 ff., § 2 ErbStG (Stand: April 2010).

*Wittchen, Ferry*, in: Debatin, Helmut/Wassermeyer, Franz (Hrsg.), Doppelbesteuerung: Kommentar zu allen deutschen Doppelbesteuerungsabkommen, Band 4: Länderteil von Litauen bis Österreich, Loseblattwerk, München 1977 ff., DBA-Malaysia (Stand: September 1999).

*Wittkowski, Ansas/Lindscheid, Friederike*, Berücksichtigung ausländischer Betriebsstättenverluste nach dem JStG 2009, IStR 2009, S. 225 ff.

*Wolff, Ulrich*, in: Debatin, Helmut/Wassermeyer, Franz (Hrsg.), Doppelbesteuerung: Kommentar zu allen deutschen Doppelbesteuerungsabkommen, Band 6: Länderteil von Sri Lanka bis Zypern, Loseblattwerk, München 1977 ff., DBA-USA (Stand: Mai 2009).

*Wolffgang, Hans-Michael*, in: Birk, Dieter (Hrsg.), Handbuch des Europäischen Steuer- und Abgabenrechts, Herne/Berlin 1995, § 32 „Steuerliche Amtshilfe innerhalb der EG".

*Wolffgang, Hans-Michael/Hendricks, Michael*, in: Beermann, Albert/Gosch, Dietmar (Hrsg.), Abgabenordnung, Finanzgerichtsordnung, Kommentar, Loseblattwerk, Bonn 1995 ff., § 117 AO (Stand: Mai 1998/November 1999/November 2003).

*Wölker, Ulrich/Grill, Gerhard*, in: von der Groeben, Hans/Schwarze, Jürgen (Hrsg.), Kommentar zum Vertrag über die Europäische Union und zur Gründung der Europäischen Gemeinschaft (EUV/EGV), 6. Auflage, Baden-Baden 2003, Art. 39 EG.

*Wouters, Jan*, The principle of non-discrimination in European Community Law, EC Tax Review 1999, S. 98 ff.

*Wrede, Jan F./Biene, Daniel*, Auslandsinvestitionsrecht der Philippinen, RIW 1999, S. 604 ff.

*Wunderlich, Caroline*, in: Endres, Dieter/Jacob, Friedhelm/Gohr, Marion/Klein, Martin (Hrsg.), DBA Deutschland/USA, Doppelbesteuerungsabkommen, München 2009, Art. 24.

*Wunderlich, Nina/Blaschke, Christoph*, Die Gewährleistung der Kapitalverkehrsfreiheit in Bezug auf Drittstaaten: neuere Entwicklungen in der Rechtsprechung des EuGH, IStR 2008, S. 754 ff.

*Zalasiński, Adam*, Article 24(1) of the OECD Model Convention and the Exclusion of MFN Treatment – A Comment on the OECD Public Discussion Draft, Intertax 2007, S. 460 ff.

*Zenthöfer, Erich*, Zur Geschichte des Begriffs der Staatsangehörigkeit, Zeulenroda 1937.

*Ziegenhain, Hans-Jörg*, Exterritoriale Rechtsanwendung und die Bedeutung des Genuine-Link-Erfordernisses: eine Darstellung der deutschen und amerikanischen Staatenpraxis, München 1992.

*Zimmermann, Heinz/Klinkertz, Friedhelm*, in: Strunk, Günther/Kaminski, Bert/Köhler, Stefan (Hrsg.), Außensteuergesetz, Doppelbesteuerungsabkommen: Kommentar, Loseblattwerk, Köln u. a. 2004 ff., § 4 AStG (Stand: Juni 2008).

*Zimmermann, Heinz/Könemann, Ragnar W.*, in: Strunk, Günther/Kaminski, Bert/Köhler, Stefan (Hrsg.), Außensteuergesetz, Doppelbesteuerungsabkommen: Kommentar, Loseblattwerk, Köln u. a. 2004 ff., § 2 AStG (Stand: September 2004 bis September 2009).

*Zorn, Nikolaus*, Nochmals: Kapitalverkehrsfreiheit für Drittstaatendividenden (eine Reaktion auf den Beitrag von Dietmar Völker in IStR 2009, 705 ff.), IStR 2010, S. 190 ff.

*Zoubek, Jiri*, Branch Report: Czech Republic, Cahiers de droit fiscal international 2010, Vol. 95b, S. 277 ff.

*Zuber, Barbara*, Anknüpfungsmerkmale und Reichweite der internationalen Besteuerung: eine normative Analyse unter Berücksichtigung der Personensteuern in der BRD und in den USA, Hamburg 1991.

*Zuleeg, Manfred*, in: von der Groeben, Hans/Schwarze, Jürgen (Hrsg.), Kommentar zum Vertrag über die Europäische Union und zur Gründung der Europäischen Gemeinschaft (EUV/EGV), 6. Auflage, Baden-Baden 2003, Art. 12 EG.

*Zwahlen, Bernhard/Merhai, Joseph*, Clarification of Lump-Sum Taxation in Switzerland, Bulletin for International Taxation 2003, S. 289 ff.

# Rechtsprechung

## I. EuGH:

- *EuGH*, Urteil vom 22.04.2010 Rs. C-510/08 „Mattner“, http://curia.europa.eu/jurisp/cgi-bin/gettext.pl?lang=de&num=79899577C19080510&doc=T&ouvert = T&seance=ARRET.
- *EuGH*, Urteil vom 25.02.2010 Rs. C-337/08 „X Holding BV“, DStR 2010, S. 427 sowie Schlussanträge der Generalanwältin *Juliane Kokott* vom 19.11.2009 in der Rs. C-337/08 „X Holding BV“, http://eur-lex.europa.eu/Notice.do?val=503973:cs&lang=de&list=5039-73:cs,&pos=1&page=1&nbl=1&pgs=10&hwords=337/08~&checktexte=checkbox&visu#-texte.
- *EuGH*, Urteil vom 21.01.2010 Rs. C-311/08 „SGI“, IStR 2010, S. 144 sowie Schlussanträge der Generalanwältin *Juliane Kokott* vom 10.09.2009 in der Rs. C-311/08 „SGI“, http://eur-lex.europa.eu/Notice.do?val=500618:cs&lang=de&list=500618:cs,&pos=1&age-=1&nbl=1&pgs=10&hwords=311/08~&checktexte=checkbox&visu=#texte.
- *EuGH*, Urteil vom 10.09.2009 Rs. C-269/07 „Kommission/Deutschland“, Slg. 2009, I-7811.
- *EuGH*, Urteil vom 04.06.2009 Rs. C-22/08 und C-23/08 „Vatsouras, Koupatanzte“, Slg. 2009, I-4585.
- *EuGH*, Urteil vom 26.03.2009 Rs. C-326/07 „Kommission/Italien“, Slg. 2009, I-2291.
- *EuGH*, Urteil vom 12.02.2009 Rs. C-67/08 „Margarete Block“, Slg. 2009, I-883.
- *EuGH*, Urteil vom 27.01.2009 Rs. C-318/07 „Persche“, Slg. 2009, I-359.
- *EuGH*, Urteil vom 23.10.2008 Rs. C-157/07 „Krankenheim Ruhesitz Wannsee“, Slg. 2008, I-8061.
- *EuGH*, Urteil vom 20.05.2008 Rs. C-352/06 „Bosmann“, Slg. 2008, I-3827.
- *EuGH*, Urteil vom 15.05.2008 Rs. C-414/06 „Lidl Belgium“, Slg. 2008, I-3601.

- *EuGH*, Urteil vom 17.01.2008 Rs. C-105/07 „Lammers & Van Cleeff NV“, Slg. 2008, I-173.
- *EuGH*, Urteil vom 18.12.2007 Rs. C-101/05 „A“, Slg. 2007, I-11531.
- *EuGH*, Urteil vom 11.10.2007 Rs. C-443/06 „Hollmann“, Slg. 2007, I-8491.
- *EuGH*, Urteil vom 18.07.2007 Rs. C-231/05 „Oy AA“, Slg. 2007, I-6373 sowie Schlussanträge der Generalanwältin *Juliane Kokott* vom 12.09.2006 in der Rs. C-231/05 „Oy AA“, http://eur-lex.europa.eu/Notice.do?val=432816:cs&lang=de&list=432816:cs,&pos=1&page=1&nbl=1&pgs=10&hwords=231/05~&checktexte=checkbox&visu=#texte.
- *EuGH*, Urteil vom 24.05.2007 Rs. C-157/05 „Holböck“, Slg. 2007, I-4051.
- *EuGH*, Urteil vom 13.03.2007 Rs. C-524/04 „Test Claimants in the Thin Cap Group Litigation“, Slg. 2007, I-2107.
- *EuGH*, Urteil vom 25.01.2007 Rs. C-329/05 „Meindl“, Slg. 2007, I-1107.
- *EuGH*, Urteil vom 12.12.2006 Rs. C-446/04 „Test Claimants in the FII Group Litigation“, Slg. 2006, I-11753.
- *EuGH*, Urteil vom 03.10.2006 Rs. C-290/04 „FKP Scorpio Konzertproduktionen“, Slg. 2006, I-9461.
- *EuGH*, Urteil vom 12.09.2006 Rs. C-196/04 „Cadbury Schweppes“, Slg. 2006, I-7995.
- *EuGH*, Urteil vom 07.09.2006 Rs. C-470/04 „N“, Slg. 2006, I-7409.
- *EuGH*, Urteil vom 23.02.2006 Rs. C-513/03 „van Hilten-van der Heijden“, Slg. 2006, I-1957 sowie Schlussanträge des Generalanwalts *Philippe Léger* vom 30.06.2005 in der Rs. C-513/03 „van Hilten-van der Heijden“, http://eur-lex.europa.eu/Notice.do?val=418-322:cs&lang=de&list=418322:cs,&pos=1&page=1&nbl=1&pgs=10&hwords=513/03~&checktexte=checkbox&visu=#texte.
- *EuGH*, Urteil vom 19.01.2006 Rs. C-265/04 „Bouanich“, Slg. 2006, I-923.
- *EuGH*, Urteil vom 13.12.2005 Rs. C-446/03 „Marks & Spencer“, Slg. 2005, I-10837 sowie Schlussanträge des Generalanwalts *Poiares Maduro* vom 07.04.2005 in der Rs. C-446/03 „Marks & Spencer“, http://eur-lex.europa.eu/Notice.do?val=418331:cs&lang=de&list=418331:cs,&pos=1&page=1&nbl=1&pgs=10&hwords=446/03~&checktexte=checkbox&visu=#texte.
- *EuGH*, Urteil vom 12.07.2005 Rs. C-403/03 „Schempp“, Slg. 2005, I-6421.
- *EuGH*, Urteil vom 05.07.2005 Rs. C-376/03 „D“, Slg. 2005, I-5821.
- *EuGH*, Urteil vom 30.06.2005 Rs. C-28/04 „Tod's und Tod's France“, Slg. 2005, I-5781.
- *EuGH*, Urteil vom 26.05.2005 Rs. C-20/03 „Burmanjer“, Slg. 2005, I-4133.
- *EuGH*, Urteil vom 15.03.2005 Rs. C-209/03 „Bidar“, Slg. 2005, I-2119.
- *EuGH*, Urteil vom 01.07.2004 Rs. C-169/03 „Wallentin“, Slg. 2004, I-6443.

- *EuGH*, Urteil vom 11.03.2004 Rs. C-9/02 „Hughes de Lasteyrie du Saillant“, Slg. 2004, I-2409.
- *EuGH*, Urteil vom 13.11.2003 Rs. C-42/02 „Lindman“, Slg. 2003, I-13519.
- *EuGH*, Urteil vom 02.10.2003 Rs. C-148/02 „Garcia Avello“, Slg. 2003, I-11613.
- *EuGH*, Urteil vom 30.09.2003 Rs. C-47/02 „Albert Anker, Klaas Ras, Albertus Snoek“, Slg. 2003, I-10447.
- *EuGH*, Urteil vom 12.06.2003 Rs. C-234/01 „Gerritse“, Slg. 2003, I-5933.
- *EuGH*, Urteil vom 12.12.2002 Rs. C-324/00 „Lankhorst-Hohorst“, Slg. 2002, I-11779.
- *EuGH*, Urteil vom 21.11.2002 Rs. C-436/00 „X und Y“, Slg. 2002, I-10829.
- *EuGH*, Urteil vom 17.09.2002 Rs. C-413/99 „Baumbast“, Slg. 2002, I-7091.
- *EuGH*, Urteil vom 19.03.2002 Rs. C-224/00 „Kommission/Italien“, Slg. 2002, I-2965.
- *EuGH*, Urteil vom 08.03.2001 Rs. C-397/98 und C-410/98 „Metallgesellschaft u. a.“, Slg. 2001, I-1727.
- *EuGH*, Urteil vom 11.01.2001 Rs. C-464/98 „Stefan“, Slg. 2001, I-173.
- *EuGH*, Urteil vom 09.11.2000 Rs. C-357/98 „Yiadom“, Slg. 2000, I-9265.
- *EuGH*, Urteil vom 06.06.2000 Rs. C-35/98 „Verkooijen“, Slg. 2000, I-4071.
- *EuGH*, Urteil vom 13.04.2000 Rs. C-251/98 „Baars“, Slg. 2000, I-2787.
- *EuGH*, Urteil vom 21.09.1999 Rs. C-307/97 „Saint-Gobain“, Slg. 1999, I-6161.
- *EuGH*, Urteil vom 16.09.1999 Rs. C-22/98 „Becu“, Slg. 1999, I-5665.
- *EuGH*, Urteil vom 14.09.1999 Rs. C-391/97 „Gschwind“, Slg. 1999, I-5451.
- *EuGH*, Urteil vom 10.06.1999 Rs. C-430/97 „Johannes und Johannes“, Slg. 1999, I-3475.
- *EuGH*, Urteil vom 29.04.1999 Rs. C-311/97 „Royal Bank of Scotland“, Slg. 1999, I-2651.
- *EuGH*, Urteil vom 16.03.1999 Rs. C-222/97 „Trummer und Mayer“, Slg. 1999, I-1661.
- *EuGH*, Urteil vom 24.11.1998 Rs. C-274/96 „Bickel“, Slg. 1998, I-7637.
- *EuGH*, Urteil vom 12.05.1998 Rs. C-336/96 „Gilly“, Slg. 1998, I-2793.
- *EuGH*, Urteil vom 07.05.1998 Rs. C-350/96 „Clean car“, Slg. 1998, I-2521.
- *EuGH*, Urteil vom 23.10.1997 Rs. C-189/95 „Franzén“, Slg. 1997, I-5909.
- *EuGH*, Urteil vom 02.10.1997 Rs. C-122/96 „Saldanha“, Slg. 1997, I-5325.
- *EuGH*, Urteil vom 17.07.1997 Rs. C-354/95 „National Farmers' Union u. a.“, Slg. 1997, I-4559.
- *EuGH*, Urteil vom 15.05.1997 Rs. C-250/95 „Futura Participations SA und Singer“, Slg. 1997, I-2471.
- *EuGH*, Urteil vom 23.01.1997 Rs. C-29/95 „Pastoors“, Slg. 1997, I-285.

- *EuGH*, Urteil vom 15.12.1995 Rs. C-415/93 „Bosman“, Slg. 1995, I-4921.
- *EuGH*, Urteil vom 14.02.1995 Rs. C-279/93 „Schumacker“, Slg. 1995, I-225.
- *EuGH*, Urteil vom 12.04.1994 Rs. C-1/93 „Halliburton Services“, Slg. 1994, I-1137.
- *EuGH*, Urteil vom 24.11.1993 Rs. C-268/91 und C-267/91 „Keck, Mithouard“, Slg. 1993, I-6097.
- *EuGH*, Urteil vom 26.01.1993 Rs. C-112/91 „Werner“, Slg. 1993, I-429.
- *EuGH*, Urteil vom 07.07.1992 Rs. C-369/90 „Micheletti“, Slg. 1992, I-4239.
- *EuGH*, Urteil vom 16.06.1992 Rs. C-351/90 „Kommission/Luxemburg“, Slg. 1992, I-3945.
- *EuGH*, Urteil vom 28.01.1992 Rs. C-204/90 „Bachmann“, Slg. 1992, I-249.
- *EuGH*, Urteil vom 04.10.1991 Rs. C-246/89 „Kommission/Vereinigtes Königreich“, Slg. 1991, I-4585.
- *EuGH*, Urteil vom 25.07.1991 Rs. C-221/89 „Factortame“, Slg. 1991, I-3905.
- *EuGH*, Urteil vom 13.11.1990 Rs. C-331/88 „Fedesa“, Slg. 1990, I-4023.
- *EuGH*, Urteil vom 27.09.1989 Rs. 9/88 „Lopes da Veiga“, Slg. 1989, S. 2989.
- *EuGH*, Urteil vom 30.05.1989 Rs. 305/87 „Kommission/Griechenland“, Slg. 1989, S. 1461.
- *EuGH*, Urteil vom 11.05.1989 Rs. 25/88 „Wurmser“, Slg. 1989, S. 1105.
- *EuGH*, Urteil vom 08.12.1987 Rs. 20/87 „Gauchard“, Slg. 1987, S. 4879.
- *EuGH*, Urteil vom 28.01.1986 Rs. C-270/83 „Avoir fiscal“, Slg. 1986, S. 273.
- *EuGH*, Urteil vom 12.07.1984 Rs. 237/83 „Prodest“, Slg. 1984, S. 3153.
- *EuGH*, Urteil vom 23.03.1982 Rs. 53/81 „Levin“, Slg. 1982, S. 1035.
- *EuGH*, Urteil vom 17.12.1980 Rs. 149/79 „Kommission/Belgien“, Slg. 1980, S. 3881.
- *EuGH*, Urteil vom 16.10.1980 Rs. 147/79 „Hochstrass/EuGH“, Slg. 1980, S. 3005.
- *EuGH*, Urteil vom 08.11.1979 Rs. 251/78 „Denkavit“, Slg. 1979, S. 3369.
- *EuGH*, Urteil vom 20.02.1979 Rs. 120/78 „Rewe-Zentral AG/Bundesmonopolverwaltung für Branntwein“, Slg. 1979, S. 649.
- *EuGH*, Urteil vom 23.11.1978 Rs. 7/78 „Thompson“, Slg. 1978, S. 2247.
- *EuGH*, Urteil vom 14.07.1977 Rs. 1/77 „Bosch“, Slg. 1977, S. 1473.
- *EuGH*, Urteil vom 09.06.1977 Rs. 90/76 „van Ameyde“, Slg. 1977, S. 1091.
- *EuGH*, Urteil vom 22.03.1977 Rs. 74/76 „Iannelli/Meroni“, Slg. 1977, S. 557.
- *EuGH*, Urteil vom 03.12.1974 Rs. 33/74 „van Binsbergen“, Slg. 1974, S. 1299.
- *EuGH*, Urteil vom 11.07.1974 Rs. 8/74 „Dassonville“, Slg. 1974, S. 837.
- *EuGH*, Urteil vom 21.06.1974 Rs. 2/74 „Reyners“, Slg. 1974, S. 631.

## II. BVerfG:


- *BVerfG*, Beschluss vom 24.03.2010 1 BvR 2130/09, DStR 2010, S. 8.
- *BVerfG*, Beschluss vom 12.05.2009 2 BvL 1/00, BStBl. II 2009, S. 685.
- *BVerfG*, Beschluss vom 07.11.2006 1 BvL 10/02, BStBl. II 2007, S. 192.
- *BVerfG*, Beschluss vom 21.06.2006 2 BvL 2/99, BVerfGE 116, S. 164.
- *BVerfG*, Beschluss vom 06.07.2004 1 BvL 4/97, 1 BvL 5/97, 1 BvL 6/97, BVerfGE 111, S. 160.
- *BVerfG*, Beschluss vom 08.06.2004 2 BvL 5/00, BVerfGE 110, S. 412.
- *BVerfG*, Beschluss vom 04.12.2002 2 BvR 400/98, 2 BvR 1735/00, BStBl. II 2003, S. 534.
- *BVerfG*, Urteil vom 06.03.2002 2 BvL 17/99, BStBl. II 2002, S. 618.
- *BVerfG*, Beschluss vom 31.01.1996 2 BvL 39, 40/93, BVerfGE 93, S. 386.
- *BVerfG*, Beschluss vom 07.11.1995 2 BvR 413/88 und 2 BvR 1300/93, BVerfGE 93, S. 319.
- *BVerfG*, Beschluss vom 22.06.1995 2 BvL 37/91, BStBl. II 1995, S. 655.
- *BVerfG*, Urteil vom 12.10.1993 2 BvR 2134/92 und 2 BvR 2159/92, BVerfGE 89, S. 155.
- *BVerfG*, Beschluss vom 22.07.1991 1 BvR 829/89, HFR 1992, S. 424.
- *BVerfG*, Urteil vom 27.06.1991 2 BvR 1493/89, BStBl. II 1991, S. 654.
- *BVerfG*, Beschluss vom 29.05.1990 1 BvL 20, 26/84 und 4/86, BStBl. II 1990, S. 653.
- *BVerfG*, Beschluss vom 24.02.1989 1 BvR 519/87, HaufeIndex 1552239.
- *BVerfG*, Beschluss vom 14.05.1986 2 BvL 2/83, BStBl. II 1986, S. 628.
- *BVerfG*, Beschluss vom 22.02.1984 1 BvL 10/80, BStBl. II 1984, S. 357.
- *BVerfG*, Beschluss vom 22.03.1983 2 BvR 457/78, BVerfGE 63, S. 343.
- *BVerfG*, Beschluss vom 16.12.1980 2 BvR 419/80, BVerfGE 55, S. 349.
- *BVerfG*, Beschluss vom 07.10.1980 1 BvL 50, 89/79, 1 BvR 240/79, BVerfGE 55, S. 72.
- *BVerfG*, Beschluss vom 15.04.1980 2 BvR 842/77, BVerfGE 54, S. 53.
- *BVerfG*, Beschluss vom 12.10.1976 1 BvR 2328/73, BStBl. II 1977, S. 190.
- *BVerfG*, Beschluss vom 21.05.1974 1 BvL 22/71 und 1 BvL 21/72, BVerfGE 37, S. 217.
- *BVerfG*, Beschluss vom 23.10.1973 2 BvC 3/73, BVerfGE 36, S. 139.
- *BVerfG*, Beschluss vom 04.05.1971 1 BvR 636/68, BVerfGE 31, S. 58.
- *BVerfG*, Beschluss vom 14.05.1968 2 BvR 544/63, BStBl. II 1968, S. 636.
- *BVerfG*, Beschluss vom 08.10.1963 2 BvR 108/62, BVerfGE 17, S. 122.
- *BVerfG*, Urteil vom 24.07.1962 2 BvL 15/61, 2 BvL 16/61, BVerfGE 14, S. 221.
- *BVerfG*, Beschluss vom 16.05.1961 2 BvF 1/60, BStBl. I 1961, S. 432.

- *BVerfG*, Beschluss vom 14.04.1959 1 BvL 23/57 und 1 BvL 34/57, BStBl. I 1959, S. 204.
- *BVerfG*, Beschluss vom 21.02.1957 1 BvR 241/56, BStBl. I 1957, S. 208.
- *BVerfG*, Urteil vom 17.01.1957 1 BvL 4/54, BStBl. I 1957, S. 193.
- *BVerfG*, Urteil vom 16.01.1957 1 BvR 253/56, BVerfGE 6, S. 32.
- *BVerfG*, Beschluss vom 28.05.1952 1 BvR 213/51, BVerfGE 1, S. 322.
- *BVerfG*, Urteil vom 23.10.1951 2 BvG 1/51, BVerfGE 1, S. 14.


## III. BFH:


- *BFH*, Beschluss vom 21.10.2010 III R 35/10, BFH/NV 2011, S. 364.
- *BFH*, Beschluss vom 21.10.2010 III R 5/09, BFH/NV 2011, S. 360.
- *BFH*, Beschluss vom 01.07.2010 V B 62/09, BFH/NV 2010, S. 2136.
- *BFH*, Urteil vom 09.06.2010 I R 107/09, BFHE 230, S. 35.
- *BFH*, Beschluss vom 19.05.2010 I B 191/09, BFHE 229, S. 322.
- *BFH*, Urteil vom 17.07.2008 I R 84/04, BStBl. II 2009, S. 630.
- *BFH*, Urteil vom 19.12.2007 I R 19/06, BStBl. II 2010, S. 398.
- *BFH*, Urteil vom 22.11.2007 III R 54/02, BStBl. II 2009, S. 913.
- *BFH*, Urteil vom 22.11.2007 III R 60/99, BStBl. II 2009, S. 910.
- *BFH*, Urteil vom 15.03.2007 III R 93/03, BStBl. II 2009, S. 905.
- *BFH*, Urteil vom 07.03.2007 I R 17/06, BFH/NV 2007, S. 1638.
- *BFH*, Urteil vom 31.05.2006 II R 66/04, BStBl. II 2007, S. 49.
- *BFH*, Urteil vom 22.02.2006 I R 60/05, BStBl. II 2007, S. 106.
- *BFH*, Beschluss vom 08.04.2005 V B 123/03, BStBl. II 2005, S. 585.
- *BFH*, Urteil vom 28.01.2004 I R 56/02, BFH/NV 2004, S. 917.
- *BFH*, Urteil vom 19.11.2003 I R 22/02, BStBl. II 2004, S. 560.
- *BFH*, Urteil vom 29.01.2003 I R 6/99, BStBl. II 2004, S. 1043.
- *BFH*, Urteil vom 19.12.2001 I R 63/00, BStBl. II 2003, S. 302.
- *BFH*, Urteil vom 24.01.2001 I R 100/99, BFH/NV 2001, S. 1402.
- *BFH*, Beschluss vom 16.10.1998 VI B 192/98, BFH/NV 1999, S. 310.
- *BFH*, Urteil vom 22.04.1998 I R 54/96, IStR 1998, S. 504.
- *BFH*, Beschluss vom 17.12.1997 I B 108/97, BStBl. II 1998, S. 558.
- *BFH*, Urteil vom 13.11.1996 I R 119/95, DStRE 1997, S. 945.
- *BFH*, Urteil vom 31.10.1990 II R 176/87, BStBl. II 1991, S. 161.
- *BFH*, Urteil vom 28.02.1990 I R 43/86, BStBl. II 1990, S. 615.
- *BFH*, Urteil vom 14.03.1989 I R 20/87, BStBl. II 1989, S. 649.
- *BFH*, Urteil vom 20.04.1988 I R 219/82, BStBl. II 1990, S. 701
- *BFH*, Urteil vom 04.02.1987 I R 252/83, BStBl. II 1987, S. 682.
- *BFH*, Urteil vom 26.11.1986 I R 78/81, BStBl. II 1987, S. 363.

- *BFH*, Urteil vom 07.08.1986 IV R 228/82, BStBl. II 1986, S. 848.
- *BFH*, Urteil vom 09.10.1985 I R 271/81, BFHE 145, S. 44.
- *BFH*, Urteil vom 03.12.1982 VI R 84/79, BStBl. II 1983, S. 219
- *BFH*, Beschluss vom 03.11.1982 I R 3/79, BStBl. II 1983, S. 259.
- *BFH*, Urteil vom 04.08.1982 I R 129/78, BFHE 136, S. 469.
- *BFH*, Urteil vom 26.04.1978 I R 97/76, BStBl. II 1978, S. 628.
- *BFH*, Urteil vom 20.10.1976 I R 224/74, BStBl. II 1977, S. 175.
- *BFH*, Urteil vom 04.06.1975 I R 250/73, BStBl. II 1975, S. 708.
- *BFH*, Beschluss vom 18.04.1975 III B 24/74, BStBl. II 1975, S. 595.
- *BFH*, Urteil vom 14.02.1975 VI R 210/72, BStBl. II 1975, S. 497.
- *BFH*, Urteil vom 30.10.1973 I R 38/70, BStBl. II 1974, S. 255.
- *BFH*, Urteil vom 10.10.1973 I R 162/71, BStBl. II 1974, S. 30.
- *BFH*, Urteil vom 15.09.1971 I R 202/67, BStBl. II 1972, S. 281.
- *BFH*, Beschluss vom 11.03.1970 I B 50/68, I B 3/69, BStBl. II 1970, S. 569.
- *BFH*, Urteil vom 14.11.1969 III R 95/68, BStBl. II 1970, S. 153.
- *BFH*, Urteil vom 18.12.1968 III 199/64, BStBl. II 1969, S. 355.
- *BFH*, Urteil vom 13.10.1965 I 410/61 U, BStBl. III 1965, S. 738.
- *BFH*, Urteil vom 18.12.1963 I 230/61 S, BStBl. III 1964, S. 253.
- *BFH*, Urteil vom 16.08.1963 VI 96/62 U, BStBl. III 1963, S. 486.
- *RFH*, Urteil vom 08.05.1935 VI A 359/34, StuW 1935, Teil II, S. 946.
- *RFH*, Urteil vom 02.07.1924 V D 2/24, RStBl. 1924, S. 187.

## IV. FG:

- *FG Baden-Württemberg*, Urteil vom 21.07.2010 14 K 1469/10, EFG 2010, S. 1997 (Revision eingelegt: Az. X R 43/10).
- *FG Baden-Württemberg*, Urteil vom 23.06.2010 1 K 4176/09, EFG 2010, S. 1668 (rkr.).
- *FG Baden-Württemberg*, Beschluss vom 21.12.2009 6 K 2260/09, EFG 2010, S. 1421 (anhängiges Verfahren beim EuGH: Az. C-240/10).
- *FG Baden-Württemberg*, Urteil vom 22.01.2008 11 K 10/06, DStRE 2009, S. 1177 (rkr.).
- *FG Berlin-Brandenburg*, Urteil vom 06.05.2010 13 K 6429/06 B, EFG 2011, S. 139 (Revision eingelegt: Az. I R 63/10).
- *FG Bremen*, Urteil vom 30.10.2003 1 K 63/03, EFG 2004, S. 169 (rkr.).
- *FG Bremen*, Urteil vom 08.09.1960 I 67/60, EFG 1961, S. 146 (rkr.).
- *FG Düsseldorf*, Urteil vom 10.07.2003 14 K 887/03 E, HaufeIndex 1080587 (rkr.).

- *FG Düsseldorf*, Urteil vom 27.06.2002 14 K 2428/98 E, HaufeIndex 796944 (rkr.).
- *FG Düsseldorf*, Urteil vom 18.10.1973 VIII 177/73 L, EFG 1974, S. 64 (rkr.).
- *FG Köln*, Urteil vom 02.10.2009 5 K 1023/06, EFG 2010, S. 435 (rkr.).
- *FG Köln*, Beschluss vom 31.03.1981 I (VII) 194/79 E, EFG 1981, S. 400 (rkr.).
- *FG München*, Urteil vom 23.09.2010 11 K 1169/08, EFG 2011, S. 418 (Revision eingelegt: Az. I R 93/10).
- *FG Münster*, Urteil vom 01.02.2011 10 K 2378/08 Kg, http://www.justiz.nrw.de/nrwe/fgs/muenster/j2011/10_K_2378_08_Kgurteil20110201.html.

## V. Sonstige:

- *BGH*, Beschluss vom 29.12.1953 4 ARs 47/53, BGHSt 5, S. 230 = NJW 1954, S. 510.
- *IGH*, Urteil vom 06.04.1955 „Nottebohm", ICJ Rep. 1955, S. 4.
- *OLG Celle*, Beschluss vom 02.05.2007 9 W 26/07, ZIP 2007, S. 1157.
- *OLG Düsseldorf*, Beschluss vom 16.04.2009 3 Wx 85/09, ZIP 2009, S. 1074.
- *OLG München*, Beschluss vom 17.12.2009 31 Wx 142/09, ZIP 2010, S. 126.
- *US Supreme Court,* Cook vs. Tait (05.05.1924), 265 US 47 (1924).
- *VG Lüneburg*, Beschluss vom 22.10.2008 1 B 55/05, http://www.dbovg.niedersachsen.de/Entscheidung.asp?Ind=05500200500005551%20B.

# Gesetze

- Luftverkehrsteuergesetz (LuftVStG) vom 09.12.2010, BGBl. I 2010, S. 1885.
- Kernbrennstoffsteuergesetz (KernbrStG) vom 08.12.2010, BGBl. I 2010, S. 1804.
- Jahressteuergesetz 2010 (JStG 2010) vom 08.12.2010, BGBl. I 2010, S. 1768.
- Bundesbeamtengesetz (BBG) vom 05.02.2009, BGBl. I 2009, S. 160, zuletzt geändert durch Art. 11 des Gesetzes vom 19.11.2010, BGBl. I 2010, S. 1552.
- Jahressteuergesetz 2009 (JStG 2009) vom 19.12.2008, BGBl. I 2008, S. 2794.
- Gesetz über steuerliche Begleitmaßnahmen zur Einführung der Europäischen Gesellschaft und zur Änderung weiterer steuerrechtlicher Vorschriften (SEStEG) vom 07.12.2006, BGBl. I 2006, S. 2782, berichtigt durch BGBl. I 2007, S. 68.
- Gesetz über den Aufenthalt, die Erwerbstätigkeit und die Integration von Ausländern im Bundesgebiet (Aufenthaltsgesetz – AufenthG) vom 30.07.2004 in

der Fassung der Bekanntmachung vom 25.02.2008, BGBl. I 2008, S. 162, zuletzt geändert durch Art. 4 Abs. 5 des Gesetzes vom 30.07.2009, BGBl. I 2009, S. 2437.

- Gesetz über die allgemeine Freizügigkeit von Unionsbürgern (Freizügigkeitsgesetz/EU – FreizügG/EU) vom 30.07.2004, BGBl. I 2004, S. 1950, 1986, zuletzt geändert durch Art. 7 des Gesetzes vom 26.02.2008, BGBl. I 2008, S. 215.
- Jahressteuergesetz 1997 (JStG 1997) vom 20.12.1996, BGBl. I 1996, S. 2049.
- Bundeskindergeldgesetz (BKGG) vom 11.10.1995 in der Fassung der Bekanntmachung vom 28.01.2009, BGBl. I 2009, S. 142, 3177, zuletzt geändert durch Art. 5 des Gesetzes vom 24.03.2011, BGBl. I 2011, S. 453.
- Jahressteuergesetz 1996 (JStG 1996) vom 11.10.1995, BGBl. I 1995, S. 1250.
- Erstes Gesetz zur Umsetzung des Spar-, Konsolidierungs- und Wachstumsprogramms (1. SKWPG) vom 21.12.1993, BGBl. I 1993, S. 2353.
- Zwölftes Gesetz zur Änderung des Bundeskindergeldgesetzes vom 30.06. 1989, BGBl. I 1989, S. 1294.
- Paßgesetz (PaßG) vom 19.04.1986, BGBl. I 1986, S. 537, zuletzt geändert durch Art. 4 Abs. 2 des Gesetzes vom 30.07.2009, BGBl. I 2009, S. 2437.
- Steuerbereinigungsgesetz 1986 vom 19.12.1985, BGBl. I 1985, S. 2436.
- Körperschaftsteuergesetz (KStG) vom 31.08.1976 in der Fassung der Bekanntmachung vom 15.10.2002, BGBl. I 2002, S. 4144, zuletzt geändert durch Art. 2 des Gesetzes vom 08.12.2010, BGBl. I 2010, S. 1768.
- Abgabenordnung vom 16.03.1976 in der Fassung der Bekanntmachung vom 01.10.2002, BGBl. I 2002, S. 3866, BGBl. I 2003, S. 61, zuletzt geändert durch Art. 9 des Gesetzes vom 08.12.2010, BGBl. I 2010, S. 1768.
- Gesetz zur Reform der Einkommensteuer, des Familienlastenausgleichs und der Sparförderung (Einkommensteuerreformgesetz – EStRG) vom 05.08. 1974, BGBl. I 1974, S. 1769.
- Erbschaftsteuer- und Schenkungsteuergesetz vom 17.04.1974 in der Fassung der Bekanntmachung vom 27.02.1997, BGBl. I 1997, S. 378, zuletzt geändert durch Art. 14 des Gesetzes vom 08.12.2010, BGBl. I 2010, S. 1768.
- Vermögensteuergesetz (VStG) vom 17.04.1974 in der Fassung der Bekanntmachung vom 14.11.1990, BGBl. I 1990, S. 2467, zuletzt geändert durch Art. 107 der Verordnung vom 29.10.2001, BGBl. I 2001, S. 2785.
- Gesetz zur Reform des Erbschaftsteuer- und Schenkungsteuerrechts vom 17.04.1974, BGBl. I 1974, S. 933.
- Gesetz über die Besteuerung bei Auslandsbeziehungen (Außensteuergesetz) vom 08.09.1972, BGBl. I 1972, S. 1713, zuletzt geändert durch Art. 7 des Gesetzes vom 08.12.2010, BGBl. I 2010, S. 1768.

- Gesetz zur Wahrung der steuerlichen Gleichmäßigkeit bei Auslandsbeziehungen und zur Verbesserung der steuerlichen Wettbewerbslage bei Auslandsinvestitionen vom 08.09.1972, BGBl. I 1972, S. 1713.
- Steuerberatungsgesetz (StBerG) vom 16.08.1961 in der Fassung der Bekanntmachung vom 04.11.1975, BGBl. I 1975, S. 2735, zuletzt geändert durch Art. 5 des Gesetzes vom 22.12.2010, BGBl. I 2010, S. 2248.
- Wehrpflichtgesetz (WPflG) vom 21.07.1956 in der Fassung der Bekanntmachung vom 16.09.2008, BGBl. I 2008, S. 1886, zuletzt geändert durch Art. 1 des Gesetzes vom 31.07.2010, BGBl. I 2010, S. 1052.
- Bundeswahlgesetz (BWahlG) vom 07.05.1956 in der Fassung der Bekanntmachung vom 23.07.1993, BGBl. I 1993, S. 1288, 1594, zuletzt geändert durch die Bekanntmachung vom 05.08.2009, BGBl. I 2009, S. 2687.
- Bundesbeamtengesetz vom 14.07.1953, BGBl. I 1953, S. 551.
- Gesetz über die Angelegenheiten der Vertriebenen und Flüchtlinge (Bundesvertriebenengesetz – BVFG) vom 19.05.1953 in der Fassung der Bekanntmachung vom 10.08.2007, BGBl. I 2007, S. 1902, zuletzt geändert durch Art. 1 des Gesetzes vom 06.07.2009, BGBl. I 2009, S. 1694.
- Gesetz zur Änderung des Erbschaftsteuergesetzes vom 30.06.1951, BGBl. I 1951, S. 759.
- Grundgesetz für die Bundesrepublik Deutschland (GG) vom 23.05.1949, BGBl. III 1949, S. 1 (Gliederungsnummer 100-1), zuletzt geändert durch Art. 1 des Gesetzes vom 21.07.2010, BGBl. I 2010, S. 944.
- Einkommensteuergesetz (EStG) vom 16.10.1934 in der Fassung der Bekanntmachung vom 08.10.2009, BGBl. I 2009, S. 3366, 3862, zuletzt geändert durch Art. 8 des Gesetzes vom 09.12.2010, BGBl. I 2010, S. 1900 (zur Gesetzesbegründung: RStBl. 1935, S. 33 ff.) sowie EStG in der Fassung der Bekanntmachung vom 15.04.1986, BGBl. I 1986, S. 441.
- Bewertungsgesetz (BewG) vom 16.10.1934 in der Fassung der Bekanntmachung vom 01.02.1991, BGBl. I 1991, S. 230, zuletzt geändert durch Art. 13 des Gesetzes vom 08.12.2010, BGBl. I 2010, S. 1768.
- Steueranpassungsgesetz (StAnpG) vom 16.10.1934, RGBl. I 1934, S. 925.
- Gesetz über Vermögen- und Erbschaftsteuer vom 10.08.1925, RGBl. I 1925, S. 233.
- Einkommensteuergesetz 1925 (EStG 1925) vom 10.08.1925, RGBl. I 1925, S. 189.
- Erbschaftsteuergesetz vom 20.07.1922, RGBl. I 1922, S. 610.
- (Reichs-)Einkommensteuergesetz 1920 (EStG 1920) vom 29.03.1920, RGBl. 1920, S. 359.
- Reichsabgabenordnung vom 13.12.1919, RGBl. 1919, S. 1993.
- Erbschaftsteuergesetz vom 10.09.1919, RGBl. 1919, S. 1543.

- Verfassung des Deutschen Reichs vom 11.08.1919, RGBl. 1919, S. 1383.
- Gesetz gegen die Steuerflucht vom 26.07.1918, RGBl. 1918, S. 951.
- Staatsangehörigkeitsgesetz (StAG) vom 22.07.1913, ursprünglich: Reichs- und Staatsangehörigkeitsgesetz (RuStAG) vom 22.07.1913, RGBl. 1913, S. 583 (umbenannt mit Art. 1 des Gesetzes zur Reform des Staatsangehörigkeitsrechts vom 15.07.1999, BGBl. I 1999, S. 1618), zuletzt geändert durch Art. 1 des Gesetzes vom 08.12.2010, BGBl. I 2010, S. 1864.
- Einkommensteuergesetz für das Herzogtum Coburg vom 02.12.1908, Gesetz-Sammlung für das Herzogtum Coburg 1908 Nr. 25, S. 159.
- Reichserbschaftsteuergesetz vom 03.06.1906, RGBl. 1906, S. 654.
- Einkommensteuergesetz für das Herzogtum Gotha vom 12.03.1902, Gesetz-Sammlung für das Herzogtum Gotha 1902 Nr. 3, S. 5.
- Einkommensteuergesetz für das Fürstentum Schaumburg-Lippe vom 03.05.1901, Schaumburg-Lippische Landesverordnungen 1901 Nr. 10, S. 67.
- Einkommensteuergesetz für das Königreich Bayern vom 09.06.1899, Gesetz- und Verordnungs-Blatt für das Königreich Bayern 1899, S. 227.
- Gesetz betreffend die Ermittlung der Erträge aus Kapital, Lohn und Besoldung für Elsaß-Lothringen vom 02.07.1898, Gesetzblatt für Elsaß-Lothringen 1898 Nr. 16, S. 61.
- Einkommensteuergesetz für das Großherzogtum Sachsen-Weimar-Eisenach vom 02.06.1897, Regierungsblatt für das Großherzogtum Sachsen-Weimar-Eisenach 1897, S. 99.
- Einführungsgesetz zum Bürgerlichen Gesetzbuche (EGBGB) vom 18.08.1896 in der Fassung der Bekanntmachung vom 21.09.1994, BGBl. I 1994, S. 2494, BGBl. I 1997, S. 1061, zuletzt geändert durch Art. 2 des Gesetzes vom 17.01.2011, BGBl. I 2011, S. 34.
- Einkommensteuergesetz für das Herzogtum Braunschweig vom 16.04.1896, Gesetz- und Verordnungs-Sammlung für das Herzogtum Braunschweig 1896 Nr. 21, S. 113.
- Einkommensteuergesetz für das Fürstentum Schwarzburg-Sondershausen vom 01.02.1894, Gesetz-Sammlung für das Fürstentum Schwarzburg-Sondershausen 1894 Nr. 1, S. 1.
- Gesetz betreffend die Gesellschaften mit beschränkter Haftung (GmbHG) vom 20.04.1892, RGBl. 1892, S. 477, in der Fassung vor dem Gesetz zur Modernisierung des GmbH-Rechts und zur Bekämpfung von Missbräuchen (MoMiG) vom 23.10.2008, BGBl. I 2008, S. 2026.
- Preußisches Einkommensteuergesetz vom 24.06.1891, Gesetz-Sammlung für die Königlichen Preußischen Staaten 1891 Nr. 19, S. 175.

- Einkommensteuergesetz für das Herzogtum Sachsen Meiningen vom 18.03.1890, Sammlung der landesherrlichen Verordnungen im Herzogtum Sachsen Meiningen 1890 Nr. 83, S. 321.
- Gesetz betreffend die Einführung einer allgemeinen Einkommensteuer für das Großherzogtum Baden vom 20.06.1884, Gesetzes- und Verordnungs-Blatt für das Großherzogtum Baden 1884 Nr. XXVIII, S. 321.
- Einkommensteuergesetz für das Königreich Bayern vom 19.05.1881, Gesetz- und Verordnungs-Blatt für das Königreich Bayern 1881 Nr. 31, S. 441.
- Einkommensteuergesetz für die Freie Hansestadt Bremen vom 17.12.1874, Gesetzblatt der Freien Hansestadt Bremen 1874 Nr. 24, S. 121.
- Gesetz betreffend die Kapitalrentensteuer für das Großherzogtum Baden vom 29.06.1874, Gesetzes- und Verordnungs-Blatt für das Großherzogtum Baden 1884 Nr. XXIX, S. 361, in der Fassung des Art. 30 II Nr. 2 des Gesetzes betreffend die Einführung einer allgemeinen Einkommensteuer für das Großherzogtum Baden vom 20.06.1884, a. a. O.
- Strafgesetzbuch (StGB) vom 15.05.1871 in der Fassung der Bekanntmachung vom 13.11.1998, BGBl. I 1998, S. 3322, zuletzt geändert durch Art. 1 des Gesetzes vom 28.04.2011, BGBl. I 2011, S. 676.
- Gesetz betreffend die Einführung einer allgemeinen Einkommensteuer für das Großherzogtum Hessen vom 21.06.1869, Großherzoglich hessisches Regierungsblatt 1869 Nr. 25, S. 433.
- Freizügigkeitsgesetz vom 01.11.1867, RGBl. 1867, S. 55.
- Hamburgisches Einkommensteuergesetz vom 26.03.1866, Hamburgische Gesetzsammlung 1866 Nr. 7, S. 12.
- *Irland:* Financial Bill 2010, http://www.finance.gov.ie/viewdoc.asp?fn=/documents/Publications/Finance%20Bill%202010/Bill2010.pdf.
- *Liechtenstein:* Gesetz vom 23.09.2010 über die Landes- und Gemeindesteuern (Steuergesetz; SteG), Liechtensteinisches Landesgesetzblatt, Jahrgang 2010 Nr. 340, ausgegeben am 18.11.2010, S. 1 sowie Gesetz vom 30.01.1961 über die Landes- und Gemeindesteuern (Steuergesetz), Liechtensteinisches Landesgesetzblatt, Jahrgang 1961 Nr. 7, ausgegeben am 30.03.1961, S. 1.
- *Niederlande:* Wet Inkomstenbelasting 2001, http://wetten.overheid.nl/BWBR0011353/Hoofdstuk2/Afdeling21/Artikel22/geldigheidsdatum_24-03-2011.
- *Österreich:* Einkommensteuergesetz (EStG), Ö-BGBl. Nr. 400/1988, zuletzt geändert durch BGBl. I Nr. 111/2010.
- *Russische Föderation:* Steuerlicher Kodex der Russischen Föderation in der Fassung des Art. 5 des Gesetzes vom 19.05.2010 N 86-FZ, Rossijskaja Gazeta 21.05.2010 N 109.
- *Schweiz:* Bundesgesetz über die Harmonisierung der direkten Steuern der Kantone und Gemeinden (StHG) vom 14.12.1990, AS 1991 1256 sowie Bun-

desgesetz über die direkte Bundessteuer (DBG) vom 14.12.1990, AS 1991 1184.

## Referentenentwürfe und Drucksachen


- Referentenentwurf zum Gesetz zur Umsetzung der Beitreibungsrichtlinie sowie zur Änderung steuerlicher Vorschriften, http://www.der-betrieb.de/content/pdfft,0,412672, Stand: 10.03.2011.
- BR-Drs. 253/11
- BT-Drs. 17/2743
- BT-Drs. 17/2400
- BT-Drs. 17/1883
- BT-Drs. 17/1692
- BT-Drs. 16/11108
- BT-Drs. 16/10189
- BT-Drs. 16/3369
- BT-Drs. 16/2940
- BT-Drs. 16/2710
- BT-Drs. 17/2249
- BT-Drs. 13/4903
- BT-Drs. 12/6476
- BT-Drs. 12/5838
- BT-Drs. 10/1636
- BT-Drs. 7/1470
- BT-Drs. IV/2883
- BT-Drs. IV/2412
- RT-Drs. III/795


## Abkommen/Übereinkommen/Verträge/Musterabkommen

Model Tax Convention on income and on capital, condensed version 22 July 2010, OECD Committee on Fiscal Affairs, Paris 2010.

OECD-Musterabkommen auf dem Gebiet der Steuern vom Einkommen und Vermögen, in: Debatin, Helmut/Wassermeyer, Franz (Hrsg.), Doppelbesteuerung: Kommentar zu allen deutschen Doppelbesteuerungsabkommen, Band 1: Systematik und Kommentierung des OECD-MA, Loseblattwerk, München 1977 ff.

Abkommen zwischen der Bundesrepublik Deutschland und den Vereinigten Arabischen Emiraten zur Vermeidung der Doppelbesteuerung und der Steuerverkürzung auf dem Gebiet der Steuern vom Einkommen vom 01.07.2010, BGBl. II 2011, S. 538.

Abkommen zwischen der Bundesrepublik Deutschland und dem Commonwealth der Bahamas über die Unterstützung in Steuer- und Steuerstrafsachen durch Informationsaustausch vom 09.04.2010, http://www.bundesfinanzministe rium.de/nn_95292/DE/BMF__Startseite/Aktuelles/BMF__Schreiben/Interna tionales__Steuerrecht/Staatenbezogene__Informationen/Bahamas/001__1,tem plateId=raw,property=publicationFile.pdf.

Abkommen zwischen der Bundesrepublik Deutschland und der Republik Albanien zur Vermeidung der Doppelbesteuerung und der Steuerverkürzung auf dem Gebiet der Steuern vom Einkommen und vom Vermögen vom 06.04.2010, http://www.bundesfinanzministerium.de/nn_95976/DE/BMF__Startseite/Aktu elles/BMF__Schreiben/Internationales__Steuerrecht/Staatenbezogene__Infor mationen/Albanien/001__1,templateId=raw,property=publicationFile.pdf.

Abkommen zwischen der Bundesrepublik Deutschland und dem Vereinigten Königreich Großbritannien und Nordirland zur Vermeidung der Doppelbesteuerung und zur Verhinderung der Steuerverkürzung auf dem Gebiet der Steuern vom Einkommen und vom Vermögen vom 30.03.2010, BGBl. II 2010, S. 1334.

Abkommen zwischen der Regierung der Bundesrepublik Deutschland und der Regierung von Anguilla über den Informationsaustausch in Steuersachen vom 19.03.2010, http://www.bundesfinanzministerium.de/nn_94898/DE/BMF__Startseite/Ak tuelles/BMF__Schreiben/Internationales__Steuerrecht/Staatenbezogene__In formationen/Anguilla/002__1,templa-teId=raw,property=publicationFile. pdf.

Abkommen zwischen der Bundesrepublik Deutschland und der Republik Östlich des Uruguay zur Vermeidung der Doppelbesteuerung auf dem Gebiet der Steuern vom Einkommen und vom Vermögen vom 09.03.2010, http://www. bundesfinanzministerium.de/nn_75098/DE/BMF__Startseite/Aktuelles/BMF __Schreiben/Internationales__Steuerrecht/Staatenbezogene__Informationen/ Uruguay/004__1__DBA,templateId=raw,property=publicationFile.pdf.

Abkommen zwischen der Bundesrepublik Deutschland und Malaysia zur Vermeidung der Doppelbesteuerung und der Steuerverkürzung auf dem Gebiet der Steuern vom Einkommen vom 23.02.2010, BGBl. 2010, S. 1310.

Abkommen zwischen der Bundesrepublik Deutschland und der Arabischen Republik Syrien zur Vermeidung der Doppelbesteuerung und der Steuerverkürzung auf dem Gebiet der Steuern vom Einkommen vom 17.02.2010, BGBl. II 2010, S. 1359.

Abkommen zwischen der Bundesrepublik Deutschland und der Republik Bulgarien zur Vermeidung der Doppelbesteuerung und der Steuerverkürzung auf dem Gebiet der Steuern vom Einkommen und vom Vermögen vom 25.01.2010, BGBl. II 2010, S. 286.

Agreement between the Republic of India and the Republic of Finland for the Avoidance of Double Taxation and the Prevention of Fiscal Evasion with Respect to Taxes on Income signed on 15.01.2010, www.taxanalysts.com.

Abkommen zwischen der Regierung der Bundesrepublik Deutschland und der Regierung von Gibraltar über die Unterstützung in Steuer- und Steuerstrafsachen durch Auskunftsaustausch vom 13.08.2009, BGBl. II 2010, S. 984.

Abkommen zwischen der Regierung der Bundesrepublik Deutschland und der Regierung von Guernsey über den Auskunftsaustausch in Steuersachen vom 26.03.2009, BGBl. II 2010, S. 973.

Abkommen zwischen der Bundesrepublik Deutschland und der Republik Südafrika zur Vermeidung der Doppelbesteuerung auf dem Gebiet der Steuern vom Einkommen und vom Vermögen vom 09.09.2008, http://www.bundesfinanzministerium.de/nn_74978/DE/BMF__Startseite/Aktuelles/BMF__Schreiben/Internationales__Steuerrecht/Staatenbezogene__Infor-mationen/Suedafrika/002__1,templateId=raw,property=publicationFile.pdf.

Abkommen zwischen der Bundesrepublik Deutschland und den Vereinigten Mexikanischen Staaten zur Vermeidung der Doppelbesteuerung und der Steuerverkürzung auf dem Gebiet der Steuern vom Einkommen und vom Vermögen vom 09.07.2008, BGBl. II 2009, S. 746.

Abkommen zwischen der Regierung der Bundesrepublik Deutschland und der Regierung von Jersey über die Zusammenarbeit in Steuersachen und die Vermeidung der Doppelbesteuerung bei bestimmten Einkünften vom 04.07.2008, BGBl. II 2009, S. 589.

Vertrag von Lissabon zur Änderung des Vertrags über die Europäische Union und des Vertrags zur Gründung der Europäischen Gemeinschaft, unterzeichnet in Lissabon am 13.12.2007, ABl. 2007 Nr. C 306, S. 1.

Abkommen zwischen der Bundesrepublik Deutschland und der Demokratischen Volksrepublik Algerien zur Vermeidung der Doppelbesteuerung und zur Verhinderung der Steuervermeidung und Steuerhinterziehung auf dem Gebiet der Steuern vom Einkommen und vom Vermögen vom 12.11.2007, BGBl. II 2008, S. 1188.

Abkommen zwischen der Bundesrepublik Deutschland und dem Königreich Saudi-Arabien zur Vermeidung der Doppelbesteuerung auf dem Gebiet der Steuern vom Einkommen und vom Vermögen von Luftfahrtunternehmen und

der Steuer von den Vergütungen ihrer Arbeitnehmer vom 08.11.2007, BGBl. II 2008, S. 782.
United States Model Income Tax Convention of November 15, 2006, http://www.irs.gov/pub/irs-trty/model006.pdf.
Abkommen zwischen der Bundesrepublik Deutschland und der Französischen Republik zur Vermeidung der Doppelbesteuerung der Nachlässe, Erbschaften und Schenkungen vom 12.10.2006, BGBl. II 2007, S. 1402.
Agreement between New Zealand and the Republic of Austria with Respect to Taxes on Income and on Capital signed on 21.09.2006, www.taxanalysts.com.
Convention between Finland and Canada for the Avoidance of Double Taxation and the Prevention of Fiscal Evasion with Respect to Taxes on Income signed on 20.07.2006, www.taxanalysts.com.
Abkommen zwischen der Regierung der Bundesrepublik Deutschland und der mazedonischen Regierung zur Vermeidung der Doppelbesteuerung auf dem Gebiet der Steuern vom Einkommen und vom Vermögen vom 13.07.2006 in der Fassung der Notenwechsel vom 16.05.2007 und 23.07.2008, BGBl. II 2010, S. 1153.
Abkommen zwischen der Bundesrepublik Deutschland und Georgien zur Vermeidung der Doppelbesteuerung auf dem Gebiet der Steuern vom Einkommen und vom Vermögen vom 01.06.2006, BGBl. II 2007, S. 1034.
Abkommen zwischen der Bundesrepublik Deutschland und der Republik Slowenien zur Vermeidung der Doppelbesteuerung auf dem Gebiet der Steuern vom Einkommen und vom Vermögen vom 03.05.2006, BGBl. II 2006, S. 1091.
Abkommen zwischen der Bundesrepublik Deutschland und der Republik Kroatien zur Vermeidung der Doppelbesteuerung auf dem Gebiet der Steuern vom Einkommen und vom Vermögen vom 06.02.2006, BGBl. II 2006, S. 1112.
Abkommen zwischen der Bundesrepublik Deutschland und der Kirgisischen Republik zur Vermeidung der Doppelbesteuerung auf dem Gebiet der Steuern vom Einkommen und vom Vermögen vom 01.12.2005, BGBl. II 2006, S. 1066.
Abkommen zwischen der Bundesrepublik Deutschland und der Republik Belarus zur Vermeidung der Doppelbesteuerung auf dem Gebiet der Steuern vom Einkommen und vom Vermögen vom 30.09.2005, BGBl. II 2006, S. 1042.
Abkommen zwischen der Bundesrepublik Deutschland und dem Internationalen Seegerichtshof über den Sitz des Gerichtshofs (Sitzabkommen) vom 14.12.2004, BGBl. II 2007, S. 159.
Abkommen zwischen der Bundesrepublik Deutschland und der Republik Aserbaidschan zur Vermeidung der Doppelbesteuerung auf dem Gebiet der Steuern vom Einkommen und vom Vermögen vom 25.08.2004, BGBl. II 2005, S. 1146.

Abkommen zwischen der Bundesrepublik Deutschland und der Republik Ghana zur Vermeidung der Doppelbesteuerung und zur Verhinderung der Steuerverkürzung auf dem Gebiet der Steuern vom Einkommen, vom Vermögen und vom Veräußerungsgewinn vom 12.08.2004, BGBl. II 2006, S. 1018.

Abkommen zwischen der Bundesrepublik Deutschland und der Republik Singapur zur Vermeidung der Doppelbesteuerung auf dem Gebiet der Steuern vom Einkommen und vom Vermögen vom 28.06.2004, BGBl. II 2006, S. 930.

Abkommen zwischen der Bundesrepublik Deutschland und der Republik Polen zur Vermeidung der Doppelbesteuerung auf dem Gebiet der Steuern vom Einkommen und vom Vermögen vom 14.05.2003, BGBl. II 2004, S. 1304.

Abkommen zwischen der Bundesrepublik Deutschland und der Republik Tadschikistan zur Vermeidung der Doppelbesteuerung auf dem Gebiet der Steuern vom Einkommen und vom Vermögen vom 27.03.2003, BGBl. II 2004, S. 1034.

OECD-Musterabkommen über den Informationsaustausch in Steuersachen 2002, in: Debatin, Helmut/Wassermeyer, Franz (Hrsg.), Doppelbesteuerung: Kommentar zu allen deutschen Doppelbesteuerungsabkommen, Band 1: Systematik und Kommentierung des OECD-MA, Loseblattwerk, München 1977 ff.

Abkommen zwischen der Bundesrepublik Deutschland und Rumänien zur Vermeidung der Doppelbesteuerung auf dem Gebiet der Steuern vom Einkommen und vom Vermögen vom 04.07.2001, BGBl. II 2003, S. 1594.

Abkommen zwischen der Bundesrepublik Deutschland und Kanada zur Vermeidung der Doppelbesteuerung auf dem Gebiet der Steuern vom Einkommen und bestimmter anderer Steuern, zur Verhinderung der Steuerverkürzung und zur Amtshilfe in Steuersachen vom 19.04.2001, BGBl. II 2002, S. 671.

Abkommen zwischen der Bundesrepublik Deutschland und Malta zur Vermeidung der Doppelbesteuerung auf dem Gebiet der Steuern vom Einkommen und vom Vermögen vom 08.03.2001, BGBl. II 2001, S. 1297 sowie Protokoll vom 17.06.2010 zur Änderung des Abkommens, http://www.bundesfinanz ministerium.de/nn_74628/DE/BMF_Startseite/Aktuelles/BMF__Schreiben/ Internationales__Steuerrecht/Staatenbezogene__Informationen/Malta/002__1, templateId=raw,property=publicationFile.pdf.

Abkommen zwischen der Bundesrepublik Deutschland und der Republik Österreich zur Vermeidung der Doppelbesteuerung auf dem Gebiet der Steuern vom Einkommen und vom Vermögen vom 24.08.2000, BGBl. II 2002, S. 734.

Convention between the Republic of Austria and the Republic of Finland Concerning Avoidance of Double Taxation and Prevention of Fiscal Evasion with Regard to Taxes on Income and Profits signed on 26.07.2000, www.tax analysts.com.

Abkommen zwischen der Bundesrepublik Deutschland und der Republik Korea zur Vermeidung der Doppelbesteuerung und zur Verhinderung der Steuerverkürzung auf dem Gebiet der Steuern vom Einkommen und vom Vermögen vom 10.03.2000, BGBl. II 2002, S. 1630.

Abkommen zwischen der Bundesrepublik Deutschland und der Republik Usbekistan zur Vermeidung der Doppelbesteuerung auf dem Gebiet der Steuern vom Einkommen und vom Vermögen vom 07.09.1999, BGBl. II 2001, S. 978.

Convention between the Government of the United States of America and the Government of the Kingdom of Denmark for the Avoidance of Double Taxation and the Prevention of Fiscal Evasion with Respect to Taxes on Income signed on 19.08.1999, www.taxanalysts.com.

Abkommen zwischen der Schweizerischen Eidgenossenschaft einerseits und der Europäischen Gemeinschaft und ihren Mitgliedstaaten andererseits über die Freizügigkeit (Freizügigkeitsabkommen) vom 21.06.1999, BGBl. II 2001, S. 811.

Abkommen zwischen der Bundesrepublik Deutschland und dem Königreich der Niederlande über die gegenseitige Amtshilfe bei der Beitreibung von Steueransprüchen und der Bekanntgabe von Schriftstücken vom 21.05.1999, BGBl. II 2001, S. 3.

Abkommen zwischen der Bundesrepublik Deutschland und dem Staat Kuwait zur Vermeidung der Doppelbesteuerung auf dem Gebiet der Steuern vom Einkommen und vom Vermögen und zur Belebung der wirtschaftlichen Beziehungen vom 18.05.1999, BGBl. II 2000, S. 390.

Abkommen zwischen der Bundesrepublik Deutschland und der Republik Kasachstan zur Vermeidung der Doppelbesteuerung auf dem Gebiet der Steuern vom Einkommen und vom Vermögen vom 26.11.1997, BGBl. II 1998, S. 1592.

Europäisches Übereinkommen über die Staatsangehörigkeit vom 06.11.1997, BGBl. II 2004, S. 579.

Convention between the Government of the United States of America and the Government of Ireland for the Avoidance of Double Taxation and the Prevention of Fiscal Evasion with Respect to Taxes on Income and Capital Gains signed on 28.07.1997, www.taxanalysts.com.

Convention between Canada and Switzerland for the Avoidance of Double Taxation with Respect to Taxes on Income and on Capital signed on 05.05.1997, www.taxanalysts.com.

Abkommen zwischen der Bundesrepublik Deutschland und der Republik Lettland zur Vermeidung der Doppelbesteuerung auf dem Gebiet der Steuern vom Einkommen und vom Vermögen vom 21.02.1997, BGBl. II 1998, S. 330.

Abkommen zwischen der Bundesrepublik Deutschland und der Republik Estland zur Vermeidung der Doppelbesteuerung auf dem Gebiet der Steuern vom Einkommen und vom Vermögen vom 29.11.1996, BGBl. II 1998, S. 547.

Abkommen zwischen der Bundesrepublik Österreich und den Vereinigten Staaten von Amerika zur Vermeidung der Doppelbesteuerung und zur Verhinderung der Steuerumgehung auf dem Gebiete der Steuern vom Einkommen vom 30.05.1996, www.taxanalysts.com.

Abkommen zwischen der Bundesrepublik Deutschland und der Russischen Föderation zur Vermeidung der Doppelbesteuerung auf dem Gebiet der Steuern vom Einkommen und vom Vermögen vom 29.05.1996, BGBl. II 1996, S. 2710 sowie Protokoll vom 15.10.2007 zur Änderung des Abkommens und des Protokolls hierzu, BGBl. II 2008, S. 1398.

Agreement between the Kingdom of the Netherlands and the Republic of Finland for the Avoidance of Double Taxation and the Prevention of Fiscal Evasion with Respect to Taxes on Income and Capital signed on 28.12.1995, www.taxanalysts.com.

Abkommen zwischen der Bundesrepublik Deutschland und dem Königreich Dänemark zur Vermeidung der Doppelbesteuerung bei den Steuern vom Einkommen und vom Vermögen sowie bei den Nachlass-, Erbschaft- und Schenkungsteuern und zur Beistandsleistung in Steuersachen (Deutsch-dänisches Steuerabkommen) vom 22.11.1995, BGBl. II 1996, S. 2565.

Abkommen zwischen der Bundesrepublik Deutschland und der Sozialistischen Republik Vietnam zur Vermeidung der Doppelbesteuerung auf dem Gebiet der Steuern vom Einkommen und vom Vermögen vom 16.11.1995, BGBl. II 1996, S. 2622.

Abkommen zwischen der Bundesrepublik Deutschland und der Republik Indien zur Vermeidung der Doppelbesteuerung auf dem Gebiet der Steuern vom Einkommen und vom Vermögen vom 19.06.1995, BGBl. II 1996, S. 706.

Abkommen zwischen der Bundesrepublik Deutschland und den Vereinigten Arabischen Emiraten zur Vermeidung der Doppelbesteuerung auf dem Gebiet der Steuern vom Einkommen und vom Vermögen und zur Belebung der wirtschaftlichen Beziehungen vom 09.04.1995, BGBl. II 1996, S. 518.

Abkommen zwischen der Bundesrepublik Deutschland und der Republik Venezuela zur Vermeidung der Doppelbesteuerung auf dem Gebiet der Steuern vom Einkommen und vom Vermögen vom 08.02.1995, BGBl. II 1996, S. 727.

Agreement between the Republic of Finland and the Argentine Republic for the Avoidance of Double Taxation with Respect to Taxes on Income and Capital signed on 13.12.1994, www.taxanalysts.com.

Convention between the Government of the United States of America and the Government of Sweden for the Avoidance of Double Taxation and the Prevention of Fiscal Evasion with Respect to Taxes on Income signed on 01.09.1994, www.taxanalysts.com.
Convention between the Government of the United States of America and the Government of the French Republic for the Avoidance of Double Taxation and the Prevention of Fiscal Evasion with Respect to Taxes on Income and Capital signed on 31.08.1994, www.taxanalysts.com.
Abkommen zwischen der Bundesrepublik Deutschland und der Mongolei zur Vermeidung der Doppelbesteuerung auf dem Gebiet der Steuern vom Einkommen und vom Vermögen vom 22.08.1994, BGBl. II 1995, S. 818.
Abkommen zwischen der Bundesrepublik Deutschland und der Islamischen Republik Pakistan zur Vermeidung der Doppelbesteuerung auf dem Gebiet der Steuern vom Einkommen vom 14.07.1994, BGBl. II 1995, S. 836.
Abkommen zwischen der Bundesrepublik Deutschland und der Republik Namibia zur Vermeidung der Doppelbesteuerung auf dem Gebiet der Steuern vom Einkommen und vom Vermögen vom 02.12.1993, BGBl. II 1994, S. 1262.
Convention between the Republic of Finland and the Republic of Estonia for the Avoidance of Double Taxation and the Prevention of Fiscal Evasion with Respect to Taxes on Income and Capital signed on 23.03.1993, www.taxanalysts.com.
Abkommen zwischen der Bundesrepublik Deutschland und der Republik Bolivien zur Vermeidung der Doppelbesteuerung auf dem Gebiet der Steuern vom Einkommen und vom Vermögen vom 30.09.1992, BGBl. II 1994, S. 1086.
Abkommen zwischen der Bundesrepublik Deutschland und dem Königreich Schweden zur Vermeidung der Doppelbesteuerung bei den Steuern vom Einkommen und vom Vermögen sowie bei den Erbschaft- und Schenkungsteuern und zur Leistung gegenseitigen Beistands bei den Steuern (Deutsch-schwedisches Steuerabkommen) vom 14.07.1992, BGBl. II 1994, S. 686.
Abkommen über den Europäischen Wirtschaftsraum (EWR-Abkommen) vom 02.05.1992, ABl. 1994 Nr. L 1, S. 3, zuletzt geändert durch die Entscheidung Nr. 301/08/KOL der EFTA-Behörde vom 21.05.2008, ABl. 2009 Nr. L 41, S. 28.
Vertrag über die Europäische Union (EUV) vom 07.02.1992 in der Fassung vom 30.03.2010, ABl. 2010 Nr. C 83, S. 13.
Abkommen zwischen der Bundesrepublik Deutschland und dem Königreich Norwegen zur Vermeidung der Doppelbesteuerung und über gegenseitige Amtshilfe auf dem Gebiet der Steuern vom Einkommen und vom Vermögen vom 04.10.1991, BGBl. II 1993, S. 970.

Abkommen zwischen der Bundesrepublik Deutschland und der Republik Indonesien zur Vermeidung der Doppelbesteuerung auf dem Gebiet der Steuern vom Einkommen und vom Vermögen vom 30.10.1990, BGBl. II 1991, S. 1086.

Abkommen zwischen der Bundesrepublik Deutschland und der Volksrepublik Bangladesch zur Vermeidung der Doppelbesteuerung auf dem Gebiet der Steuern vom Einkommen vom 29.05.1990, BGBl. II 1991, S. 1410.

Convention between the Kingdom of the Netherlands and the Republic of Italy for the Avoidance of Double Taxation with Respect to Taxes on Income and on Capital and the Prevention of Fiscal Evasion signed on 08.05.1990, www.taxanalysts.com.

Convention between Spain and the People's Republic of Bulgaria for the Avoidance of Double Taxation and the Prevention of Fiscal Evasion with Respect to Taxes on Income and Capital signed on 06.03.1990, www.taxanalysts.com.

Abkommen zwischen der Bundesrepublik Deutschland und der Italienischen Republik zur Vermeidung der Doppelbesteuerung auf dem Gebiet der Steuern vom Einkommen und vom Vermögen und zur Verhinderung der Steuerverkürzung vom 18.10.1989, BGBl. II 1990, S. 742.

Abkommen zwischen der Bundesrepublik Deutschland und den Vereinigten Staaten von Amerika zur Vermeidung der Doppelbesteuerung und zur Verhinderung der Steuerverkürzung auf dem Gebiet der Steuern vom Einkommen und vom Vermögen und einiger anderer Steuern vom 29.08.1989, BGBl. II 1991, S. 354 sowie Protokoll vom 01.06.2006 zur Änderung des Abkommens, BGBl. II 2006, S. 1184; zur Neufassung des Abkommens siehe BGBl. II 2008, S. 611, 851.

Abkommen zwischen der Bundesrepublik Deutschland und der Republik Simbabwe zur Vermeidung der Doppelbesteuerung auf dem Gebiet der Steuern vom Einkommen, vom Vermögen und von den Gewinnen aus der Veräußerung von Vermögen vom 22.04.1988, BGBl. II 1989, S. 713.

Abkommen zwischen der Bundesrepublik Deutschland und der Arabischen Republik Ägypten zur Vermeidung der Doppelbesteuerung auf dem Gebiet der Steuern vom Einkommen und vom Vermögen vom 08.12.1987, BGBl. II 1990, S. 278.

Abkommen zwischen der Bundesrepublik Deutschland und der Volksrepublik Bulgarien zur Vermeidung der Doppelbesteuerung auf dem Gebiet der Steuern vom Einkommen und vom Vermögen vom 02.06.1987, BGBl. II 1988, S. 770.

Abkommen zwischen der Bundesrepublik Deutschland und der Republik Östlich des Uruguay zur Vermeidung der Doppelbesteuerung auf dem Gebiet der

Steuern vom Einkommen und vom Vermögen vom 05.05.1987, BGBl. II 1988, S. 1060.
Abkommen der Bundesrepublik Deutschland und der Union der Sozialistischen Föderativen Republik Jugoslawien zur Vermeidung der Doppelbesteuerung auf dem Gebiet der Steuern vom Einkommen und Vermögen vom 26.03.1987, BGBl. II 1988, S. 744.
Convention between Italy and Norway for the Avoidance of Double Taxation with Respect to Taxes on Income and on Capital and the Prevention of Fiscal Evasion signed on 17.06.1985, www.taxanalysts.com.
Abkommen zwischen der Bundesrepublik Deutschland und der Volksrepublik China zur Vermeidung der Doppelbesteuerung auf dem Gebiet der Steuern vom Einkommen und vom Vermögen vom 10.06.1985, BGBl. II 1986, S. 446.
Abkommen zwischen der Bundesrepublik Deutschland und der Republik Türkei zur Vermeidung der Doppelbesteuerung auf dem Gebiet der Steuern vom Einkommen und vom Vermögen vom 16.04.1985, BGBl. II 1989, S. 866 sowie Notenwechsel vom 06.07.1989, BGBl. II 1989, S. 885.
Abkommen zwischen der Bundesrepublik Deutschland und der Republik der Philippinen zur Vermeidung der Doppelbesteuerung auf dem Gebiet der Steuern vom Einkommen und vom Vermögen vom 22.07.1983, BGBl. II 1984, S. 878.
Abkommen zwischen der Bundesrepublik Deutschland und der Republik Ecuador zur Vermeidung der Doppelbesteuerung auf dem Gebiet der Steuern vom Einkommen und vom Vermögen vom 07.12.1982, BGBl. II 1984, S. 466.
Convention between the United States of America and New Zealand for the Avoidance of Double Taxation and the Prevention of Fiscal Evasion with Respect to Taxes on Income signed on 23.07.1982, www.taxanalysts.com.
Model Double Taxation Convention on Estates and Inheritances and on Gifts Adopted on June 3, 1982, OECD, Paris 1983.
Convention between the Government of New Zealand and the Government of Finland for the Avoidance of Double Taxation and the Prevention of Fiscal Evasion with Respect to Taxes on Income signed on 12.03.1982, as amended by a protocol signed on 05.12.1986, www.taxanalysts.com.
Abkommen der Bundesrepublik Deutschland und der Union der Sozialistischen Sowjetrepubliken zur Vermeidung der Doppelbesteuerung vom Einkommen und Vermögen vom 24.11.1981, BGBl. II 1983, S. 2.
Abkommen zwischen der Bundesrepublik Deutschland und der Tschechoslowakischen Sozialistischen Republik zur Vermeidung der Doppelbesteuerung auf dem Gebiet der Steuern vom Einkommen und vom Vermögen vom 19.12.1980, BGBl. II 1982, S. 1022.

Abkommen zwischen der Bundesrepublik Deutschland und den Vereinigten Staaten von Amerika zur Vermeidung der Doppelbesteuerung auf dem Gebiet der Nachlass-, Erbschaft- und Schenkungssteuern vom 03.12.1980, BGBl. II 1982, S. 847 und das Protokoll vom 14.12.1998 zur Änderung des Abkommens, BGBl. II 2000, S. 1170; zur Neufassung des Abkommens siehe BGBl. II 2001, S. 65.

Convention between the Government of New Zealand and the Government of the Kingdom of Denmark for the Avoidance of Double Taxation and the Prevention of Fiscal Evasion with Respect to Taxes on Income signed on 10.10.1980, as amended by a protocol signed on 12.03.1985, www.taxanalysts.com.

Convention between the United States of America and Canada with Respect to Taxes on Income and on Capital signed on 26.09.1980, as amended by the protocols signed on 14.06.1983, 28.03.1984, 17.03.1995, 29.07.1997, 21.09.2007, www.taxanalysts.com.

Abkommen zwischen der Bundesrepublik Deutschland und der Portugiesischen Republik zur Vermeidung der Doppelbesteuerung auf dem Gebiet der Steuern vom Einkommen und vom Vermögen vom 15.07.1980, BGBl. II 1982, S. 129.

Convention between the Government of New Zealand and the Government of the Republic of Italy for the Avoidance of Double Taxation with Respect to Taxes on Income and the Prevention of Fiscal Evasion signed on 06.12.1979, including Final Protocol, www.taxanalysts.com.

Convention between the Government of New Zealand and the Government of the French Republic for the Avoidance of Double Taxation and the Prevention of Fiscal Evasion with Respect to Taxes on Income signed on 30.11.1979, including Final Protocol, www.taxanalysts.com.

Abkommen zwischen der Bundesrepublik Deutschland und der Demokratischen Republik Sri Lanka zur Vermeidung der Doppelbesteuerung und zur Verhinderung der Steuerverkürzung auf dem Gebiet der Steuern vom Einkommen und vom Vermögen vom 13.09.1979, BGBl. II 1981, S. 630.

Abkommen zwischen der Bundesrepublik Deutschland und der Republik Finnland zur Vermeidung der Doppelbesteuerung auf dem Gebiet der Steuern vom Einkommen und vom Vermögen sowie einiger anderer Steuern vom 05.07.1979, BGBl. II 1981, S. 1164.

Abkommen zwischen der Bundesrepublik Deutschland und der Republik Elfenbeinküste zur Vermeidung der Doppelbesteuerung und Regelungen der gegenseitigen Amtshilfe auf dem Gebiet der Steuern vom Einkommen und vom Vermögen vom 03.07.1979, BGBl. II 1982, S. 153.

Abkommen zwischen der Bundesrepublik Deutschland und der Schweizerischen Eidgenossenschaft zur Vermeidung der Doppelbesteuerung auf dem Gebiet der Nachlass- und Erbschaftsteuern vom 30.11.1978, BGBl. II 1980, S. 594.

Convention between the Government of the Republic of Finland and the Government of the Hungarian People's Republic for the Avoidance of Double Taxation with Respect to Taxes on Income and Capital signed on 25.10.1978, www.taxanalysts.com.

Abkommen zwischen der Bundesrepublik Deutschland und Neuseeland zur Vermeidung der Doppelbesteuerung und zur Verhinderung der Steuerverkürzung bei den Steuern vom Einkommen und einigen anderen Steuern vom 20.10.1978, BGBl. II 1980, S. 1222.

Abkommen zwischen der Bundesrepublik Deutschland und der Argentinischen Republik zur Vermeidung der Doppelbesteuerung auf dem Gebiet der Steuern vom Einkommen und vom Vermögen vom 13.07.1978, BGBl. II 1979, S. 585 sowie Protokoll vom 16.09.1996 zum Abkommen, BGBl. II 1998, S. 18.

Abkommen zwischen der Bundesrepublik Deutschland und Mauritius zur Vermeidung der Doppelbesteuerung auf dem Gebiet der Steuern vom Einkommen und vom Vermögen und zur Förderung des Handels und der Investitionstätigkeit zwischen den beiden Staaten vom 15.03.1978, BGBl. II 1980, S. 1261.

Musterabkommen zur Vermeidung der Doppelbesteuerung des Einkommens und des Vermögens: Bericht des Fiskalausschusses der OECD 1977, BMF, Köln u. a. 1979.

Model double taxation convention on income and on capital: report on the OECD Committee on Fiscal Affairs 1977, OECD Committee on Fiscal Affairs, Paris 1977; hierzu siehe auch: FC/WP2(56)1 vom 02.10.1956, FC/WP4(57)1 vom 11.01.1957, FC/WP2(57)1 vom 27.05.1957, TFD/FC/17 vom 06.06.1957, FC/WP2(57)2 vom 19.09.1957, TFD/FC/27 vom 26.11.1957, FC/WP2(58)1 vom 10.01.1958, http://www.taxtreatieshistory.org/ (das gemeinsame Projekt der OECD, IBFD u. a.).

Convention between Italy and Canada for the Avoidance of Double Taxation with Respect to Taxes on Income and for the Prevention of Fiscal Evasion signed on 17.11.1977, as amended by a protocol signed on 20.03.1989, www.taxanalysts.com.

Abkommen zwischen der Bundesrepublik Deutschland und der Ungarischen Volksrepublik zur Vermeidung der Doppelbesteuerung auf dem Gebiet der Steuern vom Einkommen, Ertrag und Vermögen vom 18.07.1977, BGBl. II 1979, S. 626.

Abkommen zwischen der Bundesrepublik Deutschland und Malaysia zur Vermeidung der Doppelbesteuerung auf dem Gebiet der Steuern vom Einkommen

und in Bezug auf damit zusammenhängende Fragen vom 08.04.1977, BGBl. II 1978, S. 925.
Convention between Sweden and Spain for the Avoidance of Double Taxation with Respect to Taxes on Income and Capital signed on 16.06.1976, www.taxanalysts.com.
Abkommen zwischen der Bundesrepublik Deutschland und der Tunesischen Republik zur Vermeidung der Doppelbesteuerung auf dem Gebiet der Steuern vom Einkommen und vom Vermögen vom 23.12.1975, BGBl. II 1976, S. 1653.
Abkommen zwischen der Bundesrepublik Deutschland und Jamaika zur Vermeidung der Doppelbesteuerung auf dem Gebiet der Steuern vom Einkommen und vom Vermögen vom 08.10.1974, BGBl. II 1976, S. 1194.
Abkommen zwischen der Bundesrepublik Deutschland und der Republik Zypern zur Vermeidung der Doppelbesteuerung auf dem Gebiet der Steuern vom Einkommen und vom Vermögen vom 09.05.1974, BGBl. II 1977, S. 488.
Übereinkommen zur Verringerung der Fälle von Staatenlosigkeit vom 13.09.1973, BGBl. II 1977, S. 613.
Abkommen zwischen der Bundesrepublik Deutschland und der Republik Sambia zur Vermeidung der Doppelbesteuerung auf dem Gebiet der Steuern vom Einkommen und vom Vermögen vom 30.05.1973, BGBl. II 1975, S. 661.
Abkommen zwischen der Bundesrepublik Deutschland und Trinidad und Tobago zur Vermeidung der Doppelbesteuerung auf dem Gebiet der Steuern vom Einkommen und zur Förderung des internationalen Handels und der internationalen Investitionstätigkeit vom 24.04.1973, BGBl. II 1975, S. 679.
Abkommen zwischen der Bundesrepublik Deutschland und der Republik Südafrika zur Vermeidung der Doppelbesteuerung auf dem Gebiete der Steuern vom Einkommen vom 25.01.1973, BGBl. II 1974, S. 1185.
Abkommen zwischen der Bundesrepublik Deutschland und dem Australischen Bund zur Vermeidung der Doppelbesteuerung und zur Verhinderung der Steuerverkürzung bei den Steuern vom Einkommen und vom Vermögen sowie bei einigen anderen Steuern vom 24.11.1972, BGBl. II 1974, S. 337.
Abkommen zwischen der Bundesrepublik Deutschland und dem Königreich Marokko zur Vermeidung der Doppelbesteuerung auf dem Gebiet der Steuern vom Einkommen und vom Vermögen vom 07.06.1972, BGBl. II 1974, S. 21.
Abkommen zwischen der Bundesrepublik Deutschland und der Schweizerischen Eidgenossenschaft zur Vermeidung der Doppelbesteuerung auf dem Gebiete der Steuern vom Einkommen und vom Vermögen vom 11.08.1971, BGBl. II 1972, S. 1021 sowie Protokoll vom 30.11.1978, BGBl. II 1980, S. 751, Protokoll vom 17.10.1989, BGBl. II 1990, S. 766, Protokoll vom 21.12.1992,

BGBl. II 1993, S. 1886 und Revisionsprotokoll vom 12.03.2002, BGBl. II 2003, S. 67.

Abkommen zwischen der Bundesrepublik Deutschland und der Republik Island zur Vermeidung der Doppelbesteuerung auf dem Gebiete der Steuern vom Einkommen und vom Vermögen vom 18.03.1971, BGBl. II 1973, S. 357.

Abkommen zwischen der Bundesrepublik Deutschland und der Republik Liberia zur Vermeidung der Doppelbesteuerung auf dem Gebiet der Steuern vom Einkommen und vom Vermögen vom 25.11.1970, BGBl. II 1973, S. 1285.

Wiener Übereinkommen über das Recht der Verträge vom 23.05.1969, BGBl. II 1985, S. 927.

Abkommen zwischen der Bundesrepublik Deutschland und dem Kaiserreich Iran zur Vermeidung der Doppelbesteuerung auf dem Gebiet der Steuern vom Einkommen und vom Vermögen vom 20.12.1968, BGBl. II 1969, S. 2133.

Abkommen zwischen der Bundesrepublik Deutschland und dem Königreich Thailand zur Vermeidung der Doppelbesteuerung auf dem Gebiet der Steuern vom Einkommen und vom Vermögen vom 10.07.1967, BGBl. II 1968, S. 589.

Abkommen zwischen der Bundesrepublik Deutschland und dem Königreich Belgien zur Vermeidung der Doppelbesteuerungen und zur Regelung verschiedener anderer Fragen auf dem Gebiete der Steuern vom Einkommen und vom Vermögen einschließlich der Gewerbesteuer und der Grundsteuern vom 11.04.1967, BGBl. II 1969, S. 17 sowie Zusatzabkommen vom 05.11.2002, BGBl. II 2003, 1615 und Änderungsprotokoll vom 21.01.2010, BGBl. II 2010, S. 1278.

Abkommen zwischen der Bundesrepublik Deutschland und dem Spanischen Staat zur Vermeidung der Doppelbesteuerung und zur Verhinderung der Steuerverkürzung bei den Steuern vom Einkommen und vom Vermögen vom 05.12.1966, BGBl. II 1968, S. 9.

Abkommen zwischen der Bundesrepublik Deutschland und Japan zur Vermeidung der Doppelbesteuerung bei den Steuern vom Einkommen und bei einigen anderen Steuern vom 22.04.1966, BGBl. II 1967, S. 871 sowie Protokoll vom 17.04.1979 zur Änderung und Ergänzung des Abkommens, BGBl. II 1980, S. 1182 und Zweites Protokoll vom 17.02.1983 zur Änderung und Ergänzung des Abkommens, BGBl. II 1984, S. 194.

Abkommen zwischen der Bundesrepublik Deutschland und dem Königreich Griechenland zur Vermeidung der Doppelbesteuerung und zur Verhinderung der Steuerverkürzung bei den Steuern vom Einkommen und vom Vermögen sowie bei der Gewerbesteuer vom 18.04.1966, BGBl. II 1967, S. 852.

Abkommen zwischen der Bundesrepublik Deutschland und der Republik Kolumbien zur Vermeidung der Doppelbesteuerung der Schifffahrt- und Luft-

fahrtunternehmen auf dem Gebiete der Steuern vom Einkommen und vom Vermögen vom 10.09.1965, BGBl. II 1967, S. 762.
Convention between the Government of the Kingdom of Sweden and the Swiss Federal Council for the Avoidance of Double Taxation with Respect to Taxes on Income and Capital signed on 07.05.1965, as amended by the protocols signed on 20.12.1966, 29.11.1985 and 10.03.1992, www.taxanalysts.com.
Abkommen zwischen der Bundesrepublik Deutschland und dem Vereinigten Königreich Großbritannien und Nordirland zur Vermeidung der Doppelbesteuerung und zur Verhinderung der Steuerverkürzung vom 26.11.1964, BGBl. II 1966, S. 358 sowie Revisionsprotokoll vom 23.03.1970, BGBl. II 1971, S. 45.
Convention between France and Monaco for the Avoidance of Double Taxation on Income and Fortune signed on 18.05.1963, www.taxanalysts.com.
Wiener Übereinkommen über konsularische Beziehungen (WÜK) vom 24.04.1963, BGBl. II 1969, S. 1587.
Abkommen zwischen der Bundesrepublik Deutschland und Irland zur Vermeidung der Doppelbesteuerung und zur Verhinderung der Steuerverkürzung bei den Steuern vom Einkommen und vom Vermögen sowie der Gewerbesteuer vom 17.10.1962, BGBl. II 1964, S. 266.
Abkommen zwischen der Bundesrepublik Deutschland und der Regierung des Staates Israel zur Vermeidung der Doppelbesteuerung auf dem Gebiet der Steuern vom Einkommen und bei der Gewerbesteuer vom 09.07.1962, BGBl. II 1966, S. 329 sowie Protokoll vom 20.07.1977 zur Änderung des Abkommens, BGBl. II 1979, S. 181.
Übereinkommen zur Verminderung der Staatenlosigkeit vom 30.08.1961, BGBl. II 1977, S. 598.
Wiener Übereinkommen über diplomatische Beziehungen (WÜD) vom 18.04.1961, BGBl. II 1964, S. 958.
Zusatzabkommen zu dem Abkommen zwischen den Parteien des Nordatlantikvertrages über die Rechtsstellung ihrer Truppen hinsichtlich der in der Bundesrepublik Deutschland stationierten ausländischen Truppen vom 03.08.1959, BGBl. II 1961, S. 1218, zuletzt geändert durch das Abkommen vom 18.03.1993, BGBl. II 1994, S. 2598.
Abkommen zwischen der Bundesrepublik Deutschland und der Französischen Republik zur Vermeidung der Doppelbesteuerungen und über gegenseitige Amts- und Rechtshilfe auf dem Gebiete der Steuern vom Einkommen und vom Vermögen sowie der Gewerbesteuern und der Grundsteuern vom 21.07.1959, BGBl. II 1961, S. 397 sowie Revisionsprotokoll vom 09.06.1969, BGBl. II 1970, S. 717, Zusatzabkommen vom 28.09.1989, BGBl. II 1990, S. 770 und Zusatzabkommen vom 20.12.2001, BGBl. II 2002, S. 2370.

Abkommen zwischen der Bundesrepublik Deutschland und dem Königreich der Niederlande zur Vermeidung der Doppelbesteuerung auf dem Gebiete der Steuern vom Einkommen und vom Vermögen sowie verschiedener sonstiger Steuern und zur Regelung anderer Fragen auf steuerlichem Gebiete vom 16.06.1959, BGBl. II 1960, S. 1781 sowie Zusatzprotokoll vom 13.03.1980, BGBl. II 1980, S. 1150, Zweites Zusatzprotokoll vom 21.05.1991, BGBl. II 1991, S. 1428 und Drittes Zusatzprotokoll vom 04.06.2004, BGBl. II 2004, S. 1653.

Abkommen zwischen der Bundesrepublik Deutschland und dem Großherzogtum Luxemburg zur Vermeidung der Doppelbesteuerungen und über gegenseitige Amts- und Rechtshilfe auf dem Gebiete der Steuern vom Einkommen und vom Vermögen sowie der Gewerbesteuern und der Grundsteuern vom 23.08.1958, BGBl. II 1959, S. 1269 sowie Ergänzungsprotokoll vom 15.06.1973, BGBl. II 1978, S. 109 und Protokoll vom 11.12.2009, BGBl. II 2010, S. 1150.

Vertrag zur Gründung der Europäischen Gemeinschaft vom 25.03.1957, UNTS 298/11, zuletzt geändert durch Art. 2 des Vertrages von Lissabon vom 13.12.2007, ABl. 2007 Nr. C 306, S. 1, umbenannt in Vertrag über die Arbeitsweise der Europäischen Union, siehe die Fassung der Bekanntmachung vom 30.03.2010, ABl. 2010 Nr. C 83, S. 47.

Übereinkommen über die Staatsangehörigkeit verheirateter Frauen vom 20.02.1957, BGBl. II 1973, S. 1250.

Freundschafts-, Handels- und Schifffahrtsvertrag zwischen der Bundesrepublik Deutschland und den Vereinigten Staaten von Amerika vom 29.10.1954, BGBl. II 1956, S. 488.

Vertrag zwischen der Bundesrepublik Deutschland und der Republik Österreich über Rechtsschutz und Rechtshilfe in Abgabensachen vom 04.10.1954, BGBl. II 1955, S. 834.

Übereinkommen über die Rechtsstellung der Staatenlosen – Staatenlosenübereinkommen vom 28.09.1954, BGBl. II 1976, S. 474.

Agreement between the Kingdom of the Netherlands and Switzerland for the Avoidance of Double Taxation with Respect to Taxes on Income and Property Including Extraordinary Taxes on Fortune and Increase to Fortune signed on 12.11.1951, as amended by a protocol signed on 22.06.1966, www.tax analysts.com.

Abkommen über die Rechtsstellung der Flüchtlinge vom 28.07.1951, BGBl. II 1953, S. 559.

Abkommen zwischen den Parteien des Nordatlantikvertrags über die Rechtsstellung ihrer Truppen (NATO-Truppenstatut) vom 19.06.1951, BGBl. II 1961, S. 1190.

Statut des Internationalen Gerichtshofs der Vereinten Nationen vom 26.06.1945, BGBl. II 1973, S. 505.

Abkommen zwischen dem Deutschen Reich und dem Königreich Italien über Amts- und Rechtshilfe in Steuersachen vom 09.06.1938, RGBl. II 1939, S. 124.

Abkommen zwischen dem Deutschen Reich und der Republik Finnland über Rechtsschutz und Rechtshilfe in Steuersachen vom 25.09.1935, RGBl. II 1936, S. 37.

Haager Übereinkommen über gewisse Fragen der Kollision von Staatsangehörigkeitsgesetzen vom 12.04.1930, LNTS 179/89.

Abkommen zwischen dem Deutschen Reiche und Italien zur Vermeidung der Doppelbesteuerung und zur Regelung anderer Fragen auf dem Gebiete der direkten Steuern vom 31.10.1925, RGBl. II 1925, S. 1146.

Vertrag zwischen dem Deutschen Reiche und der Republik Österreich zur Ausgleichung der in- und ausländischen Besteuerung, insbesondere zur Vermeidung der Doppelbesteuerung auf dem Gebiete der direkten Steuern vom 23.05.1922, RGBl. II 1923, S. 90.

Vertrag zwischen dem Deutschen Reiche und der Tschechoslowakischen Republik zur Ausgleichung der in- und ausländischen Besteuerung, insbesondere zur Vermeidung der Doppelbesteuerung auf dem Gebiete der direkten Steuern vom 31.12.1921, RGBl. II 1923, S. 70.

Übereinkommen zwischen Deutschland und Griechenland über die Besteuerung des beweglichen Nachlaßvermögens vom 18.11.1910/01.12.1910, RGBl. 1912, S. 173.

Übereinkunft zwischen Preußen und Sachsen wegen Beseitigung der doppelten Besteuerung der beiderseitigen Staats-Angehörigen vom 16.04.1869, IStR 2006, S. III.

## Richtlinien und Verordnungen (EU/EG/EWG)

- Richtlinie 2010/24/EU des Rates vom 16.03.2010 über die Amtshilfe bei der Beitreibung von Forderungen in Bezug auf bestimmte Steuern, Abgaben und sonstige Maßnahmen (Beitreibungsrichtlinie), ABl. 2010 Nr. L 84, S. 1.
- Verordnung (EG) Nr. 987/2009 des Europäischen Parlaments und des Rates vom 16.09.2009 zur Festlegung der Modalitäten für die Durchführung der Verordnung (EG) Nr. 883/2004 über die Koordinierung der Systeme der sozialen Sicherheit, ABl. 2009 Nr. L 284, S. 1.

- Richtlinie 2008/55/EG des Rates vom 26.05.2008 über die gegenseitige Unterstützung bei der Beitreibung von Forderungen in Bezug auf bestimmte Abgaben, Zölle, Steuern und sonstige Maßnahmen, ABl. 2008 Nr. L 150, S. 28.
- Verordnung (EG) Nr. 883/2004 des Europäischen Parlaments und des Rates vom 29.04.2004 zur Koordinierung der Systeme der sozialen Sicherheit, ABl. 2004 Nr. L 166, S. 1, zuletzt geändert durch die Verordnung (EU) Nr. 1244/2010 vom 09.12.2010, ABl. 2010 Nr. L 338, S. 35.
- Richtlinie 2004/38/EG des Europäischen Parlaments und des Rates vom 29.04.2004 über das Recht der Unionsbürger und ihrer Familienangehörigen, sich im Hoheitsgebiet der Mitgliedstaaten frei zu bewegen und aufzuhalten, zur Änderung der Verordnung (EWG) Nr. 1612/68 und zur Aufhebung der Richtlinien 64/221/EWG, 68/360/EWG, 72/194/EWG, 73/148/EWG, 75/34/EWG, 75/35/EWG, 90/364/EWG, 90/365/EWG und 93/96/EWG, ABl. 2004 Nr. L 158, S. 77.
- Verordnung (EG) Nr. 859/2003 des Rates vom 14.05.2003 zur Ausdehnung der Bestimmungen der Verordnung (EWG) Nr. 1408/71 und der Verordnung (EWG) Nr. 574/72 auf Drittstaatsangehörige, die ausschließlich aufgrund ihrer Staatsangehörigkeit nicht bereits unter diese Bestimmungen fallen, ABl. 2003 Nr. L 124, S. 1.
- Richtlinie 88/361/EWG des Rates vom 24.06.1988 zur Durchführung von Artikel 67 des Vertrages, ABl. 1988 Nr. L 178, S. 5.
- Richtlinie 77/799/EWG des Rates vom 19.12.1977 über die gegenseitige Amtshilfe zwischen den zuständigen Behörden der Mitgliedstaaten im Bereich der direkten Steuern und der Steuern auf Versicherungsprämien, ABl. 1977 Nr. L 336, S. 15, zuletzt geändert durch die Richtlinie 2011/16/EU vom 15.02.2011, ABl. 2011 Nr. L 64, S. 1.
- Verordnung (EWG) Nr. 574/72 des Rates vom 21.03.1972 über die Durchführung der Verordnung (EWG) Nr. 1408/71 über die Anwendung der Systeme der sozialen Sicherheit auf Arbeitnehmer und Selbständige sowie deren Familienangehörige, die innerhalb der Gemeinschaft zu- und abwandern, konsolidierte Fassung in ABl. 1997 Nr. L 28, S. 102.
- Verordnung (EWG) Nr. 1408/71 des Rates vom 14.06.1971 über die Anwendung der Systeme der sozialen Sicherheit auf Arbeitnehmer und Selbständige sowie deren Familienangehörige, die innerhalb der Gemeinschaft zu- und abwandern, konsolidierte Fassung in ABl. 1997 Nr. L 28, S. 1.

## Verwaltungsanweisungen

- Amtliche Hinweise 2010 zu den Einkommensteuer-Richtlinien, in: BMF, Amtliches Einkommensteuer-Handbuch 2010, Bonn 2011.
- BMF-Schreiben vom 16.02.2011 betreffend das BMF-Schreiben vom 05.04.2007 IV C 8 – S 2411/07/10002 (Dok. 2007/0137866) zu den Auswirkungen des EuGH-Urteils C-290/04, Rs Scorpio; Entscheidung des Bundesfinanzhofs vom 05.05.2010, I R 104/08; IV C 3 – S 2411/07/10002 – (2011/0076690), HaufeIndex 2635993.
- BMF-Schreiben betreffend den Stand der Doppelbesteuerungsabkommen und der Doppelbesteuerungsverhandlungen am 01.01.2011 vom 12.01.2011 IV B 2 – S 1301/07/10017-02, BStBl. I 2011, S. 69.
- Dienstanweisung zur Durchführung des Familienleistungsausgleichs nach dem X. Abschnitt des Einkommensteuergesetzes (DA-FamEStG) in der Fassung vom 21.12.2010 St II 2 – S 2280 – 302/10, BStBl. I 2011, S. 21 (zu der konsolidierten Fassung siehe http://www.bzst.de/cae/servlet/contentblob/210342/publicationFile/3143/DA_FamEStG_2010.pdf;jsessionid=218885A10C3D38B81C5B203914EF0A85).
- BMF-Schreiben betreffend das DBA-USA: Verständigungsvereinbarung zur Besteuerung des Gehalts bestimmter Ortskräfte konsularischer Vertretungen vom 18.12.2009 IV B 2 – S 1301 – USA/07/10004, BStBl. I 2010, S. 15.
- BMF-Schreiben betreffend steuerliche Vorrechte und Befreiungen aufgrund zwischenstaatlicher Vereinbarungen vom 20.08.2007, BStBl. I 2007, S. 656.
- BMF-Merkblatt zur zwischenstaatlichen Amtshilfe durch Auskunftsaustausch in Steuersachen vom 25.01.2006 IV B 1 – S 1320 – 11/06, BStBl. I 2006, S. 26.
- BMF-Schreiben betreffend Vertragsverletzungsverfahren gegen die Bundesrepublik Deutschland (§ 6 AStG) vom 08.06.2005 IV B 5 – S 1348 – 35/05, BStBl. I 2005, S. 714.
- BMF-Schreiben betreffend Grundsätze zur Anwendung des Außensteuergesetzes vom 14.05.2004 IV B 4 – S 1340 – 11/04, BStBl. I 2004, Sondernummer 1, S. 3.
- OFD Berlin, Verfügung betreffend steuerliche Behandlung von Bediensteten an ausländischen diplomatischen und konsularischen Vertretungen im Inland vom 20.07.2000, IStR 2000, S. 756.
- BMF-Schreiben betreffend Ansässigkeit nach Art. 4 DBA-Schweiz vom 25.01.2000 IV B 3 – S 1301 SCHZ – 1/00, IStR 2000, S. 188.

- BMF-Schreiben betreffend die Anwendung des § 1 Abs. 2 oder 3 EStG (für Veranlagungszeiträume ab 1996: § 1 Abs. 3 in Verbindung mit § 1a Abs. 2 EStG 1996) vom 19.03.1996 IV B 4 – S 2102 – 15/96, BStBl. I 1996, S. 373.
- Verwaltungsanordnung der Bundesregierung über die steuerliche Behandlung der diplomatischen und berufskonsularischen Vertretungen auswärtiger Staaten in der Bundesrepublik Deutschland und der deutschen ständigen Mitglieder des internationalen Stabes des Generalsekretariats der Organisation für europäische wirtschaftliche Zusammenarbeit (OEEC) vom 13.10.1950, Bundesanzeiger 1959, Nr. 212 = MinBlFin 1950, S. 631.
- Russische Föderation: Anordnung des Ministeriums der Finanzen der Russischen Föderation vom 27.07.2010 N 03-04-06/0-160, http://www.consultant.ru/law/review/fed/db2010-08-18.html.
- Vereinigte Staaten von Amerika: Department of the Treasury Technical Explanation of the Protocol Signed at Berlin on June 1, 2006 Amending the Convention between the United States of America and the Federal Republic of Germany for the Avoidance of Double Taxation and the Prevention of Fiscal Evasion with Respect to Taxes on Income and Capital and to Certain Other Taxes Signed on 29th August 1989, http://www.irs.gov/pub/irs-trty/germanyte07.pdf sowie Treasury Department Technical Explanation of the Convention and Protocol between the United States of America and the Federal Republic of Germany for the Avoidance of Double Taxation and the Prevention of Fiscal Evasion with Respect to Taxes on Income and Capital and to Certain Other Taxes Signed at Bonn on August 29, 1989, http://www.irs.gov/pub/irs-trty/germtech.pdf; Publikationen der Internal Revenue Service http://www.irs.gov/businesses/article/0,,id=205889,00.html und http://www.irs.gov/publications/p54/ch07.html.

www.ingramcontent.com/pod-product-compliance
Ingram Content Group UK Ltd.
Pitfield, Milton Keynes, MK11 3LW, UK
UKHW021838290926
8980IPUK00004B/527

9 783631 625224